Honolulu

ODER STILLER OZEAN

arshall-Jns.

Gilbert-Jns.

POLYNESIEN

rg
mon-Jns.
nville
abel
Malaita
Ndeni
Sta. Cruz.Jns.
Tapua
Vanikoro
Ellice-Jns.
Phönix-Jns.
Torres-Jns.
Tucopia
Merena
Neue Hebriden
ugainville-Str.
Mallikolo
Fidschi-Jns.
Yasawa-Gr.
Vanua-Levu
Viti-Levu
Lau-Gruppe
Kandavu
Moala
Savaii
Upolu
Samoa-Jnseln
Tutuila
donien
Nouméa
Tonga-Jns.

ne
TILLER OZEAN

Nord-Jnsel
Auckland
NEU-SEELAND
Wellington
Süd-Jnsel

t durch ——————— bezeichnet.

Alma M. Karlin

Im Banne der Südsee

Alma M. Karlin

Im Banne der Südsee

Mit einem Nachwort

von Amalija Maček

AvivA

VORBEMERKUNG

Mit der Lektüre ihrer Autobiografie *Ein Mensch wird*, die 2018 (als deutschsprachige Erstausgabe aus dem Nachlass) im AvivA Verlag erschien, ist mir Alma Maximiliana Karlin ans Herz gewachsen. 1919 bricht Karlin mit ihrer Schreibmaschine »Erika« zu einer Weltreise auf, die acht Jahre dauern würde – alleine als Frau und ohne Geld.

Nach *Einsame Weltreise* veröffentlichen wir nun mit *Im Banne der Südsee* den zweiten Band ihrer Reisetrilogie. Die lebendigen und in selbstironischem Ton verfassten Reiseberichte voller Alltagsbeobachtungen zeigen eine andere Seite des Reisens als die damals verbreitete – sozusagen das Reisen »von unten«. Und durch ihre geringen finanziellen Mittel lebte und reiste Karlin immer inmitten der jeweiligen Einheimischen. Beides zusammen macht ihre Schilderungen so besonders.

Aber: Neben einer wohl auch zum Teil ihrer Zeit und ihrer Herkunft geschuldeten eurozentrischen Haltung spiegeln sich in Alma M. Karlins Reisebericht auch einige offen rassistische Positionen. Dies stellte uns als Verlag vor eine nicht ganz einfache Situation: Einserseits ist da die außergewöhnliche Weltreise einer außergewöhnlichen Frau, die in mancher Hinsicht Pionierin war und es wert ist, wiederentdeckt zu werden, deren Bücher aufschlussreiche Einblicke in die erste Hälfte des 20. Jahrhunderts erlauben; andererseits sind da Textpassagen, die in ihren Aussagen schlicht nicht tragbar sind. Wir haben uns entschieden, die historische Person Alma M. Karlin in ihrer Zwiespältigkeit sichtbar werden zu lassen, keine Idealfigur zu konstruieren. Daher haben wir auf umfassende Kürzungen verzichtet und lediglich einige wenige Passagen gestrichen. Wir überlassen das Buch unseren Leserinnen und Lesern im Vertrauen auf deren kritisches Auge und deren differenzierte Bewertung. Dies vorausgesetzt, wird *Im Banne der Südsee* eine historisch aufschlussreiche, literarisch ansprechende, fesselnde und sicher auch bereichernde Lektüre sein!

Britta Jürgs

VORWORT ZUR NEUAUFLAGE.

Jene lieben Leser, die im Geiste meine bisherigen Erlebnisse, Gefahren und Sorgen mit mir geteilt haben, werden sich von mir – wie ich hoffen möchte, gerne – in neue Erdstriche, besonders in die geheimnisvolle Südsee entführen lassen, aber selbst die Leser, die sich mir erst in diesem Werk anschließen, werden in gewisser Hinsicht einen Reiseanfang miterleben, denn all meine bitteren Erfahrungen hatten mich dennoch nicht auf das vorbereitet, was nun an mich herantrat: auf das Wunderreich der unermeßlichen, einsamkeitsschwangeren Südsee. Erst auf diesen zerstreuten Inseln versinkt alles, was zu unserer Kultur gehört, und man lebt neuerdings wie zu Anbeginn der Zeiten, trägt aus dem Busch das Brennholz selbst zusammen, fischt mit geflochtenen Palmenwedeln, verständigt sich durch Rauch- oder Fackelzeichen mit entfernten Inseln, und gräbt nach eßbaren Wurzeln im feuchtheißen Urwaldboden; bleibt umlagert von heimtückischen Krankheiten, Getier und Menschenfressern und ist von der Außenwelt oft auf viele Monate hinaus völlig abgeschnitten. Was Wunder, wenn da manchmal der Mut sinken will und man alle Kraft aufbieten muß, um durchzuhalten? Heute, wo die warme Anteilnahme so vieler Leser verklärend auf meinen Pfad fällt, verstehe ich indessen erst, warum ein weiteres Erstarken durch solche Proben nötig war, und hoffe zuversichtlich, daß sich den lieben alten Freunden neue Freunde zugesellen werden.

Die Verfasserin.

Durch Australien

Auf den Philippinen.

Ich hatte mich in Hongkong eingeschifft. Ausnahmsweise fuhr ich wieder einmal in der »Ersten« auf dem »Suisang«, der eigentlich Frachtdampfer war. Außer mir waren nur noch zwei Fahrgäste an Bord – eine recht hübsche Amerikanerin deutscher Abkunft und ein echter Amerikaner, der in Geschäften nach Amerika reiste. Bald waren wir bekannt geworden, und ich erfuhr, daß die junge Studentin sich nach Manila begab, um einen Filipino, den sie daheim kennen und lieben gelernt hatte, und mit dem sie viel in Briefwechsel gewesen war, zu überraschen und zu heiraten. Er lebte bei seinen Verwandten, und wir besprachen oft den Fall. Ich durfte ihr als Fremde nicht sagen, *was* ich ganz genau von der Sache hielt, aber der Amerikaner sagte es und war sehr streng in seinem Urteil. Beide baten wir das Mädchen, uns zu schreiben, weil wir eine gewisse Verantwortlichkeit und großes Mitgefühl mit ihm verspürten, doch wie vermutet war das Ergebnis ein so trauriges, daß es nur mit Schweigen übergangen wurde.

Mein erstes Reiseziel waren die Philippinen. Entdeckt wurde diese Inselgruppe, die eigentlich nach Mikronesien gehört, im Jahre 1521 von Magelhan, der auf einer der Inseln getötet wurde, und richtig Besitz davon ergriff Miguel Lopez de Legaspi im Jahre 1570, gründete das Jahr darauf Manila und machte die Gruppe (aus anderthalb tausend Inseln und Inselchen bestehend) der spanischen Krone untertan, doch die allzu strenge Priesterherrschaft empörte endlich das Volk, und ein Aufstand begann unter Rizal. Er mißglückte indessen, der unglückliche Arzt wurde aus Singapore zurückgeschleppt und hingerichtet, eine Stunde nach seiner Vermählung mit einem Mädchen, dessen Augenlicht er gerettet hatte. Heute sind die Inseln

Besitz der Vereinigten Staaten und die Filipinos sind so, wie ein Volk unter fremder Herrschaft (wie weise diese auch sein mag) unfehlbar ist. (...)

Das Landen in amerikanischem Gebiet ist immer unangenehm, und als wir nach stürmischer, dreitägiger Fahrt hohe, bewaldete Berge weit vorspringen sahen und an ihnen vorbei in die ganze hundert Meilen lange Manilabucht einfuhren, konnten wir uns nicht dem Anblick der ausgedehnten Stadt genießend hingeben, sondern wurden durch die Landungsfolter gezogen. Der Arzt riß die Lider hoch, um nach ägyptischer Augenkrankheit zu suchen, er ließ mich die Zunge vorstrecken und Kreisbewegungen mit den Armen machen, worauf er mich dem Polizeinspektor übergab, der seinerseits Fragen nach dem vierten Mädchennamen der weiblichen Urgroßmutter anstellte, und wenn man frei zu sein glaubte, kam der Zollbeamte und forderte Geld. Ich ließ Ginseng, auf den eine hohe Steuer besteht, und etwas Seide beim Zollamt zurück, und allein dieses Ruhen der Sachen bei der Behörde kostete mich einen Dollar bei der Abreise.

Und dann begann neuerdings die Qual der Wohnungssuche. Ich fuhr mit einem der Haifische in die Stadt, wo man – wie es hieß – beim Roten Kreuz wohnen könne. Man bot mir, nach langem Bitten, ein Bett in einem Raum von vier farbigen Mädchen an. In Verzweiflung ließ ich mein Gepäck zurück und begab mich auf Wohnungssuche. Für jemand, der sich ohne weiteres in ein erstklassiges Hotel führen läßt (und für eine alleinreisende Frau ist nicht einmal das so gefahrlos, wie man daheim wohl denkt), ist die Sache verhältnismäßig leicht, denn man erspart sich wenigstens allen Ärger. Ich fühlte mich nicht wohl, litt unter der jähen Hitze nach der Kühle des winterlichen Südchinas und merkte mit Schrecken den frühen Anbruch der Tropennacht. Hier hatte man kein Zimmer, dort war mir der Aufgang zu räubergrubenhaft. Zum Schluß traf ich auf der Avenida ein ganz nettes chinesisches Unterkunftshaus und nahm ein Zimmer in Ermangelung von etwas besserem. Es wurde mir das letzte Zimmer mit hübscher Gassenaussicht zur Verfügung gestellt, und ich zog ein.

Im unabhängigen Mietshaus.

Allen irdischen Raumgesetzen zum Trotz hatte mein Zimmer acht oder neun Ecken. Es hatte im Grunde lauter Ecken und nur eine Wand, an der mein Bett stand. Dieses Bett hatte nur ein Leinentuch, so daß ich, wenn ich mich zudecken wollte, was bei der Hitze allerdings nur gegen den Morgen geschah, den Plaid über mich werfen mußte. Dafür hatte es zwei Polster, das eine davon ungewöhnlich eng und lang. Als ich schlafen ging, hatte ich eine eigentümliche Sehnsucht, dieses eine mir unverständliche Kissen gegen die Brust zu drücken. Ich tat es Nacht auf Nacht, bis ich las, daß dies »die holländische Frau« war, das Kissen, über das man einen Arm und ein Bein wirft, um nicht so sehr durch die Hitze zu leiden. Man merkt, wie beeinflussend Gedankenwellen und Landesgewohnheiten sogar für den Uneingeweihten sind.

Die Wände reichten, wie in allen Tropenbauten, nicht ganz bis zur Decke, und auch der Fußboden vorn bei der Tür war ganz durch eine Spalte von über einem halben Meter Breite bis auf die Veranda hinaus zu verfolgen. Durchkriechen konnte niemand, aber die Füße beobachtete ich, auf dem Boden liegend, in mancher schlafgestörten Nacht. Standen die Zehen gegen meine Tür, so war Gefahr im Verzug. Waren die Fersen zimmerwärts gerichtet, so legte ich mich vorderhand ins Bett zurück.

Auch die Fenster waren unchristliche Einrichtungen. Erstens hatte man nicht befestigte Flügel, sondern verschiebbare, so daß ich sie die ganze Front entlang bewegen konnte. Das konnte aber auch jemand anders, sei es mit einem Stock von der Verandaseite aus, sei es vom Nebenzimmer mit der bloßen Hand. Die Scheiben waren aus Muscheln zusammengesetzt und daher trübe, um die gelben Sonnenstrahlen nicht durchzulassen. Sie ersetzten tagsüber einen Vorhang; nachts stieß ich sie zurück, bis die helle Straßenbeleuchtung voll in mein Zimmer fiel.

An jedem anderen Ort hätte mich der Lärm mehr erbittert als in diesem Unterkunftshaus. Da aber lag für mich eine gewisse Beruhigung in dem Wissen, daß noch jemand wachte. Zum Schlafen kam ich, nach meinen Erfahrungen, höchstens ganz gegen Morgen ...

Der Ansichtskartenmann.

Wie immer machte ich schon am ersten Tage weite Entdeckungswanderungen. Die Straßen von Manila erinnern an die Südamerikas, und die Ähnlichkeit wird durch die spanischen Aufschriften, die spanische Sprache im ärmeren Viertel, die spanische Art des wiegenden Ganges der Frauen, die glutenden Blicke der Männer noch sehr erhöht. Die Filipinos sind klein, zartgebaut, von nicht zu tiefem Braun und mit großen, leuchtenden Augen. Die Frauen haben zarte Knöchel und auf den nackten Füßen einzig die Chinelas. Das sind Holzschuhe mit einem Holzabsatz, doch in Pantoffelform, also vorn mit Zehendeckung, hinten frei. Bei jedem Schritt fällt der freie Teil des Schuhs hart auf, und daher klappert es beständig beim Gehen. Über einem schön gestickten Unterleibchen und einem ebenso schön gestärkten weißen Unterrock tragen die Manilafrauen ein völlig durchsichtiges Gewebe, das sich nicht anlegt, sondern von den Schultern und der Brust breit absteht und erst gegen die Knöchel zu in dichten Falten anschmiegender wirkt und als Rock phantastisch hochgerafft wird. Die Männer tragen Hemd und Hose und darüber lose durchsichtige Jäckchen aus Piña (Ananasfasern) oder Jusi (Manilahanf mit Ananas gemischt), die häufig sehr schön bestickt sind. Hüte werden entweder gar nicht getragen oder nur die ungeheuren, radförmigen, aus geflochtenem Bambus oder dem Stroh der Nipopalme. Für Ausländerinnen aber fertigt man die zweifarbigen Hüte aus Manilahanf (der Musa textilis) an, die sehr hübsch und sehr angenehm sind. Schmuck ist sehr beliebt und immer aus schwerem Gold.

Wie in vielen Tropenorten springt der Oberbau der meisten Häuser so vor, daß er den Gehenden gegen Sonne und Regen einigen Schutz gewährt. Die Muschelfenster wirken schmutzig wie so viele alte Putzscheiben, die Tore sind breit und schön geschnitzt, die Geschäfte alle weit offen. Wer fahren will, nimmt eine Calesa mit weißem Pony. Über das Rad legt der Kutscher beim Einsteigen immer einen Strohschutz, weil das Aufschwingen ins hohe Gefährt recht umständlich ist. Schwerfällige Holzwagen, von echten Karabaos oder breithornigen, braungrauen Wasserbüffeln gezogen, rollen ebenfalls durch die Stadt, unbekümmert um die sausenden Kraftwagen der Amerikaner und die vielen Radfahrer und selbst die Elektrische.

Das ist die moderne Stadt, die sich am sehr reichen Museum vorbei vom Bahnhof hinein ausbreitet. Da sind die wichtigsten Geschäfte und das Viertel der Fremden. Es gibt aber noch andere Stadtteile, die ich später beschreiben werde.

In dieser Geschäftsstadt kaufte ich für meine Beiträge und zu meiner Sammlung viele Ansichtskarten. Ein untersetzter Europäer (in Wahrheit Amerikaner) verkaufte sie mir. Wir wechselten so gut wie keine Worte, da es nicht meine Art ist, in einem kundenreichen Laden jemand aufzuhalten. Ich kaufte, bezahlte und entfernte mich in glücklicher Unwissenheit des Umstandes, daß man sich der Mühe unterzog, jemand so wenig Reizvollen wie meine ausgehungerte braungebratene Wenigkeit insgeheim bewachen zu lassen.

An dem Tage studierte ich draußen in der öffentlichen Bücherei, die eine halbe Stunde von meiner Wohnung lag, und kehrte erst gegen oder nach zehn Uhr nach Hause zurück. Dennoch hatte ich schon mein Nachtkleid übergeworfen (das auf Reisen indessen immer ein abgetragenes

Tagkleid war, so daß ich aus dem Bett springend auch vor jemand erscheinen konnte), als jemand klopfte. Zuerst nahm ich vom Lärm keine Notiz, hierauf legte ich mich auf den Boden und machte Fußstudien. In der Tat, die Zehen standen dicht vor meiner Tür.

»Was gibt es?!« fragte ich, ohne aufzuriegeln.

»Ich habe einen wichtigen Brief für Sie!«

»Nicht möglich. Ich kenne niemand in Manila.«

»Ja, ja, er ist für Sie! Man schickt mich der Eile halber! Sie müssen ihn nehmen.«

Es war elf Uhr nachts, und durch die Tür zu schreien, mißfiel mir. Es weckte ja das Haus auf. Verärgert schob ich den Riegel zurück, um persönlich das Schreiben abzuweisen. Ein kleiner, nußbrauner Filipino in netter europäischer Kleidung und einer strahlenden Krawatte schob sich an mir vorbei in das Zimmer und sank auf den ersten Stuhl.

Das war nicht, was ich erwartet oder gewollt hatte.

Es stellte sich heraus, daß der Besitzer des Ladens, ein gewisser Dr. St., mich augenblicklich zu sprechen wünschte. Ich erklärte, daß ich ihn am folgenden Tage um zehn Uhr, wenn die Sache wichtig war, empfangen würde, daß ich aber um elf Uhr nachts zu niemand, geschweige denn zu einem fremden Manne ginge.

Daraufhin glühende Liebeserklärung und sofortiger Heiratsantrag des Jungen. Das Bürschlein war höchstens einundzwanzig und verdiente 90 Pesos monatlich als Maschinenschreiber. Er wollte eine weiße Frau, und weiß (unter der braunen Sonnentünche) war ich ja. In meinen Augen war das wohl auch das Einzige, was an mir war. Vom Körperstandpunkt aus in jedem Fall.

Seine Äuglein blinzelten mich fast feindselig an. Ob ich etwa an seinem Braun etwas auszusetzen fände? Aber nicht die Spur! Ich trüge nur überhaupt kein Verlangen nach der Menschabart »Mann«. Jedenfalls nicht in besitzanzeigender Weise. Es lebte sich schöner ohne; je länger ich ihn ansah, desto schöner. Er erhob sich, vielleicht um mich an sein jugendlich warmes Herz zu drücken. Bei 30

Grad Celsius hat das für mich nicht einmal reinen Wärmewert, wie vielleicht oben in Lappland bei 30 Grad unter Null. Er war klein. Das ermutigte mich. Ich ergriff ihn bei der strahlenden Krawatte und bei der Binde um die Magengegend. Ein Ruck, und er stand vor der Tür. Ich schob den Riegel vor.

Er fluchte eine halbe Stunde, aber die Tür blieb zu. Dann ging er. Der Chinese sah mich am nächsten Tage ganz betroffen an. Vermutlich fliegen Abendbesucher mehr herein als hinaus. Ich bin für nützliche Neuerungen.

In einer englischen Kolonie hätte ich den Photographen angezeigt. Auf den Philippinen war das zwecklos. Ich begnügte mich damit, meinen panamenischen Dolch auszupacken. Es schien mir das richtige Land für ihn. Auch verdoppelte ich das Zehenstudium.

Intramuros.

Als Legaspi Manila gründete, baute er rund um den Ort eine hohe, jetzt grünübersponnene Mauer, Zugbrücken und acht Tore, doch heute ist um diese ursprüngliche Stadt eine Anzahl Ortschaften emporgewachsen – Binondo, das lebhafte, schon beschriebene Geschäftsviertel, Tondo – in dem man die echten Filipino-Pfahlbauten aus Holz, mit einer Leiter bis zur Tür und dem Dach aus Nipapalmenstroh, sieht (im Strohdach haben Eidechse, und auf dem Lande Hausschlangen, ihren Wohnsitz, klettern nachts aus dem Stroh und vernichten das Ungeziefer), San José – wo man viele Priester in langen weißen Gewändern umhergehen sieht, die einen Rosenkranz aus Kokosnußkugeln in den Händen drehen, Santa Cruz, Paco, Dinapa und endlich La Eremita, wo man die schönen Hausarbeiten der Eingeborenen kaufen kann – das gestickte Piñatuch, das feine Insi, das steife Sinamay, Flechtarbeiten aus Manilahanf und Tischdeckchen aus Buripalmenstroh und von wo aus man das »Settlement« erreicht, in dem die Amerikaner ihre

Villen in sehr wohlgepflegten Anlagen haben. In der Ferne sieht man die Marivelesberge.

In Intramuros (innerhalb der Mauern) kann man die Arbeiten der Schulkinder nicht nur bewundern, sondern auch kaufen. Sie sind sehr sorgfältig ausgeführt und streifen alle Gebiete: Korbflechterei (bis zu winzigen Körbchen aus feinsten Gräsern), Stickerei, Weberei, Flechtarbeiten, Schnitzereien und so weiter. Das Hauptgewicht wird bei den Kindern eben auf Tüchtigkeit in Hausindustrie, nicht auf Wissen gelegt, was sehr vernünftig ist, doch wird den Filipinos auch Gelegenheit gegeben, sich in jede Wissenschaft gehörig auszubilden. Es gibt eine Universität in Manila selbst, und das Studium ist lange nicht so kostspielig wie irgendwo bei uns daheim. Da die Filipinos selbst eine Mischrasse aus Spaniern und Eingeborenen sind (mit Ausnahme der reinen Eingeborenen auf ferneren Inseln und im Innern von Luzon) führen sie auch ein halb westliches, halb östliches Leben. So ist denn auch das Studium in Manila viel gesunder (vom sittlichen Standpunkt) als an einer westlichen Universität. Deshalb lassen Eltern und Missionare nicht reinrassige Kinder und reine Filipinos lieber in Manila die Studien vollenden. Sie kommen nicht mit verdrehten Ansichten zurück und sie fühlen sich nicht als Europäer, etwas, was sie im Grunde ja doch nie sein können. Es erspart viel Leid. (...)

Durch das Schiebefenster.

Einige Nächte nach meinem Besuch von Intramuros vernahm ich gegen ein Uhr nachts ein Klopfen, das andauerte. Ich sah mich in meinem, Gott sei Dank taghellen Achteckzimmer um und erspähte nicht einen Schatten. Ich stieg aus dem Bett und machte die Zehenprobe: vergeblich. So kroch ich ins Bett zurück. Nach einigen Augenblicken bewegte sich mein äußerstes Schiebefenster, und ein brauner Kopf wie eine Schokoladenanzeige zeigte sich im Rahmen.

»Ich hoffe, ich störe doch nicht?!« Das um ein Uhr nachts und vom Fenster aus! Solch ein Schuppenpanzer! Ich erwiderte den Umständen gemäß, und der Kopf verschwand. Ich aber hatte genug südamerikanische Erinnerungen, um zu wissen, daß dies nichts als das Instrumentenstimmen vor dem Orchester war, deshalb holte ich meinen Dolch, zog die absatzlosen Gummischuhe an und legte mich aufs Bett zurück. Auch ich konnte warten.

Langsam verrannen die Viertelstunden. Um zwei Uhr nachts, ganz leise, flog das Fenster wieder in die Rinne. Die Schokoladenanzeige steckte Kopf und Brust und ein Bein vorwärts. Mit einem Satz wie ein Andenpuma schnellte ich empor. Der gezückte Dolch fuhr in drei Zoll Nähe an seiner Nasenwand entlang.

Himmel, die Überraschung! Die Schokoladenanzeige blies zu so wildem Rückzug, daß sie das Übergewicht erhielt und Kopf voran in der eigenen Bude landete, aber nicht auf dem Boden, sondern mitten in der Waschschüssel auf dem schwachen dreibeinigen Gasthofswaschtisch. Im nächsten Augenblick war der Mann, der Waschtisch und ein Stuhl auf dem Boden. Das Wasser lief durch drei Räume. Durch einen Spalt in der Wand beobachtete ich den Werdegang. Mein Nachbar machte ein den Umständen entsprechendes Gesicht, entkleidete sich und kroch unters Mückennetz. Sein Herz war gekühlt. Ich wartete, bis er schnarchte, und gab mich dann auch der verdienten Ruhe hin. Von da ab schlief ich mit dem Dolch in der rechten Hand.

Als ich am folgenden Morgen am Chinesen vorbeiging, der bei einem Tischchen unweit der Eintrittshalle Wache hielt, sagte ich ohne betonten Nachdruck: »Ich möchte Sie in Ihrem Interesse ersuchen, mir nur ruhige Nachbarn zu geben. Ich schlafe mit einem vergifteten Dolch in der Hand, und wer in der Nacht – aus was immer für einem Grunde – mein Zimmer betritt, läuft Gefahr, ermordet zu werden. Das wäre uns wohl beiden unangenehm. Guten Morgen!«

Von da ab gab es nur noch Zehen im Korridor. Ein Wort dem Weisen ...

Der Kellner vom nachbarlichen Kaffeehaus, der mir jeden Morgen Brötchen und etwas brachte, was er wenigstens als Kaffee gehen ließ, betrachtete mich von da ab wie die »eiserne Jungfrau«, die aus lauter Dolchen besteht. Ich versuchte, ein Gesicht zu machen, das seine furchtbare Annahme zu bestätigen bestimmt war. Ob mit sonderlichem Erfolg, ist schwer zu sagen.

Nach dem berühmten Antipolo.

Hundert Dinge wären von Manila zu sagen – weilte ich doch über drei Wochen auf den Philippinen – aber der Stoff ist zu groß. Ich möchte mich nur auf meine Wallfahrt nach Antipolo beschränken. Es ist das nicht nur der berühmteste katholische Pilgerort des ganzen Ostens, wo alle Wünsche (und wer hat keine?) erfüllt werden sollen, sondern es gab da über dem Hauptaltar eine aus Holz geschnitzte Mutter Gottes aus dem siebenzehnten Jahrhundert, die aus Spanien stammte, nach Acapulco in Mexiko geschickt wurde und die viermal die Segelfahrt über den Stillen Ozean mitmachte, eben um das Schiff zu schützen, weshalb man sie »Nuestra Señora de Buen Viaje y de Paz« nannte, und war eine Schutzpatronin der Reisenden nicht eben das, was ich am nötigsten brauchte?

Ich zögerte mit Rücksicht auf den Dolch. War es christlich, eine Wallfahrt mit einer Mordwaffe anzutreten? War es weise, ohne sie sechs Kilometer allein zu laufen? Zum Schluß verpackte ich den giftgetränkten Dolch in meinem Reisekoffer, bewaffnete mich mit dem Schwert des Glaubens, lauschte befriedigt dem tiefen Schnarchen meiner Feinde und begab mich die breite Azcarragastraße hinab zum Bahnhof, wo mein Erscheinen das gebührende Aufsehen erregte. Fünf Reisende warteten auf den Beamten, der verzweifelt herumstob. Die Kartenkiste war geschlossen und der Schlüssel verloren. Man mußte also erst mit einem Besenstiel eine Sprengung vornehmen, ehe an einen Kartenverkauf gedacht werden konnte, und als auch dies geschehen war (Zeit ist ganz belanglos), setzte ich mich in den einzigen Personenwagen eines endlosen Lastenzuges und wartete. Nach und nach kamen die anderen Mitreisenden – eine ältere Filipinofrau mit glockenartig gebauschten Ärmeln und um die Mitte den Sarong, ein Stück steifen Stoffes, das um den Leib gewunden wird, einige Männer in Hose, Hemd und Seidenpantoffeln, und zum Schluß der Schaffner, der uns feierlichst die Karten abnahm. Erst dann setzte sich die vorgeschichtliche Kaffeemühle in langsame Bewegung.

Die Fahrt nach dem fernen Antipolo ist so lohnend, weil sich ganz Südluzon vor den Blicken entrollt. Nach wenigen Meilen sieht man schon die echten Hütten der Eingeborenen mit vorspringendem Oberbau, Nipastrohdach und käfigartigen Fenstern, die wie Mausefallen zuklappen. Der ganze Bau gleicht einem Riesenvogelnest auf zu dünnen Grundpfeilern. Unter der Hütte ist der Kampfhahn angebunden, und wenn es brennt, rettet der Mann zuerst das Federvieh und dann seine Frau und Kinder. Eine Frau findet man überall, einen guten Hahn dagegen ...! In den schmutzigen grünen Tümpeln wühlen dunkle Schweine ...

Der Zug gleitet durch San Lazaro traurigen Andenkens; denn als die spanischen Mönche dem Mikado von Japan mit ihrer ewigen Zudringlichkeit lästig gefallen waren, sandte er ihnen eine Schiffsladung Aussätziger mit dem Bemerken, daß er von ihrer Vorliebe für derlei Menschen erfahren habe. Erst sollte der ganze Dschunk mit Mann und Maus ins Meer versenkt werden, dann gestattete man doch ein Landen, aber da keinerlei Vorsichtsmaßregeln gegen Ansteckung ergriffen wurden, verbreitete sich das Übel mit rasender Schnelligkeit und verpestete die ganze Gruppe.

Heute, wo die Nordamerikaner eine Musteransiedlung von Aussätzigen in Culion haben, findet man noch achtzehntausend Kranke, die mit Chaulmoograöl, der einzigen, etwas nützenden Arznei, behandelt werden.

In Santa Mesa wurde es lustig. Da kamen über zwanzig Filipinos angerast und sprangen in den Wagen; jeder von ihnen hielt unter dem Arm seinen geliebten Kampfhahn, und zwar mit einer Zärtlichkeit, die man sonst höchstens bei meinem armen Geschlecht Schoßhunden gegenüber findet. Mein Gegenüber putzte seinem Hahn unterwegs all die kleinen Härchen vom Kamm ab und leckte ihm, da das Bein nicht ganz rein war, dieses Glied fürsorglich mit der Zunge ab. Alle Besitzer untersuchten die Krallen ihrer Lieblinge. Es ging zum Sonntagswettkampf ins benachbarte Dorf. Mancher Hahnreisende sang, die meisten aber hüllten sich in ein vornehm erwartungsvolles Schweigen.

Bei San Pedro Mogati fließt der Pasigfluß, die Donau der Philippinen, vorbei und man sah hochgetürmte Flöße mit Kokosnüssen und andere mit Bananen; in kleinen Seelenverkäufern fuhren halbnackte Kinder, und das grelle Tropenlicht glitt wie ein Goldschwanz breit über die grünlichen Wasser. In Kontan bildete ein umgestülpter Eisenbahnwagen das Bahnhofsgebäude, und da stieg ich aus.

Man geht sechs Kilometer nach Antipolo. Der Weg dehnt sich erst in leichter Steigung durch das Dorf Taytay aus, wo man die üblichen Häuschen mit den komischen Fensterklappen und dem Hahn an der Kette sieht, wo mich magere Köter verwundert anheulen und Kinder »Señorita« hinter mir herschreien und man überall nur klingende Tagalegworte vernimmt, dann geht die Landstraße immer bewußter landein und hügelwärts, und von da ab winselt der Wind gar unheimlich in den hohen, dichten Bambusgruppen und läßt einen glauben, daß dort jemand verborgen sei. Weite Felder, über die eine weißschwarze Krähe fliegt; totes Laub, das im Dickicht raschelt, seltsam gedrehte, weiße Blüten und zartrosa Dolden an niederen Sträuchern; ein Karabao oder Wasserbüffel in bedeutender Entfernung und in der Nähe nur rollende Hügel, die allmählich zu Bergen werden. Alles einsam – einsam wie mein Leben. Zuckerrohr, Bananen, das steife Blattwerk des Sisals an trockeneren Stellen und mit dem ersten Mann auch, dem Himmel sei Dank, schon die erste Hütte von Antipolo, wo die Leute stiller und höflicher sind, und ich bald eine grausteinige Kirche erreiche.

»Wohin willst du?« fragt ein kleines Mädchen mit Augen wie Holunderbeeren, und ein altes Weiblein bietet mir eine gelbe Frucht an, die ich ablehne, bis ich vernehme, daß es für die Kirche und in Wahrheit eine daheimgemachte Kerze ist, der man die Hausindustrie wirklich ansieht.

Die Spanier sollen – so heißt eine andere Sage – das Marienbild (eine einfache Holzstatue, vom Alter stark gebrannt) in Acapulco gefunden haben, doch da wollte die Madonna nach den Inseln kommen und wurde mitgenommen. Da dieses Schiff nach vier Monaten so glücklich einlief, wogegen andere unterwegs verschollen waren, nahm man die Madonna viermal zur Überfahrt mit. Nuestra Señora de Buen Viaje y de Paz stand zuerst in Manila, blieb bei einem Kirchenbrande allein unversehrt, und als die Aufständischen sie auf den Holzstoß warfen, verbrannte sie ebenfalls nicht; nur die Wange zeigt den Schnitt einer Waffe ...

Um sie geschützter zu wissen, brachte man sie rasch nach Südluzon, und im Mai und Juni machen die Leute große Pilgerfahrten hierher, doch nie in ausländischer, immer in streng einheimischer, altspanischer Kleidung.

In Antipolo aß ich eine der billigsten Mahlzeiten meines Lebens. Ich erhielt nach einiger Nachfrage zwei Tassen Tee, die erste durch ein Tuch (hoffentlich keine Windel) durchgeseiht; ferner drei Stück Zwieback, die einen westlichen Anstrich, wenn auch östliches Aroma hatten, und drei Kuchen, die chinesischen Ursprung verrieten. Für dieses internationale Mahl bezahlte ich neun Centavos!

Die Rückfahrt war ereignislos, bis auf den Umstand, daß wir (das will sagen, die vorzeitliche Dampfmühle des Zuges) Dampf ausstoßen mußten, um eine Horde Wasserbüffel vom Geleise zu verscheuchen, von dem sie kein Zureden und kein Anschreien und Pfeifen verjagte. Die Hahnbesitzer fuhren überhitzt und glücklich nach La Mesa zurück.

Daheim bemerkte ich, daß mir auf den zwölf Kilometern meines Dauerlaufs die Haut vom Nacken gebrannt war – etwas viel zu Alltägliches, um mir weitere Gedanken aufzubürden. Müde wie ich war, setzte ich mich hin und malte die mitgebrachten Blumen. So geht es eben auf Weltreisen zu Studienzwecken.

Durch die Philippinen.

Nach dreiwöchigem Aufenthalt in Manila, der mich magerer gemacht hatte, fuhr ich durch das Inselgewirr, das sich vom 4. bis zum 20. Breitengrad unter dem Äquator erstreckt, allmählich nach Nord-Borneo weiter.

Überall sind die Hütten anders. Auf den Batanes, den nördlichsten Inseln, in deren Nähe, wie man vermutet, die furchtbaren Wirbelwinde oder Taifune entstehen, baut man die Häuser aus Stein mit sehr tiefen Fensterausschnitten, die ein Holzgitter eingesetzt haben, und das Dach aus Elefantengras mit einem festen Netz überspannt, das in der Höhe des ersten Stocks noch mit Hilfe von Eisenhaken niedergehalten wird, denn nicht selten besteht Gefahr, nicht allein das Dach, sondern das ganze Haus davonfliegen zu sehen.

Die Völker der südlicheren und stilleren Inseln bauen ihr Hans dagegen sechzig bis siebzig Fuß über dem feuchten Tropenboden, teils um der Überschwemmungsgefahr, teils um den Angriffen der Feinde leichter zu entgehen. Zur Zeit der Stürme binden sie diese luftige Wohnung, meist in der Gabel eines Baumes gelegen, mit Rattangewinden an andere starke Urwaldbäume. Am Ufer stehen immer Pfahlbauten, die häufig mit zwei Beinen (zwei festen Pfeilern) im Meer oder im Fluß stehen und es den Bewohnern ermöglichen, allen Unrat einfach ins Meer zu werfen, ohne weiter putzen zu müssen.

Es gedeiht alles auf den Philippinen, denn einzelne Höhenzüge haben sehr kühle Abhänge, andere das starke Tropengepräge, so daß Mais und Hirse, Nadelwälder und Berglilien in nicht sehr großer Entfernung von Zuckerrohr und Bananen anzutreffen sind. Ganz der Gruppe eigentümlich ist die Musa textilis, jene Bananenart, aus der man die berühmten Filipinohüte und den sogenannten Manilahanf macht.

Außer den Mischlingen und Weißen findet man viele Stämme der Malaien, die rötlichbraun, rundäugig, zart gebaut, straffhaarig, dem Äußeren nach wild, unbeherrscht, sinnlich und dem Raube ergeben innerlich sind. Ganz besonders auf Mindanao, der großen südlichen, noch wenig erforschten Insel, sind sie Mohammedaner, die in ewigem Kampf mit den schwarzen Zwergvölkern, den Negritos, liegen. Diese Negritos sollen in vorgeschichtlicher Zeit teils nach den Philippinen, teils nach Neu-Guinea gekommen sein. Sie stehen auf einer sehr niedrigen Stufe, bauen keine Hütten, sondern suchen Schutz unter flüchtig zusammengeworfenem Reisig oder in Baumkronen, verschachern ihre Kinder für Reis oder andere Bedarfsgegenstände, begraben aber dennoch ihre Toten schon mit Speisen und Waffen und fühlen, daß solch ein Platz unberührt bleiben soll. Sie nähren sich von Früchten, wildem Honig und Wurzeln und tauschen Wachs gegen Reis. Das Bogenschießen lernen sie von ihren Müttern, nicht von ihren Vätern, und das scheint auch alles zu sein, was sie lernen.

Die Malaien dagegen sind schon hochentwickelt, machen herrliche Einlegearbeiten (arabische Muster), schnitzen Waffen, haben Vorliebe für persönlichen Schmuck und fluchen mit wundersamer Gewandtheit. Der ärgste Fluch ist: »Mögest du im Schlafe sterben!«, vielleicht, weil ihrer Ansicht nach dann die Seele den Weg nicht zum Paradies findet.

Britisch-Nord-Borneo.

Der Teer schmilzt in den Fugen der Schiffsplanken, der Boden in der kleinen Kajüte, die sich allzu nahe den Maschinen befindet, glüht, so daß man barfuß nicht darauf zu stehen vermag. Die Betten sind zu eng, um ein Wenden zu gestatten, und vor den Luken, wie Riesennasen, hängen die Windfänger. Der Körper wird nachts eine Gelatinemasse, von der es tropft, wie Schnee von sonnebeschienenen Märzdächern. Morgens, wenn oben das Deck gewaschen wird, fängt der Windfang etwas davon und wirft es dem Schläfer ins Gesicht. Dann meldet der Boy hinter dem Vorhang »Bad«, und man ist froh, von einer Hitze in die andere zu kommen.

Es schwinden die Inseln in der jähen Nacht der Tropen; man zählt nicht mehr die Tage, man sitzt dösend im Deckstuhl, merkt das Vorbeischnellen der fliegenden Fische, den Zug der Möwen, sieht eines Morgens Treibholz, rafft sich auf, murmelt »Land!«

Auf winzigen Inselchen stehen krumme, wackelige, nipagedeckte Hütten, schwanken oft trunken ins Meer hinaus wie gehetzte Verfolgte, deren Köpfe in Gefahr sind. Und das ist wohl auch der Grund dieser vorgerückten Bauart, denn Köpfe haben Wert in Borneo, obschon die britische Regierung dieser Neigung keinerlei Verständnis entgegenbringt und die Sammlerfreude nach Kräften unterdrückt. Manch ein Auge, schwarz wie die Nacht und unheimlich wie der Abgrund, wog meinen Kopf mit sichtlichem Wohlbehagen, doch muß ich gestehen, daß die Moroaugen, die mich als mögliche Nebenfrau betrachteten, noch weit unverhohlenere Besitzersucht kundtaten und mir unangenehmer waren. Den Kopf zu geben, wäre ich unter Umständen bereit gewesen, aber Körper und Kopf zu gleicher Zeit, und an die gleiche Firma sozusagen, nicht. Geschmackssache!

Borneo ist eine sehr große Insel zwischen dem siebenten und vierten Grad nördlicher Breite und in direkter Linie unter Hongkong. Ein Teil der Insel gehört der British North Borneo Trading Company, der größere Teil aber den Holländern, die einen erbitterten Kampf mit den chinesischen Sippen zu kämpfen hatten, ehe sie die volle Herrschaft über dieses Tropengebiet gewannen, das die Chinesen schon als ihr Eigentum angesehen hatten.

Zwanzig Meilen südwestlich von der Labukbucht liegt an der Mündung eines breiten Flusses der prachtvolle, völlig geschützte Hafen von Sandakan. Die Stadt, die nicht sehr groß, doch sehr hübsch angelegt und auf die Abhänge der vordersten Hügel gebaut ist, macht einen wundersam stillen Eindruck. Als ob das Leben hier ungehört verrausche inmitten von friedvollem Schaffen und Sonnenschein.

Es dauerte nicht lange, so war ich an Land und durchwanderte die breiten Straßen, die rein waren, sonst aber gut auch zu China gerechnet werden konnten, denn alle Geschäfte, alle Aufschriften und die meisten Leute, die man sah, waren Chinesen. Wohl fiel mir auf, daß die Chinesinnen hier einen eigenartigen Hut trugen – ein wagenradartiges breites Ding von Riesenkrempe, doch ohne Kopf. Man sah dort das Haar in einem Knoten vorschauen, und manchmal war über all das ein schwarzes Tuch gebreitet. Wahrscheinlich hatte der Kopf dadurch mehr Luft und dennoch den richtigen Schutz, denn Sandakan ist heiß. Nach einer Weile begegnete ich indessen schon einigen Moros, den Uferbewohnern, deren Glutaugen mich anbohrten. Die hochaufgeschossenen, sehr mageren Männer trugen den Sarong, ein langes Tuch, malerisch um die Mitte geschlungen, das mit dem Gürtel festgehalten wird und fast bis zu den Knöcheln fällt. Bei Frauen begann der Sarong oft schon unter den Achselhöhlen und ließ darunter die schön gewölbte Brust der üppigen Frauen ahnen.

In der Nähe von Sandakan, an den Felsen vorbei, hinter denen sich die Irrenanstalt befindet, liegen die ausgedehnten Kautschukpflanzungen. Hier kann man an den zarten Bäumchen nicht nur die zahlreichen Querschnitte, sondern auch die kleinen Porzellantöpfchen sehen, die unter den Schnitten hängen und in denen sich der Saft allmählich sammelt. Kokospflanzungen liegen vereinzelt dazwischen, und jenseits von all dem beginnt der Urwald, der zu den interessantesten der Welt gehört. Schon hinter Sandakan, das ja wie am Ende der Welt scheint, stößt man zuzeiten auf ein Nashorn, und wenn die Elefanten auch schon ausgestorben sind, so findet man noch den Tiger, das sumpffarbige Krokodil, den Borneobären und – Vorrecht der Insel – den gefürchteten Orang-utan (Waldmenschen), der nicht ganz so groß wie ein Mensch ist, dafür jedoch längere Arme von ungeheurer Zähigkeit und Kraft hat. Gegen die allgemeine Anschauung greift er den Menschen nur an, wenn er sich bedroht fühlt. Alle wilden Tiere versuchen zuerst zu entkommen, und erst wenn sie sich verletzt oder bedroht fühlen, gehen sie zum Angriff über. Tut der Orang-utan das, so kann ihm ein Eingeborener kaum widerstehen. Er bricht bei der ersten Umarmung nicht selten die Rippen seines Opfers. Dagegen kann er, wenn er – was nicht ausgeschlossen ist – braune Frauen verschleppt, männlich zärtlich gegen sie sein. Erst wenn sie seinen furchtbaren Liebkosungen Widerstand entgegensetzen, tötet er sie im Übermaß der Leidenschaft. Das bestätigt für mich die Darwinsche Annahme. Die Menschenmännchen tun das auch zuzeiten ...

Wunderbar ist die Vogelwelt, die man leichter beobachten kann. In den Wäldern voll Seidenwollbäumen, Myrtenarten, Schlinggewächsen der sonderbarsten Art, sieht man den Nashornvogel mit seinem Riesenschnabel, bunte Zwergpapageien, blutbrüstige Tauben, Goldkehlchen, und abends, wenn die kurze Dämmerung über die Pflanzung huscht und die Stämme der Kokospalmen zu verdoppeln scheint, sieht man die fliegenden Füchse, die an Fledermäuse erinnern, aber einen felligen Körper haben und das Obst so kühn angreifen, daß sie sogar die Veranda eines Pflanzers besuchen.

In Sandakan selbst sieht man die Wandererpalme, den wandernden Juden (grün- und rotgestreifte Blätter), die »Dame im Boot« mit ihren weißen Blüten auf bootartigem, innen purpurnem Blatt, die Sie-Eiche, den Alimander und die nirgends fehlende violette Bougainvillia. Die Häuser sind rotdachig und luftig. Oben, auf dem Hügel, findet man eine Bücherei.

Am folgenden Tage durchwanderte ich sorgsamer, langsamer die Gassen. Es war kurz nach dem chinesischen Neujahr, das über einen Monat nach dem europäischen fällt, und man feuerte überall blinde Schüsse ab, hatte Knallbonbons und warf mit Feuerkrachern um sich. Nicht einmal ein Boot darf zu jener Zeit ohne solche Vorsichtsmaßregeln landen, da die Geister sehr zu fürchten sind. Auf dem Pflaster aber waren Karten ausgebreitet, die den Krebs, die Schildkröte, den Würfel und andere Bilder zeigten und auf denen Münzen lagen, um die flott gewürfelt wurde. Selbst kleine Kinder standen ganz im Bann der Sache. Ein Australier, der mein Schutzbegleiter war, warf eine Münze auf die Schildkröte, gewann und schenkte den Preis einem Kinde. In Sandakan spielt alles, vom ältesten Chinesen bis herab zum kleinsten Kinde; das Glücksspiel ist das Hauptlaster des Volkes. Ganze Vermögen wechseln in einer einzigen Nacht den Besitzer.

Ich kaufte ein Paar der hübschen Sandakansandalen, die oben aus gekerbtem Leder, unten aus Holz mit kleinen Absätzen sind, und auch einen Tabaksbeutel aus einer polierten Kokosnuß. Die Chinesen haben sich in den vielen Jahrzehnten der Ansiedlung schon sehr verändert; sie tragen oft schon den Sarong wie die Einheimischen (die bunten Stoffe werden zum großen Teil aus Deutschland eingeführt), ihre Frauen tragen Knöchelbänder, künstliche Blumen im Haar und die schon erwähnten Hüte mit schwarzem Vorhang rundherum, und um den Hals der Kinder sieht man Amulette – Tigerknochen, Eisenstücke, Dreiecke aus Silber und um die Arme breite Silberspangen.

Die Polizei besteht ganz aus Hindus, die als Unbeteiligte der britischen Regierung in allen Ansiedlungen große Dienste leisten. Sie sprechen sehr gebrochen Englisch und wenig von der Landessprache. Weil sie wenig verstehen, können sie nie in einen Fall verwickelt werden. Groß, schön, stark in ihrer stattlichen Uniform und dem Turban fallen sie angenehm auf.

Von den Dayaken sieht man so gut wie nichts in Sandakan selbst. Fährt man indessen tiefer in das Land (sehr tief geht es nur zu Fuß, doch eine Weile lang fahren zweirädrige Wägelchen), so kann man vereinzelt diese Männer sehen, die noch auf Köpfe ausgehen (aber in hübscher Entfernung von der Regierung), den breiten Federhaarschmuck wie eine Krone tragen und die im Bau kleiner und dunkelfarbiger als die Küstenmalaien sind. Die Frauen tragen Rattanstreifen, oft mit Münzen behängt, in unzähligen Mengen um den Leib und um die Arme geschlungen. In den Augen des Volkes liegt etwas Schwermütiges, nichts Wildes. Die Dunsun, die auch mit den Dayaken verwandt sind und die schon chinesisches Mischblut haben, werden von Zeit zu Zeit in Sandakan angetroffen. Ihre Augen flammen wie poliertes Ebenholz im Zeltfeuerschein, und um den dunkelbraunen, sehnigen Körper haben sie ein buntes Tuch, einen Sarong, aber hochgerafft und faltiger geschlungen. In vergangenen Tagen (und jetzt in aller Urwaldstille) feiern sie ein unheimliches Fest, das Surmungup. Es ist das ein Botenfest in die nächste Welt, denn die Dayaken aller Stämme glauben, daß die einberufenen Seelen Kinabalu, den höchsten Berg der Insel, emporklettern, die Guten ohne Schwierigkeit, die Bösen dagegen vergebens. Um nun den Geistern eine Botschaft zu senden, werden Streifzüge unternommen und ein Feind erobert oder auch ein Sklave gekauft. Die Opfer werden gebunden und in ein Tuch gehüllt. Nach Tanz und Gesang gibt jeder Anwesende dem Liegenden einen Speerstich, doch vorsichtig, damit der Stich nicht tötet, und sagt seine Botschaft. Kinder und Weiber nehmen auch teil, und das jubelnde Geschrei übertönt das Gejammer des langsam Sterbenden.

Die Insel hieß ursprünglich nicht Borneo (eine Verstümmelung von Bruni, der ersten von Weißen angetroffenen Stadt), sondern Pulo Kalamantan, nach einer einheimischen, sehr sauren Frucht. Bruni soll von »brani«, was »tapfer« bedeutet, herstammen.

Sehr viele Stämme verwenden noch heute den Sumpitan oder die Blaspfeife, ein Instrument, aus dem ein vergifteter Pfeil dem Feinde zugeblasen wird.

Tag auf Tag durchwanderte ich die Straßen der Stadt, den Markt mit seinen Tropenfrüchten (wo ich zum erstenmal den riesigen, stinkenden Durian sah), die Fischhalle mit Polypen, Tinten-, Schwert-, Säge- und bunten Fischen und Tag auf Tag durchstreifte ich die Gegend hinter dem Felsen oder den Fluß entlang dem Urwaldgebiet zu; ich wurde von Insekten angegriffen, von Ameisen gebissen, von Käfern verfolgt; ich vernahm das Rascheln springender Affen im Lianengewirr zu Häupten und fühlte den heißnassen Urwaldschlamm klebrig um die Zehen (er durchdringt leichtes Schuhwerk), und dennoch erkrankte ich nicht. Die Malaria von Sandakan ist besonders heimtückisch, doch gibt es auch Beri-beri, das »trockene«, das mit Schmerzen in der Wirbelsäule beginnt und mit Lähmung der Arme und Beine endet und das »nasse«, das mit dem Anschwellen der Beine einsetzt und unfehlbar tödlich ist, Tropenruhr und das sogenannte Sandakanfieber, das einen nach sehr großen Gliederschmerzen arg geschwächt zurückläßt – eine Art Dengue, wie ich heute zu glauben geneigt bin.

Mein letzter Eindruck von Sandakan ist folgender: Agar-agar (eine Seegrasart und genießbar) zum Trocknen ausgebreitet; Dächer, auf denen das letzte Sonnenlicht das Rot vertieft; Wandererpalmen, in denen der Abendwind ein düsteres Rauschen erzeugt und endlich hinter Balhalla und Duyong, den beiden winzigen Meerdayakendörfern, ein unbeschreiblich großartiges Meerleuchten, das erst die ganze Flußfläche und dann das Meer erhellte und erst lange hinter der Mündung im Dunkel der Nacht erstarb.

Perleninseln.

Die See rund um Celebes ist so voll von Inseln, daß man fortwährend an kleineren und an größeren vorüberfährt und der Kapitän ununterbrochen auf der Hut sein muß. Ich glaube, es war am dritten Tage solcher Fahrt – jedenfalls stand das Kreuz des Südens schon wieder drohend am Nachthimmel und zeigte sich der Mond verkehrt (für uns mit umgedrehter Scheibe), als wir eines Spätnachmittags an der Vogelinsel vorbeifuhren. Wenige Dampfer kommen hier vorbei, und wenn einer doch die Insel streift, die ziemlich hügelig und gar nicht so klein ist, so läßt er plötzlich einen sehr lauten Pfiff ertönen, der die Vögel derart erschreckt, daß sie alle auffliegen. Das ist ein wunderbares Bild, denn der Himmel wird grau von all dem Federvieh, das in weiten Kreisen um die Insel zieht und sich klar zu werden sucht, welcher Art die gewitterte Gefahr sein mag.

Weiter, weiter durch die Sundasee und dann, eines Nachmittags, sind wir auf der Donnerstagsinsel, dem Mittelpunkt der Perlenfischerei, wo ich aussteigen möchte, um in das Südseeinselreich zu fahren. Ich durcheilte indessen vergeblich den Ort. Regelmäßige Verbindung mit dem Festland von Neu-Guinea, obschon so nahe, daß man es wie einen dunstigen Streifen in weiter Ferne erblicken konnte, gab es nicht. In drei Wochen käme ein Kapitän und führe bis zum Fly River (Fliegenfluß), aber selbst dort würde ich in einem Zelt im Urwald wohnen und auf eine andere Fahrtmöglichkeit bis nach Port Moresty warten müssen. Als Mann – noch, noch – aber als Frau! Das meinte der Geistliche, den ich ratholend besucht hatte. Lieber von Australien oder Neuseeland aus. Von hier war es zu schwer. So begab ich mich an Bord zurück und erklärte, bis Sydney nachzahlen und weiterfahren zu wollen.

Die Donnerstagsinsel ist ein Teil der Prince of Wales-Gruppe, nicht schöner und nicht schlechter als die übrigen Inselchen, hügelig, bewaldet, nicht sonderlich fruchtbar. Eins aber hat sie den übrigen Inseln voraus: sie liegt genau zwischen der Nordspitze Australiens und der Zunge von Neu-Guinea und verbindet die Sundasee, reich an den Schätzen des Indischen Ozeans, mit dem mächtigen Stillen Ozean, dessen Wellen beinahe ungebrochen von Arica und Mollendo in Südamerika bis hierher rollten und die ganz andere Schätze aus ihrem Grunde aufwühlten. Vielleicht findet man deshalb bei der Donnerstagsinsel so viele Perlausterbänke, Korallen, große Perlenmuscheln und Fische der verschiedensten Arten. Diese werden wenig gefischt, doch die Austernbänke locken die Leute aus Süd und Nord nach der Insel, und manchmal kreisen dreitausend Schifflein durch die Gewässer. Wo der kleine Ort mit seinen schon australischen Geschäften sich um die Bucht schmiegt, geht es noch, aber wer um die Hauptfischzeit um die Insel geht, der erhält den vollen Geruch der faulenden Auster in die Nase. Viele werden frisch geöffnet, doch eine Riesenmenge wird einfach geschichtet und, an der Tropensonne erhitzt, zum Faulen gebracht. Dann findet man in den sich öffnenden Muscheln viel schneller und leichter die Perlen. Jeder Besitzer überwacht seine schwarze Mannschaft selbst, und ganze Berge ergeben manchmal nichts Wertvolles. Es würde sich der Perlenfang an und für sich auch nicht lohnen, wenn man die perlmutterschimmernden großen Muscheln nicht gut verkaufen könnte. Aus diesen Muscheln aber macht man Löffel, Messerchen, Schalen, Broschen und Kämme – eine wichtige Hausindustrie auf dieser Insel. Viele Ladungen Muscheln gehen nach Europa und einiges nach Asien, wo die Chinesen reizende Dinge daraus schnitzen.

Die Perlenfischer selbst haben den schrecklichen Geruch wochenlang so arg in der Nase, daß sie nichts essen können, und die Einheimischen geben ihnen dann etwas ins Essen, das den Geruchssinn völlig tötet. Dann essen sie sehr gepfefferte Speisen und erholen sich. Nach mehreren Wochen, wenn sie wieder losziehen können, vergeht dieser Mangel an Riechkraft.

Durch Queensland.

Australien ist noch gar nicht so lange entdeckt. Wohl sahen vereinzelte Segler das Land schon im sechzehnten Jahrhundert und nannten es Neuholland, doch erst 1770 nahm Kapitän Cook davon für die britische Krone Besitz, und im Jahre 1787 schiffte England die ersten Sträflinge in sieben Schiffen ein und brachte sie in die Nähe des heutigen Sydney, wo sie ein sehr elendes Leben führten, von den schwarzen Eingeborenen angefallen und getötet wurden und wo sie, später, Buschräuber wurden, die das Leben der Schwarzen wie der Weißen auf grausame Weise gefährdeten. Heute ist es eine blühende Ansiedlung, aber noch immer nicht von einer so hohen Klasse von Engländern bewohnt, wie zum Beispiel Indien oder Neuseeland. Zweite Söhne aus adeligem Hause, die keinen Anspruch auf Geld oder Krone hatten (nur der Majoratsherr erbt) wanderten oft aus, um in Australien große Farmen zu erwerben und reich zu werden. Der Erfolg hängt nicht nur vom Fleiß, sondern zuerst vom Wetter ab, denn regnet es jahrelang nicht, so gehen die schönsten Herden jammervoll zu Grunde. Die Tiere sind auch nach einer gewöhnlichen Dürre so wasserdurstig, daß sie sich in ihrer Gier tottrinken oder – besonders Schafe – so schnell an den Fluß herandrängen, daß sie ertrinken.

Einen Begriff von dem eigenartigen Klima Australiens hat man schon, wenn man durch den engen Korallenkanal die Küste erreicht hat und das charakteristische niedere Buschwerk, »Scrub« genannt, sieht. Die Abhänge sind nicht dicht damit bewaldet, sie sehen aus wie mit unzähligen Büschelchen gespickt. Dazwischen erspäht man eine andere merkwürdige Erscheinung – die hohen, roterdigen

Ameisenhügel, deren ungefähr pyramidenartige Form man sich zuerst nicht zu erklären vermag. Während man so mit den Augen die nahe Küste streift, bleibt man an das Barriereriff gebunden, das die Nordküste 2000 km weit begleitet und seinesgleichen nicht auf Erden hat. Eine vom Meeresgrund bis zur Oberfläche ansteigende dicke Mauer – alles die Arbeit der Korallentierchen – hält die Wucht des Ozeans von der Küste ab.

Ganz im Norden liegt Port Darwin. Die wichtigsten Häfen an der Ostküste sind oben Cairns und später Townsville, zwei Städte, die hübsch angelegt, im englischen Stil erbaut und fabelhaft langweilig scheinen. Eine Kleinstadt hinter einem Korallenriff mit der Aussicht auf die unbegrenzte Breite des größten Ozeans der Erde, und dabei so gut wie kein Hinterland! Klatsch, Nebel, der sich oft in leichten Güssen verdichtet, Hitze, Einsamkeit. Brrrr!

Queensland ist schon fast tropisch. Hier gedeiht die Kokospalme, das Zuckerrohr, die Banane. Aus Rücksicht auf die weißen Pflanzer in Queensland, die um jeden Preis bevorzugt werden müssen, sind den Australiern die neuerworbenen Inseln und das einst reichsdeutsche Kaiser-Wilhelmsland auf Neu-Guinea mehr Plage als Nutzen, darf doch nichts von dort eingeführt werden. Viele Landstrecken sind vom Stachelkaktus auch so überwuchert, daß ein Urbarmachen sehr schwer ist. Farbige Arbeiter dürfen nicht eingeführt werden und für Europäer ist das Klima zu heiß, um auf freiem Felde arbeiten zu können.

(...) Die Australier verweigern allen Farbigen, ob schwarz, gelb oder braun, die Einreise, und jeder Japaner oder Chinese, der auf ein Jahr einreist, hinterlegt hundert Pfund Sterling Kaution, die dem Staate verfällt, wenn er nicht nach Jahresfrist wieder verschwunden ist. Australien für die Weißen! Ungeheure Strecken könnten bevölkert werden und warum nicht von Asiaten? Warum weist Amerika die Japaner aus? Weil sie auch in den Vereinigten Staaten unter westlichem Einfluß völlig Asiaten bleiben. Warum übersieht man die Chinesen? Weil sie sich still verhalten, nur ihr Sippenwesen, doch nicht Vaterlandsliebe kennen und sich dem Europäer äußerlich nicht gleichstellen. (...)

Nach meiner großen Liebe für Japaner kann bei mir niemand von »Rassenhaß« sprechen. Muß man aber, wenn man einmal Rheinwein trinkt, unbedingt Marsala hineingießen? So etwas nennt man in meiner Vaterstadt ein »G'schladder« draus machen. Und damit verdirbt man schließlich nur einen Magen, nicht ein hochstehendes Volk. Das, mehr als alles andere, wäre »Untergang des Abendlandes«. Ebenso wäre Mischung mit uns das Schlimmste, was z. B. Japan zustoßen könnte. Jeder für sich und Gott allein für *Alle*! Und das haben mit seltener Volksweisheit die Australier erkannt.

Nach Brisbane fährt man vierzig Meilen den Strom hinauf. Die Stadt könnte mitten aus England gehoben worden sein – Bauart, Geschäfte, Straßen, Elektrische, wie in England selbst, nur die warme Subtropensonne vergoldet alles, und die seltsamen Bergkegel, die wie Glas glitzern und vulkanischen Ursprungs sind, sind in England nicht zu finden.

In Brisbane besuchte ich auf dringende Bitte eines Mitreisenden eine Music-hall, in der eine gemischte Vorstellung stattfand. Während ich versunken dasaß, erwischten mich die Brisbanemoskitos, wahre Löwen, und stachen mich so fürchterlich, daß sich bei mir schwere Beulen entwickelten, die ich mir zuerst nicht zu erklären vermochte, und die mich glauben ließen, ich hätte eine Hautkrankheit schlimmster Art. Zum Glück vergingen sie, ehe wir fürs Landen untersucht wurden. Zwei Amerikanerinnen, die ihr Impfzeichen auf dem Oberschenkel trugen, erschienen im Badeanzug zur Untersuchung, und wir alle mußten die Beine verrenken (irgend eine Gliederkrankheit wird durch beginnende Steife gekennzeichnet), die Zunge hervor- und die Augen herausstrecken, kurz, es war die übliche Folter, noch erhöht und verlängert. Hierauf kam die Geldfrage, und zuletzt nahm man mir den Paß mit dem Bemerken ab, man werde ihn mir erst beim Verlassen des Landes zurückgeben. Das hatte ein Gutes: Ich konnte ihn wenigstens nicht verlieren.

Dann waren wir in dem weltberühmten Hafen von Sydney und erlitten die Frage, die jeder Einreisende zur Zufriedenheit der Bewohner beantworten muß: »*Was* sagen Sie zu *unserem* Hafen?!«

Er ist buchtenreich, die Stadt schön umrandend, und still. Ich tat also dem Fragenden gebührende Genugtuung.

Ich stieg in der Hauptstadt von Neu-Südwales ans Land.

Als Klippenforscher.

Seit Jahren stand ich durch eine gemeinsame Bekannte in regem Briefwechsel mit jemandem unten in Adelaide, und an die Sydneybekannte dieses Jemands wandte ich mich. Es traf sich so glücklich, daß die Mutter Fräulein Elsies ein Zimmer frei hatte, und in dieses Gemach, das samt Gasring zwölfeinhalb Schilling wöchentlich kostete, zog ich sofort mit allem Pack. Es war ein dunkles Zimmer, das kein Fenster und nur eine Tür auf einen winzigen Hintergang (Balkon betitelt) hatte, der aber, wenn es regnete, unbewohnbar blieb. Undenklich, im Zimmer selbst zu schreiben oder zu malen, doch da es selten regnete, arbeitete ich auf dem Gänglein, dessen Tisch gleichzeitig Herd, Malplatz und Thron meiner Erika war.

Nachts lag ich unter der elektrischen Lampe, las und aß Pfirsiche – mein spätes Abendbrot.

Noch am Tage meiner Ankunft sagte die junge Dame, die zu meinem Entzücken Entomologin war, wir sollten zu den Klippen gehen und da die seltenen australischen Muscheltiere von den Felsen lösen und einsammeln, wozu ich mich bereit erklärte. Da ich von den Tropen kam und das Sydneymeerwasser kalt war, erkältete ich mich, obgleich ich nur watete, sehr gründlich, so daß ich sechs Monate ununterbrochen hustete, aber jedenfalls fanden wir die flachen Tierchen, lösten sie mit dem Messer ab und trockneten sie daheim. Ich habe viele Käfer und Muscheln von da aus heimgeschickt und die meisten an Schulen verteilt.

Kampfesmüde.

Nach wie vor besuchte ich Museen, verbrachte die Abende in der öffentlichen, sehr guten Bäckerei, suchte Leute auf, die mir Auskunft zu erteilen vermochten, und ging zu den Vorträgen der Naturfreunde, denn gerade in der Tier- und Pflanzenwelt ist Australien unübertrefflich. Zuzeiten fuhren wir eine Stunde weit zum riesigen Nationalpark und verschwanden im freien Busch dahinter, wo wir allerlei Pflanzen, Nüsse, Schnecken und Käfer sammeln durften, und von wo wir spät am Abend müde, doch mit großer Beute heimkehrten. Während wir im Freien ein sehr bescheidenes Mahl kochten (das ist in Australien so Sitte), beobachteten wir das Tierleben um uns her. Ich setzte mich immer so, daß ich gleich beiseite rücken konnte, denn in einem Lande, wo es so viele Schlangen gibt, fürchtete ich unaufhörlich, so ein Vieh um Arm oder Bein zu haben. Das Gefühl des Umwundenwerdens war mir ein unangenehmerer Gedanke als der Biß selbst.

Aber es kamen glücklicherweise keine Schlangen, und wir brachten nur die stachelige Frucht des Flaschenbürstenbaumes, die Blüten und Samen der verschiedenen Eucalypten, der Goldakazien, die Boroniablumen und andere botanische Errungenschaften heim. Was wir an Tieren sahen, beschränkte sich auf ein vereinzeltes Känguruh. Nur im Tiergarten durfte ich mir endlich den Koali, den einheimischen Bären, der ein so liebes, scheues Gesicht zieht und sich so köstlich aufrecht hält, sehen. Vögel trafen wir oft – den lachenden Kookaburra oder Jackaß, der zur Familie der Königsfischer gehört, ein dem Lachen täuschend ähnliches Geräusch bei Sonnenauf- und -untergang ausstößt und der so tapfer mit Giftschlangen ringt;

schönfiedrige Kakadus waren in Queensland vorherrschender, aber den zahmen Caraduck (den »Gefährten des Eingeborenen«) trafen wir manchmal, und einige Stunden von Sydney, oben in den berühmten Blauen Bergen, in denen man Wasserfälle, Tropfsteingrotten, Felsabschürfungen und so weiter findet, auch den Lyravogel, der sich einen Tanzplatz macht und alle Vögel im Ton nachahmt, sowie den seltenen Laubenvogel, der aus gebogenen Zweigen eine »Vereinslaube« herstellt, und andere Vögel. Leider kann ich gar nicht eingehend darüber berichten, nur von den todbringenden Bulldoggen oder Soldatenameisen muß ich noch sprechen. Sie greifen den ahnungslos ruhenden Wanderer nicht selten an, und vergiften ihn so schnell, daß er den Bissen erliegt. Auch hier trifft man zuweilen schon die eigenartige Mordwespe, die ihre Larven in eine vergiftete, doch nicht tote Spinne legt, die der jungen Brut beim Auskriechen zur Nahrung dient.

Das Wunder des Festlandes, das Tierformen aus mesozoischen Tagen aufweist, ist das Schnabeltier (Ornitherhynchus anatinus), ein Tier, das gleich dem seltsamen australischen Ameisenbären nur einen Kanal für Speiseentleerung und Fortpflanzungen, aber keine äußeren Ohren, Beutel oder selbst Beutelknochen hat, so daß das Schnabeltier (von Bibergröße) die Eier wie eine Ente legt und ausbrütet, bis die Jungen in dem Grasnest aus den zähen ledrigen Eiern kriechen. Diese eigenartigen Geschöpfe sind ebenso Beuteltiere wie das Känguruh, können indessen ihre Jungen nicht im Beutel tragen, sondern diese hängen sich an das Bauchfell an, lecken davon die Milch ab, die durch ein Zusammenziehen der Bauchmuskeln ausgestoßen wird, und wachsen so wie keine anderen Jungen heran. Das Tierchen selbst ist weder Fisch, noch Vogel, noch Säugetier, noch Schlange, sondern alles in einem. Es hat einen Biberkörper und ein herrlich schönes braunes Fell, einen Entenschnabel und winzigen Kopf daran, Entenfüße mit Schwimmhäuten und so gut wie keinen Schwanz. Es ist sehr scheu und lebt halb im Wasser, halb zu Lande.

So sehr mich all das interessierte, so viel Neues ich täglich lernte, so ungeheuer angestrengt ich durch einen Auftrag war (der zum Schluß durch Betrug fehlging), so begann ich zum erstenmal – im vollen vierten Jahre meiner Weltumseglung – einen Widerwillen gegen die Mächte über mir zu hegen. Wohin ich kam, begann immer der alte Kampf, die alten Entbehrungen, und daheim schien es zu einem ewigen Stocken zu werden. In Peking hatte ich für dreiundzwanzig verschiedene Blätter geschrieben, darunter für Deutschlands größte Zeitschriften, war Textilkorrespondentin und hatte seit über zwei Jahren den Schriftleiter der Knittelfelder Zeitung zu meinem literarischen Vertreter, aber mit dem Vertrieb meiner Romane ging es irgendwie nicht, und die drei Länder, für die ich arbeitete, steckten in der furchtbaren Not der Nachkriegszeit. Ich mit ihnen. Es war ein herzzerbrechendes Neuaufbauen von Land zu Land und schlimmer von Tag zu Tag ...

Mein literarischer Vertreter, mit dem sich eine treue Freundschaft entwickelt hatte, schrieb indessen nicht länger »Lieber Herr Karlin!«, denn eines Tages war jemand aus der Untersteiermark nach Knittelfeld gekommen, und hatte über den Forschungsreisenden viel gehört. Zum Schluß der Rede aber hatte er gesagt: »Alles, was Sie sagen, stimmt, aber Frau Karlin hat nur ein Kind, und das ist keines Menschen Sohn.«

Ein Täßchen Kaffee.

Sechs Wochen arbeitete und lernte ich in Sydney. An ein Verdienen war nicht zu denken, jedenfalls auf geistigem Gebiet nicht, denn »Australien für die Australier« ist ein sehr betontes Wort. Auf einer Farm als Köchin oder als Erzieherin (der gesellschaftliche Grad ist ziemlich gleichwertig da draußen) hätte ich wohl Aufnahme finden können, aber Sprachen brauchte man hier nicht und in einem gewöhnlichen Büro war mir der fremde Paß ein Hindernis.

Ich muß auch gestehen, daß ich mir keinerlei Mühe gab, denn ich begann zu verstehen, daß man nicht alles Wichtige erlernen, alle Pflichten gegen die Heimat als Journalistin und alle Pflichten der Studierenden auf dem Gebiete der Botanik erfüllen konnte, wenn man nebenbei auch noch stumpfsinnige Geldarbeit zu leisten hatte. Auf diese Weise würde ich einmal nach tausend Erdenjahren heimkehren ...

Jemand hatte mir geraten, »the Southern Cross«, das Missionsschiff, das einmal jährlich Auckland im April verließ, um die Neu-Hebriden entlang den berüchtigten Salomonen anzusteuern, zu erreichen, und obschon keine Antwort vom Bischof eingelaufen war, hoffte ich ihn doch zu überreden, wenn es mir gelänge, das Schiff zu erreichen. Ich verließ Sydney aus diesem Grunde Mitte März, bereit, vierzehn Tage in Südaustralien zu verleben und dann direkt nach Neuseeland zu fahren.

Ich fuhr in der Dritten. Neben mir saßen zwei dicke Frauen und besprachen die Ernte. Würde es regnen oder nicht? Wie stand der Weizen? Wie die großen Obstgärten im Süden? Ah, es gab nur einen richtigen Staat – Neu-Südwales. An örtlicher Vaterlandsliebe kranken die Australier in so hohem Maße, daß man – um ihr gerecht zu werden – heute eine Hauptstadt für alle Teile dort anlegt, wo sie weder hinpaßt, noch sich bewähren wird und wo man bis heute nur Grundsteine findet ...

Es war Mondschein, und draußen rollte die endlose Ebene vorbei. Herden, Eucalypten, ein Känguruh, irgendwo ein Kranich – vermutlich der Caraduck – und wieder Herden. Es war zu kühl und zu hart, um schlafen zu können. Die anderen tranken Kaffee. Ich rollte mich fester in die Ecke, um nicht begehrliche Augen zu machen, doch der alte Herr in der anderen Fensterecke weckte mich und bot mir eine Tasse an. In Melbourne mußte ich auf den Zug warten. Der alte Herr ging an mir vorüber. Ich stand zitternd vor Kälte im grauen Morgenlicht neben Koffer und Erika. Er half mir, mein Gepäck in die Garderobe zu schleppen. Dann schob er mich vors Büfett, zahlte ein Täßchen Kaffee und verschwand im Gedränge. So gut sind im Grunde die Menschen.

Manchmal, in Sydney, wenn ich heimging und mir *nie* etwas leisten konnte, wonach Magen und Gaumen schrien, wenn mich die Einsamkeit (meine junge Bekannte reiste bald nach meiner Ankunft ins Innere) zu sehr niederbeugte und es mir war, als *könnte* ich dieses Dasein nicht länger ertragen, sagte ich mir: »Versuche noch ein halbes Jahr, ein kurzes halbes Jahr, und wenn es dann im Herzen der Südsee nicht besser ist, so ... « Aber die Fahrt, an die ich dachte, hatte mit der Heimreise nichts zu tun.

Unverhoffte Ruhmeshallen.

Melbourne ist wie Manchester, nur sonniger. Sydney erinnert durch den Putz, die geschminkten Frauen, das Hasten, das Europafeindliche, an die Vereinigten Staaten, aber Melbourne war britisch durch und durch, und da fühlte ich mich daheim. Die Kirchen waren im gotischen Stil der Kathedrale von Canterbury und die Gasthöfe zum »Weißen Hirschen«, zum »Grünen Tor« und so weiter heimelten mich an. Es war alles etwas kühl, etwas gelassen, etwas vornehm zurückhaltend, und auf den offenen Wagen der Elektrischen wandte man sich gegenseitig den Rücken zu. Es ist eine sehr schöne englische Sitte, daß man Fremde nicht anreden darf. Vertraulichkeit wird dadurch hintangehalten. In Melbourne hält man strenger auf diese Sitte.

Wieder eine Nacht im Zuge, und dann rollte ich, um acht Uhr früh, in die Halle des Bahnhofs von Adelaide, meine Erika in der Hand und die beiden aufgegebenen Koffer bei der Bahnverwaltung. Darauf aufzupassen, war Bahnangelegenheit.

Das Haus Fräulein W.s lag draußen am Fullerton Estate und war sehr hübsch mitten in einem Vorstadtgarten gelegen. Überhaupt nennt man Adelaide berechtigterweise die

Gartenstadt. Die Begrüßung war stürmisch, obschon wir uns noch nie zuvor gesehen hatten, und Bruder und Schwägerin meiner Briefbekannten fanden, daß nun zwei Narren glücklich zusammengetroffen seien. Annie war kein Durchschnittsmensch, eine leidenschaftliche Tierfreundin und so erfüllt von Liebe zu allem, was da lebte, daß sie mit Vorliebe oben in der Baumgabel saß und dem Werden der Blättchen, dem Treiben der Vögel zusah, was in einem so vogelreichen Land sehr lohnend sein mußte. Ich steig nicht in die Gabel, weil ich das meinem rotbraunen Samtkleid, das noch viele Dienstjahre vor sich hatte, nicht zutrauen mochte.

Was es ausmacht, Freunde zu haben! Ich war gewiß in Adelaide nicht dummer und nicht geistreicher als in Sydney, aber hier wurde ich zum erstenmal aus den Tiefen meiner Verschlossenheit aufgerüttelt und gezwungen, öffentlich zu sprechen. Erst besuchten wir den »Register«, das größte Blatt Adelaides, und ich wurde »interviewt«, ein Verfahren, an das ich nun schon gewöhnt war, und kaum war mein Bild erschienen, so wurde ich in einen Wirbel von Einladungen hineingerissen, der mir weder Zeit zum Denken, noch zum Schlafen ließ. Ich überwand meine Angst auf sehr einfache Weise. Kurz vor dem öffentlichen Vortrag erzählte ich in einem großen Salon beim Tee von meinen Fahrten, und auf einmal fuhr es mir durch den Sinn: Hier sprichst du doch auch zu mehreren Menschen und würdest zur doppelten Zahl ebenso furchtlos sprechen. Auf dem Podium sprichst du einfach zu allen!

Dennoch fühlte ich ein Krabbeln an der Wirbelsäule, als ich oben stand. Dann begann ich zu sprechen, und seitdem geht es immer. Ein so geringer Anstoß genügt manchmal, um ein neues Können an den Tag zu bringen.

Zehn Tage! Ich schrieb (geldverdienend) für den »Register«, ich hielt Vorträge, ich machte Besuche, ich sammelte. Ein ähnliches Bewegungsfieber habe ich selten mitgemacht. Einmal im Busch, dann auf der Plattform, nun bei den Wilden, eine Stunde später unter den großen Frauenrechtlerinnen des Staates. Diese freudige Aufregung rüttelte mich aus dem Kummersumpf, in den ich in letzter Zeit gesunken war. Ich hatte eine Zukunft vor mir (wie gern man das glaubt!), und ich war weiß. Ein Kind meiner Rasse.

Die Kinder der schwarzen Rasse waren indessen, wenn auch nicht übermäßig rein und etwas schwach von Begriffen, doch äußerst fesselnd in ihrer Art. Es sollen die tiefststehenden aller Rassen sein, aber sie besitzen z. B. allerlei Tänze, die ein langes Nachdenken und eine feste Überlieferung verraten. Alle Schwarzen sind in sogenannte Totems eingeteilt – in Stämme, die unter einem gewissen Zeichen stehen, und das Tier oder Ding, das dadurch angedeutet wird, ist heilig. Leute vom Känguruhtotem dürfen kein Känguruhfleisch essen, die vom Schlangentotem keine Schlangen töten, und beim Corroberee, dem Volkstanz des Stammes, wirken nur die Männer mit, die dann das Tier nachahmen. Sie sind mit Kalkstreifen weiß bemalt und tragen Federn und Pflanzenschmuck. Ihr Gott haust in der Churinga, einem flachen, etwas zugespitzten Holz, das an einer langen Schnur hängt und geradezu schaurig surrt. Sehen dürfen die Frauen es nie, denn wichtige Göttersachen gehören nur den Männern an, und überhaupt ist die Frau ein ganz zurückgesetztes Ding. Der Mann fischt oder jagt, sie aber muß mit einem Stäbchen von Baumwurzel zu Baumwurzel gehen und nach fetten Würmern graben, von denen sie sich nährt. Ist er unzufrieden, so verprügelt er sie, und wenn er sie wirklich liebt (so weit das ein Mann und besonders ein Schwarzer kann), so reibt er sie gut mit Kokosöl ein, damit sie dick wird und glänzt.

Groß sind sie an Zauberwissen, groß an Aberglauben, und ihre Märchen haben einen Zauber, dem man sich nur schwer entzieht. Leider erfordert dies ein eigenes Werk.

Der verlorene Koffer.

Obschon ich meine beiden Strohkörbchen der Bahnverwaltung überlassen hatte, tauchte eins nicht auf und wurde erst nach langem Nachforschen entdeckt und nachbefördert. Der Beamte, der mir den Ausreißer samt Li Tie Guai (dem Götzen) übergab, zeigte nur lächelnd auf den Korb, auf dem mein Name in japanischen Buchstaben geschrieben stand.

»Und Sie erwarten, daß wir das verstehen?«

Sie lachten mich alle aus – von der theosophischen Loge bis zum »Register« und bis daheim bei Miß W., und die Kollegen vom »Register« schenkten mir zur allgemeinen Belustigung und zu meiner Freude einen Koffer, auf dem mein Name in großen schwarzen Buchstaben zu lesen war, damit wenigstens – wie sie behaupteten – in Zukunft der Koffer nach mir, wenn nicht ich nach ihm riefe.

Oh, Adelaide, warum vergeht alles Schöne so schnell!?

Verspätung, Qual und Schrecken.

Für Melbourne hatte ich viele Empfehlungen und darum lief ich von Schriftleiter zu Schriftleiter. Das ist aber ein im besten Falle langsamer, im allgemeinen ein recht dorniger Pfad, und als es Mittag war, hatte ich erst zwei Blätter abgegrast. Da fiel ich der richtigen Reporterin in die Hände.

Das ist wie einen guten Zahnarzt nach durchwachter Nacht finden. Auch schmeichle ich mir, daß ich da schon eine gewisse Übung im »Interviewtwerden« hatte; kurz, wir setzten uns in einem Kaffeehaus zusammen und ich spie Erfahrungen und Betrachtungen wie ein in Tätigkeit begriffener Vulkan aus; sie schrieb wie ein Gerichtsschreiber in voller Fahrt. Beide gingen wir in der Begeisterung des Augenblicks und in Kaffee so sehr unter, daß es halbvier Uhr war, ehe ich auf der Elektrischen, mein Gepäck zum Glück schon auf dem Schiff, dem Hafen zurollte, unglücklicherweise aber dem unrichtigen Quai. Vier Minuten vor der Abfahrtszeit sauste ich noch hundert Schritt von der Halle dahin, und gerade als man die Brücke löste, pustete ich heran, sprang auf die schwebende Verbindung und warf mich dem ersten Offizier (unfreiwillig) an die Brust.

Gleichzeitig löste sich das Schiff vom Landungsplatz.

»Immer hübsch langsam, Sie kleine Miß!« meinte er und hob mich von der Brust und dem Brückenende auf den Boden.

Auf dem »Moeraki«.

Kälte und Seefahrt zusammen wirken entsittlichend auf mich. Ich sitze menschenfeindlich in einer Ecke und starre düster in den Raum hinein. So unbeweglich an einem Flecken zu verharren, vermag in der Regel nur noch ein indischer Sadhu oder ein Steinbuddha; dem einen ist dabei aber heiß und der andere spürt nichts vom Klimawechsel.

Die Stewardeß war »magenleidend«, doch schien mir, daß sie viel stärkenden Whisky zu sich nahm, den eine dicke Mitreisende großmütig mit ihr teilte. Die Mahlzeiten (ich fuhr schon wieder in der Dritten, denn die langen Fahrten hatten samt dem Kurssturz viel von meinen Japanersparnissen verschlungen) waren geschmacklos und schlecht – ungesalzenes Gemüse, hartes, geschmackarmes Rindfleisch und dazu diese Gesellschaft! Fehlerhaftes Englisch, lautes Gebaren, leeres Gerede und alles Hausfrauen, die abwechselnd über Kinderwäsche und Haushaltssorgen klagten.

Fünf lange Tage über ein kaltes grünes, ganz winterliches Meer (April ist der November der Antipoden), und dann endlich, vom Wind gefegt, Felsen, eine Bucht, Land. In der letzten Nacht hatte ich einen seltsamen Nervenzustand. Ich konnte nicht mit dem Gesicht nach oben auf dem Bett liegen. Es war mir, als senke sich die Decke. Ich wußte, daß dies Unsinn war, und litt dennoch darunter. Wie würde ich heimreisen, wenn ich nie wieder fahren konnte?

Neuseeland war der entfernteste Punkt meiner ganzen Fahrt; selbst Japan war der Heimat näher gewesen ...

Landungsgreuel.

Es war Sonntagnachmittag und die Mitreisenden, plötzlich in Seidenkleidern, die überflüssig gewählt schienen, drängten sich dem Paßbeamten zu, hinter dem Wellington mit seinen schönen, ansteigenden Bauten sichtbar wurde. Der Beamte fragte nach meiner Volkszugehörigkeit. Ich antwortete und übergab meinen Paß.

»In der Schiffsliste steht ›britisch‹!«

Ich erklärte, der Gesellschaft meinen Paß gezeigt zu haben, erinnerte mich indessen, daß der betreffende Beamte sich mehr mit der unschuldigen Außen- als mit der schuldigen Innenseite befaßt hatte, und beruhigte damit den Gestrengen. Er wurde höflich, aber bedauernd. Einen Fremden durfte man nicht von Bord lassen, und am Sonntag war niemand vom Paßwesen für den schweren Fall vorhanden. Einem Amerikaner – dem Abkömmling der großen Nation – ging es nicht besser und so fügte ich mich ruhiger in mein Geschick. Am Abend ertränkten wir unseren Landungsschmerz vereint, er in Whiskysoda und ich in Ingwerbier.

Wenn Sorgen graue Haare erzeugen würden (die meinen sind noch blond geblieben, weshalb ich die Annahme bezweifle), so würden die Paßuntersuchungen allein zur Verfärbung genügt haben. Oh, ihr grundgütigen Götter! Am äußersten Ende der Welt so ein Getue um etwas so Kleines und politisch noch dazu Ungefährliches, wie ein Kind des dort unbekannten SHS! Ich mußte ein Lichtbild hinterlassen (»es kann so häßlich sein, wie Sie wollen!«

tröstete mich die Beamtin, und ich suchte das fürchterlichste Liebhaberbildchen aus dem Koffer heraus), einen langen Bogen ausfüllen, mein Geld mit Verlust aus australischem in neuseeländisches Geld umwechseln und endlich zehn Pfund hinterlegen, damit man mich – im Notfall – wieder loswerden konnte. Da ich den Kreditbrief mit restlichen 300 Yen in der Tasche hatte, gab ich ruhig mein gewechseltes Bargeld und trabte, mein Gepäck versetzend, sehr vergnügt durch die Stadt. Als ich aber zu einer Bank ging, um den Kreditbrief einzutauschen, wurde mir gesagt, daß man mit Japan keinerlei Verbindungen unterhalte und daher auch nichts in Yen ausbezahle.

Da stand ich im fremden Lande mitten auf der Straße und hatte nur drei Schillinge als einziges Betriebskapital!

Das Kreuz des Südens.

Fünf Tage hatte das Schiff Verspätung gehabt, und nun, in Wellington angekommen, vernahm ich, daß ein großer Bahnstreik die Verbindung zwischen der Stadt des Südens und der des Nordens unterbunden hatte. Nun war all mein Hasten vergeblich gewesen.

Zum Schluß begab ich mich zu den beiden Damen von »Dominion Paper« und von der »Evening Post«, die mir sehr liebenswürdig mit Rat und Tat beistanden und durch deren Vermittlung ich, nach einigen Tagen, auch die Ausbezahlung meines Kreditbriefes erhielt. Schwerer war es, eine Wohnung zu finden, denn infolge des Streiks war Wellington überbevölkert, aber endlich erklärte sich Miß Chamasa, die Leiterin des Quaker Home, bereit, mich eine Woche lang zu behalten.

Die Quäker sind eine amerikanische Sekte, die sich immer in Grau kleidet, sich gegenseitig du sagt, allem Vergnügen abhold und eine starke Gegnerin des Krieges ist. Das Heim aber war reizend geleitet, die Kost gut, das Zimmer behaglich und die Dame machte mir überdies einen Extrapreis. Das Haus lag inmitten eines Rasens ganz oben auf einem der Hügel um Wellington. Man fuhr mit einer Zahnradbahn bis nach Kelburn, der letzten Haltestelle, aber einmal oben waren die Aussicht über das Meer, die unzähligen Hügel und die ansteigenden Häuschen wunderschön. Was den Ausblick damals noch verschönte, war der Umstand, daß der Ginster in vollster Blüte stand und die Hügel dadurch in ein goldiges Gelb getaucht wurden, das zum tiefen düsteren Grün der langnadeligen Arancaria und dem Hellgrün der Baumfarne in starkem Gegensatz stand, der durch das Blau des Himmels und das Graublau des Meeres noch betont wurde.

Berüchtigt ist der Wind von Wellington, und mehr als einmal mußte ich meine Erika (die ich selbstredend abholte), mitten auf der Straße niederstellen, um meinen sonst sehr fest sitzenden Hut mit beiden Händen zu halten. Dabei flogen beinahe Erika, Hut und ich dennoch ins nahe Meer.

Die Leute, die nach Neuseeland ausgewandert sind, gehören einer höheren gesellschaftlichen Stufe als die Einwanderer Australiens an, daher sind Sprache, Auftreten, Lebensanschauung, Hauseinrichtung vornehmer und jedermann von ausgesuchter Höflichkeit. Neuseeland ist Englands Wickelkind, fern von der Mutterbrust gelegen, und daher etwas verzärtelt, und die Neuseeländer hängen am Mutterland mit einer blinden Liebe, die rührend und manchmal auch ein wenig unangenehm ist. Der Australier wünscht immer – und spricht es offen aus – als Kolonie ganz unabhängig zu sein, macht sich lustig über die ausgewanderten Briten, spottet über den Oxfordtonfall und fühlt sich, insbesondere körperlich, über die Kinder des kalten Nordens erhaben. Die Neuseeländer aber bestellen alles aus England, ahmen alles nach, leben mit jedem Mitglied des königlichen Hauses mit und sind weit britischer als die Briten. Aus diesem Grunde waren sie damals – aus Überlieferung – sehr deutschfeindlich, und das erschwerte mir den Weg. Mit Engländern, mit denen ich in China oder Japan zusammengekommen war, hatte ich nie Unannehmlichkeiten gehabt. Einer sagte mir einmal auf dem Postamt: »Wenn wir kämpfen, so tun wir es aus Leibeskräften, aber wenn wir ausgefochten haben, geben wir dem Mitkämpfer die Hand, und die Sache ist vergessen. Wir haben's ja ausgetragen.«

Die Neuseeländer aber hegten noch bitteren Groll, der indessen nie persönlich wurde. Gegen mich waren alle ganz reizend, und nach einer Woche schied ich mit sehr großem Leid von Wellington, in dem ich mich unglaublich wohlgefühlt hatte. Es war nicht nur das liebenswürdige Entgegenkommen schuld daran: es gibt Orte, die einem zulächeln und das Herz schon mit ihrer Luft, ihrem Gestein erfreuen.

Durch Maoriland.

Die Südinsel, die sehr kalt ist, hat schon den Charakter unserer Alpenwelt und die schneegekrönten Häupter, so nahe den weiten Seen, düsteren Schluchten und seltsamen Wäldern, erhöhen das Großartige des Eindrucks. Schafherden bedecken die niedrigeren Abhänge. Der Kea, der neuseeländische Papagei, der einmal Pflanzenfresser war und nun Fleischfresser geworden ist, läßt sich im einsamen Felsgebiet nicht selten auf ein Lamm herab, das er in den Abgrund schreckt oder dem er bei lebendigem Leibe den Rücken aufreißt, um das Nierenfett herauszufressen.

Schön ist – neben den dicknadeligen Arancarien – das sogenannte Lämmergras, das aus einiger Entfernung auf dem Felsen genau wie ein schlafendes Lämmlein aussieht; aber zu den echten Pflanzenwundern gehört die Pflanzenraupe. Der Same einer Pflanze bohrt sich in den Leib einer ziemlich dicken Raupe ein, ergreift Besitz von der Raupenhaut und füllt sie mit den eigenen Wurzeln, so daß aus einem Tier langsam eine Pflanze wird. Das Stäbcheninsekt dagegen hat Pflanzenform, ist in Wahrheit aber Tier. Man findet zwanzig Zentimeter lange Insekten, so braun und so dünn und genau so knotig da und dort wie ein verdorrter Zweig, und nur die dünnen, langen Beine lassen, wenn sie sich bewegen, erkennen, daß es sich um ein Tier handelt.

Die Vögel sind fast alle flügellos. Sie laufen blitzschnell über den Erdboden hin und haben Federn, die eher Haaren gleichen. Vor nicht allzu vielen Jahren (vor Ankunft der Weißen allerdings) hatte man auf Neuseeland noch die Moa. Das war ein Riesenvogel, von dem noch zahlreiche Skelette vorhanden sind und der weit größer als der Strauß war. Die Beine allein wirkten wie Baumstämme, und auf dem langen Hals saß ein kleiner, fast gehirnloser Kopf. Heute besteht von dieser Abart nur der braune Kiwi. Das Weibchen legt ein so großes Ei, daß es oft daran zu Grunde geht; ist es aber glücklich zutage gefördert, so ist das Tierchen zu erschöpft, um etwas tun zu können, daher setzt sich der Herr Kiwi aufs Ei und brütet es aus. Kiwis dürfen nicht geschossen werden, da ihre Zahl erschreckend abgenommen hat.

Die Tuatara ist ein Rest der alten Dinosaurier, glücklicherweise aber nur klein. Die inneren Organe gleichen denen der Schildkröte, das dritte Auge, etwas über den beiden anderen, ist in jeder Hinsicht vollendet, aber eine leichte Haut ist darübergespannt; die Tuatara ist das älteste Lebewesen aus der Urzeit der Welt. Das Tier liegt vierzehn Monate im Ei, ehe es auskriecht, und dann kriecht das zollange Ding zurück in die Schale und verbringt den Winter darin. Das ausgewachsene Tier hat eine Länge von zwölf bis vierzehn Zoll, ist etwas faul und blickt auf eine Ahnenreihe von vielen Millionen Jahren zurück.

Diese völlig fremde Tier- und Pflanzenwelt macht den Hauptzauber der Insel aus, die Gott Maui eines Tages aus dem Meere gefischt haben soll und die daher auch der »Fisch Mauis« genannt wird. Die ganze Fahrt ist prachtvoll in der Tat, denn die Bergformen sind ganz merkwürdig, da spitz wie ein Zuckerhut, dort zerklüftet, drüben rundgeschliffen wie vom Schleifmesser eines Riesen. Die Ortschaften verschwinden unter Palmen (besonders der sogenannten kronenbuschigen Kohlpalme) und hinter dem akazienblättrigen, aber feiner gefiederten, dunkleren Miro. Da und dort sieht man die Nikanpalme, die einzige Palmenart, die man bis zum 42. Grad herab findet. Obschon eigentlich der gemäßigten Zone angehörend, hat die Nordinsel subtropische Pflanzenwelt und beinahe subtropisches Klima.

Im christlichen Heim.

Der Zug erreichte Auckland um sieben Uhr früh an einem Tage des letzten Aprils oder des vorletzten, dennoch war es ungewöhnlich kalt, und auch eine Tasse Tee im Heim machte mich nicht wärmer. Ich durchwanderte alle Straßen, die bald aufwärts, bald abwärts gehen, wunderte mich über die großartigen Bauten, ärgerte mich über die krankhafte Sonntagsruhe und landete fröstelnd auf der breiten Brücke, die den Dominiongrund überschaut. In der tiefen und breiten Schlucht mitten im Stadtgebiet wuchsen die merkwürdigsten Sträucher, Ranken und Bäume, die meine Neugierde erweckten, und aus dem Gewirr brachen, vom Sonnenlicht geküßt, die hohen Baumfarne wie hellgrüne Feenschirme.

Zu Mittag sitzt man nicht an einem gemeinsamen Tisch, sondern man nimmt sich eine Holztasse, legt Teller, Besteck, Butterteller, Schale und ein Wasserglas darauf und macht dem Büfett entlang seine Bestellungen. Dann wählt man sich ein Tischchen, ißt und zahlt an der Kasse. Praktisch ist es. Sehr behaglich oder billig ist es nicht.

Abends führte man mich auf ein Zimmer, in dem schon vier Mädchen lagen. Die Fenster blieben offen, und es gab nur drei Wolldecken. Das war für mich entscheidend. Am nächsten Tage suchte ich acht Stunden lang ein Zimmer und fand es, wenn es auch klein wie eine Mausfalle war und nur Kerzenbeleuchtung hatte.

Am folgenden Morgen besuchte ich Miß Jones vom »Auckland Star«, die Leiterin des Frauenteils der Zeitung, die sehr nett über mich berichtete und mich mit einer Dame bekannt machte, durch deren Rat ich zu einem behaglicheren und billigeren Zimmer kam. Ich durfte unten auf dem Gasring kochen, was sehr angenehm war, mich aber nicht zu mehr Leistung als zum Blähen altgewordenen Brotes und zur Teezubereitung antrieb. Für größere Kocherei besaß ich auch nicht das Geld, nachdem mein Finanzminister sechs bis acht Pence (ungefähr einen halben Schilling) für Verköstigung gestattete. Für das sehr helle Zimmer, das den Hof einer Schule überblickte, zahlte ich zehn Schillinge wöchentlich, so daß ein Pfund alles, auch kleine Extraausgaben wie Zwirn, Papier und so weiter, deckte. Ich wusch mir alles selbst im Badezimmer und räumte auch das Zimmer allein auf. Eine Zeitlang bewohnte ich das ganze Haus allein, später zog in zwei weitere Räume eine Mutter mit ihrem dreizehnjährigen Sohn. Der Junge war nicht ganz vierzehn und verdiente schon ein Pfund wöchentlich als Geschäftsjunge, der zeitweilig auch Abschriften anfertigen mußte. Er war nicht wenig stolz darauf und hatte außer seiner Beschäftigung auch Liebhabereien. Er schnitzte und war Münzensammler. Ich schenkte ihm einiges Geld. Kinder werden früh selbständig in den Kolonien.

Vor dem höchsten Magistratsherrn.

Ich bin von Natur sehr schüchtern – das glaubt mir der Leser, der meine Abenteuer sieht, vielleicht gar nicht – und wenn ich gewußt hätte, daß der Herr, an den ich so kühn geschrieben, eine führende Rolle in Aucklands Geschicken spielte, würde ich eine solche Bitte nie gewagt haben, so aber bat ich ihn – da ich nur von seiner botanischen Tätigkeit gehört hatte – mir die Pflanzen Neuseelands zu erklären, und er machte wirklich einen langen Rundgang mit mir und ging auf das liebevollste auf die Eigenart jeder Pflanze ein. Ich legte mir daher ein Pflanzenalbum an, das über achtundachtzig Arten einschließt – eine schöne Ernte viermonatiger Sammlung.

Nicht genug damit, lud mich Herr P. auch einmal zum Lunch ein, und wir fanden warme Seelenanklänge, wo wir sie gegenseitig nicht vermutet hätte: er hatte einen dicken Hund, der seines Herrn Stolz und Abgott war und von dessen Seelenleben er mir erzählte, und da ich auch einmal einen Hund gehabt hatte mit ähnlichen Erscheinungen von Tiefdenken, so besprachen wir den Wert der Vierfüßler, verglichen mit dem der Menschen, und gelangten zum Ergebnis, daß die Enttäuschungen mit der Mehrzahl der Beine abnahmen. Ich persönlich bin überzeugt, daß mich mein Hund viel selbstloser geliebt hat, als es mir je bei Menschen aufgefallen ist, obschon sehr viele sehr gut gegen mich gewesen sind ...

Aber Güte ist eben nicht Liebe.

Dann kehrten wir mit vollem Magen und voller Überzeugung zu den Bäumen Neuseelands zurück, die so eigenartig sind, weil es sich bei ihnen um Reste eines gesunkenen Landes handelt. Vor 3 000 000 Jahren soll Neuseeland der Teil eines riesigen Äquatoriallandes gewesen sein, der sich aus irgend einem Grunde nicht so sehr zerbröckelte und der auch so allmählich das glühende Tropenklima einbüßte, daß sich die Pflanzen ganz langsam an die Veränderung gewöhnten. Palmen ertrugen so das kalte Klima, immergrüne Bäume widerstehen dem leichten Frost des Neuseelandwinters, und daß auch das Innere einmal größer und eine Wüste gewesen sein muß, verrät der Umstand, daß die sogenannte Sellerfichte die ersten echten Blätter nach achtzehn Monaten endgültig abwirft und von da ab nur die Blattstengel als Laubwerk trägt. Man findet auf der ganzen Welt nur drei verwandte Arten: eine auf Fidschi, eine auf Sumatra und eine auf Neuseeland. Das Holz enthält einen roten Farbstoff und die Rinde 25 Prozent Gerbstoff. Die verdünnte rosa Abart soll von Reichsdeutschen in Mengen ausgeführt und für Damenhandschuhe verwendet worden sein.

Die Arancarien, die man nur in Südamerika und in Australien findet, stammen aus der jurassischen Periode und werden nach dem wilden Volksstamm des heutigen Chile, den Arancariern, so genannt, weil diese den Spaniern so verzweifelten Widerstand geleistet und so stachelig und unnahbar wie diese Bäume waren.

Miß Jones vom »Auckland Star« besuchte manchmal ein kleines Speisehaus, im ersten Stock eines Baus der Hauptstraße gelegen, in dem nette Mädchen in schwarzen Kleidern und mit weißen Schürzen und Häubchen bedienten, und wo man einen ausgezeichneten Rindfleisch- und Nierenpudding erhielt, dem ein noch besserer Kaffee folgte. Eines Tages bat sie mich, meinen berühmten Götzen (nun war er schon berühmt geworden!) mitzubringen, da ein Geistlicher der anglikanischen Kirche sich dafür interessiere. Ich tat, wie mir geheißen, und um elf Uhr vormittags trafen wir uns alle im Rindfleisch- und Nierenpuddinghaus. Zu meinem angenehmen Erstaunen war der Pfarrer der Dreifaltigkeitskirche so heiter und liebenswürdig, daß ich mich sofort zu ihm hingezogen fühlte, und seine Frau, eine ungewöhnlich große und stattliche Erscheinung, hatte bei aller Jugend etwas Mütterliches, das wohltat. Der Junge war hübsch und sonst wie Jungen sind ...

Daß Kinderseelen engelrein sind, will ich – mit einer gewissen Zurückhaltung – als Wahrheit hinnehmen, aber das ist an ihnen wohl auch alles, was im entferntesten an einen Engel erinnert. Persönlich liebe ich Menschwesen unter achtzehn mehr auf Ansichtskarten als um mich. Auf Ansichtskarten sind sie nämlich bedeutend wohltuender für meine lautempfindlichen Nerven. Ich bin mehr als einmal drei Gassen zu weit gegangen, nur um einem Wesen zu entgehen, das sich einbildete, durch Zuspitzen der Lippen im Weltall einen angenehmen Lärm zu erzeugen. Es ist mir immer aufgefallen, daß Menschen, die geistig hochstehend sind und bei denen der Kopf arbeitet, die übrigen

Auswüchse des Leibes im Ruhestand erhalten. Ein gesundheitsstrotzender Mann muß immer trommeln, pfeifen, scharren (wie ein Pferd vor der Krippe, auch bei Konzerten) oder sich sonst irgendwie davon überzeugen, daß er lebendig ist. Ich liebe Menschen, die wie Buddha in der Betrachtungsstellung verbleiben oder wie Dharma, der sieben Jahre vor der Mauer blieb. Ich habe es in der Hinsicht selbst weit gebracht und dabei doch viel gesehen ...

Nach Bestaunung Li Tie Guais, von dem behauptet wurde, daß ein derartiges Stück selbst im Britischen Museum fehle (in der Ausführung und gerade aus Speckstein!) und dem Bekanntwerden mit anderen Größen Aucklands, verließen wir vereint das Puddinghaus und Reverend Coats forderte mich auf, ihn in der Rosengasse zu besuchen, ja, am besten gleich mitzufahren. Nach einigen Tagen erhielt ich die Einladung, aus meiner ungemütlichen Bude ganz zu ihnen in das Pfarrhaus zu ziehen, und nachdem ich eine Weile überlegt hatte, ob ich solch eine Last jemandem aufbürden durfte (Schriftsteller mit ihren Eigenheiten sind immer eine gewisse Last und damals hatte ich die Tugend der Ordnung noch nicht entwickelt), gab ich dem freundlichen Zureden nach und erschien eines Freitags in meinem neuen Heim. Die Herzlichkeit des Ehepaares und der Luftkreis des Friedens taten mir unendlich wohl.

Unglücklich war ich in meinem Zimmer nicht gewesen, denn oft hatte ich schlechtere Räume bewohnen müssen und vor allem – o Qual! – lautere, aber eine tiefe Niedergeschlagenheit bemächtigte sich meiner, so oft ich den sonnigen und abends elektrisch beleuchteten Raum betrat. Ich bin heute noch von dem Gedanken durchdrungen, daß in jenem Zimmer jemand einmal Selbstmord begangen und so die Luft mit unsichtbaren Kummerwellen vergiftet hatte.

Nun wohnte ich oben in der Rosengasse auf dem Kamm der Stadt, im Pfarrhause, und aß einmal so, wie ein Christenmensch (und selbst ein armer Heide) essen soll, wenn er darauf Wert legt, etwas zu leisten. Leben kann man –

zur Not – auch von Tee und Brot, aber man merkt den Werken bald die Leere des Tees und die Schwere des Brotes an. Besser gefüttert und weniger oft verschreckt und gramgebadet, hätte ich sicher weitaus Besseres geleistet, aber mein erreichbar Bestes zu geben, habe ich nie unterlassen – nicht wenn ich krank, nicht wenn ich unglücklich, nicht einmal, als ich vor dem Selbstmord war. Darin war ich wie eine Magnetnadel, die ewig nach dem Norden weist.

Wieder begann für mich in neuer Umgebung ein völlig neues Sein. Morgens kam ein anderer Pfarrer, ebenfalls ein hochgebildeter Mann, und wir eiferten über Glaubenssachen. Nie verbittert, immer ergründend und doch mit einem Hauch von Begeisterung. Männer können immer die Ansicht eines anderen Menschen ruhig anhören, prüfen, meinetwegen verwerfen, aber darüber weder Ärger noch Enttäuschung empfinden. Ich fühlte nie Bitterkeit, so verschieden unsere Anschauungen waren. Frau C., als wirklich strenggläubige Christin, konnte sich nie so unpersönlich einstellen. Sie versuchte stets ein wenig Bekehrungsversuche anzustellen, aber ein blinder Glaube ohne inneren Beweis der Wahrheit des Geglaubten ist mir nie möglich gewesen. Ich bin der ewig Suchende, der prüft und forscht und von der Frage des Seins nie hinweg kann und der dennoch keine ganz befriedigende Antwort findet, außer im Glauben an ein unfehlbares Gesetz, das alles lenkt von den Sternen bis zu den Ameisen und das streng an Ursache und Wirkung gebunden ist – keine Bevorzugung gestattet, wie der christliche Glaube es durch Fürbitten, ununterbrochene Gebete und so weiter hoffen läßt. Vielleicht habe ich zu oft nutzlos gefleht, um Vertrauen zu haben.

Die Sonntagsjause.

Jeden Monat einmal versammelten sich die halbwüchsigen Knaben der Pfarre bei ihrem Pfarrer, aßen eine sehr gute Jause und spielten Spiele. Diesmal wurde ich gebeten, ihnen etwas zu erzählen, und Herr C., der sich meiner Sprachkenntnisse freute, hatte eine ganze Menge sehr schmeichelhafter Dinge über mich zu sagen, so daß die Jungen scheinbar mit der Überzeugung weggingen, jemand Außergewöhnlichen getroffen zu haben. Nach dem Abendgottesdienst hörte Herr C., wie die Jungen ihren Eltern vom Nachmittag und vorwiegend von mir erzählten, die Sprachen nannten, die mir geläufig waren, meine Mal- und anderen Kenntnisse und meine Reisen. Da sagte eine einfache ältere Frau, ihren Schal fester um die Schultern ziehend: »O, du meine Güte, wie unangenehm, eine solche Person kennen zu lernen!«

Darüber lache ich noch heute. Es hilft auch meiner Bescheidenheit.

An einem Dienstagabend, an dem Nähversammlung für die Jungfrauen war – einzelne davon wohl schon jenseits des Versuchungsalters, wenn es so etwas im wechselvollen Menschendasein gibt – erzählte ich wieder von meinen Reisen und Erfahrungen und diesmal mit mehr Glück, denn sie fragten nachher eingehend nach Einzelheiten, und das ist der beste Beweis echter Befriedigung und Anteilnahme.

Im Pfarrhaus zu Takapuna.

Es kam eins nach dem anderen: Besprechungen mit Blättern und Leuten, Einladungen, Studienausflüge und endlich ein Bekanntwerden mit Quäkern und jenen Leuten, die sehr gegen das Kriegführen waren. Ich bin selbst eine begeisterte Kriegsfeindin. Ich, die ich den Krieg von allen Seiten aus gesehen hatte, alle Stimmen darüber gehört, alle

Laster, die er zeugt und den Krebsschaden, der ihm immer folgt, beobachtet hatte und der es klar geworden war, wie eine von der Massenhypnose zum Werkzeug verwandelte Volksmasse blindlings Vermögen, Gesundheit, Söhne, Zukunft hingab, um ein paar Reichen angenehm zu mehr Kapital zu verhelfen oder um den Ehrgeiz einzelner auf die Beine zu stellen, ich willigte sofort ein für den Weltfrieden zu sprechen, obschon mich das mehr aufregte als gewöhnliche Vorträge, weil man über Ideale sprach, nicht über Unterhaltungsstoff, weil man auf Gegner gefaßt sein mußte und weil ich nichts sagen wollte, was das gute Einvernehmen unter den einzelnen Völkern zu stören imstande war. Durch den beabsichtigten Vortrag in der Quäkerhalle aber kam ich mit dem anglikanischen Pastor von Takapuna jenseits der Auckland-Bay zusammen. Es war das ein schon gereifter Mann mit sehr abgeklärten Ansichten, der auch selbst Vorträge hielt, schriftstellerte und für den Völkerbund arbeitete.

Am Nachmittag hatte ich vor einem Frauenklub gesprochen (das Nervenkitzelndste, was es gibt, denn schon die Augen dieser streng richtenden Damen, die im Privatleben oft die Güte selbst sind, sind medusisch), und nun fragte Herr M. schon bei unserem ersten Bekanntwerden, ob ich einen Vortrag in einer Kirche halten könnte. Nein wollte ich nicht sagen, also sagte ich ja.

Über diesen Abend muß ich noch in der Erinnerung lachen, denn während der Überfahrt sprachen wir über Politik im allgemeinen und über den Friedensvertrag im besonderen, und als wir uns Takapuna in dem komischen Zug, der teils Elektrische, teils vorsintflutliche Straßenbahn schien, näherten, wußte ich noch immer nicht, worüber ich eigentlich sprechen sollte. Über Missionswesen. Gut und schön, aber nach dem, was ich im Osten gesehen hatte, entstand viel überflüssiger Streit gerade infolge der Missionen. Auch hatten zum Beispiel die amerikanischen Missionare stets das beste Haus, das behaglichste Dasein. Und meine theosophischen Ansichten (oder meine buddhistischen) ließen mich ungern über Sachen sprechen, an denen ich innerlich Anteil nahm. Warum sollte ein Glaube nicht so gut wie ein anderer sein, besonders in Ländern, wo der ursprüngliche Glaube rein und tief war und dem Volke angepaßt schien? Was war aus den Peruanern geworden, die doch seit vierhundert Jahren »bekehrt« waren und die gewiß als Sonnenanbeter sittlicher gewesen, schon deshalb, weil jeder, der sich an einer Sonnenjungfrau vergriff, lebend begraben, seine Sippe ausgerottet und sein Dorf dem Erdboden gleichgemacht wurde. Andrerseits ...

»Der Vortrag soll vom Leben der Frauen handeln und darf nicht theosophisch sein!« meinte Herr M. zehn Schritte vor der Kirche. Die Glocke bimmelte schon, und die Organistin legte den Fuß aufs Pedal. Mir stiegen die Haare zu Berge.

»Soll ich über China sprechen?« fragte ich, und der Pastor nickte. Während des ersten Liedes dachte ich krampfhaft über die wichtigsten Punkte nach, schied die Schafe von den Böcken (das Erlaubte vom Unerlaubten) und trat, als ich aufgefordert wurde, auf die erste Treppe unter der Kanzel.

Alles geht, wenn man will, und die Grundzüge aller Religionen gipfeln schließlich endlich im Guten, in Selbstverleugnung, in Bruderliebe und in dem Wunsche, von der Macht der Sinne frei zu werden. Ich erzählte von den Leiden der Frauen und von den Idealen, die anzustreben waren. Man fand, daß ich einen guten Missionsvortrag gehalten hatte. Der Himmel ist vielfarbig, je nach der Beleuchtung, aber immer ist er das, was über uns ist ... Amen!

Die tragische Geschichte vom Huhn.

Nach dem Vortrag begaben wir uns ins Pfarrhaus, in dem aber leider die Hausfrau leidend im Bette lag. Ein kleiner, angenommener Junge und die sechzehnjährige Tochter richteten den Tisch, und wir setzten uns zum Abendbrot nieder, vor uns – sehr lecker aussehend – ein gebratenes Huhn auf weißer Schüssel. Wie die meisten Gelehrten war Herr M. den praktischen Dingen dieser Welt abhold, und er betrachtete das unzerlegte Huhn, das zu zerlegen nach englischer Sitte Aufgabe des Hausherrn ist, mit freundlichen Blicken, dann schliff er das Messer am Tellerrand, erhob sich feierlich wie zu einer Predigt und steckte die Gabel in unseren Braten. Das war aber auch alles, was das Huhn zu gestatten bereit war.

Nach einigen Versuchen wandte er sich an mich: »Können Sie einen Hahn zerschneiden?«

Nun wußte ich wohl, zu welcher Abart ein Huhn zoologisch gehört, nicht aber, wie man es anatomisch zerlegen soll, und daher lehnte ich die Aufgabe ab. Die Tochter näherte sich, nach strenger Aufforderung, mit berechtigtem Mißtrauen dem braunen Ding auf dem Tisch, holte indessen das lange Küchenmesser, begann ... und landete das Huhn unzerschnitten auf dem Tischtuch. Es endete damit, daß Herr M. das Schwanzende hielt und wir mit beiden Händen an Flügeln und Beinen rissen, und selbst da lief uns der Schweiß herab, ehe wir jeder mit einem Stück im Besitz blieben.

Es ist eine wahre Geschichte, daß von einem Dinge die Teile wie das Ganze sind, und die Henne weigerte sich auf dem Teller so hartnäckig gegen Messer und Gabel wie im einstigen Ganzzustand. Der Junge wurde in die Küche geschickt, um dort in Einsamkeit nach Art unserer affigen Vorfahren vorzugehen, aber auch wir fanden uns bald bemüßigt, die Zähne zu gebrauchen und den Knochen mit aller Kraft mit den Händen fest zu halten. Immer unterdrückte ich tapfer das Lachen, doch als der Pfarrer aufstand und mit bedauerndem Kopfschütteln erklärte, seinen besseren Satz Zähne aus dem Schrank holen zu müssen, war es vorbei. Da lachte ich bis zu Tränen.

Obschon wir höchst wenig aßen, schmeckte mir dieses Huhn wie nur selten eins.

Die Fahrt nach Henderson.

An eine andere lustige Episode mit Herrn M. erinnere ich mich. Um dreiviertel sieben eines Abends, bald nach dem öffentlichen Vortrag über Weltfrieden, klingelte er an und fragte, ob ich ihn in zehn Minuten nach Henderson begleiten und dort einen Reisevortrag halten könnte. Ich stand auf dem Stuhl neben dem Fernsprecher (zu klein, den Trichter sonst zu erreichen), die Serviette in der Hand, denn wir waren eben beim Speisen. Ich sagte ja, sprang herunter, kleidete mich schnell in die einzige Vortragshaut, ein braunes Seidenkleid aus Botschaftstagen, und saß eine Viertelstunde später im Wagen.

Nun hatten wir uns immer viel zu erzählen und allerlei Interessantes zu besprechen, denn Herrn M.'s Kenntnisse waren sehr vielseitig, und in wachsender Begeisterung vergaßen wir immer wieder, daß der Weg nach Henderson über eine elende Straße voll Ruckeln geht und daß ein Kraftwagen uns darüber hinweg beförderte. Mitten in unserer Begeisterung flogen wir vom Sitz auf und mit einem wahren Mordskrach gegen das harte Dach des Gefährts.

Es wundert mich, daß uns Verstand genug blieb, noch zu sprechen, als wir nach einer Stunde finsterer und abenteuerlicher Fahrt in Henderson ankamen.

Herr M. sprach zuerst und fuhr sofort zurück. Ich übernachtete in Henderson, wo sehr viele Jugoslaven ansässig sind und Damar suchen (das herrliche Harz der Kauripinie). Sie wohnen indessen in der Umgebung, und ich suchte sie nicht auf, weil ich nicht wußte, welche der drei Sprachen sie sprechen würden und ob ihr Entzücken über mich letzten Endes so groß sein würde.

Von diesem sonderbaren Umstand, daß man heute in Europa eine Paßheimat und eine andere Sprachheimat haben kann, hat man im Ausland keine Ahnung, und das können die guten Neuseeländer und viele andere Völker nicht begreifen. Nirgends auf der Welt beinahe (außer in Sydney) fand ich einen Konsul, aber jede Behörde ist mir aus dem einen oder dem anderen Grunde ein wenig Tante (und wie solche nicht immer zu freundlich), nur die britische nicht, aber wenn ich wirklich in Verzweiflung war, lief ich als Frau zum Löwen, und er beschützte mich.

Die Maoris.

In Auckland oder Wellington selbst sieht man nur vereinzelte Eingeborene. (...) Will man die Maoris in ihrer Ursprünglichkeit in ihren Whares oder Hütten finden, so muß man sich schon dem Busch anvertrauen und unter Baumfarnen, dem nadelartigen Rimu und der schönen Kahikatea, dahinwandern, ehe man sie entdeckt. Vieles aber von ihrem Denken ist in die Sprache übergegangen, und die enge Berührung mit den Eingeborenen, zwischen denen nicht wie an anderen Orten, eine so scharfe Farbgrenze gezogen ist, hat einen gewissen mystischen Zug in die dortigen Weißen gebracht. Geht man durch den Abendwald und singt man zufällig (doch nicht ich, deren Stimme einem von Bronchialkatarrh befallenen sterbenden Hahne gleicht), so heißt es augenblicklich: »Nicht singen, denn es reizt die Elfen; sie glauben da leicht, man verspottet sie.«

Um sie abzuschrecken, ruft man auch wohl: »Flüsternde Geister des Westens, wer brachte euch in unser Land? Steht auf, steht auf und entfernt euch, ihr flüsternden Geister des Westens.«

Ebenso wenig kann man an einer Pohutukawa mit ihren stark gesenkten Ästen vorbeigehen, ohne sich zu erinnern, daß an solch einem Baum herab die Geister zum äußersten Rand des nördlichsten Raps klettern und von dort aus nach Te Reinga springen, das auf dem Meeresgrund gelegen zu sein scheint. Einmal stieg eine Fran, die noch nicht tot war, nach Te Reinga hinab und sah drei Wächter um ein Feuer gelagert. Schnell ergriff sie eine Fackel und eilte in das noch feuerlose Land der Lebenden zurück, verfolgt von den Wächtern, denen sie Kumara (Süßkartoffeln) zuwarf, um sie abzulenken, doch sie erreichten sie. Da schleuderte sie den Feuerstab hinauf und er blieb am Himmel hängen, von wo er uns noch leuchtet.

Läuft die Gänsehaut über den Rücken eines Bekannten und schüttelt er sich, so sagt man augenblicklich, der Geist seiner Vorväter sei warnend in ihn gefahren.

Die Sprache der Maoris ist melodisch, ähnelt der der Hawaiier und hat schöne Vergleiche. So sagt man für Äquator »Sonnenkreuzungsplatz«, für Mars »der Rotgesichtige«, für einen Kometen »Vogel der Sonne«. Sie haben auch weise Sprichwörter: »Wenn die Trommel zum Fest schlägt, laß dein Trommelfell nicht dick sein!« oder »Er bleibt ein Papagei, ob er gebraten oder roh gegessen wird«, oder »die Größe deines Fisches hat dich abspenstig gemacht« (dein jähes Glück machte dich übermütig), »er ist den Pohutukawabaum hinabgeglitten« (gestorben).

Köstlich ist es auch, daß die Maoris »Feensand« für Zucker, »Feenbimsstein« für Kuchen sagen.

In Rotorua – dem »dünnen Kratersee«.

Eines Tages erhielt ich eine Einladung des Pastors von Rotorua, im Herzen des echten Maorilandes, das sich mitten im Geisergebiet befindet, auch dort über Weltfrieden, japanische Kunst und meine Reise im allgemeinen zu sprechen, und eine Woche sein Gast zu sein. Mein Bündelchen war schnell geschnürt, und um acht Uhr früh saß ich im Zuge, um erst gegen Abend meinem Ziele näherzurücken. Wir machen uns hier keinen richtigen Begriff von den Entfernungen. Rotorua liegt abzweigend von der Hauptstraße mitten zwischen Auckland und Wellington, und so klein die Insel auf der Karte auch aussieht, in Wirklichkeit fährt man von einem Ort zum anderen im Eilzuge so lange wie von Wien bis Hamburg und hat noch nicht das Ende der Nordinsel erreicht.

Die Fahrt ist herrlich, denn einmal dehnen sich Landbesitzungen mit Äckern, Wiesen voll Herden, dichter Busch vor dem Beschauer, einmal klettert der Zug die Felsen empor und ist von braunen Steinmassen umgeben, aus denen aber die Tistaude mit ihren weißen Blüten, viele Flechten und Moose, zahllose seltsame Schlingpflanzen und viele Wässerchen brechen, die in kleineren und größeren Fällen das Bild verschönen.

Das Heißquellengebiet liegt tausend Meter über dem Meeresspiegel. Jetzt, im Juli, also mitten im südlichen Winter, fand man in den Sprüngen glitzernde Reifmassen, und abends war der Boden des Ortes von Rotorua schneeweiß von Frost, obschon es nie schneite. Ich wurde abgeholt und saß gar bald im warmen Pfarrhaus bei der beinahe blinden alten Dame, deren Schwester in Deutschland verheiratet war, weshalb ich hier auf keinerlei Vorurteile stieß. Ins Bett wanderte ich mit einer Wärmflasche, aber den Vorschlag, bei offenem Fenster zu schlafen – etwas chronisch Britisches und das einzige, woran ich mich nie gewöhnt habe – lehnte ich dankend ab. Mir ist lieber viel weniger Luft und etwas weniger Kälte. Ich bin ja kein Walfisch, der sich auf einmal mit einer großen Menge Luft anfüllt ...

Jeden Abend sprach ich irgendwo anders, am Mittwoch über Weltfrieden, und es war trotz des Ofens so kalt im Saale, daß meine Zähne zum Schluß klapperten und die Besucher an Stelle eines Muffs eine Wärmflasche in der Hand hielten. Man spricht nämlich in den Antipoden wohl nur eine Stunde, aber man hat nachher eine sogenannte »Discussion« oder Besprechung, und die Kraft des Vortragenden zeigt sich erst am Schluß, denn nun muß er nicht nur alle Fragen beantworten, sondern er muß auch den Gegner besiegen. In meiner Familie ist mütterlicherseits ziemlich viel Zungenfertigkeit ein ererbtes Talent, und im Notfall bricht das durch das Schweigen meiner väterlichen erblichen Belastung. Ich habe noch immer meine Gegner niedergeredet, selbst die weiblichen, was bedeutend schwerer ist.

Da hatte ich zum erstenmal Gelegenheit zu sagen, wie ungerecht die Pressenachrichten über Deutschlands Grausamkeit waren, und erzählte von dem schwarzen Heer an der Rheingrenze. Ich bin gegen Rassenmischung, und ich sprach mir darüber fast die Seele aus dem Leib, aber so, daß auch die anwesenden Franzosen nichts einwenden und auch nicht verletzt sein konnten. Mit protzenhaftem Vorkehren irgend welcher Tugend erreicht man im Leben nichts, und wahrer Volkssinn ist der, der den Gegner von selbst – durch die Umstände – zum Ausruf zwingt: »Was für ein großes, starkes Volk!« Dann nämlich glaubt es der Betreffende ...

Ich bin zum Schrecken kosmopolitisch abgeschliffen, aber oft unterdrückte ich eine bissige Antwort, ein heftiges Vorgehen, eine vielleicht wenig großmütige Handlung, weil ich mir sagte: »Nach dir wird man auf dein Volk schließen – dein sprachliches und dein paßpolitisches, und nicht nur du, sondern alle werden dadurch beschämt werden!« Das ließ mich in völkischen Zänkereien immer schweigen, so ungern ich es tat, aber oft hörte ich auch, viele Monate später, von ganz anderer Seite, daß man darauf gekommen war, daß deutschsprechende Wesen wirklich nett, bescheiden und hilfsbereit sein konnten.

Sein Volk geistig groß und gut hinzustellen – das ist meiner Ansicht nach die echte und einzig erlaubte Vaterlandsliebe.

Vor den entschwundenen Terrassen.

Jeden Abend und an manchen Nachmittagen sprach ich, aber immer machten wir weite Ausflüge in die Umgebung; je weiter, desto schöner. Die Leute waren gut und holten mich im Kraftwagen ab, und eines Tages fuhren wir an den beiden Seen vorüber hinaus ins Tal von Rotomahana und über Berge und durch Schluchten zu Fuß bis zum See Tarawera, zu dem vor kaum vierzig Jahren die wunderbaren weißen und rosa Terrassen führten, die ganz aus Tropfstein gebildet und wie Becken waren, in denen sich das Wasser fing, ehe es über den Rand in dünnen Wasserfällen weiterlief und größere, tiefere Becken füllte. Nach Beschreibungen zu urteilen, müssen die Terrassen etwas Wunderbares gewesen sein. Ein furchtbares Erdbeben zerstörte sie Ende der achtziger Jahre.

Aber auch der Gang zum See, dessen Uferabhänge dampfen und in den viele heiße Quellen münden, ist etwas Großartiges. Man geht durch eine Schlucht und dann, aufsteigend, zuletzt auf einer Berghöhe, von wo aus man in den Krater eines Geisers sieht. Man darf sich ihm nie zu sehr nähern, weil er – selbst wenn er lange nicht aufgeschossen war – plötzlich rege werden könnte. Vor Jahren stieg jemand hinab, um etwas am Rande zu suchen, vernahm unerwarteterweise ein Rollen, wich zurück, sah den riesigen, schneeweiß wirkenden Wasserstrahl hochschießen und wurde von den stürzenden, kochenden Massen keine zwanzig Schritte von den verzweifelten Angehörigen in die Erdtiefen gerissen: gekocht!

Aber man braucht nicht vor dem größten der Geiser zu stehen, um vor dem Wirken der Erdgeister Achtung zu bekommen – die kleineren Springbrunnen der Natur, die quaksenden, glucksenden Schlammlöcher, die siedenden Bäche tun es auch. Mit einem ganz eigentümlichen Gefühl geht man durch die wenig bewachsene, aus den merkwürdigsten Steinbildungen zusammengefügte Schlucht und bemerkt neben sich den hellen Fluß, aus dem ein feiner

Dampf aufsteigt, der aber so heiß ist, daß man darin nicht baden könnte. Aus dem Gestein dringt, zwischen zwei Pflanzen, ein feiner, geisterhafter Dunst, in einer finsteren Höhle brodelt es, und man merkt starken Schwefelgeruch; in den Bergen selbst scheint es zu dröhnen wie fernes Kampfgetöse, und ein Wasser kann eiskalt, das nächste siedend sein. Darüber der blaue Himmel, die fremde Pflanzenwelt, ein brauner Maori, der vielleicht noch Menschenfresser war, und endlich der mächtige See Tarawera ...

Mehrere feuerspeiende Berge umgeben ihn, und einige tragen Schnee, während andere kahl und schwarz aus dem Hellbraun der Umgebung stechen wie ein offenes Maul, das auf Beute lauert. Auf dem Berg Tarawera selbst haust ein böser Geist, und niemand wagt es, den Gipfel zu ersteigen, denn man meint, das entsetzliche Erdbeben, das die Terrassen zerstört und die Erde vielseitig gespalten hatte, entstand dadurch, daß ein Verwegener zum Gipfel des Berges wollte und der Erdgeist ihn mit all dem Schütteln in verdiente Tiefen stürzte. Der See, der heute eine riesige Fläche bedeckt, war damals nicht vorhanden. Schrecklicher Gedanke, auf einem Boden zu stehen, der heute noch, wie die Erde in Urzeiten, ungefestigt ist. Ein Kracher, und es versinken Berge, öffnen sich Schluchten, bilden sich Seen, wo Land war, und schießen Ströme siedenden Wassers zischend vierzig Fuß hoch in die Luft.

Der Wasserfall des Flusses beim noch weit größeren Tauposee ähnelt dagegen dem Rheinfall bei Schaffhausen.

In Whakarewarewa.

In einer knappen Stunde ist man von Rotorua in Whakarewarewa, einem echten Maoridorf, in dem die Leute noch so leben, wie sie es seit altersher gewohnt sind. Einige machen aus dem knisternden Gras die berühmten, sehr teuren Grasröcke, die bei Tänzen und früher im Kriege von Männern getragen werden und die so eigentümlich rascheln wie Wind im Schilf. Andere stellen aus feinem Neuseelandflachs (der flüchtig an Sisal erinnert, aber weichblättriger ist und höher wächst und nur auf der Nordinsel vorkommt) die wertvollen Mattenmäntel her, die in alter Zeit unsere Gewänder ersetzten und die mit schwarzen, haarartigen Fasernbüscheln geschmückt werden. Wieder andere flechten sehr hübsche Körbe aus Flachs, dem Harakeke, dessen Blüten einen honigartigen Saft enthalten und dessen Blattenden einen Saft ausscheiden, der als Leim und als Siegellack verwendet wird, während die trockenen Blütenstengel so gut und langsam brennen, daß man sie als Fackel benutzt, wenn man nachts weit zu gehen hat.

Es gibt in Whakarewarewa so viele Geiser, daß man kaum weiß, wo man beginnen soll; manche spielen täglich, andere nur einmal in Wochen, doch in den verschiedenen Löchern brodelt es immerzu, und man sieht im Schlamm merkwürdige Bildungen – einmal wie Lotosblüten, einmal wie Birnen. Daher führen die Quellen verschiedene Namen, die eine nach den darin entstehenden Lauten sehr treffend »das grunzende Schwein« genannt.

Wir traten in mehr als eine Hütte (die dortigen Missionare führten mich), und die Frau eines Häuptlings, die noch blautätowierte Lippen hatte (ohne solche Lippen durfte kein Mädchen heiraten), erzählte uns freimütig von alten Zeiten. Sie erklärte ernsthaft, daß das Haar ihres verstorbenen Gatten so heilig gewesen war, daß, wer immer es, wenn auch unabsichtlich, berührte, an der Heiligkeit zu Grunde gehen mußte, und führte verschiedene Fälle an, zeigend, daß der Schuldige ein oder zwei Tage später einem Mißgeschick sonderbarster Art erlegen war.

Die Heiligkeit des Kopfes ist nämlich ein polynesischer Glaube, und der Tohunga, der Zauberpriester, der immer abseits von allen Leuten leben mußte, war so über alle Begriffe hinaus heilig, daß er nicht einmal mit den eigenen Händen den Kopf berühren durfte, weshalb er durch den Zaun gefüttert wurde. Die Kumaras (süße Kartoffeln) wurden auf einen Pfahl gesteckt und ihm so in den Mund geschoben. Heute gibt es ganz vereinzelte Tohungas, denn die meisten Maoris sind – dem Stamme nach wenigstens – Christen, doch geheime Verzauberungen, von allen geglaubt, sind noch häufig, und wie alle Naturvölker sind die Maoris sehr psychisch.

Im kochenden Dorf.

Weit mehr Eindruck als Whakarewarewa, das schon ein wenig touristenmäßig zugeschnitten ist, macht mir das kleine Nachbardorf von Rotorua, das wir nachmittags besuchten und das auf so heißem Boden gelegen war, daß die Ledersohlen schmorten und der Dampf da und dort aus dem Fußboden kroch. Manchmal hatte man in der Tat das unangenehme Empfinden, auf einer Tortenkruste zu gehen, die jeden Augenblick einstürzen konnte. Heiße Quellen, heiße Bäche, heiße Tümpel überall. In einem solchen stand nackt ein kleines Kind mit traurigen Augen – eine fröstelnde Auszehrende, die den ganzen Tag im heißen Wasser verbrachte ... In anderen Steinbecken jauchzten Kinder, in einem anderen, ebenfalls dampfenden, waschen Frauen, und in den engeren Löchern hingen an langen Schnüren, mit Tüchern umbunden, irdene Kochtöpfe, in denen das mit Gemüse gemischte Fleisch langsam gar dünstete. Keine Art der Zubereitung ist so wohlschmeckend, und in alten Zeiten wurden in dieser Gegend auch die Menschen so schmackhaft zubereitet. Teekessel stehen bis zur Hälfte im Bach, und bald siedet das Wasser. Die Leute sind so rein, weil es eine Freude ist, ins Bad zu springen, das immer schwefelhaltig ist und die Haut weich wie Samt macht.

Eine Maorifrau schenkte mir Poibälle – aus Bast gemachte Kugeln an langer Schnur, mit denen sich die Tänzer beim Poitanz im Takt schlagen, was ein lautes und nicht unangenehmes Geräusch verursacht.

Aber mein Hauptabenteuer hatte ich mit den vier alten Mattenflechterinnen, die sich bei meinem Eintritt erhoben, den alten Willkommenstanz mit dem reichen Gebärdenspiel des Mattenauflegens für den Gast, des Schalenanbietens und anderer Zeremonien tanzten. Dann sprangen sie auf mich zu und gaben mir Te Hongi, den Willkommenskuß, was aber in Maoriland ein sanftes Reiben der Nasenwände bedeutet und bei Schnupfen nicht sonderlich angezeigt ist.

Wir baten einige Männer, ein paar Schritte aus der Haka auszuführen, dem berühmtesten Kriegstanz alter Menschenfressertage, bei dem die Zungen herausgestreckt werden, um volle Verachtung auszudrücken und wobei ohrenartige Verlängerungen an einer Stirnbinde den Schmuck bilden. Grimassen in diesen ganz und gar tätowierten Gesichtern wirken schauerlich.

Ebenso unheimlich war es mir, als neben der Kirche, in der man großartige geschnitzte Kirchenstühle aus prachtvollem Holz findet, aus einem Grab feiner Rauch wie ein entweichender Geist ausstieg. Also wurden selbst die Toten an diesem Ort noch gedünstet.

Im Bad.

Aber auch in Rotorua selbst, im Pfarrhaus, auf der Straße, im schön angelegten Park, nachts bei Reiffrost, war es schön. Man sah von mancher Stelle aus direkt auf den weiten See und erblickte die Insel, wohin die schöne Hinemoa geschwommen kam, nachdem die Eltern verboten hatten, daß sie die Gattin Tutanekais werde, der jeden Abend um ihretwillen so rührend auf einer Flöte spielte, die aus dem Armknochen eines Tohungas namens Te Murirangaranga gemacht war und heute im Aucklandmuseum aufbewahrt wird. Sie war, so sagt das Märchen, »schön wie ein wilder weißer Habicht und scheu wie ein wilder weißer Reiher«. Tutanekai traf sie früh am Morgen zitternd vor Kälte und völlig nackt vor dem kleinen, warmen Pfuhl unweit seiner

Whare. Er warf den Federmantel um sie und führte sie in sein Haus, wodurch sie nach Landessitte seine Frau wurde.

So schwamm die tapfere Hinemoa nachts von Ohinemutu, dem kochenden Dorf, drei Meilen bis nach Mokoia ...

Abends bat ich immer, zur Belohnung ins Bad gehen zu dürfen. Da um neun Uhr niemand mehr badete, hatten Frau Ch. und meine Wenigkeit das Becken für uns. Es war immer an die 39 bis 40 Grad, und es dauerte ein wenig, ehe ich untertauchte, aber einmal darin, wollte ich nicht wieder heraus. Nach einer Viertelstunde wurde man indessen so schwach, das Herz klopfte so laut und die Knie zitterten, daß man gern wieder herauskroch. Es erwärmte mich für eine ganze Stunde.

Ich weiß nicht warum, aber Juden sind unterwegs immer so ungewöhnlich gut gegen mich gewesen. Bevor ich abreiste, besuchte uns ein reicher Geschäftsmann und wünschte, mit mir allein zu sprechen. Als ich ihm in der Pfarrschreibstube gegenübersaß, sagte er mir, daß er sich auch für Theosophie interessiere, und daß ich eine lange und anstrengende Reise vor mir hätte, daß ich erfroren ausschaue und gar nicht zu stark und – – kurz, er ging, doch nicht, ehe er mich in zartester Weise bewogen hatte, drei Pfund Sterling zu behalten. Er kam ursprünglich aus Rußland.

Die Frau Pastor schenkte mir zum Abschied ein neues Paar Schuhe, das für sie zu klein, für mich, bei meiner Eitelkeit aber zu groß war, und das ich lange im Koffer verborgen herumschleppte, bis ich in der Südsee im Busch herumwandern und Lederschuhe haben mußte. Diese erst über die Achsel angesehenen Schuhe dauerten bis an die Menschenfressergrenze und wurden an der Küste von Neu-Guinea feierlich beerdigt.

Es ist eine Eigenheit sowohl Neuseelands wie Australiens, daß, wer ein Zimmer mietet, es auch aufräumt, und zwar ganz tadellos. Diese in Sydney erworbene Tugend begann in Auckland ganz leise (aber noch sehr schwach!) zu keimen. Ich wischte, wo ich war, die Teller ab, denn es ist auch bei bessergestellten Leuten Sitte, selbst zu kochen und selbst abzuwaschen, da die Dienstbotenfrage sehr schwierig ist. In der Rosengasse hatten wir eine - ein freches, hochmütiges Ding - das zweimal wöchentlich von eins bis zehn Uhr abends Ausgang wollte und außerdem noch an Dienstagabenden auf zwei Stunden verschwand, das immer mit »Bitte sehr!« zu jeder Handreichung aufgefordert werden mußte, und das selbst den Pfarrer anschnabelte. In anderen Häusern kochte die Dame selbst und fand dabei immer noch Zeit, Vorlesungen zu besuchen, sich weiter zu bilden, Klavier zu spielen und sogar oft noch einen Beruf auszuüben.

Sobald wir gegessen hatten - nach englischer Sitte war die Hauptmahlzeit meist am Abend, wurde aber »Tee« genannt und fand meist schon um sechs Uhr statt - begaben wir uns in die Küche, die Hausfrau wusch, die Tochter schwemmte, und die männlichen Mitglieder trockneten das Geschirr ab und räumten es weg. Aufgabe der Brüder war es immer, die Hühner zu füttern, die Eier zu suchen, die Kühe zu melken, und sehr oft, wenn die Frau anderweitig in Anspruch genommen war, mußte sich der Mann hinstellen und das Mittagessen kochen. Seine Knöpfe nähte er sich selbst an und war überhaupt nicht das hilflose Wesen, als das er meist in Europa herumläuft. Ich habe mir seither geschworen, nur einen Neuseeländer zu heiraten. Gleichzeitig aber erfaßte ich erst, was es bedeutet, »abgerundet« zu sein, das heißt, auf geistigem und auf körperlichem Gebiet seinen Mann zu stellen, und das war der Ursprung meiner heutigen (noch immer bescheidenen) Hausfrauentugenden.

In Whangarei.

Etwa sieben Stunden Eisenbahnfahrt nach Norden bringt den Reisenden nach Whangarei, dem »Tor des Nordens« mit seinen herrlichen Kauriwäldern und dem wärmeren

Klima (je nördlicher, desto wärmer!). Ich hielt auch da Vorträge und wohnte bei lieben Freunden. Morgens wollte ich nach meiner erprobten Art das Bett mit zwei künstlerischen Rucken in Ordnung bringen, was Frau G. aber lachend vereitelte, indem sie alles Bettzeug aufs Fensterbrett warf. Zur Entschädigung erhielt ich abends die Wärmflasche ins Bett, umsomehr als ein Teil des Fensters offen blieb.

Am letzten Tag hatten wir einen Unfall im Kraftwagen – wir fuhren ein Kind nieder und brachen ihm das Bein. Wir waren alle derart erschüttert, daß wir den Zug versäumten und ich zwei Tage später nach Auckland zurückkehrte. Dort fand ich Frau C., mit der sich eine leichte Spannung ergeben hatte, krank.

Schon einmal hatte ich den Fidjidampfer versäumt – nun drängte es mich um jeden Preis, Auckland zu verlassen. Man war sehr gut gegen mich gewesen, aber Schriftsteller und Forschungsreisende sind nicht die angenehmsten Hausgenossen. Ich schwamm immer unter Pflanzen, die an Wänden, unter Tischen und dem Bett trockneten; ich hustete noch immer trotz aller Arzneien aus einer chronischen ererbten Schwäche heraus, die nur der echten Tropenglut wich; ich klapperte auf der Maschine, und ich war ewig in irgend etwas versunken – zudem Friedensapostel – und merkwürdigerweise verzeihen gerade Frauen viel weniger Eigenart im Denken als Männer. Herr C. blieb bis zum Schluß reizend gegen mich, und meine Aucklandfreunde, die theosophischen, bahaiischen, christlichen und heidnischen halfen mir, gaben mir gute Ratschläge, und eine Dame lieh mir eine bedeutende Summe, damit ich sie in Fidji vorzeigen könne. Man darf nämlich nur landen, wenn man außer den ohnehin bei der Schiffsgesellschaft hinterlegten zwanzig Pfund noch weitere zwanzig Pfund vorweisen kann. Ich schickte das geborgte Geld mit dem nächsten Schiff zurück und begann mein abenteuerliches Inselleben, den wichtigsten Teil meiner Weltumseglung.

Im Südseeinselreich.

In Suva.

Eine halbe Stunde vor Abfahrt des Schiffes und obgleich ich die Karte nach Suva schon in Händen hatte, wußte ich nicht, ob ich fahren könnte oder nicht, denn mir fehlten außer dem geborgten Gelde noch neun Pfund, die mir der »Auckland Star« für Beiträge zahlen sollte, und dieses Geld holte ich vor der Abfahrt ab. (Schriftleitungen zahlen, wann sie wollen, nicht wann der arme Teufel von Schriftsteller will.) Dennoch war ich hochzufrieden, das Geld, das zu zehn Pfund angewachsen war, zu erhalten, und verzieh den Göttern die Dritte, in der ich schon wieder schmorte. Zudem schmorte ich nur drei Tage und aß am sogenannten »Tisch der Weißen«, der nicht sonderlich besetzt war. Ein Insulaner kratzte Tag und Nacht auf einem Ukulele, bis er dem Meergott zu viel wurde und er den »Niagara« schüttelte. Das brachte das Ukulele zum Schweigen und den Magen des Kratzers zum Sprechen, was für mich weniger störend als umgekehrt war.

Kaum war ich vor Suva auf das obere Deck gestiegen, wo man die Landungsopfer immer dem »dritten Grad« unterwarf, so rief schon ein Paßbeamter »Miß Karlin« und war nicht wenig erstaunt, nach so viel Paß so wenig Mensch zu sehen. Er machte sofort sein kabbalistisches Befriedigungszeichen unter mein Visum und hieß mich getrost meine Füße auf den Inselboden setzen. Nicht einmal nach dem Stand meiner Kasse fragte er sonderlich viel. Ich kletterte bergauf, bergab – Suva liegt teils auf einem Hügel, teils den Strand entlang – und wunderte mich über die schwarze Polizei, die sehr viel Haar, sehr viel Schwärze und bis auf ein schneeweißes, unten rundgezacktes Lendentuch nichts an Kleidung besaß. Noch mehr verwunderten mich die zahlreichen Indierinnen, die im braunen Nasenflügel einen Rubin trugen, den ich zuerst als einen

Blutstropfen ansah, der aber nur den umständlicheren Nasenring ersetzt und ehrliche Würde ankündet.

Ich fand oben auf dem Hügel im Suvahaus ein von braunen Riesenkakerlaken sehr bewohntes, sonst nicht übles Zimmer, das ich nur drei Tage einnahm, weil ich sofort nach Lautoka weiterzureisen wünschte, in dem ich jedoch den Großteil meines Gepäcks (das Strohkörbchen mit dem Götzen und den wichtigsten Schriften) zurückließ, während der Koffer mit Riesennamen und meine Erika mich natürlich begleiteten. Ehe ich von dieser Abenteuerfahrt spreche, muß ich einen kurzen Überblick der Gruppe vorauschicken.

Wir sehen auf der Karte Punkte im Weltmeer, aber Viti Levu mit dem Hauptort Suva ist größer als ganz Steiermark, und Vanua Levu, die größte Insel der Fidji-Gruppe höher im Norden, ist fast so groß wie ganz Österreich und hat Labasa zum Hauptort. Dennoch ist nach Suva eigentlich Levuka auf der Insel Ovalau und zu Füßen des sehr hohen und steilen Nadelaiovalau der wichtigste Hafen. Ebenso gibt es die Mittelgruppe (die schon erwähnten und angrenzenden Inseln), die Lau- oder Ostgruppe angrenzend an die flachen Tongainseln und endlich die Yasawas im äußersten Nordwesten.

Alle Inseln liegen schon in den Tropen, sind aber nicht so heiß, weil die Passatwinde regelmäßig darüber hinblasen und die Nähe von so viel Wasser kühlend wirkt. Das Barometer ist hier empfindlicher – es steigt und fällt zweimal täglich – und vor einem der gefürchteten Wirbelstürme beschreibt der Wind die ganze Windrose. Er setzt zum Beispiel im Osten ein, und das Unwetter beginnt erst, bis er neuerdings aus dem Osten bläst, also den Kreis beschrieben hat.

Auf der Fahrt ins Blaue.

Alles kommt im Leben wie es kommen muß, das Gute wie das Schlechte. Meine Reiseerfahrungen haben mich in eine Fatalistin verwandelt. Warum kam ich mit dem »Auckland Star« in Verbindung? Warum riet mir Miß Jones, ihre alte Bekannte zu besuchen, die auf der vorletzten Insel der Yasawas lebte und seit Jahren keine weiße Frau mehr gesehen hatte? Warum sagte ich ja, schrieb der Dame, fand einen sehr netten Brief in Suva vor und nahm leichtsinnig die Einladung an? Warum?

Weil ich viel, viel lernen sollte, nicht allein an Wissen – nein, auch an Lebensweisheit.

Der winzige Küstendampfer mit einer Ersten wie ein Gefängnis und einer Dritten, in die ich Gott sei Dank nur dankbar abweisende Blicke warf, kroch an der schönen und gewundenen Küste von Viti Levu dahin, watschelte kurze Zeit den breiten Strom landeinwärts, entschloß sich zum Abzweigen, schob sich durch einen so engen Kanal, daß der nackte schwarze Lotse jedesmal ans Land springen und den Schnabel des Seevogels landwärts ziehen mußte, ehe der Schwanz rückwärts mit Mühe und Not an einer Krümmung vorbei konnte, und erreichte endlich pustend am folgenden Tage Levuka, wo die Mischlinge wohnen und wo sie etwas »sind«. Im weißeren Suva sind sie gesellschaftlich tot, hier blühen sie ein wenig.

Der Strand ist sehr hübsch und war mit Kokospalmen dicht besetzt, die indessen in wenigen Monaten gefällt werden mußten, weil ein gefährlicher Käfer sie angegriffen hatte. Man merkte die Krankheit des Baumes erst, wenn oben die äußersten Wedel gelb wurden, und dann flogen auch in der Regel schon viele sehr hübsche kleine lichtblaue Falter heraus aus dem durchfressenen Stamm und in alle Welt hinein. Manche Stellen der Hauptinsel boten erschreckende Spuren solcher Verwüstung.

An vielen Inselchen vorbei gelangten wir nach und nach von Hafen zu Hafen, wo wir große Zuckerpflanzungen, etwas Sisalhanf, welke Palmen und die seltsamen Hütten der Eingeborenen sahen, deren Dach ungewöhnlich hoch und aus Palmenstroh war, das wie der steile Abhang eines braunen Hügels wirkte. Auch die Wände waren von außen grasgedeckt, und daher erinnerten mich die Hütten immer an einen heimischen Heuschober.

Vier Tage pendelten wir so planlos (jedenfalls scheinbar so) von Ort zu Ort und von Inselchen zu Inselchen, einmal mit der Aussicht auf mangrovenumrandete Buchten, manchmal mit der auf die hohen Vitiberge, wo der Sommerkurort Nandarivatu liegt und man im tiefsten Geklüfte noch verborgene Menschenfresser finden sollte, und einmal auf weitgestreckte Zuckerpflanzungen, besonders nachdem wir ohne zu halten an Ba vorbeigefahren waren und Lautoka zusteuerten.

In Lautoka.

Es war ein wahnsinniger Gedanke, aber manchmal gelingt einem im Leben eine Sache, eben weil sie so verrückt ist, daß der Vorsatz zum Glücksspiel wird. Die Yasawas waren so entfernt und vor allem so wunderselten besucht, obschon die nächste der Inseln kaum dreißig Seemeilen entfernt lag, daß höchstens ein Kutter oder ein Segelschiff, das Trocasmuscheln – die gesuchten Turmschnecken – auf den Lautokamarkt brachte, jemand mitnehmen konnte. Zuzeiten fuhr der Regierungskutter dahin, um einige gefährliche Strafsachen zu erledigen, aber auch dieser sollte vor Tagen oder Wochen abgefahren sein. Da stand ich nun in Lautoka und wußte nicht, was ich beginnen sollte. Zuerst machte ich einen Ausflug in die Stadt, doch da es erst sechs Uhr früh war, traf ich niemand, mit dem ich Rat pflegen konnte, und im Hafen ergaben die Nachforschungen wenig Tröstliches. Der gutmütige dunkle Kapitän meines Dampferchens sagte mir, ich möge lieber erst einmal frühstücken, darauf fände sich eher Rat. Als ich, tatsächlich weniger entmutigt, wieder vom Dampfer kletterte, um meine Forschung aufzunehmen, rief mich jemand an und sagte mir, daß der Regierungskutter im Abfahren nach den Inseln sei. Der Sekretär des Richters stieg auch schon auf das Deck, mein Gepäck stand neben der Steintreppe, und nach zweistündigem Warten erschien der Richter, auf den ich glatt zusteuerte, von meiner Einladung zu Frau Doughty sprach und ihn herzlich bat, mich mitzunehmen.

Er bemühte sich redlich, mich mit schönen Redensarten loszuwerden. Ein Kutter sei sehr unbequem, es gebe keine Einrichtungen für Frauen, es fehle dies und das, man müsse sich abbraten lassen, die Fahrt sei lang ...

Ich erklärte ihm, schon viel erlebt zu haben. Zum Schluß willigte er bedingungsweise ein, fügte indessen hinzu: »Warten kann ich nicht! Ich fahre in diesem Augenblick!«

Da warf ich den Koffer aufs Deck und faßte meine Erika beim Ohr.

»So ein Teufelsweib!« dachte sich wohl der Bändiger der Bösen.

Auf dem Segelschiff.

Ich genoß den Beginn der Fahrt, wie ich noch nie eine Seereise genossen hatte, denn jeder Mensch kann auf einem pustenden Dampfer sitzen, aber so hinausfahren ins offene Meer hinter geblähten Segeln, vom Weinen eines Tritonhorns begleitet und doch so mutterseelenallein, das war etwas! Auch die Mannschaft war dazu angetan, die Augen zu erfreuen. Der Kapitän, ein fetter Schwarzer mit roten Blumen im wulstigen Kraushaar, spuckte oft ins Meer hinein (weil das die Geister abhielt und Glück brachte), und alle seine Helfer sprangen auf dem Deck herum, alle schwarz wie Ebenholz, bis auf das Sulu oder Lendentuch, das vom Nabel bis an die Knie reichte, völlig nackt und ebenfalls mit Blumen in den Haaren. Einige Mädchen in nachthemdartiger Kleidung kletterten andächtig rund um den auf einer Matte ausgestreckten Richter, und ich saß im Stuhl, den er mir sehr liebenswürdig trotz meiner Gegenrede zur Verfügung gestellt hatte.

Das Meer war blau. Von jener weichen Bläue, die wie dunstüberschattet ist und worauf das Sonnenlicht als flimmerndes Netz ruhte. Das Land hinter uns wurde niedrig, flach, das Grün verblaßte; einige Möwen, dann waren wir allein.

Aber je weiter der Tag fortschritt und trotz des breiten Segels, das mich einerseits und des schwarzen Schirms, der mich anderseits sehr schützte, fühlte ich das unerträgliche Brennen der Haut, die langsam aber sicher verbrannt wurde und nun rot glühte. Dennoch saß ich sehr tapfer da und ließ nicht einen Laut hören. Hatte ich dem Richter nicht versprochen, nicht einmal »buh« zu sagen?

Die Jungen sangen. Sie ruderten trotz der geblähten Segel, aber ohne sich sonderlich anzustrengen, und manche ruhten auch und begleiteten dafür den Gesang mit den seltsamsten Gebärden: dem Heben und Senken der flachen Hand (Schwund der Tage), Bohren des Fingers im Augenwinkel (Tränen), Händeklatschen (Kriegsgebraus) und vielen mir ganz unverständlichen Zeichen. Der Gesang aber – nicht einer war um einen Achtelton höher oder fiel zu spät ein – war großartig. Ich habe nie wieder so singen gehört! Es war wie das Rauschen vieler Wasser, wie das Rieseln des Regens im Palmenlaub, wie das Lispeln der Wellen auf feuchtem Strand, so natürlich, wie nur echte Naturlaute es sein können, und von einer seeleneinschläfernden Wirkung. Ich kann heute gut begreifen, daß es Männer gibt, die solch ein ewiges Singen, ein sanftes Gefächertwerden von schwarzen Mädchenhänden, ein Dahinträumen in Hitze und Sonne den mächtigen tätigen Westen vergessen läßt, aber die Seele der Frau sehnt sich nach anderem – fühlt Rasseheimweh, daher sind die Frauen auf solchen Inseln unglücklich, lange nachdem sich die Männer eingelebt haben. (...)

So sangen die Männer auf dem Kutter zum Wimmern der Segel am Tafelwerk und zum Glucksen der Wellen, die an der Holzwand des Schiffes emporleckten. Die Sprache war selbstlautreich ohne zu große Weiche, den Wilden, die sie gebrauchten, angepaßt, und dabei schön wie der Ruf aus einer neuen, etwas unheimlichen Märchenwelt. Unermüdlich, Stunde auf Stunde, sangen sie, bis die Sonne das Meer küßte und die Mondesscheibe wie ein Mochigötterkuchen hinter dem Schwanz einer Insel emporstieg. Da erst schwiegen sie und zogen die Segel ein.

Allein mit dem schwarzen Häuptling.

Kokospalmen stachen schwarz aus einem schimmernd grauen Kreis. Die Boys plätscherten im Wasser und zogen das Boot an die Reeling. Ich kletterte hinein, dem Richter folgend. Ehe wir ans Land stießen, sagte er: »Ich muß mich in das Männerhaus begeben, doch übergebe ich Sie dem Häuptling. Er wird Sie in einer Hütte unterbringen, und mein Sekretär wird Ihnen etwas zu essen bringen!«

Sprach's, flüsterte einige Worte mit einer Gestalt im Baumschatten und verschwand.

Ich stand auf weißem Sand unter windgebeugten Palmen, mitten in der Nacht, einem völlig fremden Menschen gegenüber und war an die neue Rasse noch kaum gewöhnt. Der Häuptling war dreimal so breit und dreimal so lang wie ich und hatte einen weiten Kranz krauser Haare um das pechschwarze Gesicht. Um den Hals hatte er ein weißes Band aus Walfischzähnen, von denen jeder eine Frau kaufen konnte (wer einen Walfischzahn überreicht, der darf nicht abgewiesen werden) und um die Lenden ein rotes Lendentuch, während aus einem Gewinde um den Oberarm starkes Duftgras in schweren Büscheln niederbaumelte. Er grüßte mich freundlich und schüttelte mir wie ein Mann des Westens die Hand, dann schlug er den Weg durch den Busch ein, meinen Koffer auf dem Kopf. Ich folgte mit der

Erika. Der Vollmond fiel endlich siegreich durch all das Geäst und Gewedel ...

Eine unvergeßliche Nacht.

Auf den Sand des Weges und des schattigeren Dorfplatzes fiel streifenweise das fahle Licht des schwindenden Mondes. In den vereinzelten Hütten brannte ein rotes Licht – der Widerschein der Kerzennußstäbchen, die gute Fackeln abgeben, und das gelbliche einer Windlaterne. Die steilen Grasdächer verschwammen mit den Schatten der Palmenkronen. Mitten auf dem Wege saß ich und unterhielt die Dorfschönen in der Zeichensprache. Woher ich gekommen – von weit, weit West – wohin ich im Begriffe zu gehen – Taveva? Aaah Taveva! – woraus meine Kleider waren und so weiter, und erst als sie die Art meiner Haut untersuchen wollten, wehrte ich sanft lächelnd ab. Niemand kniff mich nach Art der Fidjier, um zu sehen, ob ich ein leckerer Braten wäre, denn der kürzeste Blick im mattesten Mondschein sagte »Suppenknochen«.

Bis nach Mitternacht wachte ich, dann betraten vier Jungfrauen (eine allein fürchtete sich zu sehr vor mir) die Hütte, und ich wurde mit vielen Verbeugungen auf das Thronbett befördert, das die ganze Breite des Raumes einnimmt, aus zwanzig und mehr Woiwoi-Matten besteht und so breit ist, daß zehn bis fünfzehn Schläfer Raum finden. Ich hatte all die Herrlichkeit für mich allein, denn die Mädchen lagen zu Füßen dieses Lagers und rollten sich in ihr Lendentuch, nachdem sie alle drei Holztüren von innen mittels eines Nagels (der in der Schlinge saß) versperrt hatten. Ein Mückennetz fiel von der Decke auf mich herab und hielt die stechende Plage im Zaum.

Früh am Morgen kamen die Mädchen und Nachbarinnen und die Männer und sahen mir beim Aufstehen wie bei königlichem Lever zu. Einer reichte mir die Seife, der andere eine Schüssel, der dritte etwas zum Abtrocknen, und aus einem unfaßbaren Grunde unterhielt sie die Art meines Fertigwerdens ungemein. Sie lachten über mein Gesichtwaschen, mein Kämmen und betasteten gern mein feines Haar, das in so großem Gegensatz zu dem ihren stand und ihnen wahrscheinlich als eine recht minderwertige Nachahmung von Menschenhaar erschien. Nach einem Rundgang über die Insel lag ich nach Fidjiart auf dem Bauch auf den Matten und unterhielt mich, so gut es ohne Sprachkenntnisse ging. Ich schnappte indessen schnell Redensarten wie »vaka vinaka« (sehr gut, danke), »mbula!« (Prosit) und so weiter auf und hatte schon herausgefunden, daß man nach dem Fidji-Knigge immer seitlich von der Tür hüsteln müsse, was unserem Klopfen entspricht, und daß sich der Höfliche auf dem Bauch kriechend oder in sehr gebückter Haltung näherte und nicht sofort zu reden begann. Wozu eilen?

Im Wasser ...

Der Vortag war schlimm gewesen, der zweite Tag nicht besser. Zu allem Schrecken gab es auf dem Kutter auch keinen Ort, wie man ihn als Sterblicher zuzeiten braucht, und ich mußte wie im Märchen die Mädchen mit ausgebreiteten Lendentüchern hinten auf dem Kiel versammeln, um über die Reeling hinweg bis zu einer Kette zu klettern, auf der man unsicher stand, mit jeder Schiffsbewegung auf- und abflog und auf der man überhaupt nur hängen blieb, wenn man sich wenigstens mit einer Hand festhielt.

Nach einer Weile begann das Schiff trotz der Nähe der Inseln (die Gruppe umfaßt dreißig Inseln, von denen einige sehr ausgedehnt sind) sehr zu tanzen, und die Wellen schlugen derart über Bord, daß ich mich von Zeit zu Zeit von einer Riesenhand erhoben und ins Rettungsboot, das höher hing, geworfen fühlte. Dann drehte sich der Wind, das Boot war in Gefahr und ich flog, obschon gehoben, in eine Art Kasten. So ging es bis in die ersten Abendstunden. Dann sagte der Kreisrichter: »Ich kann Sie nicht bis Taveva bringen, denn bei diesem Wetter kann ich schwer den Kurs halten, aber ich werde Sie hier ausschiffen, weil ein Sohn

Herrn Doughtys diese Insel besitzt. Er wird Sie weiterführen!«

Sagte es, ließ meinen Koffer und die Erika ins Boot heben, mich dazu, und die Sache war erledigt. Die Schwarzen gaben mir über die Reeling herab die Hand und riefen: »Camo de!« Der Richter sagte lächelnd: »Nun wissen Sie, daß es nicht angenehm ist, auf einem Kutter zu fahren!«

Ich dankte ihm so höflich wie ein Botschaftskanzler, der den Angriff einer fremden Macht aus diplomatischen Gründen nicht gelten lassen will, und trieb dem Strande zu.

Hügel an Hügel, Fels an Fels und nur längs der kurzen geschweiften Bucht ein oder zwei Hütten, ein Gärtchen, ein Stall und nun Leute, die bis ans Ufer kamen und starrten, und wie starrten! Ein bissiger Köter schwamm mir knurrend und murrend entgegen ...

Man stelle sich aber vor, auf Inseln, die fast nie Segler sahen, auf denen ein weißer Händler ohne Frau und ein alter Mann mit einer ebenfalls schon bejahrten, inselgetünchten Frau zerstreut leben, plötzlich das Halten des ohnehin gefürchteten Regierungskutters und daraus kriechend, heranschwimmend, etwas ganz Weißes. So würden wir schauen, wenn bei uns ein Insulaner mit Mähne und Lendentuch an der Türschelle zöge.

Die Leute, die mich da schreckerstarrt betrachteten, waren Mischlinge, und ich begann schon zu befürchten, daß Herr Dougthy am Ende nur farbige Kinder hatte, was sich als richtig erwies, obschon nur zwei noch in den Yasawas weilten. Sechs hatte er mit der ersten, ganz schwarzen, sechs mit der zweiten, halbschwarzen (beide tot) und keins mit der dritten und weißen gehabt. Das betraf mich indessen ja nur insofern, als die Aufnahme in Betracht kam, und hier war eine freundliche nicht zu erwarten, denn mit ängstlicher Hast wurde ich in ein anderes Boot gehoben und einem älteren schwarzen Schiffer anvertraut, mit dem Bemerken, daß man mich sofort an Ort und Stelle – wie einen Eilgutkoffer! – befördern werde.

So einsam bin ich mir in meinem Leben selten vorgekommen. Vor mir, langsam, aber sicher rudernd, der fremde Mann im roten Lendentuch und schwarzer Haut. Um mich kleine nahe, dicht bewaldete, hügelige Inseln, unter mir das herrliche, unbeschreiblich stille Tropenmeer (still wenigstens, so lange wir an der geschweiften Landzunge dahinfuhren), auf dessen hier seichtem Grunde man im Abendrot die herrlichsten Korallen schimmern sah: weiße Zwergbäumchen wie aus einem Elfengarten, blaue Gebilde wie verwachsene Daumen, rote Röhrchen in polsterartigen Gruppen, spitzige, kakteenartige, die gleichsam durch das Blaugrün des Wassers stachen, mattgrüne, gelbliche, dunkle ... und darüber die Oberfläche mit sich verschiebendem Opalton. Hoch über mir, unendlich fern scheinend, garbenförmige, gelbrote Wolkenbündel, lange, blutrote Streifen, ins Silbergrau rinnendes Blau. In all dem war ich allein – allein –.

War man nicht immer eins mit Tao, dem Urquell, dem Allgeist? Aber so tröstlich der Gedanke philosophisch betrachtet war, so erinnerte er mich doch an den Ausspruch meiner theosophischen Bekannten auf Honolulu, die mir öfter sagte: »Ärgern Sie sich nicht, gerade diesen Gedanken verloren zu haben! Jemand hebt ihn sicher auf, denn nichts im Weltall geht verloren!«

Ich aber hatte mir da jedesmal gedacht: »Wenn ich einen Dollar verliere, ist er auch nicht verloren, denn jemand hebt ihn sicher auf, doch letzten Endes ist es mir entschieden lieber, daß ich den Dollar wie den entfallenen Gedanken selbst aufhebe!« Das beweist, wie weit weg vom Pfad der Entsagung ich bin ...

Nach der Landzunge mußten wir vorsichtig lavieren, denn kamen wir in die unrichtige Strömung, so brachten uns die Wellen zum Kentern, das erklärte mir mein Führer in Pidgin-Englisch, dem Kauderwelsch der Südsee. Ich überließ mich dem lieben Gott und ihm, denn mehr war nicht zu machen, und die beiden brachten mich nach einer Stunde, nachdem der Mond schon die Wedel der Palmen silberränderte, zu einem Bootshaus unweit vom Strand. Der Mann nahm meinen Koffer, ich die Erika, und wir verschwanden beide im dichten Busch, etwas für ihn wesentlich Leichteres als für mich, die ich weder von Richtung noch Bodenbeschaffenheit eine Ahnung hatte und nun gegen einen Stamm rannte, später die Füße in das zähe Bodenschlingkraut verwickelte. Auch wurde mir zum erstenmal unangenehm kalt bei dem Gedanken, *wohin* ich eigentlich ging und wie der Empfang sein würde.

Zuletzt stieg mein Mann die braunen Holzstufen zu einem Bungalow empor, den eine Petroleumlampe bescheiden beleuchtete, stellte meinen Koffer nieder, hüstelte warnend und sagte kurz: »Das ist *sie*!«

In der Krabbenburg.

Der Herr, dem er es sagte, ein wettergebräunter, etwas verdrossen wirkender bejahrter Mann, schien über diese Meldung sehr mittelmäßig entzückt, selbst als ich schon die Schwelle gekreuzt und mein Hiersein mit dem »Auckland Star« erklärt hatte, aber Mrs. D., die recht angegriffen und kränklich schien und mit einem gewissen scheuen Schrecken aus verborgenen Tiefen stieg, hieß mich willkommen und eilte umher, mir das kleine Nebenzimmerchen einzurichten.

Das Einfügen in einen völlig fremden Haushalt ist immer schwer, und bei all meinen tapferen Vorsätzen gelang es mir nur annähernd, so heiter und gleichgültig gegen alle Schattenseiten zu sein, wie ich es gewollt hätte. Zehntausend Stiche flogen mir in die Beine – Moskitos – und hielten mich in beständiger Kratzgebärde fest, bis Herr D. mit einem Koprasack erschien und mich bis zur Mitte hineinsteckte, mit dem Bemerken, daß man auf Taveva immer so sitzen müsse. Eine Minute später fiel dicht hinter mir etwas laut klatschend auf den dunklen Fußboden und ich stieß ein Krächzen der Überraschung aus, denn die

Geschichte hörte sich naßkalt an, doch mein Gastgeber lächelte überlegen uud meinte, es handle sich nur um eine der großen Eidechsen. Sie hatten eine Art, abends so aus dem Stroh der Decke zu fallen. Ich konnte nicht umhin, zu wünschen, daß sie diese Eigenart nicht besäßen.

Das Ehepaar selbst schlief in einer echten Fidji-Bure – einem niedlichen Grashaus – ungefähr zwanzig Schritte entfernt, ich aber bewohnte stolz den ganzen Bungalow allein, der vier Türen hatte, die man im unteren Teil zuriegelte, deren oberer Teil aber des nötigen Luftzuges wegen offen blieb. Mein Lager war eine hohe Holzbank, auf der zwei Woiwoi-Matten (Strohgeflecht) lagen, während ich zum Zudecken meinen Plaid hatte. Ein festes Mückennetz umgab diese Schlafburg, die so hart war, daß mir am Morgen alle Knochen weh taten. Man gewöhnt sich? Nicht die Spur! Wenn ich an diese Bank denke, tun mir die Knochen noch heute weh.

Aber das erschöpfte keineswegs die nächtlichen Freuden. Vor dem Hause lagen viele Enten – dreißig zuerst, achtundzwanzig nach zwei beklagten Unfällen – und diese Enten waren Nachtwandler. Sie kamen und gingen und tanzten Liebestänze zur Vollmondzeit. Sie hörten auch immer etwas – Geister oder Menschen – und fuhren kreischend und schnatternd hoch, und alle Nerven waren bei mir jedesmal angespannt, die Ursache der Unruhe zu ergründen.

Schlimmer waren die Angreifer im Zimmer selbst. Gelang es mir mit vielen Schlägen die Mücken mit meinem Handtuch so weit zu verscheuchen, daß ich keine beim Sprung ins Bett unters Netz ließ, so war diese Pein ausgeschaltet, aber oft gelang mir der Trick nicht ganz, und da mußte ich mich winden, bis das Ding so vollgesogen war, daß es auf einem Glied sitzen blieb und ich es erschlagen konnte. Damit kam indessen noch lange keine Nachtruhe. Ratten – die grauen kleinen Ratten der Kokospflanzungen – rasten quieksend über den Boden und über die Möbel, und all mein Klatschen störte sie nicht. Vier Fallen standen bereit, und meist waren alle vier schon voll, ehe wir uns zur Ruhe begaben. Herr D., der sich wunderte, daß mir das Wimmern der verwundeten Tiere etwas machte, riet mir, das Buschmesser zu nehmen und der Ratte einen leichten Schlag auf den Hals zu geben.

Ich stieg also aus dem Bett, nahm das Messer, schwang es verzweifelt und hoch wie ein Henkersknecht und hieb mit aller Kraft der Gefangenen aufs Genick. Huh – schauriges Gefühl von Weiche und Fell. Ganz krank kroch ich ins Bett zurück. Nach einer Viertelstunde erholte sich die Ratte und piepste weiter, ganz blutig. Da packte ich verzweifelt die Falle und schleuderte sie unter die Enten hinaus ...

Das Ärgste waren indessen die Krabben. Leser, hast du je eine Landkrabbe gesehen? Schwerlich! Sie ist bedeutend größer als ein Krebs und hat Scheren, die einem alle Achtung einflößen. Sechs steife, dornbesetzte, knisternde Beine, und Augen, die vor Erstaunen heraus- und bei Furcht in den Kopf zurückfliegen. Mitten in der Nacht schwere Schritte auf meinen Stufen, Getöse, Knistern, Krachen ...

Ein Menschenfresser? Ein verrücktes Zweibein generis masculini? Nichts davon! Eine Madame Krabbe, die zu mir will. Sie kletterten am Bettpfeiler empor, sie fielen von Stühlen. Mein Netz verwirrte sie und hielt sie ab, doch hätte ich es nicht gut hineingestopft gehabt, so würden sie meine Zehen beknabbert haben. Krabben und die großen fliegenden langfühlerigen, mir grauenhaften Tropenkakerlaken haben Vorliebe für Finger- und Zehennägel. Ich entmutigte diese Vorliebe so weit es in meiner Macht stand.

Der Wind fuhr seufzend durch die Palmenkronen, so daß man glaubte, es gieße; die Enten schnatterten, das nahe Meer brauste, die Krabben stolperten entlang, die Mäuse und Ratten piepsten. Um mein Bett surrten laut die enttäuschten Moskitos, die nach meinem Blut lechzten. Wie zahlreich sie waren, beweist am besten der Umstand, daß ich sie – ehe ich zu schreiben begann – mit einem Deckel erschlug und oft dreißig Leichen zählte, ehe ich mich rühren konnte. Oft hatte ich eine Handbreit vom Ellenbogen 20 Mückenschwellungen auf einmal! Der Schlaf, auch auf weicherem Lager, wäre schwer gewesen, und wenn ich einmal so richtig eingeschlummert war, schrie der Teufelswecker fünf und Herr D. begann das Tagewerk.

Auf einsamer Insel.

Ich kam mir vor wie Robinson Crusoe. Die Insel war groß, hatte viel ebenes, mit Palmen reich bepflanztes Land, sehr schöne, ins Meer hineinragende, dunkelbraune Klippen, zwei Berge und mehrere Schluchten. Der westliche Strand, der sehr breit war, war auch der schönste. Ich wollte barfuß laufen und Frau D. warnte mich, weil der jähe Stoß gegen Korallen so ungemein schmerzhaft, und wenn er Verwundung brachte, auch so schwer heilbar war, doch ich flog schuhlos entlang und sammelte Korallen ein – die schönsten meiner ganzen Reise und von jeder denkbaren Abart. Auch Tiger- und Seeschneckenmuscheln, die wertvolle Kauri und angeschwemmte Turmschnecken fand ich und kam mir reich wie ein Crösus vor. Das Meer leckte meine Füße, der feuchte Sand wärmte sie wieder und ich war schon ganz Robinson, nur noch ohne Freitag, als ich gegen einen Korallenfelsen stieß und am hellen Tage die Sterne leuchten sah.

Von da ab trug ich Schuhe.

Nichts machte mir so viel Freude wie der Umstand, daß bis auf den Sohn Herrn D.'s, der ganz getrennt gegen Osten mit Frau, Tochter und Enkelkind lebte, die Insel unbewohnt war und man tatsächlich nach Fußspuren im westlichen Sand urteilen konnte, ob jemand dagewesen war. Die Pflanzenwelt hatte den Charakter der Ostsüdsee mit den allerersten Vermengungen vom Westpazifik, und ich malte fieberhaft. Die Samen waren glänzend und mannigfaltig und die Früchte, die ich indessen nie aß, sehr schön.

Auch sonst war das Leben sehr robinsonisch. Wir standen so auf, daß wir um oder kurz nach sechs schon beim Frühstück saßen, das aus schwarzem Kaffee und Schiffszwieback bestand, dann machte ich mich in neuerblühter Tugend daran, das Zimmer des Bungalows und das meine auszufegen, frisches Wasser zu bringen und meine Arbeit zu beginnen. Ich hatte es irgendwie sanft zu drehen gewußt, daß mir der Hauptteil des Vormittags zur Beschäftigung mit meinen Sachen – Malerei und Schriftstellerei – blieb.

Ganz im Anfang hatte ich einmal oben im Garten auf halber Anhöhe mitgeholfen und auch im Krötenloch unsere Wäsche gewaschen, aber später übernahm Frau D. stillschweigend selbst die Wäsche (ich wusch mir meine Hemdhose gleich morgens vor dem Hause aus), und ich übernahm das Kochen. Das darf man nun allerdings nicht europäisch auffassen, obschon ich in düsteren Augenblicken geneigt bin, das Hinscheiden meines damaligen Gastgebers ein oder zwei Jahre nach meiner Abreise dieser meiner Kochkunst zuzuschreiben, denn unsere »Küche« bestand aus einem Eisenherd mit zwei Ringen unter einem Grasstrohdach im Freien, neben der Rumpelkammer, die unser Abwaschraum, die Vorratskammer und das Krabbenschlupfloch war. Wir mußten uns alles selbst zusammentragen, auch die Feuerung, und oft zog ich aus und sammelte die Bulus oder leeren Kokosschalen in einen Sack, den ich wie Knecht Ruprecht heimschleppte. Auch zog ich die langen, schweren Kokospalmwedel unserem Kochplatz zu und machte endlich ein Feuer, das unsere Kochnotwendigkeiten an Umfang überstieg, aber sehr nützlich war, um zwei Kessel mit Wasser zu wärmen. Das Trinkwasser schöpfte ich aus zwei Behältern, die einem Gesundheitsinspektor den Schlag gegeben hätten. Mückenlarven und Staub schwammen auf der Oberfläche, und man mußte nur darauf achten, daß keine Krabbe in solch einem Behälter verweste, weil das Schwarzwasserfieber und andere tödliche Krankheiten gab. Ich schöpfte die Mücken wie Rahm herunter und füllte mit dem Rest die Kessel. Nie trank ich anderes als Tee.

Alles, was gebraucht wurde (aus zivilisierten Ländern) wurde aus Levuka bestellt und kam – wenn es kam – in einem oder in drei Monaten, so auch Lampendochte, Zündhölzchen und ähnliches. Sonst verwendete man, was man im Busch fand, und unsere Kost war sehr einfach. Papayas oder Baummelonen wuchsen zur Genüge im Wald, wenn auch das Heimschleppen alles andere als angenehm war, und wir machten Gemüse daraus. Kumaras (süße Kartoffeln) wurden von den Eingeborenen gelegentlich eingetauscht und Reis war in Säcken gekauft worden. Meist aßen wir Büchsenfleisch aus Australien, oft nur ausgeschüttet, zuzeiten mit heißem Saft übergossen, doch wenn man auf Nathula oder Vanua Leilei eine Ziege erjagte, erhielten wir ein Bein und an diesem Bein kochte ich herum, das heißt, ich füllte immer wieder Wasser nach und stopfte den Ofen. Mit der Zeit wurde die Ziege so weich, wie ihre Jahre es zuließen.

Einmal kochte ich Bohnen, war aber gleichzeitig sehr in eine literarische Arbeit versunken und vergaß auf meine Nebenpflicht. Auf einmal trieb mich das böse Gewissen hofwärts, und richtig, die untersten Bohnen waren verkohlt. Meine Gastgeberin behandelte mich eigentlich mehr als »Stütze der Hausfrau« und gern wollte ich ihren manchmal unberechenbaren Launen nicht verfallen (ihr Leben hatte sie begreiflicherweise verbittert, war er doch der brummigste Mann, den ich in acht Jahren Weltreise kennen gelernt) und daher kratzte ich einfach den Topf rein, wusch die restlichen Bohnen und füllte den Topf mit Bohnen aus der Vorratskammer an. Es siedete alles herrlich, als sich die Füße der Gestrengen näherten. Einzelne Bohnen waren wie Kugeln, aber ich ließ es schweigend zu, daß die Ursache der »schlechten Art« zugeschrieben wurde.

Arbeit.

Nirgends habe ich so viel gearbeitet wie auf den Yasawas. Morgens Fegen, Putzen und dann die Küche; nachmittags den Tee, hierauf das sehr mühsame Reinigen der Turmschnecken mit Salzsäure, bis nur die Perlmutterhülle übrig blieb, dann die Entenfütterung (dreimal täglich), Brei gemischt mit geschabter Kokosnuß (auch eine sehr lästige, langwierige Arbeit) und Wasser und dazu das Undenkbarste: Ich lernte Zaunmachen, ich schleppte einen Sack Papayas eine halbe Stunde weit, ich sammelte auf dem Baumwollfelde gegen Sonnenuntergang Baumwolle, ich wusch dreimal täglich Geschirr – alles freiwillig unternommen – aber als man mir zumutete, mit der schweren Haue Arrowroot auszugraben, da streikte ich. Ebenso verschwand ich gegen sechs (Sonnenuntergang) und kehrte erst um sieben zum Nachtmahl wieder, das aus gekochter Arrowroot mit Mesallen bestand. Nach dem Nachtmahl lasen wir, im Koprasack sitzend, ein Handtuch um die Schultern und einen Fächer in der Hand – alles gegen die Mücken – und wenn sie zu toll wurden, wanderte ich hinab an den finstern Strand und ging auf dem feinen Sand auf und ab. In der Ferne über mir leuchtete die Magelhanwolke, und tief am Horizont stand Sirius. Manchmal zählte ich die sieben Schwestern, die für den Landmann dort so wichtig sind wie für uns der Große Bär oder fast der Polarstern ...

Es war eine schwere Zeit, denn nie sah ich jemanden außer meinen Gastgebern, und diese hüllten sich oft in Unmut oder Schweigen; nie bekamen wir Brot, sondern buken mühsam in einem alten Waschbecken, auf das wir glühende Bulus häuften, eine Art dunklen Kuchen; nie durfte ich frisches Wasser trinken, und immer lag ich hart. Wenn ich bei einer elenden Lampe unten das Geschirr wusch, liefen die Ratten auf den Geschirrbrettern auf und ab, und oft begegnete mir eine Krabbe, wenn ich die Vorratskammer betreten wollte – immer aufrechtstehend, den Rücken gegen einen Sack gelehnt, mit den Scheren klappernd und haschend. Da ließ ich alles stehen, bis Herr D. sie erschlagen hatte.

Zu eigenem Tun kam ich höchstens zwei Stunden vormittags, und selbst die mußte ich mir gleichsam stehlen, wobei überdies die Mücken eine derartige Plage wurden, daß ich so verstochen war wie ein Reibeisen, was mein Schaffen hinderte. Und dennoch war all das notwendig, denn der Zauber der Inselwälder, der stillen Klippen und Küsten, des Tierlebens, der Abgeschiedenheit, der Mondnächte, unter Palmen wandelnd, die Passatwinde, das Treiben der fernen Fischer, das Abendlicht auf den braunroten Flechten der schiefen Palmenstämme sank tief in mich hinein und half mir später, die Volksseele leichter zu erfassen.

Die Fidjier ...

Ehe ich über das Volk schreibe, muß ich einige Worte vorausschicken. Die Südsee zerfällt in drei Hauptteile, was die Einwohner anbetrifft: in Polynesien, das bis auf geringe Ausnahmen die Ostsüdsee umfaßt, dessen Bewohner lichtbraun, straffhaarig, mit arischen Anklängen und mit künstlerischem Empfinden sind, das in ihrer Mattenflechterei, der Bemalung von Tapa (dem Rindentuch), der Verschönerung der Bauten von außen und von innen und in ihrer Körpertätowierung zum Ausdruck kommt; in Melanesien, das sich über die Westsüdsee ausdehnt, dessen Bewohner gedrungener im Bau, von ganz schwarzer Hautfarbe, mit krausem Haar und breitgedrückter Nase, einen ungünstigeren Eindruck machen, der durch Mangel an künstlerischem Empfinden (außer bei den Salomonern) erhöht wird, und endlich in die Papuas von Neu-Guinea, die noch dunkler, aber größer und womöglich noch wuschelköpfiger als die Melanesier sind, bei denen man eine Kreuzung der schwarzen und der braunen Rasse mit gemischtem Erfolg voraussetzt. Eigentümlich ist, daß die wildesten und kräftigsten Stämme auch die fleißigsten und geistig meist höherstehend als ihre sanfteren Nachbarn sind.

Die Fidjier bilden – als Volk wie als Inselgruppe – den Übergang zwischen Osten und Westen. Sie sind schon kraushaarig und schwarz, aber noch schön gewachsen und nicht zu sehr behaart, mit stolzem Gebaren und haben dennoch etwas vom Kinderfrohsinn der Polynesier, und die Inseln sind noch gesund. Die Gefahr beginnt erst mit der Westsüdsee, daher unterhält man keinerlei Dampferverbindungen. Ganz wenige Schiffe fahren von Fidji nach dem Westen, doch zurück kommt keins, um den Malariakeim nicht zu verschleppen, das heißt, um nicht etwa Anopheles mitzubringen.

Heute sind die Fidjier ziemlich gezähmt, doch vor kaum fünfzig Jahren unter König Cakabau (wie mir Herr D., der schon über 50 Jahre die Inseln bewohnte, erzählte), waren sie noch feste Menschenfresser. Er sah eines Tages, wie ein junger Mann einer dunklen Schönheit in seiner nächsten Nähe einen Menschenschinken zuschob, den er scheu zurückzog, als er den Weißen erblickte, doch Herr D., der im Schinken einen Teil seines Widersachers – eines Missionars – erkannte, sagte ihm, er solle sich nicht stören lassen. Manchem Pflanzer ist nämlich ein Missionar, der sich in sein Tun einmischt, unangenehmer als ein Menschenfresser ...

Grausam waren sie über das Erlaubte hinaus. Ein Kind wurde nach jedem Kriegszug oben an den Mast gebunden, wo es weinte und »Mastvogel« genannt wurde. Bei seinem Anblick wußte man, daß ein Fest bevorstand. Meist erschlug man die Opfer mit einer Keule, aber auch wenn sie noch lebten, wurden sie in den Lovolovo oder Erdofen gesteckt, mit Gemüse bedeckt und mit Hilfe der erhitzten Steine langsam gebraten. Kindern schlug man das Gehirn ein, indem man sie bei den Füßen hielt und gegen den Stamm einer Kokospalme schlug, Mitleid scheinen sie nicht gekannt zu haben. Wurden Vater und Mutter alt, so erwürgte man sie auf deren eigenes Verlangen hin, damit sie doch noch ziemlich rüstig in die andere Welt kamen und im Naicobocobo die Tarawanpflaumen pflanzen konnten.

Nach einigen Tagen feierten sie sodann das Fest des Würmerspringens, einen Tanz, bei dem Mädchen und Knaben wie Würmer übereinanderkrochen, und der die Freude der Würmer im Grabe ausdrückte, und acht Tage später das Fest des Lachenmachens, durch das die Trauer beendet wurde, denn es wurde gelacht und gescherzt, um den Toten zu vergessen, dessen Geist nun auf Erden nichts mehr zu suchen hatte.

Balolo leilei.

Hinter Nanitu vava, dem Teufelsfuß, wie der erste Hügel hinter der Pflanzung genannt wurde, zeigte sich der Mond im letzten Viertel, fahl, eingefallen, elend, ein echter Novembermond. Jemand rief meinen Namen, und ich flog über den Sand hinweg, daß die gebrochenen Zweige des Guebbaumes knisterten und das Blattwerk der Spinnenlilien raschelte. Gegen das noch graue Meer hob sich eine schwarze Gestalt ab. Ein Boot schaukelte aus den Wellen ...

»Ananea?«

Die Gestalt bückte sich und schlug sich stumm und bedeutsam auf den Rücken. Mit einem Satz saß ich droben und wurde ins Boot getragen. Die Schwarzen lachten, der Mischling hieß mich willkommen, die Ruder senkten sich; wie Kerzen, eine nach der anderen ausgeblasen, erloschen die Sterne; ein feiner rosiger Schimmer verklärte die Umrisse von Nathula, der »Nadel«, unserer Nachbarinsel im Südwesten. Wie Gnomen mit übergroßen Köpfen und verschlungenen, langzehigen Füßen wirkten die zerstreuten Pandanus – die Schraubenpinien.

Es war die Nacht des Balolo ...

Vier Wochen vor Balolo erkranken die Fische, sie sind da giftig und sollen nicht gegessen werden, und einige

Tage vor dem großen Ereignis beißt auch kein Fisch an – vermutlich, weil er übersättigt ist. Der Balolo ist nämlich das Südseegeheimnis erster Klasse. Man nimmt an, daß er das losgetrennte Schwanzende irgend eines Tiefseegewürms ist, das jährlich einmal, entweder genau nach Eintritt der Finsternis wie auf den Salomonen, oder mit dem ersten Frühschein wie auf den Yasawas eine Stunde lang auf der Oberfläche erscheint und hierauf wieder verschwindet. Seltsam ist, daß er nicht überall auftaucht – auf Fidji nur in den Yasawas und um eine Insel der Laugruppe –, und daß sich nach dem Erscheinen oder Nichterscheinen (manchmal zeigen sich nur wenige) auf das Wetter des kommenden Jahres schließen läßt. Sind Wirbelstürme zu erwarten, so tauchen wenig Balolo auf.

Aber andere Zeichen gehen dem Balolo voran, denn die Alten hatten keinen Kalender und wußten dennoch den Tag zwischen dem 20. und 25. November festzusetzen, an dem der Balolo am zahlreichsten hochkommen würde. Zwei Tage lang muß der Passatwind scharf über die Spitze von Taveva blasen, dann muß der Mond hinter einem bestimmten Baum im letzten Teil des letzten Viertels stehen und dann ...

Das Meer wurde plötzlich perlartig und durchsichtig, und auf seichtem Boden zeigten sich erst die schimmernden Korallen, dann braune Felsen, groß wie Tischplatten und ebenso glatt, und dann waren wir um das niedere Vorgebirge, vernahmen das Getöse des nahen Riffs und merkten eher andeutungsweise, als daß wir es sahen, die ersten Vorzeichen des Sonnenstrahlenkranzes am äußersten Horizont.

»Schnell! Schnell!«

Sie ruderten alle. Das Riff drohte; wir fuhren in die schäumende Gischt, wurden getragen, geschaukelt, gehoben und – hinüber waren wir. Als sich die Wasser hinter uns wieder beruhigten, war das Meer und der Himmel ein feines wohltuendes Stahlblau, das sich immer mehr lichtete, und auf dieser spiegelähnlichen Fläche schwamm etwas, das an Seetang erinnerte und graugrün aussah.

»Balolo! Balolo!«

Mit den dürren Blütenstengeln der Kokospalme, die an einen Besen erinnern, wurde gefischt und die Beute in leere Petroleumbüchsen, in irdene Töpfe, in Körbe geworfen. Es roch nach Algen und Meerfäulnis, und bald lief das Meerwasser durch das Boot und zwang mich, die Füße nach Japanerart zu verstauen.

Da zeigt sich feuerrot als Riesenball die Sonne am äußersten Rand, und wie weggewischt sind alle Balolo. Nur die flimmernde, rotglutende Oberfläche bleibt, und die Wedel der nahen Palmen erglühen ...

Wir fahren an der nahen Nandibucht vorbei und landen vor dem Bungalow.

»Ca mo de!«

Es hat mich viel gekostet – an Worten und Beschwörungen – um mitfahren zu können. (...) Warum wollte ich mit? War ich nicht ihr Gast? Gewiß, aber war ich nicht vor allem Schriftstellerin?

Am Abend schlich ich mich auf Umwegen in die Nähe des verbotenen Häuschens. Da brieten sie eben alle die erst gewaschenen und dann an der Sonne getrockneten Balolos. Sie sahen auch jetzt nicht appetitlicher aus. Sollte ich essen oder nicht essen? Sie schmeckten – ein Biß genügte – wie mürbgewordene Fische.

Lange noch leuchten die Fackeln aus Kokoswedeln, und ihr Licht spielt in feurigen Zungen über den weißen Sand, auf dem der Topf steht, aus dem die begeisterten Fidjier die grünen Wurmmaccaroni ziehen ...

Auf der Suche nach Tembi-tembi.

Es ist nicht immer leicht, den Mittelweg zu treffen. Als Gast hat man Verpflichtungen; man hat aber solche in erster Linie gegen die gewählte Lebensaufgabe, und obschon Frau D. es mit einigem Unwillen sah, fuhr ich mit den Schwarzen, von denen einige von der Nachbarinsel gekommen waren, hinaus an das Riff zum Tembi-tembi-Fang, so nennen die Fidjier die Turmschneckenmuscheln oder Trocas, aus denen vorwiegend die Japaner schöne Perlmutterknöpfe verfertigen und für die sie sehr hohe Summen pro Tonne bezahlen.

Der Wind kräuselte nur die Oberfläche des Wassers, und nur im Riffnähe brodelte es wie in einem Hexenkessel. Man sieht fast keine Wellen, bemerkt höchstens einen grünen Kamm und verschwindet doch in Wellenmengen, sobald man sich hineinwagt. Etwa zwanzig oder dreißig Meter davor blieben wir im ruhigeren Wasser stehen, die Männer legten die dunkelglasigen Holzbrillen an und stürzten sich Hals über Kopf ins Wasser; schwammen unter der Oberfläche auf diese oder jene Felsgruppe zu, tauchten, lösten die Muschel vom Gestein, schnappten nach Luft, erreichten das Boot und gaben mir die Muschel, die ich zu anderen in Gefäße legte. Das war nicht so einfach, wie man glaubt, denn die Muscheln wollten sich ihr neues Gebiet betrachten, und ich hatte große Mühe, ihrer Neugierde Schranken zu setzen. Aufrichtig gestanden grauste mir auch vor den Tieren ...

Auf einmal sah ich gerade unter dem Boot einen langen, grauen Fisch – einen Hammerhai. Sofort schrie ich die Nachricht unter die Tauchenden und Schwimmenden, aber die zeigten so gut wie keine Furcht, schlugen nur warnend und verscheuchend mit Händen und Füßen und der eine Mann mit heiligem Namen und unheiliger Seele holte sich seinen langen Fischspeer als Abwehrstöckchen. Von Zeit zu Zeit krochen die Taucher kältezitternd ins Boot. Das warme Wasser war dennoch kalt, wenn man zu lange drin blieb.

Ich selbst hatte auch ein Abenteuer mit Haifischen. Das Wasser wimmelte übrigens von ihnen. Eines Tages schwamm ein Fisch auf mich zu, und ich erhaschte ihn. Nun wollte ich ihn heimtragen und behaupten, daß ich ihn gefangen hätte, denn er hatte eine seitliche Rißwunde und war noch ganz frisch. Kaum hatte ich ihn in einer Kokosschale, so erblickte ich einen zweiten und größeren, und da der Erfolg kühn macht, so wollte ich den dritten Fisch, von dem ich nur zwei Flossen sah, der aber groß schien, ans Land ziehen und watete zu dem Zweck ins Meer hinein; als ich die Hand nach ihm ausstreckte (er schien wie tot auf den Wassern zu liegen), schnellte er herum und ich erkannte einen Hammerhai. Mit einem Riesensatz war ich am Strande.

Der nächtliche Tevoro.

Auf Taveva hatte man einen sonderbaren Aberglauben – im Klippengebiet und auf dem Teufelsfuß hauste ein Erdgeist, der sich zuzeiten als eisgraues Männlein zeigte und warnte. Er trug angeblich nachts vor wichtigen Ereignissen eine Fackel oder eine Leuchte in der Hand und umging die Behausung der Leute, denen er eine Nachricht brachte. Alles war wie bei gewöhnlichen Menschen, nur hatte der Tevoro keinen oder doch keinen ganzen Kopf.

Das hatte ich einmal im Anfang gehört und war mit besonderer Erwartung auf den stillen Klippen herumgeklettert, teils weil es dort so reizvoll war, teils weil ich hoffte, daß mir unter irgend einem der blühenden Ndilobäume, deren Duft sich weithin erstreckte, der Tevoro als höflicher Mann erscheinen würde, aber er kam nicht, und ich vergaß ihn.

Eines Abends weckten mich wieder die Teufelsenten mit ihrem Geschnatter und die Krabben mit ihrem Gepolter, und ich setzte mich unter dem Netz auf, um durch die Halböffnung der Tür hinauszuschauen. Da ging ein Mann mit einer Laterne vorüber, weißlich, in keinem Fall ein Eingeborener, mit einem seltsam verdrehten Kopf und einem teuflisch hämischen Gesichtsausdruck.

»Wie böse Herr D. aussieht!« dachte ich mir, »und was ihn herausgetrieben hat?«, denn ich dachte, er sei es. Am Morgen fragte ich ihn, und er sowie seine Frau erklärten ganz bestimmt, das Bett nicht verlassen zu haben.

Seither bildete ich mir ein, den Tevoro geschaut zu haben, und war nicht wenig stolz darauf. Wohl hätte er Ursache gehabt, mich vor der Südseefahrt zu warnen ...

Der Nathulausflug.

Es herrschte an dem Sonntag eine jener schrecklichen Windstillen, die in den Tropen verzweifeln lassen, bricht der Schweiß doch in großen Tropfen aus allen Poren und ist alles wie in einen Schleier von dumpfer Ergebung getaucht. Regungslos, wächsern waren die Tempelblumen, unbeweglich selbst die zarten Herzblätter der Guebbäume, betrübt niederhängend die Wedel der Palmen, glatt, teichartig das Meer. Ananea hatte mir zuliebe ein Hemd angelegt, und Kolo i Rangi (der Herr des Himmels) prunkte mit einer neuen Hose, die allerdings unter dem Gürtel begann und beim Anfang der Oberschenkel schon endete. Klein-Vita hatte einen Strohhut auf, der mehr Loch als Stroh war, und trug ihn dennoch stolz wie eine Fürstenkrone. Aus der Ferne winkte uns noch der Nanitu zu, und die Grotte in ihm war klar erkenntlich. Erkrankte irgend ein Mädchen, so sagte man sofort: »Der Nanitu (Teufel) hat sie begehrt!«

Stöhnt jemand im Schlafe, so zieht ihn irgend ein Mitschläfer sacht am Arm und raunt ihm wiederholt »wer? wer?« zu, bis er einen Namen im Schlafe nennt und man weiß, wessen Geist ihm auf der Brust gesessen hat.

Unter uns fuhr ein flacher Davilai dahin, und Vuni Sina, das Schilfbündel, warf die Saluka (die Zigarette aus Pandanusstroh mit geringer Tabakfüllung) über Bord und rief: »Hai, Marama, dieser Fisch hat einmal wunderschön gesungen, aber weil er sich bei jeder Fischversammlung so bitten ließ, sprangen die anderen auf ihn und trampelten ihn flach, so daß er nun wie ein Fetzen ist und keine Stimme mehr hat.«

Auf einmal fielen große schwere Regentropfen, und Ananea zog bestürzt das Hemd aus und tauchte es ins Meer.

»Warum das?« fragte ich erstaunt.

»Nicht naß werden!«

»Meer ihm ganz so naß«, wandte ich ein.

»Nein, nein, Marama, Meer ihm gut naß, Himmelwasser ihm schlecht naß«, und gegen diese Weisheit kam ich nicht auf. Zum Glück hörte das Himmelswasser bald auf, und Ananea trug mich durch das Meerwasser an den Strand, so das ich nicht wie meine Reisegefährten gezwungen war, Hemd und Höschen auszuziehen ...

Die Schwarzen dagegen fanden, daß es schrecklich sein müsse, so zehenlos (in Strümpfen) durch die Welt zu gehen.

So ein Landen an scheinbar unbewohnter Bucht hat einen ungeheuren Zauber. Ndilonüsse, deren Fett allen Rheumatismus heilt, lagen in Mengen auf dem weißen Sand, und die rosa blühenden Strandläufer verstrickten die Füße; Krabben und Tvarsläufer stürzten in ihre Löcher, und Muscheln glitzerten in den schönsten Farben, noch naß von der Flut, die sie hochgeworfen. Richtig, diese Flut! Was hatte ich alles gelernt. Sie kam jeden Tag um nahezu eine Stunde früher und stieg höher bis zur Vollmondszeit, aber zur Tag- und Nachtgleiche, selbst in den Tropen wo man sie sonst kaum merkt, gab es Fluten, die schon an eine Springflut erinnerten. Danach fand man allerlei Meeresschätze und seltsamerweise auch nach der ersten Neumondnacht ...

An den dunkelgrünen Tovutovussträuchern vorbei, aus deren Laub die Eingeborenen ein Gift gewinnen, das sie ins Meer fließen lassen, sobald sie eine Schule Fische erspähen, da sie dadurch betäubt werden, ohne weiter Schaden zu nehmen, gingen wir durch einen Palmenhain ins Dorf. Am Strand fischten einige mit Reisern, mit denen die Fische dem Land zugeschoben wurden, bis das seichte Wasser sie nicht mehr entkommen ließ, doch die meisten Leute standen in ihrem Sonntagsputz mitten auf dem Dorfplatz und (...) beklatschten den abwesenden lieben Nächsten.

Die Lali (große Trommel) ruft zum Frühgottesdienst. Die Kirche hat durchsichtige Rohrgeflechtwände und das ist schade, denn durch diese erspähen die Gläubigen fremde Gäste, eine weiße Missisi, und vorbei die Andacht. Die Frauen in weißen Hemden (was aber Sonntagstracht erster Mode ist), die Männer in grellroten Sulus, das Haar voll Blumen, füllen den Eingang der Hütte, in die wir soeben eingetreten sind. Was für ein Ereignis für Korowo!

Wir sitzen bald auf den Woiwoi-Matten. Die Hausfrau bringt einen gerösteten Sabutofisch, der lang genug ist, um uns alle zu befriedigen, und dazu Manioc oder, wie man es hier fälschlich nennt, Tapioca, eine große gelbe Wurzel, die sehr schmackhaft ist und bei der nur die inneren Fäden oder Fasern stören, die sich indessen sehr leicht entfernen lassen. Alles, was nicht gegessen wurde, flog durch die offene Türe auf den Dorfplatz hinaus, wo Schweine und Hühner es schnell wegräumten. Zum Schluß waschen wir uns alle die Pfötchen in einer herumgereichten Schüssel kalten Wassers und halten sie in die Luft, bis sie trocken sind.

Hierauf wird der Schatz des Hauses, das Neugeborene, herumgereicht. Licht trotz schwarzer Eltern, rund und geduldig macht es wie ein Stück Tapioca die Runde und endet bei der greisen Großmutter, die alle Fliegen verscheucht und dem Kopfende des Säuglings von Zeit zu Zeit einen sanften Klaps gibt, der einschläfernd wirkt.

»Ca mo de!«

Wir fahren heim.

Letzte Stunden.

Wenn wir Boys brauchen, wird ein Feuer auf unserem Strand entfacht, wollen Boys zu uns kommen, so brennt man einen Haufen von Palmenwedeln auf Andi Vava an, und wir erwidern das Zeichen. Jeder Arbeiter bekommt ein Pfund Reis, etwas Tee und wohl ein Achtel Kilo Zucker (man trinkt Zucker mit Tee anstatt umgekehrt) täglich und etwa zwei Schillinge Bargeld. Das Yamfeld wird gereinigt, Nüsse werden gesammelt, aufgeschnitten und die Kopra auf Hürden an der Sonne getrocknet, ehe man sie in Säcke packt und ins Koprahaus stellt.

Manchmal starre ich über das Meer bei Sonnenaufgang, über das nie ein Segel heraufzieht, und denke an die ferne Heimat. Während ich frühmorgens die Enten füttere, legen sich die Mitteleuropäer eben zu Bett ...

Der frische Passatwind hat ausgesetzt. Wie ein glutatmender Drache liegt der Nordwind hinter dem Hügel und macht den Schweiß stromhaft aus allen Poren springen.

Thomas, der braune Schiffsbaumeister, soll in einem Segelboot nach Lautoka. Ich fahre mit! Jubel! Ich gehe nach Savuri bei den Klippen und nehme Abschied vom Baumwollfeld, auf dem ich so sehr geschwitzt habe und mir die Heuschrecken oft unter die Kleider gesprungen sind; zu den Ndilo- und den Iwibäumen (Tahitikastanien) und zu den gestürzten Palmen am besten Muschelstrand. Frau D. ist bekümmert, aber zu verschlossen, es offen sagen zu wollen, und er ist, wie immer, der brummigste Mensch der Welt.

Meine Sachen – Muscheln, Samen, Kleider und so weiter – gehen alle in einen Koprasack. Ich sehe wie eine Wilde aus; meine Zahnbürste ist seit Wochen dahin und ich verwende Gräser wie einst Robinson; meine Schuhe sind Fetzen, die ich begrabe.

Ich lege das erhaltene Paar weißer Tennisschuhe, das letzte in meinem Besitz, an; ich setze seit drei Monaten wieder einen Hut auf und stelle den Besen mit einem gewissen Nachdruck in die Ecke. Tugend ist schön, aber ...

Eine Kiste wird mit Sand gefüllt und auf den Sand kommen drei Steine; das ist unser Kochherd, eine alte Blechbüchse wird Wasserschöpfer, und einige glimmende Bulus dienen zum Anzünden der Saluka, der Zigarette. Teller und zwei alte Gabeln werden unter dem Sitz verpackt und das Takelwerk erneuert.

»Quack, quack, quack!« singen die Enten zum Abschied, alle achtundzwanzig, deren Brei ich täglich gemischt habe.

Ananea hebt mich auf den Rücken. Ich lächle. Er trägt mich der Freiheit entgegen ...

Schreckensfahrten.

Eine Hitze zum Verschmachten. Rot glühten die reifen Dakafrüchte, dann wurde die Insel kleiner und kleiner, und abends landeten wir, nachdem wir noch ein Fidjidorf auf der Nachbarinsel besucht hatten, auf Nanuya Levu, wo ich sehr nett aufgenommen wurde und Tapa aus Samoa, Muscheln und Samenketten erhielt. Ich schlief mit vier anderen Frauen in einer Hütte und früh am Morgen begannen wir unsere Landfahrt in allem Ernst. Würden wir aber das Land wirklich erreichen?

Obschon ich mich zuletzt auf die Bank ausstreckte und mit einer Fidjijacke zugedeckt wurde, schnitt die Sonne wie ein glühendes Messer mir unaufhörlich ins Fleisch. Am schlimmsten war es, als nachmittags auch noch Windstille eintrat und wir mitten auf dem Wasser gekocht wurden. Da opferte einer der Fidjier eine Laus, indem er gleichzeitig beschwörend den Wind rief, und siehe, kaum hatte die dicke Opfergabe die Wellen erreicht, so sprang ein Lüftchen auf und trieb uns eine Stunde nach Sonnenuntergang in den Fluß, der von Ba herab ins Meer fließt. Wir stiegen, da die Strömung uns hinderlich war, am Ufer aus, kochten das Abendbrot bei hohem Kesselfeuer und versuchten hierauf, stromaufwärts zu gelangen. Ich saß am Steuer und sollte einen Berg im Auge behalten. Das tat ich denn auch und hielt strammen Kurs; dabei übersah ich eine Reihe von Bäumen, die gegen alles Recht mitten im Wasser standen, und erst als ich halb den Baum hinauf war, merkte ich das Unglück. Dabei brachen wir ein Ruder. Später, ich weiß nicht wie, brach uns auch noch der Mast.

Wir erwarteten die Mitströmung von vier Uhr früh. Zusammengekauert im Boot konnten wir nicht schlafen. Für Europa wäre es eine laue Sommernacht gewesen, für die Tropen und nach der drückenden Hitze des Tages war sie empfindlich kühl, und ein schwerer Taufall machte sie noch kühler. Wir zogen das Segel quer über das Boot und legten uns alle in die Vertiefung, die beiden Fidjimädchen und ich neben die drei Schwarzen im echtesten Bruder- und Schwestergefühl.

Endlich, als der Mond schon verschwand, setzte der Mitstrom ein, und wir ruderten eher als daß wir segelten, den Strom hinauf bis nach Ba, wohin wir bei Tagesanbruch kamen. Wir landeten in La Vanga, einem Vorort, von wo aus ich noch eine volle Stunde nach Ba zu laufen hatte. Verschlafen, verknüllt fragte ich nach dem Kreisrichter, einem Neffen Herrn Moncktons von Takapuna und wunderte mich im Stillen, daß er nicht fragte: »Wessen sind Sie angeklagt?«

Er las das Schreiben und führte mich zu seiner Frau, bei der ich mich wusch und ein Mittagsbrot einnahm. Mit dem Abendzug fuhr ich nach Lautoka weiter.

An der Nordwestspitze.

Lautoka liegt an der äußersten Nordwestspitze von Viti Levu und hat wie fast alle Orte der Welt seine bestimmte Atmosphäre. Hier ist es der süßliche Duft der großen Zuckerfabrik – des Herzens, das alles in Bewegung setzt. Es war das Ende der Trockenzeit, die Zuckerrohrreife, und die letzten Züge hatten wunderschön geschmückte Waggons und reich bekränzte Arbeiter. In wenigen Tagen sollte die Fabrik auf drei Monate geschlossen werden.

Überhaupt war der ganze Ort ein Blütenmeer, denn die lange Allee der Poinciana regia stand in voller Blüte, und die scharlachroten Blütenblätter, die von den dichtbesäten Zweigen wirbelten, bildeten einen dichten Teppich, mit dem der Wind spielte. Dazu die Verzierungen der Fabriktore, Eisenbahnwagen, Leute und man kann sich denken, welch buntes Bild.

Ich saß etwas ermüdet und auf den Beinen hautlos (Sonnenbrand) auf der Pensionsveranda und beobachtete die Vögel. Ein freches Dingelchen hüpfte immer an mich heran. Es war grau mit schwarzen Flügeln und einem Scharlachfleck auf der Brust. Minahvögel umflatterten ebenfalls das Haus. Sie sind sehr unverschämt und tragen einem sofort das Frühstücksbrot weg, wenn man nicht genug acht gibt. Sie erinnern ein wenig an unsere Elstern, sind meistens schwarz und haben einen sehr hellen, gelben Schnabel.

In Lautoka klirren wieder die Knöchelspangen der vielen Hindus (80 000 Indier wurden als Kulis nach den Inseln gebracht, um auf den Zuckerpflanzungen zu helfen, und bilden nun, nach dem neuen Gesetz von 1916, das ihnen freie Arbeitsleistung gestattet – sie also nicht zu Kuliarbeiten *zwingt* – eine ernste Gefahr für die Engländer im Fall eines Aufstandes); es rufen mir Männer und Frauen »Salaam, Mem Sahib!« zu, während die Fidjier ihr unabhängigeres »Ca yadra, Marama!« sagen (sprich: tha yandra).

Von Lautoka fährt der einzige kostenlose Zug der Welt nach Sigatoka, läuft also von der Nordwest- zur Südwestspitze der großen Insel von Viti Levu und kreuzt auf diese Weise das wichtigste Zuckergebiet. Man übernimmt selbst die Verantwortung, fährt aber, ohne einen Heller zu bezahlen, über acht Stunden in einem ganz freundlichen offenen Wagen, in dem man kostenlos noch sitzen kann. Dichter Dschungel wechselt mit hohem Tropengras, den riesigen Zuckerfeldern, den winzigen Bahnhöfchen, auf denen sich allerlei fragwürdige Kuchenhändler ganz wie in Indien selbst herandrängen und wo die Frauen in ihren bunten Saris schmuckklirrend und verlegen kichernd einsteigen. Wo die kräftigen schwarzen Fidjier in ihren Sulus auf- und abschreiten und wo Mischlinge sich wie Europäer zu geben trachten und – längst erwachsen – so kindisch lachen und auffallend wichtig tun, wie bei uns ganz junge, unerzogene Backfische.

In Sigatoka gibt es nur zwei Häuser, in denen man wohnen kann, bei Whiteside und bei jemand anderem, dessen Name mir entfallen ist. Man hatte mir einmal diesen, einmal jenen Namen genannt, und ich nahm an, daß es sich um Gasthäuser oder Unterkunftshäuser handle, was aber nicht der Fall ist. Man nimmt aus Höflichkeit Fremde auf. Als ich in Unwissenheit dieses Umstandes durch den Laden in ein Hinterzimmer geführt wurde und mich ein kleines Mädchen fragte, ob ich in einem der drei Betten schlafen würde, überkam mich ein solches Grauen, daß ich einfach davonlief, obschon man mich zu hindern versuchte. Der Gedanke, wieder wie auf einem Zwischendeckdampfer mit allerlei Menschen einen Raum teilen zu müssen, quälte mich halbtot. Ich verbarg mich im Woiwoigestrüpp in einiger Entfernung des Ortes und wanderte erst ferne am Ufer entlang, ehe ich wieder vor Sigatoka am breiten Fluß ein Segelboot sah, mich näherte und fragte, wann man nach Suva weiterfahren könne.

»Übermorgen!« meinte er gelassen, und ich zappelte vor Verzweiflung. Ich erklärte, ich könne nicht bleiben, und als sich alles als aussichtslos erwies, begann ich – etwas kleinlaut – zu fragen, wieviel man wohl bei Whiteside für den Tag rechnen mochte.

»Gott bewahre, Miß! Gewiß kostet es nichts! Herr Whiteside hält ein offenes Haus, und wer durchfährt, ist eben sein Gast.«

Sehr betreten stolperte ich dem Hause zu, doch man kam mir schon mit allen Anzeichen des Erstaunens entgegen, zog mich liebevoll hinein, wartete mir Tee auf und war so entgegenkommend, daß ich mich mehr und mehr schämte, daß ich mich vom ersten Eindruck so hatte beherrschen lassen.

Von Sigatoka könnte ich ohne Ende erzählen, denn nicht nur fuhr der Kutter erst nach fünf Tagen ab, sondern ich verbrachte das Weihnachtsfest bei dieser gastlichen Familie, deren Geschichte interessant ist. Herr W. heiratete eine Samoanerin, die von den Polynesiern die lichtesten, schönsten und dem Entwicklungsgrade nach höchststehenden sind. Sie gebar ihm die Kleinigkeit von zehn Kindern und zog dann in den Himmel zu wohlverdienter Ruhe ein. Nun wollte er seinen Kindern keine Stiefmutter geben, und daher begab er sich trotz der deutschen Belagerung nach Samoa, erhielt einen Paß vom Gouverneur (damals, wenn ich nicht irre, Dr. Solf), betrat Apia, heiratete an einem Tag die Schwester, kehrte nach Sigatoka zurück und hatte weitere zehn Kinder. Wenn auch nicht alle zu Hause waren, so kann man sich denken, daß die Weihnachtstafel gut besetzt war. Ich lernte eine Unmenge über Linko Mono, die Zauberin von Ba, über samoanischen und Fidji-Aberglauben, über Heilkunde, über den Wert der Pflanzen und freute mich über das, was ich zuerst als Mißgeschick empfunden hatte. Ich schlief in einer echten Fidji-Bure, aber auf Betten, und sah am nächsten Tage, wie ein Mädchen nach dem anderen sich »bombo« ließ, das heißt, ein altes, halbblindes Weib knetete den ganzen Leib vom Scheitel bis zur Sohle. Ich besuchte die ganze Umgebung und nahm an einem Tarelalà teil – das ist ein moderner Fidjitanz, bei dem je vier und vier Teilnehmer die Hände verschränken und zum Händeklatschen und Singen der Umstehenden einmal um einen Pfahl hüpfen. Ich tarelalate auch, und zwar stellte ich mich neben den Fidjier, der das schönste Salu-Salu oder Gewinde hatte, denn da mußte er es mir nach Landessitte umwerfen – zum Dank für die Auszeichnung. Es ist aus bunten Strohbändern geflochten und ziert heute meine Wand ...

Eines Abends wurde sogar ein echter Vakamalolo durch den Fidjiarzt vorgeführt, der selbst barfuß, in schneeweißem Sulu, weißem Seidenhemd und weißer Krawatte erschien. Die Tänzer saßen auf dem Boden auf Matten und waren alle mit Blumengewinden reich geschmückt. Sie rochen nach Schweiß und Kokosöl und glänzten wie eine frischgewichste Herdplatte. Vorne saß der Anführer, er sang die Einleitung, er machte alle Gebärden, so daß ein Vakamalolo eigentlich ein Gebärdentanz bleibt – und die Helfer klatschten dazu in die Hände und begleiteten und ergänzten den Gesang. Das Fest begann um elf und endete um drei Uhr morgens.

Bei dieser Gelegenheit sah ich das Kavatrinken. Das ist der Göttertrank der Südsee, das Bier der Schwarzen. Die Sage erzählt, daß die Kavawurzel auf dem Grab eines Aussätzigen aus Tonga gewachsen – vielleicht weil langer Genuß weißliche Flecken auf der Haut erzeugt und oft zu Blindheit führen soll, obschon seine erste und Hauptwirkung in die Beine geht und eine angenehme Schwere, eine Bewegungsunlust erzeugt. Man stellt die Kava fern von den Augen der Weißen her, indem sich mehrere alte Männer um ein Holzgefäß versammeln, die Wurzel kauen, das Ergebnis in das Gefäß speien, Wasser darauf schürten und gären lassen. Die Nähe der Weißen führte dagegen zum Stampfen der Kava, doch soll damit ein großer Genuß verloren gehen. Gereinigt wird die eine wie die andere Kava, indem man ein Bündel Kokosfasern nimmt, damit die Oberfläche des Gefäßes abschäumt, auswindet, wieder die Hände hineintaucht, abrahmt, auswindet, bis Hände und Kava rein sind. Sie schmeckt nach nichts, hat nur einen bittersauersüßen Nebengeschmack – – brrr! – – und sieht wie Wasser zur Überschwemmungszeit aus. Wieder brrrrr!

Am Abend saßen wir beisammen und machten lange Ketten aus Woiwoisamen oder sahen zu, wie die einheimischen Frauen auf einem flachen Stein Tapa schlugen, oder erzählten uns Gruselgeschichten, und ich wuchs schnell in das Fühlen und Denken der Leute hinein.

Kam ein Gast, so hüstelte er immer bescheiden vor der Pforte, trat ein, setzte sich mit unterschlagenen Beinen hin und nahm die Kava in einer Kokosschale in Empfang. Man mußte sie ihm knieend überreichen und bei Abnahme des Gefäßes in die Hände klatschen. Er aber sagte »mbula!«

Drei wichtige Erfahrungen muß ich hervorheben: Ich bin vielleicht etwas menschenscheu durch mein häufiges Alleinsein und mein Aufgehen in meiner Arbeit, die mir allen Verkehr ersetzt, und die Tatsache, daß ich immer jemand um mich hatte, machte mich, bei aller nur bewiesenen Güte, so verzweifelt, daß ich eines Tages aus dem Bereich aller Zehn flüchtete – was ein wahres Kunststück war – und allein durch das Dorf von Lase-lase am Ufer des breiten Sigatokaflusses dahinschritt. Auf einer Seite begrenzten Woiwoi-Sträucher mit ihren braunen Schoten den schmalen Weg, auf der anderen wechselte Busch mit Ivi-, Gueb- und Pandanusbäumen mit Bananenpflanzungen ab, und dahinter lag das schmale Geleise der Zuckerbahn.

Als ich etwa zehn Minuten in meiner schwer erkauften Freiheit war und eine winzige Brücke erreicht hatte, in deren Nähe angeblich immer der Tevoro oder Teufel saß, machte ich kehrt, nicht weil ich den Tevoro fürchtete, sondern weil ich das ungemütliche Gefühl hatte, von Augen beobachtet zu werden, zu denen ich keinen Körper entdecken konnte. Sie kamen scheinbar aus dem Woiwoi-Gebüsch hinter dem Steg, und ich war ihrer so sicher, daß ich mich umdrehte und langsam nach Lase-lase zurückmarschierte. Von Zeit zu Zeit konnte ich nicht umhin, mich halb umzudrehen, weil ich noch das Gefühl der Augen auf mir hatte. Als sich indessen ein Fidjier mit einem Bündel Holz auf den Schultern zeigte, empfand ich keinerlei Furcht. Ich wußte nun, daß ich recht gehabt hatte.

Der Mann kam ziemlich rasch den schmalen Pfad hinter mir her. Er hatte, wohl um das scharfe Blenden der Sonne abzuhalten, ein Stück Sack über das Gesicht herunterhängen. Zwei Öffnungen für die Augen waren hineingeschnitten. Ich wich vom Pfade ab, um ihn vorbeizulassen. Auch er wich ab. Man hatte mir immer gesagt, daß weiße Frauen nicht behelligt würden, daher glaubte ich, er wolle sich einen Spaß machen und mich als »Tevoro« schrecken. Als daher zum drittenmal auszuweichen kein Raum blieb, schob ich ihn ganz sanft zur Seite und sagte »Tevoro!«, um anzudeuten, daß ich den Spaß verstanden hätte, und daß nun die Sache erledigt war.

Zu meinem jähen Erschrecken schlug er indessen die Arme fest um mich und schleppte mich trotz alles Zappelns in die nächste Bananenpflanzung, wo er mich, sowie das Holzbündel auf den Boden warf. Ich schrie aus Leibeskräften, da ich ja doch wußte, das wir nicht zweihundert Meter von Lase-lase waren und jemand kommen müßte, aber unglücklicherweise feierte man dort ein Fußballspiel (ist es notwendig, daß man die Menschenfresser anstatt tüchtigerer Arbeit unnützes Fußballspiel lehrt?!), und das eigene Gebrüll machte die Leute taub gegen das meine, doch anderthalb Meilen stromaufwärts, aber leider am anderen Ufer, hörte man mich (Beweis meiner Stimmkraft!) und schrie zurück, man solle mich loslassen, weil man glaubte, ein Fidjier verprügele seine Frau.

Natürlich machte sich mein Angreifer nichts daraus. Er warf mich in die Luft und auf den feuchten Urwaldboden, und immer fiel ich als Kugel, ohne Widerstand, aber auch ohne, wie er wünschte, flach zu fallen. Dabei störte mich die Unkenntnis der Sprache und alles, was ich als Drohung auszustoßen vermochte, war »Whiteside«. Der Name meines Gastgebers war weit und breit bekannt.

Er erschöpfte sich ebenfalls nicht in Worten. Als er seine schwarze Pfote auf meinen Mund drückte, biß ich ihn mit Genuß. Es scheint eine Gnade der Vorsehung zu sein, daß meine Zähne gut sind, denn sie sind meine bequemste Waffe. Gerade als ich fühlte, daß er mir einen Schlag auf das Haupt geben wollte, um mich bewußtlos zu machen, vernahm er – nicht ich, die ich nur an das Nachspiel im Sigatokafluß dachte –, ein leises Geräusch aus dem Geleise der Zuckerbahn. Noch einmal warf er mich in die Höhe und auf den Boden, dann raffte er das Bündel auf und verschwand im Busch.

Ich erhob mich, vermochte aber kaum zu stehen, doch die Furcht verlieh mir Kraft, und ich lief so schnell ich konnte auf Lase-lase zu. So sehr hatte ich geschrien, daß etwas im Hals geborsten war, denn ich spuckte Blut wie ein erzürnter Krampus. Nun erst beschaute ich mich – das weiße Kleid war schmutzig, zerrissen, zerwühlt, die Haut von meinen Armen zerkratzt, die Strümpfe voll Löcher, der Mund blutend. Whitesides waren sowohl entrüstet wie beängstigt, obwohl ich ganz ruhig eintrat und die Geschichte erzählte. Man wusch mich, ich kleidete mich ganz um und dann suchten wir den Verbrecher. Der Polizeiinspektor kam und obgleich ich den Mann erkannt, durfte er nicht verhaftet werden, weil gegen ihn kein Beweis vorlag. (...) Der Häuptling aber, der nicht den Buchstaben, sondern den Sinn des Gesetzes zur Richtschnur hatte, versprach uns, den Mann, der sein Dorf entehrt hatte, nach alter Fidjiart zu strafen, und ich zweifle nicht, daß die Strafe klug erdacht war. (...)

Nemesis.

Die hübscheste der jungen Haustöchter hatte viele Verehrer. Eines Abends aber sagte sie mir, als wir auf La Vaqua zuschritten, daß sie in ihrer allerersten Mädchenzeit einen jungen Mischling aus Australien gekannt habe, der sie immer noch liebe und der nun in Ecuador war. Ihn würde sie gern heiraten, denn er hatte ihr einen Tag vor meinem Eintreffen einen Heiratsantrag geschrieben. Ob ich ihn kennen gelernt hätte?

Die Frage war so naiv, daß ich im Dunkeln lächeln mußte. Als ob man in Europa jeden Menschen kennen lernen könnte? Und war Amerika nicht um so viel größer? Ich fragte nach seinem Namen, und sie nannte ihn.

Es war der französische Mischling, der mich in den hohen Anden vergiftet hatte!

Ich erzählte Mutter und Tochter meine Erfahrung, und der Brief, der eine Zusage zu enthalten bestimmt gewesen, wurde eine Absage.

Die Mühlen Gottes mahlten endlich doch richtig ...

Um die halbe Welt war ich gefahren, und den unbesuchtesten Ort der Insel hatte ich berührt, um als Werkzeug einer Strafe zu dienen, die nicht von mir gewünscht, noch vorbereitet war. So weiß man nie, wann einem ein begangenes Unrecht, das man längst vergessen glaubt, als strafende Wirkung zurückkommt.

Im Kutter nach Suva.

Wenn etwas in Sigatoka nicht gehen will, so sagt man »so zäh wie Herrn Bakers Schuhe!«, denn einmal als die Wilden einen Missionar brieten, vergaßen sie, die Schuhe, die für die unwirtlichen Berge bestimmt gewesen, auszuziehen, und nachdem sie alles andere schmackhaft gefunden, glaubten sie seine Füße nicht genügend gebraten und rollten sie in Borodinalaub, Baummelonenscheiben und so weiter, um sie weiter im Erdofen zu dünsten, aber ganz ohne Erfolg, bis ihnen jemand sagte, daß dies der unverdauliche Teil des Europäers war und sie die Schuhe wegwarfen. Ich begann meine Abfahrt ebenso hindernisvoll zu finden, als die »Mary Work« eintraf und ich mit dem Hindukapitän abdampfte.

Um vier Uhr nachmittags erreichten wir eine kleine Bucht namens Koro Levu, und die Frau des Pflanzers lud mich ein, die Nacht bei ihr zu verbringen. Der Kapitän schlief auf dem Kutter und holte mich beim ersten Morgengrauen. Auf diese Weise aber entging ich dem fürchterlichen Neujahrslärm von Suva, denn Chinesen und Schwarze kennen keine Freude ohne Geschrei, Gejohle und das Losschießen von allerlei Feuerzeug gegen die bösen Geister.

Auf Koro Levu sah ich eine sehr praktisch angelegte Sisalfabrik und viele Sisalhanffelder, die an Aloenfelder erinnern.

Wieder in Suva.

Ich trat in das Vitihaus und fand einen anderen Hausherrn, andere Diener. Niemand erinnerte sich an mich, niemand an mein Gepäck, aber ich hatte ja Li Tie Guai als Wächter zurückgelassen, und daher fanden wir in einer vergessenen Rumpelkammer mein Strohkörbchen unberührt.

Ich wohnte neben einem alten Ehepaar, mit dem ich mich allmählich anfreundete. Bei den ewig offenen Türen und Fenstern, dem gemeinsamen Wasserbehälter, dem engen Pensionsleben kann man nicht umhin, die gegenseitigen Verhältnisse kennen zu lernen, und die gute ältere Frau brachte mir oft eine Tasse Tee und einen Zwieback mit Butter bestrichen, sah sie doch selbst am besten, daß ich wie ein Trappist lebte, wie ein Asket aß und wie ein Wasserbüffel arbeitete. Wenn ich nicht studierte, so schrieb ich oder malte, flickte meine Sachen oder wusch, und immer war ich unterwegs zur größten Mittagszeit, weil man gerade nur da in Geschäften oder bei Leuten etwas auszurichten vermochte. Ein Pfund Sterling gab ich schon am ersten Tage aus, denn in drei Monaten war ich sehr verwildert ...

Der Postmeister von Suva rief »Endlich!«, als ich auftauchte und ich fand unter den Briefen viele von meinem Vertreter vor, die ich sehnsüchtig verschlang. Wie kindisch man ist! In jedem hoffte ich von jener Wendung zu lesen, die aus der unbekannten Forscherin die Berühmtheit macht. So verdunkelt ist der Ausblick, weil man vor Opfern und Arbeit die Aussicht auf das richtige Verhältnis zu der Außenwelt verliert. Es schien mir unmöglich, daß so viel Arbeit, so viel Streben, so viel bestes Wollen unbelohnt bleiben konnten ...

Wieder hatte ich Pech. Gerade als man mir die ersten Dollarnoten für meine Arbeiten schickte, stieg das Pfund, und anstatt zu gewinnen, verlor ich beim Umtausch. Ein eigenes Verhängnis in Geldsachen verfolgte mich, nicht nur alltägliches, erklärliches Pech. Es verbitterte mich mit der Zeit. Alles, was ich tat, brach an einer unsichtbaren Schranke, entwertete mein Tun (Leute, die zwanzig Jahre früher auf Neuseeland gewesen, begannen Erinnerungen aufzutischen, ausgerechnet als ich in dieses fesselnde Land kam, und sperrten mir damit den Markt) und zwang mich zu weiteren Entbehrungen.

Ich haßte Brot und Tee, aber was auf Erden war billiger!?

Der Mord auf dem Schiff.

Es war unmöglich, von Suva westwärts zu gelangen. Man riet mir, über Neuseeland nach Australien und von da nach Neu-Kaledonien zn fahren. Das kostete ein Vermögen und war ein wildes »mit der Kirche ums Kreuz Fahren«.

Da lief ein Frachtdampfer ein, der direkt nach Neu-Irland (einst Neu-Mecklenburg) wollte, und ich stürzte schon hafenwärts, um alles aufzubieten, gegen vernünftigen Fahrtpreis mitzudürfen, als mich mein Zimmernachbar aufhielt und warnte. Der erste Offizier war auf geheimnisvolle Weise im Hafen von Suva verschwunden. Das Schiff hatte chinesische Besatzung, die unergründlichste der Welt, und alle zur Verfügung stehenden Daten waren die, daß der zweite Offizier um ein Uhr nachts in die Kabine des ersten geschaut, seine Uhr auf dem unbenützten Bett gesehen und sich gedacht hatte, sein Kollege wäre auf Deck oder einem anderen Ort. Um drei Uhr früh aber habe er das Bett und die Uhr noch so gefunden, und seither wußte niemand, wie und wann er verschwunden. Als Offizier hatte er keinen Grund gehabt, wie ein Davonläufer im Busch zu verschwinden, und kein Suchen nach der Leiche half. Eine ganze Woche hielt man den Dampfer zurück, und er fuhr unter einer Verdachtwolke endlich ab, doch wollten meine Bekannten mich einem solchen Schiffe nicht anvertrauen.

Die Abfahrt.

Immer, wenn eine Erfahrung zu Ende ging, hatte ich ein inneres Warnen davon; so auch nun und wenige Tage später eilte ich zum Konsul, um meinen Paß für Neu-Kaledonien visieren zu lassen, denn ein Dampfer der Messageries Maritimes sollte Suva anlaufen und sogar drei Fahrklassen haben, von denen ich die mittlere wählte, da der Preis nur sechs Pfund betrug. Der Konsul durfte den Paß nicht visieren, weil ihm als Ehrenkonsul das Recht dazu fehlte, aber er meinte beruhigend: »Fahren Sie unbekümmert! Es ist noch niemand zurückgekommen!«

So schiffte ich mich ein.

Die Franzosen, die sonst viele gute Eigenschaften besitzen, haben zwei mir lästige Gewohnheiten: sie vermuten, daß der liebe Gott alleinreisende Frauen für sie erschaffen hat und daß sie nur die Hand auszustrecken brauchen, um sich in den Besitz zu setzen, und zweitens, daß sie mit Vorliebe ihre Wanzen in fremde Länder ausführen. Den ersten Glauben vernichtete ich nach einigen geschickten Fechtkniffen, aber nichts konnte die zweite Vorliebe unschädlich machen. Die Marseillerwanzen bissen mich so sehr, daß ich den Rest des ersparten Blutes verlor und weißer oder richtiger gelbgrüner als zuvor nach Noumea kam.

Neu-Kaledonien.

An den Loyalitätsinseln vorbei gelangt man zur Südspitze der Insel und ist erstaunt über das trockene Klima und die vielen hoch aufgeschossenen düsteren Nadelbäume – Kaupinien und Araucarien –, die man überall wahrnimmt. Das Gestein ist rötlich und liegt an vielen Stellen klar frei, die Berge bilden lange Ketten ziemlich spitzer Gipfel, und die Küste ist klippenreich, bis sich eine Insel an der Westseite zurückzieht und eine weite, sehr schöne und stille Bucht sehen läßt. Das ist die Bucht des Hauptortes Noumea, und die Insel vor dem Becken ist die berüchtigte Strafinsel Nou.

Der Konsul besah sich meinen Paß, doch da ich fließend französisch auf ihn einschnatterte und da sein Konsulat an vielen Orten im Namen des meinen den Paß verlängert hatte, sah er in mir ein Kind der Entente und ließ mich fraglos landen.

Neu-Kaledonien ist die drittgrößte Insel im Südseebecken selbst, und das Gestein enthält eine Menge wertvoller Erze, die aber – vermutlich infolge von Geldmangel – fast gar nicht ausgebeutet werden, nur Nickel wird unweit der Stadt in größeren Mengen gewonnen. Dagegen hat die Insel, obschon im vollen Westpazifik gelegen, den unschätzbaren Vorteil, gesund zu sein, was wohl der Trockenheit zuzuschreiben ist, die gleichzeitig die Fruchtbarkeit wie die Gefahr vermindert. Ihrer Pflanzenwelt nach ist sie eine der interessantesten Inseln.

Noumea.

Die Stadt weicht im Gepräge ganz von anderen Tropenstädten ab, was mich ehrlich beglückte. Die Häuschen sind vorwiegend aus Stein und, wo aus Holz, oft weiß getüncht, um steinähnlich zu wirken. Kleine, geschlossene Fensterchen verweigerten jeden Einblick, und viele Zäune, hinter denen sich dichtes Buschwerk staut, verbieten jedwedes Hineinspähen. Im Staub der Straße wachsen zerstreute Grasbüschelchen und dicke Frauenzungen. Auf der berühmten Place des Cocotiers wachsen außer Kokospalmen auch Yamblongbäume, die dunkelschaligen, pflaumenähnlichen Früchte der Westtropen, und auf den Bänken blüht auch etwas – das elende, gebrochene Menschenwrack, das da bettelt und düster auf ein verlorenes Leben zurückschaut, denn alle diese Leute sind freigelassene Sträflinge, die auf keinerlei Weise ihr Brot verdienen können und die auch keine Möglichkeit sehen, nach Europa zurückzureisen. Viele leiden an Hunger und Mangel und gehen freiwillig nach Nou zurück, wo sie gegen geringfügige Arbeit im Kerkergarten gut verpflegt werden und einer Zelle sicher sind.

Viele, die schon lange auf Nou gewesen und deren Freiheit sich nähert, werden freigegeben, das heißt, sie dürfen in Noumea die Stelle eines Dieners annehmen, und als ich mit Hilfe einer Klosterschwester ein Zimmer gefunden hatte, bediente mich täglich ein Araber, der zwanzig Jahre auf Nou gewesen war und der mir Datteln schenkte, wie irgend ein guter Sterblicher. Wie nichtig alles irdische Abschätzen ist, ermaß ich daran. Dieser arme alte Araber, der oft auf meiner Stufe saß und vom sonnigen Afrika erzählte, war bis auf eine Geldunterschlagung und einen Mord ein seelenguter, harmloser Mensch. Zweimal in seinem Leben hatte die Versuchung in besonderen Augenblicken über ihn gesiegt. Wer von uns kann sagen, daß die Versuchung nur zweimal über uns gesiegt hat? Aber weil sie folgenschwer gewesen, verbringt er den Rest seines Daseins auf verlassener Südseeinsel.

Der Weinhändler, der Krämer, der Austräger, der Straßenfeger, alle sind ehemalige Dorfbewohner. Ja, die Kinder, die man als Waisen gegen kleine, von der Behörde bezahlte Pension bei Privatleuten unterbringt, sind die ehelichen und unehelichen Ergebnisse von Verbrechern. Was aber soll solch ein Kind werden, dem man auf Schritt und Tritt seine Herkunft vorwirft? Ein achtjähriger Knabe mit bleichem Gesichtchen wurde mir als »der Sohn eines Mörders und einer Hure« vorgestellt und dazu angedeutet, daß er ein heilloser Schlingel war. Was anderes hätte er sein sollen? In schlechter Kleidung, unterernährt, vor allem nie geliebt und mit der Beschreibung seiner Vorfahren tagein, tagaus in den Ohren? Im Verhältnis zur Durchschnittsschlingelhaftigkeit der Knaben war er noch brav. Wenn ich konnte, gab ich ihm etwas.

Noch etwas Erschütterndes spielt sich in Noumea ab. Während sonst der Aussatz in der Regel nur die Farbigen angreift, leiden hier sehr oft die Weißen an diesem Gebrechen. Schulkinder entwickeln plötzlich weißliche Flecken zwischen den Fingern, werden unbarmherzig aus der Schule genommen und sofort nach der Lämmerinsel gebracht, die indessen nur durch einen breiten Fluß vom Festland getrennt ist. Kein Abschied wird gestattet, und für die trostlosen Familienmitglieder stirbt das Kind, ehe man es krank gewußt. Auch Erwachsene spürt man auf und entfernt sie zwangsweise. Das ist ja leider eine notwendige Pflicht, aber was nicht beachtet wird, ist Reinlichkeit, Vorsicht. Man fährt die Aussätzigen in einem gewöhnlichen Mietswagen bis zum Eingang der Aussätzigenniederlassung!

Manchmal versucht irgend ein Unglücklicher für eine Nacht Noumea zu erreichen, wo es Wein und Frauen und das Licht einer Stadt gibt. Am Rande des Flusses steht ein Wächterhaus. Eines Abends vernahm der Wächter ein leises Plätschern, trat vor die Tür und erkannte im Dunkeln eine Schwimmende. Obschon sehr erschöpft, ließ er die Frau nicht landen, sondern trieb sie mit Hilfe einer langen Stange immer wieder ins Wasser und von der Böschung zurück. Innigst flehte die Arme, *eine* Nacht nach Noumea zu dürfen, wo ihr Kind lebte, aber er weigerte sich (berechtigterweise), und die Frau schwamm zurück. Bei allem Unglück und aller Müdigkeit kam es ihr nicht in den Sinn, sich einfach hier, mitten im Fluß, sterben zu lassen.

Von der Verderbtheit Noumeas erzählt man sich Schaudergeschichten von einem Ende des Stillen Ozeans bis zum anderen; sicher bleibt, daß man mich sehr warnte, nach Untergang der Sonne vom Haus entfernt herumzugehen, außer wenn ich genügende Begleitung fände. Ich lief also sehr vorsichtig wie ein Hund an der Leine. Die Tatsache naher Gefahr erklärt sich aus dem Umstande, daß in Noumea schon wieder die so ungünstige Rassenmischung eintritt, die stets zu erhöhter Lasterhaftigkeit führt, weil, was der eine weiß, der andere noch dazu lernt. Auch wirken die verschiedenen Rassen wie Brennstoff auf einander und der geringste Funken entflammt hundert Menschen. Man findet Neger, Araber, Tonkinesen, Javanesen, Chinesen und Japaner, echte Kanaken, die auf Neu-Kaledonien besonders wild und weißenhassend sind, Mischlinge und zweifelhafte und mehr als zweifelhafte Europäer. Natürlich entsteht in dem Hexentopf viel Wirrwarr. Während ich dort war, wurden drei Araber enthauptet und von meinem Hause bis zur nächsten Laterne waren schon nicht weniger als sechs Frauen ermordet worden.

Der Schiffskoch und die Tugend.

Mein Zimmer war so klein, daß man kaum die sprichwörtliche Katze darin schwingen konnte, und wenn ich die Türe offen ließ, kam jemand, wollte herein und sprach mit mir, was meine Arbeit störte und auch nicht gefahrlos war. Ich zog daher einen tauartigen Gurt von Schloß zu Angel und deutete damit an, daß jeder, der mit mir reden wollte, jenseits dieser Schranke zu bleiben hatte.

Das Zimmer kostete, wenn ich mich nicht irre, dreißig Franken wöchentlich und jeder Tag kostete mich nicht ganz einen entwerteten Franken zur Ernährung, die diesmal aus Brot und Wasser bestand. Ich trank immer einige Glas Wasser und darauf, zur Geschmackgebung, eine halbe Schale Wein. So reichte eine Flasche drei oder vier Tage, und ich ersparte Brennspiritus, Zeit und Tee.

Der »Antinous« lag drei Wochen in Noumea, und eines Tages kam der Koch an meinem Fenster vorbei. Ich erinnerte mich an seine Einladungen und an den Duft aus seiner Küche. Er hatte mir, wenn ich kommen wollte, ein Huhn versprochen, und ich wußte, daß ich mich an allen Herrlichkeiten einer ersten Klasse plus Schiffskochleckerbissen erfreuen würde. Da ging ich in meinem dummen Idealismus und mit meinem Ekel am Schiff und vor allem am Koch vorbei und aß Brot!!!

Selbst meine geringen Tugenden wurden mir zum Fluch. Warum war ich anders als all jene, die so herumgondelten jenseits von Recht und Pflicht?

Aber dann schrieb ich eine Novelle und vergaß den Koch. Schwester Louise aus dem Kloster besuchte mich plötzlich und sah mich bei meinem Mahl.

»Sie leben bescheidener als wir im Kloster«, meinte sie, »und haben mehr Anspruch auf Seligkeit, weil Sie mit beiden Füßen in der sündigen Welt stehen!«

Ich lächelte, aber ich war zur Überzeugung gelangt, daß ich wohl nie die irdische und vermutlich auch nie die himmlische Seligkeit erwerben würde. Es gibt Menschen, die »unselig« sind. Daher frage sich jede Mutter, ob sie das Recht habe, eine neue Menschenseele zu Leid auf den Strom des Seins zu werfen.

Dick und selbstzufrieden und *sehr* satt ging der Koch an dem Hause vorbei.

Ich hüllte und füllte mich in und mit Tugend, denn sonst hatte ich nichts, mit dem ich mich zu füllen vermochte.

Die Schwester hatte den ewigen, der Koch den zeitlichen Himmel. Vielleicht kämpfte ich mehr und arbeitete noch fieberhafter, und ich mußte aller Gerechtigkeit zum Trotz in der Hölle schmoren. Da begann ich ein wenig mit unserem Herrgott nicht auf Gesprächsfuß zu stehen. Tritte allein machen den Esel nicht laufen ...

Der Mundverrenker.

In Noumea wohnte ein englischer Zahnarzt, der sich einbildete, etwas zu wissen. Sein Schild behauptete es in jedem Fall. Ich ging zu ihm, weil ich fühlte, daß sich ein Zahn gelockert hatte, und als er ihn stark angegriffen fand, bat ich ihn, vorsichtig und nur nach einer Cocaineinspritzung zu reißen. Er schob mir grob einen getränkten Schwamm in den Mund und riß so tierisch an mir herum, daß er den Zahn abbrach und mich mit einer Menge hängender Nervenbündel vom Stuhl fallen ließ. *Sieben* Aspirin nahm ich, um die Schmerzen zu betäuben, und heute, nach vier Jahren, ist die Stelle noch so empfindlich, daß ich auf dieser Seite nichts essen kann. Was ich die folgenden drei Wochen litt, kann niemand beschreiben. Ich strafte ihn in der einzig denkbaren Weise, indem ich ihn nicht bezahlte.

Durch das Hungern und die Schmerzen kam ich indessen noch mehr herab.

Vielleicht zeigt es ein wenig, wie streng ich mich damals noch in der Gewalt hatte, daß ich nach den sieben Aspirin und einer Stunde regungslosem Liegen doch in die Volksbücherei ging und dort studierte, weil ich mir sagte, daß man eines Zahnes halber nicht sein Lebenswerk vergessen dürfe. Etwas von jener Taupfeilerkraft war noch vorhanden.

Die Bücherei war übrigens im Museum, das voll sehr schöner Dinge der Kanaken war, so daß ich allerlei Muster zeichnen und mir alles mit Muße ansehen konnte.

Gegen Abend wanderte ich durch irgend eine Vorstadt oder hinauf auf den Hügel, von wo man die ganze Stadt überschaute, die hochgelegene Domkirche, die verschiedenen Schulen, das Kreisgericht, den Hafen und traumhaft verschwommen Nou und die Lämmerinsel.

In einer kleinen Bucht sollte sich eine riesige Grotte befinden, deren Boden keinen Grund zu haben schien, und darin hauste, so behaupteten die Leute allgemein, seit einigen Monaten ein ganz furchtbares Tier, die sagenhafte Seeschlange, die so lang sein sollte wie die ganze Bucht und deren wellenartige Körperbewegungen mehr als ein Kapitän gesehen haben wollte. Ich selbst sah nichts und schenkte daher dem Gerede keinen Glauben.

Bei Sonnenuntergang eilte ich immer heim. Da war mir bange.

Auf der Strafinsel.

Eines Tages nahm ich allen Mut zusammen und die Füße unter den Arm und begab mich zur Polizeiverwaltungsstelle, um zu erproben, ob man mir die Erlaubnis, Nou zu besuchen, geben würde, und wider Erwarten erhielt ich sie. In einer kleinen Hütte wartete man um zwei Uhr auf das Boot. Ich war an dem Tage der einzige Fahrgast, und der Wächter erzählte mir mit einigem Stolz, daß die acht Kanaken in Sträflingskleidern, die mich hinüberruderten, berüchtigte Mörder aus der Aufstandszeit waren, die eine Anzahl Weißer sehr grausam ermordet und ihre Eingeweide zum Schmuck auf die nahen Bäume geworfen hatten. Um die Wahrheit zu sagen, sahen sie nicht schlechter als alle anderen Kanaken aus, die vermutlich ein Gleiches getan hätten, wenn ... Kurz, ich kletterte ins Boot und erreichte bald die Strafinsel.

Der Hauptaufseher, ein sehr netter, einsichtsvoller Franzose, führte mich selbst, und ich war sehr befriedigt von dem Geschauten, denn es ist ein Anblick, den man nur selten hat, groß an Tragik und groß auch in der Verbildlichung des ewigen Kampfes, den ein Volk, gesittete Gesellschaft geworden, gegen das Verbrecherelement führt und das gegen eine gewisse Härte der bestehenden Vorschriften nichts zu tun vermag. Wie endlich soll man diese menschlichen Krankheitskeime (oder richtiger diese gesellschaftlichen Giftauswüchse) schmerzlos für alle Teile entfernen?

Nou hat sein Grauen – wer bezweifelt es? Diese Kerker, in die kein Lichtstrahl bricht und aus denen der Gefangene täglich auf eine Stunde heraus darf? In denen er solche Furcht leidet, daß er die Mauern zerkratzt und schreit, damit er gefesselt wird, nur um menschliche Laute zu vernehmen, um Licht zu sehen, um die Berührung fremder Hände anstelle der fürchterlichen, würgenden Einsamkeit zu fühlen? Furchtbar der Gedanke, viele, viele Jahre da leiden zu müssen, und dann als Wrack Noumea zu belasten. Ein vierundachtzigjähriger Greis hatte noch ein Jahr

Gefängnis vor sich. Er gehörte zu jenen, die nach der ersten Verordnung auf Lebensdauer nach Nou kamen. Grauenvoll ist die Guillotine mitten auf einem der Höfe und unendlich traurig die Abteilung der Irrsinnigen, in der uns der »heilige Geist« entgegentrat und uns frischgefangene kleine Austern zeigte, die er mit Gott Vater und Gott Sohn zum Nachtmahl verspeisen wollte; der wilde, alte Erfinder, dessen Zelle man seit Jahren nicht mehr betrat und dem man nur durch das starke Zellengitter Nahrung und frische Wäsche schob; der alte Araber, der behauptete, Millionenerfindungen gemacht zu haben und dem Staate wertvoller als alle Prinzen zu sein; der Tobsüchtige, der sich augenrollend aufbäumte und wie ein Tier brüllte – sie alle, die an diesem Ort an geistiger Umnachtung zu Grunde gingen.

Aber Nou hat auch etwas Versöhnendes – das grelle schöne Sonnenlicht, das auf die weiten Höfe, auf all das steinerne Gemäuer fällt, auf die kleinen Innengärten und den großen Gemüsegarten vor der eigentlichen Kerkerstadt, in dem die Gefangenen arbeiten und aus dem alles Gemüse für die Leute gewonnen wird. Es gibt da auch Menschenwrack, das nur dem Flußbett des Himmels entgegenträumen kann. Gefangene, die außerhalb nichts mehr zu leisten vermögen, die heimkehren, freiwillig, heimwehkrank, um hier in Frieden dem Tode entgegenzudämmern. Sie schliefen auf den sonnigen Fliesen des eigenen Gebäudes, das, ihrer Rassenabstammung nach, in größere Räume eingeteilt war, und fingen sich etwaige Läuse oder stritten mit ihren Nachbarn, waren aber so schwach, daß einer den anderen im Kampf nicht umstoßen konnte und sie nur keiften und kläfften wie altersschwache Köter. Vor ihnen lag der kleine Garten mit seinen Bäumchen, blühenden Sträuchern und winzigen Beeten und ein Friede, um den ich sie beneidete, umgab sie. Man begehrte von ihnen keinerlei Arbeit, höchstens Flicken oder Waschen ihrer Lumpen, was sie – wie der Inspektor lachend behauptete – in die größte Wut versetzte. Die meisten lagen ausgestreckt im Sonnenlicht und starrten aus matten Augen wie aus staub- und zeitverdunkelten Fenstern.

Was ich an Nou indessen am traurigsten fand, war endlich ich selber, denn zum Schluß führte mich der Inspektor in die Küche, und da gab es Bohnensuppe und ein Gemüse, das ungefähr unseren Kohl oder unser Kraut ersetzte und das sehr gut roch. Für jeden Mann genug Brot und viel schmackhafte Suppe, alles gut und rein gekocht. Ich stand in meinem gelbweißen Kleidchen aus japanischem Crepe, das ganz gut aussah, und tadellos weißen, absatzlosen Gummischuherln neben dem Inspektor, und er ahnte nicht, wie sehr ich diese Verbrecher um ihre regelmäßige Kost beneidete. Ihre Zelle war besser als mein Hotelzimmer, sie lagen gefahrengeschützt, ausruhend vor blühenden Sträuchern und aßen sich täglich satt an richtig zubereiteten Speisen – sie, die geraubt, gemordet, den Staat gefährdet hatten und die Auswüchse waren, die das Ganze beseitigt hatte; ich aber, die ich für drei Völker Europas schrieb, zu ihrem späteren Nutzen schließlich lernte, malte und mein Bestes in kurzen Beiträgen wie langen Arbeiten gab, ich ging durch die weite Welt, einsam, im falschen Licht einer Abenteurerin, vielleicht einer Spionin, vielleicht etwas Schlimmeren, und ich lebte von Brot und Tee und bewohnte eine Zelle, die nicht so hell und nicht so gefahrlos wie die Zelle auf einer der schlimmsten Strafkolonien war!

So ist das Leben ...

Aber ich dankte dem Inspektor lächelnd, denn das Lächeln ist der Schleier, der verhüllend vor unsere Seele fällt. Für den Fremden war ich nichts als die kleine Journalistin, die alles sah, um darüber zu schreiben. Er bot mir in seinem Hause ein Glas Himbeersaft und einiges Backwerk an und wußte nicht, wie gut er gegen mich gewesen!

Die acht Mörder und Menschenfresser zogen mich ins Boot. Sie sahen mich verächtlich von der Seite an. In ihrem Buschgebiet wird jede Frau gegessen, die unfruchtbar bleibt, und bei mir hatten sie die Überzeugung, daß ich selbst im Kochtopf der Welt nichts bieten würde.

Auf der Wallfahrt.

Eines Tages legte ich Schwester Louise nahe, wie gern ich die Mission St. Louis kennen lernen würde, daß ich es aber nicht wagte, mich allein dahin zu begeben, denn die schaurigen Warnungen von Neu-Kaledonien waren nicht ohne Einfluß auf mich geblieben, die ich wenig Sehnsucht hatte, die Festigkeit meiner Zähne an der Haut eines Schwarzen, Gelben oder meinetwegen Gefleckten zu erproben, und Schwester Louise begleitete mich. Vor Abfahrt des Zuges las sie ihr Brevier, und ich dachte schon, ich würde zu trappistischem Schweigen gezwungen sein, als sie im Augenblick des Abrollens unserer Kaffeemühle das Gebetbuch schloß und den Mund auftat. Trotz der Sonntagsruhe keuchte drüben die Nickelfabrik mit voller Kraft. Die Buchten weiteten sich und verschwanden, die Strafinsel tauchte in bläulichem Ferndunst auf und wich der ebenso traurigen Ziegeninsel. Dann glitt der Zug, der aus Erster und Zweiter bestand, selbstbewußt landeinwärts. Die Sitze waren in Wirklichkeit eiserne Gartenbänke, aber das störte niemand; der Zug fuhr mit heiserem Brüllen an Mangrovensümpfen vorüber, streifte den Friedhof mit den düsteren Araucarien und brachte uns näher ins Hügelland, das mit zerstreuten, halbverbrannten Grasbüscheln bedeckt war, zwischen denen das rote Erdreich vorschaute.

Um Tongue versammelten sich Jäger, um auf die Hirschjagd zu gehen, denn die eingeführten Tiere hatten sich unheimlich und schadenbringend vermehrt.

Einmal war ich bis nach Paita in das Innere oben im Gebiet der Berge gefahren – denn die Bahn endete so plötzlich wie sie begonnen, da sie nie zu Ende geführt worden war – und hatte viel Erbauliches gesehen: wie der Schaffner beim ersten einsetzenden Regen ausgestiegen war und die Schienen eingefettet hatte, damit der Zug weiter konnte; wie wir einen wütenden Stier mit heißem Dampf vom Geleise scheuchten; wie wir durch einen Tunnel fuhren und alle Reisenden mit angehaltenem Atem das Wunder miterlebten – aber diesmal stiegen wir viel früher aus und begaben uns sofort landeinwärts.

Der Weg führte über kleinere Hügel durch ein sich allmählich verengendes Tal, und rund um uns, nicht zu dicht nebeneinander, standen die niederen, windgebeugten, eigentümlichen Niaouli, deren harziger Duft die ganze Landschaft durchzieht und die ein so feines Öl wie das berühmte Cajaputiöl geben. Die Blätter sind schmäler und kleiner als die der Eucalypten, gerade und nicht sichelförmig gebogen, aber sie erinnern an die australischen Verwandten und sind sehr ölhaltig. Die Blüte erinnert an eine duftige, weißliche Puderquaste. Die Rinde, die außen weißlich, innen hellbraun ist, schält sich in vielen Lagen ab, und mit diesen Rindenfetzen spielt der Wind. Gegen Abend, wenn das Dämmern die Umrisse verdunkelt, haben diese Bäume ein unendlich geisterhaftes Aussehen, denn sie schimmern ungewiß, lispeln geheimnisvoll infolge der steifen, sich reibenden Blättchen und lassen ihre Rindenfetzen hin und her flackern und gegen den Stamm schlagen, bis man alles belebt wähnt.

St. Louis ist eine Maristenstation, und ich möchte gleich hier betonen, daß mir von allen Missionen die Maristen am besten gefallen, denn die Ordensregeln sind den Tropen angepaßt, und die erste Lehre, die den Schwestern mitgegeben wird, ist *Heiterkeit*! Sie sollen nicht dem Jenseits düster entgegenträumen – nein, frisch und froh arbeiten, plaudern, sich auf unschuldige Art zerstreuen, denn das Tropenleben ist ohnehin unfaßbar schwer, gefahrvoll, trauertief, entsagungsreich. Man wird daher von Maristenschwestern viel herzlicher als von anderen Missionen aufgenommen und man lebt bei solchen Schwestern mit. Wenn ich das Zeug zur Nonne in mir hätte – was ich leider nicht besitze – so würde ich unbedingt Maristenschwester geworden sein.

Ich brauche also kaum zu sagen, daß wir freundlich empfangen wurden, ich mir die Schule ansehen durfte, über den Unterricht allerlei erfuhr, die ganze Gegend abgraste und auch den greisen Pfarrer kennen lernte, der sich aus Kanakensachen ein Museum eingerichtet und so vieles vor blinder Zerstörung gerettet hatte. Er wußte viel zu erzählen und war sehr gütig gegen mich. Mit seinem weißen, flatternden Haar (er war über die Achtzig) und den verklärten Zügen machte er einen tiefen Eindruck auf mich. Sein Werkchen über Neu-Kaledonien gab er mir mit.

Spät am Abend kehrten wir nach Noumea zurück, das vor 50 Jahren noch ein Sumpf gewesen und nun eine weitverbaute Stadt war.

Ach, eine Stadt, in der der Rassenunterschied tot ist und der Schwarze als Bruder mit dem Weißen geht, doch nur in einer Verbrüderung des Lasters, nicht aus echtem Verstehen heraus.

Das Wagnis.

Nach einem Monat stand ich vor der Frage: Sollte ich die polizeilichen Schwierigkeiten in Noumea erwarten, die alle, die mehr als vier Wochen bleiben wollten, trafen, oder sollte ich, auf gut Glück, nach Vila auf den Neu-Hebriden ziehen? Mir blieben, wenn ich dies wagte, nur etwas über vier englische Pfund, und damit in völlig neuem Lande Wurzel fassen – ganz besonders im Inselreich, wo es keinerlei Verdienstmöglichkeit gab – war gewagt. Hier zu bleiben und auf Geld von Europa zu warten, das frühestens in einem Monat eintreffen konnte, war ebenfalls schwer, denn gelernt hatte ich, was sich in einem oder zwei Monaten lernen läßt, und daher war diese Zeit des Wartens mehr oder weniger verschwendet. Sollte ich? Sollte ich nicht? Ich war dem Verzweifeln, ja dem Selbstmord nahe, denn die ewigen Enttäuschungen, verbunden mit den grausamen Entbehrungen und dem Höchstmaß an Arbeit, das zu leisten ich mir zur Pflicht gemacht hatte, begannen mich seelisch wie körperlich zu brechen. Zum Schluß – gerade als ich im finsteren Raume weinte – sagte etwas in mir: »Heul' doch nicht, du dumme Urschl! Du fährst ja doch!«

Da ging ich zur Schiffsagentur hinab und nahm die Karte.

Auf dem »Duplex«.

In der Zweiten war das übliche, sehr gemischte Publikum; alle bis auf ein altes amerikanisches Ehepaar, das mir gegenübersaß und sich aus sprachlichen Rücksichten mit mir unterhielt. Dabei kamen wir auf dies und auf das, und so erwähnte ich meine Blumenskizzen, die der Herr zu sehen wünschte. Ich brachte, was ich hatte (viel hatte ich eben wie gewöhnlich vom letzten Ort heimgeschickt) auf Deck, und der Herr, der – wie ich später erfuhr – ein hervorragender Kunstkritiker war, sprach sich anerkennend aus. Ich erwähne all das nur, weil die Folgen für mich bedeutsam waren. Am zweiten Tage sagte mir die Dame nämlich, daß die Gattin eines steinreichen Pflanzers, der eine prachtvolle Pflanzung aus Epi besitze, eben dahin zurückkehre und gewiß nicht abgeneigt wäre, mich zu sich zu laden. Weil es Franzosen waren, sah ich nicht viel Hoffnung darin, erklärte mich indessen gern bereit, mich vorstellen zu lassen. Die Millionärin fuhr in der Ersten, wie man vermuten kann, und die Amerikaner waren nur in der Zweiten, weil die erste Klasse überfüllt gewesen und weil sie ein Schiff in Vila unbedingt erreichen mußten, wenn sie innerhalb der nächsten vier Monate nach Tahiti wollten.

Leser! Bist du jemals vor der Seekrankheit gewesen? Dann begreife meinen Heldenmut! Ich lag auf meinem Bett und fühlte mich elend. Immer vorher war es mir möglich gewesen, die Seekrankheit durch Willensaufbietung zu überwinden, aber diesmal lag ich bei müßigem Seegang auf dem Rücken und atmete schwer wie ein Fisch am Strand. Kein Fleisch vertrug ich, und die Maschine, die lange tadellos gelaufen war, drohte zu streiken. Gerade als ich weltüberdrüssig die Finger reckte, öffnete sich die Tür, und die Amerikanerin, die alle Energie ihrer Rasse hatte, sagte mir, ich sollte in einer Viertelstunde auf Deck kommen und meine Skizzen mitbringen.

Auf Deck kommen!!! Nicht nur mußte ich aufstehen, sondern ich mußte auch der Millionärin halber mein bestes Seidenkleid anziehen, die Schuhe wechseln, das Haar kämmen und aus dem Koffer die Skizzen heben, gerade als ein Vorneigen des Oberkörpers das letzte Ding war, das ich zu tun imstande schien. Jedenfalls *ohne* Folgen!

Fünf Minuten haderte ich mit dem Geschick und dem Magen. Dann siegte zum letzten Mal der Columbusgeist, und ich sagte mir: »Wer sich zu Großem bestimmt glaubt, der darf nicht auf dem Rücken bleiben, wenn der Ruf ertönt. Geh' und sei stark! Oder sei schwach und wirf dich ins Meer, denn da bist du bei den Haifischen besser aufgehoben – und passender!«

Predigten, die man sich selbst hält, verfangen ihrer Kürze wegen fast immer. Ich stand auf, kleidete mich um, packte die Skizzen, fühlte ein furchtbares Heben, kämpfte es gewaltsam nieder – so viel hing von der nächsten Viertelstunde ab! – und stieg auf Deck.

Frau Lançon, die eine geistreiche und schöne Frau war, floß keineswegs vor Begeisterung über mich über, schon deshalb nicht, weil ich mehr die Eigenschaften und die Art hatte, wenn jemand, so höchstens Engländer zu begeistern, aber sie war sehr höflich, und am Abend, als ich wieder auf Deck saß, anstatt meinen Wünschen gemäß unten auf dem Rücken zu liegen, stellte sie mich ihrem Schwiegersohn vor, der ein Norweger war, und dem es gefiel, daß jemand so weit weg von Europa seine Sprache verstand. Ich verdankte es hauptsächlich diesem Umstand, daß ich am folgenden Tage – dem gefürchteten Ausschiffungstage – die Einladung erhielt, in etwa drei Wochen auf einige Zeit nach Epi zu kommen. Das war etwas sehr Wertvolles für mich, denn, sollte das Geld ausbleiben, so stand ich, während des Wartens, irgendwie unter Dach.

Gegen alles Erwarten glitt ich durch die paßliche und behördliche Landungsbrandung glatt hindurch und stand gegen zehn Uhr auf dem Strandweg von Vila ...

Ohne daß ich es ahnte, stand ich auf der Schwelle meiner furchtbarsten Südseeinselerfahrungen.

Auf den ungesunden Neu-Hebriden.

Warum macht eine Insel, die bewaldet, hügelig, grün, nebelumrissen ist, einen fröhlichen und eine andere, ebensolche, einen traurigen Eindruck? Etwas Herzerschütternderes als die Einfahrt in die weite Bucht von Efaté habe ich selten erfahren. Hier fühlt man, daß man die bekannte Welt weit hinter sich gelassen hat; die ersten echten Auslegerboote nähern sich. Sie sind aus einem einzigen Baumstamm, ausgehöhlt und haben davon seitlich abstehend zwei starke Breithölzer, die ein mit dem Boote gleichliegender Querbalken verbindet, der ein Kentern des Bootes unmöglich macht. In diesen ganz einfachen Fahrzeugen näherten sich eine Unzahl Schwarzer mit riesigen Wuschelköpfen und sehr wenig Gewandung. Sie fleckten das Meer auf große Entfernungen hin.

Man fühlt aber nicht nur Abgeschiedenheit; denn die drückende Hitze mahnt an das schöne und sündige Panama, doch weniger in der Sünde (obschon die Inseln auch keine Kinderbewahranstalt sind!) als im Ungesunden des Klimas. Die Wolken schoben sich immer wieder heran, entluden sich in heißen schweren Güssen und gaben einer stechenden Sonne Platz, die sofort das ganze Erdreich, alle Pflanzen und alle Menschen zum Dampfen brachte. Dieser nicht nur fühlbare, sondern auch klar sichtbare Dunst, der alles verschleierte, verlieh den Inseln, die so üppig grün waren, etwas so herzbeklemmend Trauriges, Todmahnendes. Dazu trafen wir im ungesundesten aller Monate, im März, ein. Ich war ja durch die Umstände zu dem Schritt gezwungen gewesen, aber noch heute weiß ich nicht, warum man den jungen Norweger mit der jungen Braut zu dieser Zeit nach den Neu-Hebriden gebracht hat.

Vila ist die eigentümlichste Stadt der Welt. Sie besteht aus einer zerstreuten Menge lichtbrauner alter elender Holzbauten einerseits, und netter blumenumsponnener Villen (auch bescheiden) anderseits, der eine Stadtteil ganz französisch, der andere, etwas gepflegtere, ganz englisch, dazu aber zwei Gouverneure, zwei Kirchen, zwei Hospitäler (das englische auf einer kleinen Insel in der Bucht, Iririki genannt, das französische oben auf dem ersten Hügel) und ein Bischof. Die Inseln sind nämlich Condominium, das heißt, die Engländer und Franzosen regieren gemeinsam, weshalb in dem entscheidenden Gerichtshof auch ein Holländer und, glaube ich, ein Däne, Ansichtsrecht haben. Die Verhandlungen erfolgen in beiden Sprachen, und was vor diesen Gerichtshof geht, bedeutet schon Inselskandal, denn wenn irgend tunlich wäscht jede Staatsregierung die schmutzige Wäsche zu Hause, das heißt, der eigene Gouverneur verurteilt oder verschweigt die Sache, so lange das tunlich ist. Auch entsteht durch diese leidige Condominiumswirtschaft viel Verwirrung. Ein Franzose begeht ein Verbrechen und flüchtet sich zu einem Engländer. Undenkbar, ihn dort zu verhaften. Man muß in die Heimat um Auslieferungspapiere schreiben, und unterdessen entflieht der Schuldige längst heimlich auf feindlichem Dampfer. Viel Mißbrauch entsteht mit Hinsicht auf die Arbeitskräfte. Franzosen dürfen Kanaken beiderlei Geschlechts wahllos anwerben, Engländer nur Männer oder höchstens auch deren Frauen, die dann aber nicht zur Arbeit verpflichtet sind; Franzosen dürfen aus Anam Arbeitskräfte auf fünf und fünf Jahre anwerben, Engländer finden keine billigere Arbeitskraft als die teuren und unverläßlichen Kanaken, und auch Dampferverbindungen zum Absatz sind günstiger für die Franzosen, während andrerseits die Engländer für ihre Sachen mehr zahlen müssen als ihre politischen Genossen. Das macht böses Blut, und daher bleiben zum Beispiel die Straßen in

Vila grundlos, denn beide Teile wollen nichts richten lassen, weil jeder die Genugtuung hat, daß der Widersacher stecken bleiben muß.

Es gibt in Vila nur drei Hotels. Eine Unterkunft ist sehr teuer und überdies so gut wie nicht zu erhalten. Bei Read wird man immer ausquartiert, wenn sich ein neuer Bewerber für das Zimmer meldet, und schon die offenen Veranden flößten mir Widerwillen vor diesen Unterkunftshäusern ein. Zwei waren vermutlich nicht sonderlich sicher. Der dritte Besitzer, der gleichzeitig Bäcker war, hatte die Aufrichtigkeit einzugestehen, daß für eine alleinstehende Frau seine Zimmer nicht die richtigen wären ...

Ich hatte von Neuseeland Empfehlungen an die evangelische Mission mit, und nach langem Bitten versprach man mir, mich drei Tage – aber nur *drei* Tage – im Hospital zu behalten, damit ich sonst irgendwo ein Zimmer finden konnte.

Hundertmal war ich an diesem Tage naß und wieder trocken geworden. Ohne etwas zu essen, flüchtete ich von Baum zu Baum, wenn der Guß anbrach, und suchte, wenn er innehielt, ein Zimmer. Ach, was hatte ich begonnen!

Um fünf Uhr kehrte ich auf den »Dupleix« zurück und wartete, aber es wurde halbsechs, drei Viertel und niemand erschien. Die Tochter der schönen Französin hatte mich eingeladen, zu ihnen in den Salon zu kommen, und ich saß neben dem Klavier und lauschte dem Spiel. Von Zeit zu Zeit hielt ich Ausschau. Die Gattin des Norwegers fühlte Mitleid, aber sie kehrte nach vierjähriger Abwesenheit mit ihrer Mutter und ihrem Gatten nach Epi zurück, und niemand wußte, wie es um freie Zimmer auf der Pflanzung stand. Als sich indessen niemand für mich zeigte und ich immer ratlosere Augen rollte, sagte mir Frau Lançon (und das habe ich ihr nie vergessen), ich möge nur mitkommen, irgendwo würde man mich schon unterbringen. Mein Gepäck wurde in eine Kabine neben der der liebenswürdigen Pflanzerin gebracht, und ich fuhr wider alles Erwarten nach Epi weiter; das aber bedeutete nicht nur augenblickliche Versorgung, sondern es erlaubte mir die Hoffnung, mit meinem Gelde das Eintreffen der weiteren Summe abwarten zu können.

Es hatte auch den ungeheuren, durch kein Geld aufzuwiegenden Vorteil, daß ich nun imstande war, das Leben auf einer wirklich großen Pflanzung auf einer wenig besuchten Insel und dabei auch die Kanaken der umliegenden Dörfer und das ganze Tier- und Pflanzenleben kennen zu lernen – nicht als Tourist, nein – als Bewohner einer Ansiedlung, die so war, wie ich mir eine solche stets geträumt hatte.

Plantations des Allobroges.

An der Zuckerhutinsel und anderen Inseln vorüber glitt der große Dampfer, der, einmal monatlich von Neu-Kaledonien kommend, die wichtigsten Inseln anlief und die Baumwolle, Kopra und alle anderen geringeren Inselerzeugnisse einsammelte, die bestellten Waren brachte und etwaige Reisende auflud.

Wir ankerten in der Nelsonbucht, und bald brachte uns ein Boot an Land. Der Verwalter und der Aufseher der Eingeborenen traten uns entgegen – beide Franzosen und beide sehr nett bei der Begrüßung – und bald saßen wir zu unserer aller Freude auf einer Art Leiterwagen und fuhren einen langen, holprigen und stellenweise sumpfnassen Laubweg entlang bis zur eigentlichen Ansiedlung, die eine halbe Stunde vom Landungsplatz gelegen und eine ganz kleine Ortschaft war: das Europäerviertel mit dem Wohn- und Speisekiosk, dem Küchengebäude, dem Magazin mit anschließendem Geschäft, in dem abends von sechs bis sieben gekauft werden konnte, der Bäckerei, der Fleischhauerei, der Hütte des Zimmermanns, dem Hospital am Ende des großen freien Raums und dem anschließenden Dienstgebäude, dessen erster Raum Wartezimmer, der zweite Apotheke war und an den sich die kleinen Zimmerchen schlossen. Mir wurde das mittlere angewiesen; im ersten schlief der Aufseher, im letzten der Sohn des Hauses und der Verwalter. Da die Wand nicht bis hinauf reichte, konnten wir uns abends zusammen unterhalten, während jeder behaglich in seinem Bett lag. Das junge Ehepaar hatte ein kleines Gebäude für sich. Zur Linken, etwas abseits, lagen die Anamiterhäuschen mit ihren Gärten, zur Rechten die Strohhütten der Kanaken, und der ausgedehnte, mit Flammenbäumen bewachsene Platz endete mit dem korallenbeschotterten Strand und dem Tamanu, einem Riesenbaum, unter dem begraben zu liegen lange mein heißester Wunsch gewesen ...

Sie waren alle sehr gut gegen mich, obschon ich meine Muttersprache verraten hatte, denn unter falscher Flagge wollte ich nicht segeln. Das wäre Mißbrauch der Gastfreundschaft gewesen, und ich muß sagen, daß sie in allen Äußerungen sehr taktvoll waren, wenn gewisse politische Verwicklungen gerade damals die Gemüter erregten. Allerdings, so daheim wie bei Engländern fühlte ich mich nicht; das mag aber dem Umstande entspringen, daß mir englische Sitten so vertraut wie meine eigenen geworden sind und ich mit wirklicher Hingebung an den britischen Löwen dachte. Wo seine Tatze liegt, da reist die Frau geschützt und meist auch angenehm.

Das Frühstück war für alle, die ans Tagewerk sollten, um sechs und für die Faulen gegen sieben. Man nahm den Kaffee mit ausgezeichnetem Brot (in der eigenen Bäckerei gebacken) im Kiosk ein, wo auch die anderen Mahlzeiten eingenommen wurden, und Chitam, die Anamitin, bediente. Sie trug schwarze Hosen, die enge schwarze Jacke (ähnlich wie Chinesinnen) des Landes und das Haar seltsam mit einem schwarzen Tuch umbunden, das so gerollt wurde, daß es um das Haupt etwas wie einen Kranz oder eine Krone bildete. Die Köchin dagegen war eine alte Kanakin, die ein rotes Lendentuch und eine kurze rote Bluse nach Art eines Nachtjäckchens trug und deren kurz geschorenes Haar an eine Schuhbürste erinnerte. Ein kleiner Kanake bediente in weißem Lendentuch, das vorn einen Schwanz bis zu den Knöcheln (höchste Schönheit) haben mußte, und in einem weißen Trikothemdchen, zwei Dinge, die er sofort ablegte, sobald er sich seiner Pflicht entledigt hatte. Alle drei waren sehr gute Vorlagen zu Charakterstudien. Während die Anamiten alles stehlen, was nicht niet- und nagelfest ist, sind die Schwarzen, besonders in Eßsachen, so ehrlich, daß es der größte Schimpf wäre, einem solchen Jungen – selbst im Scherz – zuzurufen: »Iß nichts weg!«

Um elf Uhr war Boubou, das heißt, man läutete die große Glocke vor dem Haupthaus, und da kamen wir wieder alle zusammen, um den Lunch einzunehmen. Es gibt Pflanzungen und Pflanzungen, und obschon sich das äußere Bild nie sehr verändert, sind die inneren Bilder unendlich verschieden. Welcher Schmutz, welch klösterliche Einfachheit bis zur Mangelgrenze auf den Yasawas! Welcher Luxus hier bei diesem französischen Millionär, mit dem ich allerdings nicht tauschen wollte, wenn ich deshalb auf den Neu-Hebriden bleiben sollte, denn was er heute besitzt, das hat er bitter erkauft: durch angestrengte Arbeit, durch das Opfern der besten Jahre, der Heimat, der Gesundheit, jedweder Unterhaltung. Wir hatten immer eine Fleischvorspeise, dann Braten und nach englischer Sitte das Gemüse gleich mitgegeben, dann Mehlspeise und Obst, sowie jeden Tag Tischwein und vor der Mahlzeit Quinquinnat oder sonst einen Appetitreizer. Nach Tisch wurde geruht – ich malte – und um sieben Uhr versammelte man sich zum Abendbrot, das ebenso gut und reichlich war. Später plauderte man oder sang.

Herr L. war ein Mann ohne Idealismus, ein starker Gegensatz zu seiner lebenslustigen, gesangfrohen schönen Frau, aber mit seiner Energie und des Mangels an jeder Pose wegen äußerst sympathisch. Wenn er weg war, standen sofort alle Hunde im Kiosk, sahen sie aber um die Ecke seine Füße auf dem Langstuhl, so zogen sie die Schwänze ein und verschwanden. Er rief immer auf deutsch »raus!«, wenn er sie hinausjagen wollte, was mich sehr unterhielt. Es war, glaube ich, alles, was er von meiner Muttersprache verstand. Indessen lief ich selbst so schnell wie alle Hunde, wenn ich ihn morgens einige hundert Meter weit erspähte und meinen Tropenhelm nicht auf hatte. Nirgends sonst trug ich einen – ohne dadurch Schaden zu leiden –, doch er bestand darauf und lieh mir auch einen. Gnade Gott mir oder den anderen, wenn wir ohne Helm sichtbar wurden. Er meinte, daß die Sonne bösartig auf den Inseln war. Ich weiß nun, daß jedenfalls das Klima sehr heimtückisch ist.

Burumba ...

Unten in der Ebene wuchsen die Kokospalmen in Alleen und Hainen, daran grenzte der große Garten mit Ziersträuchern und Tropengemüse, und die langen Baumwollfelder bildeten den Abschluß. Etwas Busch zog sich als Urgebiet den Strand gegen die Nelsonbucht entlang, und die Kaffeepflanzungen, die kühleres Klima erforderten, bedeckten die weiteren Höhen, gehörten doch 200 Ar Grund zum Besitz der Allobroges. Man erreichte diese Höhenpflanzungen durch die wunderschönen Kakao-Anlagen, wo die verschiedenen Arten – die gelben, die roten und rot- und schwarzgefleckten – wuchsen. Die Frucht ist länglich, etwas runzelig und hat die Größe einer Wrucke. Darin, wohl eingebettet, sitzen die Kakaokörner, die lichtbraun und bedeutend größer als die Kaffeebohnen sind. Wunderschön ist der Baum selbst, denn alle Blätter hängen abwärts und die jüngsten und obersten sind von einem wunderbar zartabgetönten Weinrot. Der Stamm hat weißliche Flecken, und die Blüten, sowie später die Früchte, scheinen direkt aus ihm heraus zu wachsen. Schneeweiß, doch ohne Duft sind die unscheinbaren Sternchen.

Wollte ich nun die beiden Hügelketten besichtigen, so mußte ich reiten, ich hatte aber noch nie in meinem Leben auf einem Pferde gesessen, und – was schlimmer war – ich hegte nicht den geringsten Ehrgeiz, jemals auf einem Pferderücken zu sitzen. Das glattweg einzugestehen, fehlte mir der Mut und dann wollte ich die Bemerkung, daß es meinen Landsleuten in weiterem Sinne an Mut gebräche, nicht auf mir sitzen lassen, deshalb kroch ich eines Morgens in ein geborgtes Reitkleid, erhielt Sporen, schnallte den Tropenhelm fest und wurde auf das Pferd gehoben. Man sagte mir, wie ich rechts oder links am Zügel zu rücken hatte und trug mir insbesondere auf, die Knie an das Pferd zu schmiegen. Burumba war breit und ich klein, so daß ich wie eine Krabbe wirkte, die einen Kürbis zu umspannen trachtet.

Burumba war ein kluges Tier – eine Dame – und wußte sofort, daß ein sogenannter »Humbug«, ein Nichtwisser, auf den Rücken geklettert war. Ein verachtender Blick aus einem Auge streifte mich und lehnte mich ab. Mein lockender Zuruf blieb wirkungslos, und erst als jemand den Zügel erfaßt und Burumba ins Schieben gebracht hatte, folgte sie den anderen; folgte mit mehr Eifer als mir lieb war.

Eine Stunde saß ich auf dem Viehrücken und schwor mir, nie wieder andere und längere Beine als die meinen in Bewegung zu setzen – zu meinem Vorwärtskommen sicherlich nicht. Das Tier suchte alle Baumkronen des Wegrandes auf, damit mir die schweren Äste im Vorbeirasen die Nase polierten; es lief hinter den anderen her, wenn es langsam gehen sollte, und blieb zurück, wenn ich der Rinderherde, deren Hörner mir unsympathisch nahe meinen Beinen schienen, ausweichen wollte. Dabei krampfte ich meine Beine um den zu breiten Nacken, bis sie wie Faßreifen gebogen waren und überdies verstand ich zum erstenmal so ganz, wie die Hunnen seinerzeit das Fleisch unter dem Sattel mürbe geritten hatten. Ich ritt das meine über dem Sattel mürbe ... Als wir daher die Höhen erklommen hatten, glitt ich befriedigt von Burumbas Rücken, entschlossen, nie wieder hinaufzusteigen. Meine Beine, obschon nur einpaarig, wogen ihre zwei Paar leicht auf; nach dem Wertmesser in jedem Fall.

Die Kaffeepflanzungen waren wunderschön. Die roten Beeren saßen als unzählige leuchtende Büschelchen auf den Ästen, deren gesenktes, tiefgrünes Laub leicht gewellt war. Alligatorbirnen wuchsen in Mengen an freieren Stellen, Kakao nahm die feuchten Vertiefungen ein, und der Blick schweifte über die vielen Buchten von Epi, über die weißblühenden Tempelsträucher, die schneeigen Baumwollfelder, den frisch angelegten Garten, den schwarzsandigen Strand um die Nelsonbucht, und hinter uns begann der noch unerforschte Urwald mit seinen herrlichen fremden Blüten und den massigen Schlingpflanzen, die oft in vierfacher Auflage am gleichen Stamm emporkletterten. Allerlei nie gesehene Nüsse bedeckten den Boden, und vereinzelt fand ich noch Kolanüsse, deren Reifezeit schon vorüber war, und Nanduledule, eine süße, lichtgrüne, spitz zulaufende Tropenfrucht. Die Kolanüsse wurden aus Afrika eingeführt und in Wein und Wermut angesetzt. Sie gaben sehr viel Kraft und waren die beste Arznei zur Kräftigung, die ich jemals genommen habe. Die anderen ritten den steilen Abhang hinab, ich aber glitt auf meinen Beinen und anderen Teilen meines Knochensystems talwärts, froh, daß es wenigstens mein eigener Rücken war, der mir zur Stütze diente und nicht der Burumbas.

Der Schatten des Todes.

Bis hierher hatte ich mich durch alle Hindernisse tapfer durchgekämpft, und immer hatte der Geist meinen Körper beherrscht. Nun sollte es anders werden. Der Ritt hatte meine Knochen zermürbt, und ich legte einer Anzahl neuer Schmerzen keinerlei Bedeutung bei. Auch als ich mich fiebrig fühlte, schrieb ich dies nur einer möglichen Erkältung zu. Erst als mir – kaum zehn Tage nach meinem Eintreffen auf Epi – ganz besonders übel wurde und ich über vierzig Grad Fieber hatte, gelangte ich zur Überzeugung, daß mich die tückische Tropenmalaria endlich beim Schlafittchen erwischt hatte. Am ersten Tag nahm ich sie als interessante Neuigkeit sanft entgegen, als ich aber Tag auf Tag nachmittags mit Fieber ins Bett mußte, überkam mich eine stille Wut, denn so hatte ich auf Fidji und Neu-Kaledonien gedarbt und nun, nachdem ich nach fast einem Jahre endlich richtig zu essen bekam – eine Notwendigkeit, wenn ich überhaupt lebensfähig bleiben sollte – kam die Malaria! Überdies hatte man auf den Neu-Hebriden oder richtiger auf Epi die schreckliche Ansicht, man solle nach dem Anfall nichts essen. Da man viele Stunden vorher nichts essen kann, bedeutete das natürlicherweise ein unausgesetztes Fasten. Später aß ich, wenn es ging, so oft und wann ich wollte, denn der wichtigste Punkt ist eben der, die Kräfte zu erhalten, selbst wenn ein unzeitiges Essen das Fieber mitfüttert.

Nie in meinem abenteuerreichen Leben bin ich dem Rizinusöl und den Epsomsalzen näher gewesen! Die Zuneigung eines Mannes und die Vorsehung Gottes retteten mich davor. Ich habe mir geschworen, rizinuslos ins Grab zu sinken. Es läßt sich im Leben so selten ein Unglück abwenden, daß ich es dort abzulenken trachte, wo mir eine Gelegenheit winkt.

Es war nämlich Sitte auf Epi, nach jeder Malariaserie auch noch einen Tag zu fasten und das Innere auszuspülen. Ich folgte der Sitte, aber nicht mit Rizinus, und durch diese Handlung verlor ich den letzten Rest von Kraft und Lebensenergie. Am folgenden Tage sollte ich fahren, doch fühlte ich mich dermaßen erschöpft, daß ich nur ein Begehren hatte: liegen und ruhen zu dürfen. Keine Krankheit – nicht einmal Lungensucht oder Magenleiden – stimmt so herunter wie tropische Malaria. Sie entwickelt den gefürchteten Tropenkoller, diese entsetzliche, hoffnungslose Schwermut, die sich langsam in Tropenneurasthenie verwandelt; sie brütet die düstersten Träume aus und sie bricht allen Willen. Es gibt nicht ein Glied, das nicht schmerzt, nicht stark in Mitleidenschaft gezogen ist, und wenn wir drei abends auf unseren Lagern lagen, so jammerten wir über die hohe Wand hinweg uns gegenseitig zu. Den drückte besonders die Niere und jenen die Leber oder die Milz, und alle wollten wir unter dem großen Tamanu begraben sein. Nach und nach erkrankten wir alle, und selten gab es eine Mahlzeit, an der alle teilnahmen.

Das »Kreuz des Südens« fuhr wenige Tage später an Epi vorüber, und mir wurde es leise zum Vorwurf gemacht, das Schiff versäumt zu haben. Die Briefe aus der Heimat kamen nicht, ich erhielt kein Geld. Tief empfand ich es, daß ich weggehen sollte, obschon sie alle gut gegen mich waren. Das politische Empfinden spielte mit, und sonderbarerweise stärker bei der Frau als bei den Männern, deshalb ließ ich meine Beiträge an reichsdeutsche Blätter durchlesen, ehe ich sie absandte. Ich wollte nicht, daß man glauben könne, ich spioniere ...

Vormittags schrieb ich fieberhaft, gegen Mittag begann ich zu malen, und gegen fünf Uhr brach in der Regel das Fieber bei 39 Grad durch. Ich litt damals nicht stark an Schüttelfrost, ging aber schwer vom Fieber zum Schwitzen über, und als es immer schlimmer wurde, riet man mir, nach Vila zu reisen, wo es doch einen Arzt gab. Frau Lançon fürchtete sich, die üblichen Chinineinspritzungen zu machen, weil sie eine starke Abszeßbildung bei meiner hochgradigen Blutarmut voraussah.

Ich sehnte mich aus vollster Seele nach dem Tode. Ich war zu gebrochen, um siegreich dagegen ankämpfen zu können ...

Auf der Nachbarpflanzung.

Heute, wenn ich zurückblicke, denke ich mir oft, daß ich dreiviertel tot noch bedeutend lebendiger als die meisten Durchschnittsmenschen bei voller Gesundheit war, denn obschon ich zwei Inselwunden entwickelt hatte, die bei jedem neuen Fieberanfall wieder eiterten, ging ich oft in den Dschungel, um neue Blumen und Pflanzen mitzubrin-

gen, und wanderte bei steigendem Fieber zur Nachbarpflanzung, über eine Wegstunde, um dort echte Muskatnußbäume und Zimtsträucher zu sehen. Wunderschön war der Anblick. Von den dünnen Ästen hingen die Früchte lichtgelb herunter. Sie erinnerten an unsere Aprikosen. Dann sprangen sie plötzlich auf und zeigten die dunkelbraune, glänzende Nuß, die ins Violette schimmerte und von der purpurvioletten Blüte wie mit einem Netz umsponnen war. Auch fand ich auf jener Pflanzung Vetivergras, dessen duftende Wurzeln verschickt wurden.
Zurück fuhr ich; ich war dem Sterben nahe.

Am Abend erzählte Herr Lançon oft von seinen ersten Abenteuern. Er war vor sechsundzwanzig Jahren nach den Neu-Hebriden gekommen und hatte nach und nach dieses große Gebiet angekauft und mit einigen angeworbenen Boys urbar gemacht. Nie hatten er und sein weißer Gefährte zweimal die gleiche Bettstelle benutzt. Sie schliefen abwechselnd auf, unter und neben dem Bett, denn die Lanzen der Eingeborenen stachen nicht selten durch die dünne Holzwand. Wollten die Schwarzen jemand vergiften, so kamen sie in größeren Mengen und kauften allerlei Waren aus dem kleinen Laden. Bückte sich der Händler, um irgend etwas zu heben, so fielen sie über ihn her und ermordeten ihn, oder sie schenkten ihm Soto, und wenn sein Koch nicht durchaus ehrlich war und ihn vor den kaum kenntlichen dunklen Giftpünktchen warnte, so war er unfehlbar verloren. Sie warfen auch feine Bambussplitter in das Trinkwasser, die die Gedärme durchbohrten, und einem langsamen Tode entgegenführten. Nie war man sicher. Auf Malekula ist man es heute noch nicht. Von einem Mischling erfuhr ich viel über den Nakaimas (das geheimnisvolle Geistergeschöpf, das Liebende belauscht und führt) und über den Su'u! Viel davon verwendete ich schriftstellerisch in meinen Südseegeschichten, an denen ich trotz aller Krankheit und Entmutigung schrieb, so oft ein Stoff zündend auf mich wirkte.

Im Kloster zu Vila.

Ich hatte oft auf der Reise das Gefühl gehabt, wie jemand auf wackelndem Stein mitten im Fluß zu stehen und von rückwärts mit einem glühenden Schürhaken in den Rücken gebohrt zu werden, um weiterzuspringen, obschon kein zweiter rettender Stein in Sicht war, doch vielleicht empfand ich die Sprungnotwendigkeit selten so peinlich wie auf Epi. Mich fremden Menschen weiter aufzubürden, war eine Rücksichtslosigkeit, doch der Gedanke an das Hotel in Vila oder an die lärmende Pension trieb mir – abgesehen vom gefährlichen Geldpunkt – die Haare zu Berge, und auf den Inseln war es nicht wie in einer Stadt, wo man sich über alle Begriffe hinaus einschränken oder wo man irgend etwas verdienen konnte.

Und wäre etwas auch gewesen – wer kann verdienen, der den halben Tag zwischen Leben und Tod schwebt? Einmal Fieber über einundvierzig, und man erwachte jenseits der Todeslinie. Wie bitter bedauerte ich es, stets nur an die 40,8 aufbringen zu können!

Das Schiff, das mich nach Vila brachte, war ein Karren erster Schlechtigkeit. Das Licht ging aus, gerade wenn man es am meisten brauchte, die Betten hatten natürlich kein Mückennetz, und so war man dem ganzen Insektengarten der Neu-Hebriden ausgesetzt. Riesige Tropenkakerlaken saßen sprungbereit oben auf dem Kasten, und als ich nachts zufällig die Hand ausstreckte, griff ich beinahe eine Spinne von Kuchentellergröße, die auf die Asseln Jagd machte. Im Bett wimmelte es von kleinerem Ungetier. Alles hat indessen ein Ende, auch eine zwölfstündige Tropennacht, und als es tagte, waren wir in Vila.

Ich lief mir um ein Zimmer die Füße wund, ich bangte mich fast aus der Haut, als endlich jemand sagte: »Gehen Sie doch zu den Maristenschwestern oben auf dem Hügel!«

Und ich ging.

Die Schwester Oberin war sehr nett gegen mich, doch es hatte sich herumgesprochen, daß ich keine waschechte

Slawin war, sondern unbedingt zu den Österreichern gezählt werden mußte, und das machte sie mißtrauisch. Als ich indessen nachmittags noch einmal kam und um Aufnahme flehte, war sie bereit, mir das Sprechzimmer des Klosters, das dicht an der Kirche gelegen war, abzutreten, wenn Bischof Douceré seine Einwilligung gab und ein Bett samt Mückennetz aus dem Paterhaus leihen wollte. Ich lief spornstreichs den zweiten Hügel empor, küßte den heiligen Ring und erhielt Bett und Erlaubnis, und als er das nächste Mal im Kloster vorsprach und ich aufgefordert wurde, ihm meine Blumenskizzen zu zeigen, sagte er sogar, daß ich damit etwas von dauerndem Werte verrichtete. Über mein schriftstellerisches Wirken konnte er sich keinerlei Ansicht erlauben, aber was da unter meinen Fingern erstanden war, trug das Gepräge unzweifelhafter Wahrheit. Er selbst war Blumenfreund und vielleicht verdankte ich es diesem seinem Wohlgefallen, daß mir das Kloster zum Schutze blieb.

Es kann sein, daß meine Seele deshalb nie zum Verrosten kam, weil ich mich innerlich immer wieder neu einstellen und mich äußerlich neu anpassen mußte. Auf der Pflanzung der Allobroges hatten sie Bridge gespielt, allerlei neueste Pariser Schlager gesungen und von den Liebesabenteuern der Weißen mit den Schwarzen hatte ich viel gehört, manches erraten und am meisten gesehen; im Kloster herrschte eine göttliche Ruhe, bis auf die Ratten, die nachts durch Kirche und Zimmer tollten. Um halb sieben Uhr läutete es zur Messe, und ich erschien vor meinem Zimmer im Hut; so forderte es die Klostersitte. Ich durfte neben den Schwestern in der letzten Bank knien und studierte nebenbei auch die Köpfe der Kinder, die vorwiegend Mischlinge waren. Sie liefen gegen oben sonderbar zu. Endlich begann ich am eigenen Kopfe herumzutasten, um zu sehen, ob sich etwa auch bei mir schon Erhöhungen bildeten. Da sagte mir die würdige Mutter eines Tages, daß die Malekulafrauen ihre Kinder in Körbchen steckten, die das Haupt langsam flach und gegen oben abgeplattet machten. Das geschah seit Jahrhunderten, ebenso wie das Flachdrücken der Nasen, damit sie breiter wurden, und war heutzutage schon erblich, daher hatten selbst Mischlinge seltsam geformte Köpfe.

Gegen acht Uhr gingen die Knaben hinauf zu den Patres in die Schule, während die französischen Mädchen von Vila hinauf in die Klosterschule kamen, die genau so geführt wurde wie die Schulen in Frankreich. Die eigentlichen Klosterkinder waren zumeist Mischlinge, die weiße Väter zurückgelassen hatten, als sie die Insel verließen, und um die sich die schwarzen Mütter, die lieber zu ihrem Stamm zurückkehrten, nicht kümmern mochten. Putzsüchtige, oberflächliche Wesen waren es, die einer strengen Hand bedurften und die – sobald sie frei geworden waren – zu Grunde gingen.

Zwischen acht und elf herrschte die größte Ruhe. Ich saß oben im großen Sprechzimmer, malte oder schrieb und erfreute mich stundenlang am Ausblick. Das verwitterte alte Holztor, hinter dem sich die Schwarzholzbäume häuften, deren goldgelb gewordene Blättchen (es war der Winter der Tropen) wie Goldmünzen auf das hohe Gras niederwirbelten, die unzähligen Kosmosblüten, die als Sterne zu mir emporgrüßten, die grellroten Hibiskus, der dichte, verwilderte Rasen, und durch den dichten Tropendunst hindurch plötzlich das blaue Meer. Es regnete täglich, doch immer nur stundenlang, und dann stach die Sonne mit verdoppelter Kraft auf die nässetriefende Lehmerde. In Vila hinkte jedermann – teils aus Schwäche nach Malaria, teils aus Inselwundenschmerz, teils weil man immer im zähen Lehm stecken blieb.

Geschichten quollen in mir empor. Die Ruhe war wohltuend, doch nach einer Woche setzte die Malaria wieder ein, und einmal ertappte mich Sœur Marie Tarcisius, als ich wieder so stillvergnügt auf das Tor starrte, ohne Wunsch mich zu rühren oder geistig oder körperlich etwas zu tun.

»Was tun Sie?« fragte sie, mich scharf beobachtend.

»Ich schaue!«

»Das sehe ich! Nun gehen Sie nach Vila hinab und kaufen Sie sich das flüssige Chinin zur Einspritzung! So schauen Sie sich nämlich in die nächste Welt hinüber, und Sie haben noch Pflichten auf dieser!«

Ein Bekannter von Epi musterte mich, als ich nach Vila gehinkt kam. Er sagte mir, ehe wir uns trennten, ich möge zu ihm auf die Pflanzung kommen, denn er werde mir das Chinin einspritzen; er tue es jeden Morgen den Kranken. Ich lächelte unwillkürlich. Niemand denkt sich auf den Inseln etwas dabei, aber die Vorstellung, mit den Schwarzen in Reihe und Glied zu stehen und die entblößte Kehrseite meines Ichs der Sonne hinzuhalten, belustigte mich so, daß ich laut auslachte. Da schenkte er mir vier oder sechs Röhrchen, und am Nachmittag erhielt ich die erste Einspritzung. Sie ist sehr schmerzhaft, doch besonders nach vierundzwanzig Stunden, wenn sich eine hellrote, dicke Beule gebildet hat.

Sobald man drei Einspritzungen hinter sich hat, weiß man nicht mehr, wie man liegen, noch wie man stehen oder sitzen soll. Ich verwünschte die Welt im allgemeinen und die Neu-Hebriden im besonderen.

Hindernisse.

Bis dahin hatte ich ein Heim. Am sechsten Juli sollte die »Macombo« kommen und ich mitfahren. Immer noch wartete ich auf das Geld. Ich hatte an die achtzig Beiträge von Fidji und so weiter verschickt, und es schien mir glatt undenkbar, daß ich nicht ein Drittel verkauft haben sollte. Nach Neuseeland hatte ich ebenfalls Beiträge versandt und an englische Blätter in Japan. Mein Werk über japanische Kunst schien verschollen. Was in aller Welt geschah daheim?

Endlich traf aus Neuseeland von meinen guten Freunden daselbst die Nachricht ein, daß Geld für mich unterwegs sei, und ich wartete fieberhaft. Es *mußte* täglich eintreffen, und das Schiff lag schon im Hafen! Einmal in sieben Wochen fuhr es nur, und wenn ich nicht mitfahren konnte, verlor ich mein Klosterzimmer. Zum dritten Mal suchte ich ganz Vila und Umgebung ab, zerfloß in Tränen und Sorge. Das ganze Kloster betete mit. Das Schiff hatte mehr als einen Tag Verspätung. Ich hoffte jede Sekunde bis um zehn Uhr abends. Um elf Uhr glitt das Schiff aus dem Hafen. Um zwei Uhr nachmittags des folgenden Tages traf das Geld ein ...

Im Gartenhäuschen.

Etwa fünfzig Schritte hinter dem letzten Klostergebäude befand sich ein winziges Häuschen, nur aus Veranda, einem Zimmer und einer geschlossenen Rumpelkammer bestehend. Dieses Häuschen trat mir auf Fürbitte der würdigen Mutter eine alte Dame ab, die aber in fünf Wochen schon wieder zurückkehren wollte. Immerhin war es ein Unterschlupf und ich nahm ihn.

Was ich da gelitten habe, beschreibt keine Feder. So lange ich noch im Kloster wohnte, sprach ich manchmal mit einer der Schwestern, oder wurde von der würdigen Mutter besucht; nun hauste ich wie ein Eremit in der Klause, und dreimal brachte mir ein Klostermädchen ganz schweigend die Mahlzeiten. Die ganze Woche verging in vollkommenstem Schweigen. In Vila hatte ich keine Freunde, und mehr denn je hielt ich mich meiner deutschen Muttersprache halber zurück. Es war bei allen Leuten – obschon sie höflich und sogar oft sehr gut gegen mich waren – doch immer das gewisse »Österreicherin« in der Luft. Außerdem sind Franzosen und Italiener nicht gewöhnt, eine Frau allein reisen zu sehen, und vermuten weiß der Himmel was dahinter, während der Engländer es sofort versteht. Ich litt sehr unter dem unausgesprochenen Mißtrauen, das durch nichts niederzukämpfen war. So ging ich selten nach Vila hinab.

Um elf Uhr kehrten die Kinder aus der Schule heim und dann gab es das tägliche Mittagbrot, aus Brotsuppe, Linsen oder Bohnen, einem Tropengemüse, etwas Obst und Brot bestehend. Meine ewige Malaria nahm mir zum Schluß jeden Appetit, und oft ging alles unberührt zurück. Eines Tages aber ließ mir die herzige Küchenschwester sagen, nun müsse ich essen, selbst wenn ich es erbrechen würde. Potztausend!

Vom Fenster aus sah man Iririki, die Insel der Engländer, wo das Hospital lag. Das französische Krankenhaus mit Maristenschwestern lag uns nahe auf dem Hügel. Sonntags gingen wir daran vorüber. Einmal begegnete uns ein Verbrecherbegräbnis. Der Mann war in einen Koprasack gesteckt, der Kopf wie eine Melone abgebunden und alles an eine Stange geschnürt, wie man bei uns geschlachtete Schweine trägt. Männer mit Schaufeln gingen voran, gleichgültige Anamiten folgten. Die Sache machte einen tiefen Eindruck auf mich. Die Leute starben wie Mücken. Acht Neu-Kaledonier kamen zum Polizeidienst nach Vila, sieben waren in einem Monat tot. Man sah sich am Morgen, und man löschte abends aus ...

Bei mir schlug das schwere in das schleichende Fieber um. Die ganze Nacht hindurch fieberte ich, und immer wollte das Herz versagen. Nie kamen die sehnlichst erwarteten Briefe. Mutter und literarischer Vertreter schwiegen. Ich glaubte mich von allen vergessen und eine tiefe Bitterkeit quoll in mir auf. Was hatte ich seit fünf Jahren geleistet und ertragen, und nun starb ich wie ein Hund in der Wildnis, unbelohnt und ungeliebt. So geschieht es im Leben, das durch eine Verkettung von Umständen das Schönste in uns bricht. In mir brach unbemerkt und allmählich mein ungewöhnlicher Idealismus.

Die frühe Tropennacht verschärfte meine Leiden. Um sechs Uhr war es finster, und von dem Augenblick an brachen die Tropenkakerlaken aus den Fugen, jagten die Riesenspinnen hinter ihnen her, schlüpften die großen grauen Buschratten durch die Löcher in den Wänden und nahmen von mir keinerlei Notiz. So zudringlich waren sie, daß ich mein Abendbrot im Bett unter dem Mückennetz aß. Es roch scheußlich nach Rattenurin. Selbst im Betteinsatz tollten sie herum und liefen oben über das Dach des Netzes.

Am Tage dagegen schossen die blaugrünen Eidechsen über mein Bett, meinen Tisch und mich selbst dahin, doch gewöhnte ich mich an sie. Von der Veranda aus, auf deren Dach indessen die Tropensonne unerträglich niederstach, beobachtete ich die Vögel. Sie waren zahm wie im Urwald. Manche waren gelb, andere hatten die entzückendsten Farben. Sie spielten vor mir, und ich lernte sehr viel über das Tierleben. An Insekten fehlte es nicht, Schlangen gab es genug, aber ich hatte Glück und stieß nie auf eine.

Das nächtliche Abenteuer.

Das Häuschen lag so einsam, daß die wilderen Eingeborenen nachts vorbeischlichen. Eines Spätabends vernahm ich auf der Steinveranda schwere Schritte; zwei Paar. Es klang irgendwie nicht wie nach nackten Füßen. Dann atmete etwas schwer durch die breiten Holzfugen. Ich machte Licht. Zum Schweiß der Krankheit gesellte sich der der Furcht. Ich lauschte angestrengt. Wieder kam das schwere Atmen aus nächster Nähe. Was sollte ich tun? Der schwere Krug war vor der Tür, und überdies – zerbrach ich ihn, so kostete er vielleicht mehr als mein armseliges Leben tatsächlich wert war. Wieder stampfte jemand schwerfällig auf und ab. Dann – – ein erlösender Laut. Ein Reißen am Gras, das Umfallen eines Blumentopfes. Mein nächtlicher Besucher war eine Kuh ...

Zuzeiten verirrte sich ein junger Stier in den Klostergarten. So tot ist alles in den gepriesenen Tropen, daß ich den Stier selbst hinausjagte, manchmal sogar im rostbraunen Kleid. Die Menschen, die Blumen, die Tiere erliegen der Schwermut der Äquatorialzone. Wo die Sonne ewig lacht, seufzen die Menschen ...

Oft beneidete ich die Eingeborenen, die sich ohne weiteres hinlegen und gesund sterben konnten, wenn es ihnen länger nicht auf dieser Welt gefiel. Ich war dreiviertel tot und vermochte es bei allem guten Willen nicht. Vermutlich kämpft der Tätigkeitsdrang unserer Rasse selbst gegen den Tod an, denn so oft ich nur wieder atmen konnte, arbeitete ich auch wieder. Wie immer bei schwerer Malaria ließ ich oft halbe Sätze aus, aber später wußte ich doch, was ich gewollt hatte. Weder den Malereien noch den Geschichten sieht man es an, daß ich sie sterbend zustande gebracht habe. Nur meine Seele weiß, durch welches Feuer ich gegangen bin.

Zuzeiten sagte die Schwester Marie Tarcisius zu mir: »Ihr Leben ist schwerer als das unsere, denn Sie sind einsamer und haben nicht den Himmel als einziges Ziel. Wer kann nach diesen Inseln kommen als einer, der mit der Welt abgeschlossen bat und nur dem Rufe seines Gottes folgt?«

Sie diente heiter dem Höchsten; ich diente beharrlich der Kunst und dem Wissen. Jede Seele hat ihr Ziel, gewiß vom Herrn gesetzt.

Espiritu Santo.

Ich hatte an den Kreisrichter von Vanikoro, dem Sitz der britischen Regierung auf den Santa-Cruz-Inseln, geschrieben und die sehr höfliche Antwort erhalten, daß Vanikoro besonders tückisches Fieber, keinerlei Unterkunft und fast keine Möglichkeit der Weiterreise nach den Salomonen biete. Ich solle die Fahrt lieber über Australien wagen. Das war, als ob man jemandem sagen würde, der in Graz wohnt: »Fahren Sie über Neapel, Barcelona, Paris und München nach Wien.« Ich hatte die Mittel nicht und scheute auch die furchtbare Zeitverschwendung. Es gab kein Zurück, nur ein mutiges Vorwärts. Ich spielte alles auf die eine Möglichkeit aus, nahm die Karte nach Vanikoro und schiffte mich nach siebenwöchentlichem Warten ein.

Die älteste Schwester, die mit einer echt schwarzen Novizin eingetroffen war, sagte mir zum Abschied: »Mein Kind, versöhnen Sie sich mit Gott, um in den Himmel zu gehen, oder heilen Sie Ihren Körper, um auf Erden zu bleiben – nur untätig zwischen beiden verharren Sie nicht!«

Ich dankte und schiffte mich ein. Für mich gab es ja keinen Himmel, weder auf Erden noch in anderen Welten. Für den, der an kein Herz gebunden ist, sind alle Welten gleich geschlossen. Entweder muß man die Sünder lieben oder die Heiligen, aber lieben muß man, wenn man ins zeitliche oder ins himmlische Heil eingehen will, und ich liebte niemand und niemand liebte mich.

»Gern haben« ist ein ganz anderer Begriff. Von tausend Menschen hatten mich neunhundertneunundneunzig »gern«. Ich glitt als angenehme und leicht belustigende Erscheinung durch ihren Lebenskreislauf. Wenn das kurzschwanzige Kometlein verschwunden war, glühten umso heller die Fixsterne rundumher.

Der gute, alte, kakerlakige »Macombo« war der Ort, wo ich noch unentdeckte Sündenreste abbüßte. An Bord befand sich ein Mann, der mich nicht leiden konnte. Wahrscheinlich ärgerte ihn meine Häßlichkeit oder mein Seelenverwandtsein mit den Deutschen. Er schimpfte, während ich in hohem Fieber lag, zu den mitreisenden Herren (Frauen gab es nicht) laut über mich, behauptete, daß ich keine Schriftstellerin wäre, und erzählte die haarsträubendsten Sachen über mich, von denen auch nicht eine die Wahrheit streifte. Er erzielte eins: Ich schwitzte wie sonst nur nach drei Aspirintabletten, und das tat endlich meinem Fieber gut. Zum Glück verließ er auf Espiritu Santo schon das Schiff. Ich sah so elend aus, hüllte mich dermaßen in stolzes Schweigen bei Tisch, daß allmählich die Herzen um mich schmolzen und sie alle versprachen, auf Vanikoro ihr Bestes für mich zu tun.

Espiritu Santo ist die größte Insel der Neu-Hebriden, die zuerst entdeckte und die ungesundeste. Ich besuchte einen Maristenpater, und auf dem Hinweg jammerte jemand in einer offenen Hütte. Als ich zurückging, weinte man schon um den Toten ...

Der Pater in einer abgeschabten Kutte, aber freundlich und heiter wie alle Maristen, begrüßte mich herzlich und erzählte mir viel. Er hatte nur eine Hand, und ich dachte, er hätte sie im Kampf mit Menschenfressern verloren, doch sagte er mir, daß er, wie viele andere, so gern mit Dynamit gefischt habe, und dabei um die eine Hand gekommen sei. Man hielte, meinte er, das brennende Stücklein zu lange in der Hand, um richtig in die Schule der Fische zu schleudern und ...

Von Menschenfresserkämpfen erzählte er, von ertrunkenen Missionaren, die der Wind verschlagen, von den Pflanzen und Käfern und den sündigen Pflanzern, dann ging ich wieder aufs Schiff zurück.

Auf Malekula speiste ich bei einem netten englischen Pflanzer. Er zeigte mir einen großen Baum am Rande eines Flusses. Unter diesem Baum waren schon vierzig Europäer von den Schwarzen geschlachtet und gefressen worden. Drei Meilen landeinwärts begegnete man schon solch einer Bande.

Dort trugen mich die Schwarzen über die Flüsse, immer lachend, indem sie mich auf die eine Schulter warfen und ich mich an ihrem buschigen und nicht einwandfreien Kopfhaar festhielt. Sie kniffen mich nicht einmal in die Wade, denn das Wasser lief ihnen nicht zusammen. So ein Häuflein Knochen war einfach lächerlich.

Hinter den Bankinseln und in der Höhe der Torresgruppe dachte ich mir, die ich noch immer im schweißnassen Lager von zwei Tagen zurück lag, daß es an der Zeit war, die Malaria wenigstens für einen Tag zu verjagen, um vernünftig sprechen zu können, und nahm daher eine Übermenge Chinin, schwitzte mir Seele und Herz fast aus dem Leibe, stand aber fieberfrei auf Deck, als wir die Bucht von Vanikoro erblickten. Da sagte mir der Zollbeamte: »Sie sind am Ende Ihrer Fahrt und am Anfang Ihrer Leiden!«

Ein wahrer Prophet war er.

Durch die Brandung.

Auf Vanikoro befindet sich der berühmte Kaurischlag. Über vierzig weiße Arbeiter, ein Ingenieur, ein Arzt und der Kreisrichter befinden sich nebst sechzehn Schwarzen, die Dienerdienste verrichten, auf der Insel. Von diesen sterben oder verlassen die Insel drei oder vier alle zwei Monate und wer jemand politisch strafen will, der sieht zu, daß der Kreisrichter Hoher Kommissär des Westlichen Pazifiks wird – Herr über die halbe Südsee und gleichzeitig Todeskandidat und Einsiedler. Die Leute wohnen in kleinen, einfachen Hütten, rudern abends, wenn das Meer ruhig ist, weit hinaus und schlafen im Boot, um den schrecklichen Moskitos ein wenig zu entgehen. Was sie brauchen, das bestellen sie vier Monate vorher und können froh sein, wenn es nach dieser Frist bei ihnen eintrifft. Ein Stücklein Ebene und gleich dahinter steil ansteigender, dichter Urwaldbusch. Höher oben die mächtigen Kauribäume, die irgend ein Entdecker, vielleicht Cook oder Bougainville, angebaut haben muß. Die Bäume sind nicht ganz so hart wie die Neuseelandkauri, weil sie zu schnell wachsen – nämlich in zweihundert Jahren so groß wie im kalten Klima in fünfhundert Jahren sind – aber immerhin geben sie ein schönes Holz, das nach Australien verschifft wird.

Die nächste Insel ist die gefährliche Santa Cruz, voll Menschenfressern, die nur selten jemanden landen lassen und noch ungezähmt sind. Vor kurzem wurde wieder ein Fremder ermordet.

Ich hatte Glück – wenn man es so nennen darf – denn ein Kutter war vom Sturm zurückgehalten worden und sollte nun weiter nach Malaita und Tulagi, der wildesten Insel der Salomonen. Ich beschwor ihn, mich mitzunehmen, aber erstens stockten die Unterhandlungen, weil er zuerst glaubte, ich wollte umsonst fahren und er seiner Gesellschaft gegenüber verpflichtet war, und zweitens wollte er keine Frau an Bord haben, weil da das Schiff sinken würde. Außerdem stellten sich meinem Landen allerlei

Schwierigkeiten entgegen. Man sollte beim Kreisrichter dreißig englische Pfund hinterlegen, die ich natürlich nicht besaß, und allerlei Papiere ausfüllen – das auf einer Insel, wo man froh sein sollte, überhaupt einen Menschen zu sehen! Ich weiß nicht, warum man diese völlig ungesunden, unangenehmen Inseln wie ein Zauberschloß schließen will. Es ist dort ohnedies nichts als Krankheit oder Tod zu holen. Ich hatte ein Empfehlungsschreiben an Herrn Monckton auf Faisi, den Neffen des lieben Pfarrers aus Takapuna, und dieser Brief gab die Gewähr, daß ich jedenfalls jemanden hatte, zu dem ich gehen konnte. Ich erwartete das verlorene Neu-Hebrider Geld in Tulagi. Ein Kabel gab Antwort, daß nichts eingetroffen war.

Es ist schwer, meine Lage zu beschreiben. Zwischen meinem literarischen Vertreter und mir war es längst zu dauernder Freundschaft gekommen. Alle wertvollen Sammlungen gingen durch seine Hände, wurden von ihm ausgestellt; von allem erhielt er gewissermaßen ein Bröcklein mit; die Briefe trugen alle Blumenskizzen oder andere Zeichnungen; durch seine Hände gingen Beiträge, die doch einzig in ihrer Art waren, da ich Erfahrungen sammelte und Dinge sah, die einer unter Millionen schaute; ich hatte in Peking für dreiundzwanzig verschiedene Blätter geschrieben. Die Mark war im Aufstieg, die Krone vor der Stabilisierung. War es denkbar, daß sich ein solcher Boden ganz unfruchtbar erwies? Und da stand ich unter fremden mißtrauischen Menschen im Lichte einer gemeinen Abenteurerin und mußte wie der Wurm Staub fressen – in Demütigungen ersticken, wenn mir Geld und Ruhm gebührten!

»Haben Sie Beweise für Ihr schriftstellerisches Wirken?« fragte der Hohe Kommissär des Westpazifiks. Wer trägt Belege auf einer solchen Reise mit? Dennoch fand ich in meinem Strohkörbchen einige Abdrucke meiner Neuseelandbeiträge und kaum hatte er sie gesehen, als er ausrief, er kenne das Blatt. Der Widerstand schmolz. Er lud mich ein, nachmittags den Tee bei ihm zu trinken. Dem Kapitän des »Macombo« drohte er, das Reisegeld zurückzunehmen, wenn ich nicht weiterfahren könnte, da er nicht das Recht habe, Fahrgäste nach Vanikoro zu bringen. Der Kapitän war daher sehr geneigt, mich um jeden Preis loszuwerden. Der Kapitän und der Kommissär ebenso geneigt, mich nett abzuschütteln. So kämpften die Mächte, um sich meiner zu entledigen. Ich war bereit, in der schönen Bucht von Vanikoro die Haifische zu füttern. Eine reichliche Fütterung würde es ohnehin nicht werden ...

Gegen Mittag bemerkte Kapitän Hayward, der ein gutes Herz hatte: »Vielleicht kann ich Sie nehmen – *wenn* man Sie einläßt, aber nur gegen zehn Schillinge Bezahlung für den Tag, denn ich bin der Malaita-Gesellschaft untergeordnet. Ich würde Sie indessen nie genommen haben, wenn ich nicht schon von Vila aus, wo ich vor einigen Wochen war, von Ihnen wüßte. Ich habe von Ihrer Geldnot gehört und auch davon, daß Sie nach den Salomonen wollten. Ich wußte, daß es unmöglich war, und wollte es Ihnen öfter sagen, aber Sie gingen immer mit gesenkten Lidern an mir vorüber, und ich wagte es nicht, Sie anzusprechen. Weil Sie aber in Vila einen so ausgezeichneten Ruf genossen haben (Klatsch greift nämlich auf den Inseln wie eine Epidemie um sich und das leiseste Vergehen ist an den fernsten Orten bekannt), will ich Sie mitnehmen: Aber unter einer einzigen Bedingung: ich will keine Frau an Bord. Weiber bringen Unglück. Sie müssen Hosen tragen.

»Ich besitze aber keine Hose!« erklärte ich kleinlaut.

»Dann werde ich Ihnen die meine leihen!« Damit war die Unterredung zu Ende.

Auf den Knien.

Vanikoro ist mir in unangenehmster Erinnerung. Nach Tisch wurde ich den Berg zum Regierungshaus hinaufgeführt und der ist wie der Pfad zum Himmel: steil und wenn nicht mit Dornen, so mit rutschigem Lehm gepflastert.

Einen Schritt macht man nach oben und zwei zurück. Gerade wenn man hoffte, den letzten Atem auszuhauchen, erreichte man die Höhe. Von da übersah man die ganze schöne Bucht und die reichbewaldeten Abhänge. Große Falter umschwirrten furchtlos das nahe Gebüsch, und Vögel ließen sich unerschrocken auf der Veranda nieder.

Einige Herren aus Neuseeland, die zum Zweck der Prüfung des Kauristandes hergekommen waren, sollten mit diesem Dampfer zurückfahren. Mit ihnen zusammen nahm ich den Tee ein, denn sie wohnten ebenfalls beim Richter, der auf seinem Posten – sei es bemerkt – so mächtig wie ein König und unantastbar ist. Es dunkelte, und ich begann an das Schiff zu denken – mit Schrecken, denn Kapitän Braun hätte mich am liebsten den Haifischen verfüttert. Da erklärte man mir, daß ich oben, im Residenzgebäude, übernachten würde.

Auf meine Zustimmung oder Absage kam es nicht an. Ich war in der wenig beneidenswerten Lage, von drei Mächten gleichmäßig abgestoßen zu werden und von der Laune des Kommissärs im äußersten Maße abhängig zu sein. Es ist im Leben immer leicht, den geraden Weg zu sehen, nicht immer ihn so ohne weiteres zu wandern. Verfeindete ich mich mit der höchsten Obrigkeit, so blieben mir die Inseln geschlossen; nach Vila zurück konnte ich nicht, nicht hinab nach Australien. Von Freunden und Feinden war ich gleich verlassen. Man wird daher verstehen, daß ich allerdings die geborgten Pyjamas meines Gastgebers anzog, aber nach Türkenart mit untergeschlagenen Beinen auf dem Lager sitzen blieb, das am Ende eines offenen Bogenganges allen zugänglich war. Im Dunkel dachte ich wie Buddha über die Vergänglichkeit alles Irdischen und die unselige Macht der Sinne nach – allerdings von einem anderen Standpunkt aus als der Weltweise.

Zum Schluß ertönten Schritte. Ich erstarrte zur Statue und sprach mit der Beredsamkeit eines Cicero. Kalt, still, gedämpft, abgetönt und vor allem höflich, denn ich sprach zum Herrscher der Salomonen. Nach einer langen Weile äußerster Gefrorenheit (nichts wirkt beruhigender auf die Männer als der weibliche unbedingt unerschütterliche Fischzustand) erhob sich mein Gastgeber vom anderen Ende des Lagers und erklärte, eine so dumme Gans wie mich noch *nie* getroffen zu haben. Nie im Leben habe ich einen Tadel mit so ungeteilter Freude hingenommen. Als ich einige Viertelstunden später die lange Reise über den Hof antreten mußte, kniete ich andächtiger auf den Steinfliesen des »einsamen Ortes« als je in einer Kirche und bat sehr demütig, von allen Leiden, einschließlich von der Dummheit der Mannszweibeine, gnädig erlöst zu werden.

Auf dem »Meringe«.

Am nächsten Morgen entschuldigte sich mein Gastgeber. Die ewige Einsamkeit, das leidige Trinken. Ich war heilfroh, glatt durchzugleiten, und versöhnlich gestimmt. Ich würde die Welt nicht ändern, am wenigsten die einige Breitengrade unter dem Äquator. Als wir schweigsam niederkletterten, sah ich den »Meringe« fahrtbereit und hob fragend die Augen zu meinem Begleiter.

»Machen Sie sich keine Sorgen, alles ist geordnet!« meinte er.

Um zehn Uhr stand ich samt meinem Gepäck auf dem kleinen Kutter. Der Kapitän hielt mir ein Paar khakifarbene Hosen entgegen. Ich nahm sie nach unten und zog sie über mein waschseidenes Kleid, hielt sie mit meinem Gürtel um die Mitte fest und rollte die Hosenbeine weit empor. Der Kapitän war groß und rund – seine Hosen passten wie die Faust aufs Auge. Ich ähnelte einem Ballon, der im Zerplatzen ist. Kapitän Hayward aber sah befriedigt meine Verwandlung in einen Mann, und das war endlich die Hauptsache. Malaria, Aufregung, das Hasten und endlich, auf die Hosen hin, ein lauwarmes Glas Bier hatten mich ans Ende meiner Kräfte gebracht. Zum ersten- und letztenmale auf der Weltumseglung zahlte ich dem Meergotte vollen Tribut; in siebenmaligen Zinsen und Zinseszinsen.

Am Abend meinte der Kapitän: »Nachts schlafen Sie in der Kabine, tagsüber ich. Hier haben Sie ein Handtuch, falls die Kakerlaken zu übermütig werden, so jagen Sie sie weg!«

Kakerlaken! Meine Urfeinde! Ich zog ein Mückennetz aus der Tasche und breitete es in seiner neuen Steife über mich aus. Sah mit Entsetzen, wie die großen braunen Asseln mit ihren langen Fühlern darüber hinkletterten und lag unter dem zu niedrigen Schutzdach wie ein schimmelnder Käse unter einem Fliegennetz.

Die Maschine stockte; wir mußten segeln. Vierhundert Meilen quer durch die offene See. Ich bat, die Nacht auf Deck verbringen zu dürfen, und der Kapitän rollte mich in ein altes Segel und band mich an den Windfang. Das Kabinendach war schief, so daß ich bei jeder Schiffsbewegung – und sie waren zahlreich und stark – mit Kopf und Füßen zusammenschlug, um langsam den Bauch mit den beiden Enden wieder in gleicher Höhe zu haben. Um zwei Uhr nachts war ich voll Beulen und ganz demütig bereit, losgekoppelt zu werden, und den Rest der Nacht bei den Kakerlakchen zu verbringen.

In der folgenden Nacht, die stürmischer als alle anderen war, lag ich schon frühzeitig auf dem Lager. Gerade als ich im Einschlafen war, stürzte durch die Luke eine wahre Springflut kalten Wassers auf mich herab. Ich erwachte und schüttelte mich und das nasse Bett aus Leibeskräften. Da rief der Kapitän durch die Falltüröffnung: »Keine Angst! Nun habe ich die Luke schon zugemacht!«

Das half mir wenig. Ich trocknete langsam bis zum Morgengrauen.

Guadacanar.

Das ist die eigentliche Insel, die richtig die »Salomonen« genannt wird. Man spricht heute noch von diesen Boys und von ihnen allein als Salomon-Boys. Sie sind sanfter und hübscher als die anderen Eingeborenen, doch nicht so verläßlich und arbeitsam wie die wilderen Malaitas. Sie glauben an den Vele. Geht jemand einsam durch den Busch oder über Land und ist er traumverloren, anstatt wach und aufmerksam zu sein, so sieht er plötzlich eine Hand mit einem knatternden Beutel neben sich, und eine mächtige Stimme ruft: »Geh' heim und sag' Vater und Mutter, Weib und Kindern, daß der Vele dich verzaubert hat, damit mein Name groß werde! In drei Tagen mußt du sterben!«

Deshalb rufen selbst die Kinder dem einsamen Wanderer zu, auf den gefürchteten Vele zu achten.

Soll ein Schweinefest stattfinden, so ertönt die Trommel schon einen Monat früher und teilt allen Dörfern mit, wann und wo das Fest stattfinden wird, und was es dabei gibt. Solch eine Trommel sagt alles, denn je nach der Art der Botschaft wird in den verschiedensten Takten getrommelt. Beim Feste selbst aber trägt der stärkste Mann des Dorfes das beigesteuerte Schwein, tanzt damit um den Hals vor dem Häuptling des Festdorfes und wirft es dann zu den übrigen in den hochgebauten Stall. Alle bringen Gemüse und errichten Haufen daraus. Hält jemand eine Rede, so bellt er zuzeiten, um höflich darzutun, daß er, verglichen mit dem Häuptling, nur ein elender Hund sei. Ist die Tafel im Mondlicht fertig geworden, so wird geschmaust, bis sich niemand mehr rühren kann. Jedem Dorfe kommt so und so viel zu und jeder Mann muß von seinem reichlichen Anteil an Frau und Kinder weitergeben. Nach dem Fest wird getanzt, und wenn alles verspeist ist, zieht man heim.

Hohe bewaldete Berge bilden einen gleichmäßigen Kamm, und der Strand ist reich an Kokospalmen. Sonst ist Guadacanar wie alle anderen Inseln – ein üppiges Tropenbild mit kleinen Hütten da und dort.

Malaita.

Am fünften Morgen fuhren wir an der langgestreckten Malaita-Insel, der wildesten und gebirgigsten der Gruppe, die noch fast unerforscht ist, dahin. Buchten voll Mangroven wichen zurück, scharfe Vorgebirge stachen ins Meer, und über all dem lag die Hitze und die Unveränderlichkeit des Äquators. Fremde Samen trieben wie winzige Bälle die Strömung entlang.

»Das ist Su'u!« meinte der Kapitän, und ich fuhr aus den Hosen. Ein trüber Strom kam aus dem Innern und schwemmte allerlei Schlingpflanzen ins Meer hinaus. Die Boyhütten, braun und düster, umkränzten den rechten Strand. Auf der linken Seite war eine Niederlassung, oben auf dem Hügel lagen drei europäische Villen.

Ich war ein Schmutzfink und fühlte es mit stillem Grauen. Auf dem »Meringe« hielt man nicht auf Wasserverschwendung. Wir tranken den Tee und das Bier aus den gleichen Schalen – eine Flüssigkeit vertrieb die andere – und der Koch kratzte abwechselnd Kartoffeln und sein belebtes Haar. Nun erzählte der Kapitän gewiß alle meine Sünden, die erträumten und die wirklichen, denn drei männliche Augenpaare richteten sich auf mich aus dem Nachbarkahn. Ein kräftiger Mann sprang auf Deck und nannte seinen Namen, winkte einem Diener und ließ mein Gepäck zusammenholen. Ich seufzte erleichtert auf. Der Gedanke, noch einen Tag weiterfahren zu müssen, war mir entsetzlich gewesen.

Wir erkletterten den Hügel. Eine schlanke Frau öffnete die Türe und betrachtete mich verwundert. Sie führte uns auf einige geflüsterte Worte hin bis an ein nettes Zimmer, und Herr Mackenzie, der bis dahin geschwiegen hatte, erklärte: »Das ist für eine Woche Ihr Zimmer. Das Schiff bleibt so lange hier!«

Eine Galgenfrist! Zum ersten Mal seit Vanikoro lächelte ich so recht von Herzen. Eine halbe Stunde später stand ich im Badezimmer und wusch mich. Zu Mittag sah ich neuerdings wie ein Mensch in meinem besten Kleidchen aus, und meine Gastgeber begannen zu denken, daß aus den Kapitänshosen doch noch etwas gewachsen war, das Kopf und Füße hatte. Ich war neuerdings bei Engländern, und die Zunge ging mir auf. Es war, als sei ich heimgekommen.

Vor dem Häuptling.

Malaita ist noch voll von Menschenfressern. Eben las ich von einer schaurigen Niedermetzlung und einer schaurigeren Strafexpedition, bei der viele Dörfer niedergebrannt und zahlreiche Schwarze getötet wurden. Man hatte den Kreisrichter getötet und die ihn begleitenden fünfzehn Mann einfach verspeist. Das war erfreulicher, als die lästige Kopftaxe zu zahlen.

Kaum war ich einige Tage in Su'u, so ließ der Häuptling sagen, ich möge es mir nicht einfallen lassen, mehr als drei Meilen landeinwärts zu wandern; darauf stünde der Tod und überdies das Gefressenwerden. Das hätte mich nicht überwältigend eingeschüchtert, aber ich war so ausgewaschen, daß an eine Buschwanderung von mehr als drei Meilen gar nicht zu denken war. Man muß sich eine solche Wanderung nur einmal vorstellen. Der Aufseher führte mich eines Tages den Kwariekwa entlang. Wir wateten im Urwaldschlamm bis zum Knöchel, und nie waren wir sicher, ob wir auf einem modernden Baumstamm oder auf einem Alligatorrücken gingen. Tausende kleine Krabben, manche hellblau, andere krebsrot, schossen vor uns in die Tiefe. Die Nase verstrickte sich in nicht bemerkte Spinngewebe, und giftige Spinnen schossen wangenwärts. Tausendfüßler waren unter dem modernden Laub verborgen, Schlangen konnten verdeckt sein, Ameisen aller Formen fielen aus dem Laubwerk oder stachen aus gerollten Blättern. Dabei herrschte im Urwald eine wahre Dampfbadhitze, die durch die zahlreichen Moskitobisse arg verschlimmert wurde. Jeder Schritt mußte erkämpft werden, denn allerlei Dornsträucher, Kletterpflanzen und gefallene Bäume bildeten fortwährende Hindernisse. Auf wackelndem Holz mußte auf allen Vieren Bach oder Fluß gekreuzt werden, und was ich an Pflanzen einsammelte, hatte in der Regel einen ätzenden Saft. Kam ich todmüde aus dem Busch zurück, so hieß es einfach, sich schnell gründlich abzuschwemmen (man war durchschwitzt und zerbissen und trug ganze Krusten von Urwaldschlamm an den Beinen) und ans Malen zu gehen, denn Tropenblumen halten nur einen Tag aus.

Wieder war das Leben ganz umgestaltet. Man stand gegen sieben Uhr auf. Sobald ich angekleidet war, lief ich in die Küche und begrüßte Frau Mackenzie, die sich um das Frühstück kümmerte, das nach englischer Sitte aus Eiern, Butter und Marmelade bestand und das nie ganz den drei Dienern überlassen wurde. Dann füllte ich die vielen Vasen mit neuen Blumen und frischem Wasser und half ein wenig in der Küche, ehe ich auf der Veranda unter dem Mückennetz an die eigene Arbeit ging. Um elf Uhr wurde das Mittagessen eingenommen, um halbzwölf legten sich alle auf eine Stunde nieder. Ich las, wenn ich krank war, ich malte, wenn ich mich rühren konnte. Später brach um ein Uhr das Fieber aus und trieb mich ins Bett, doch selten verweilte ich länger darin, als bis der Schüttelfrost überwunden und das Fieber im Steigen war, denn ich war Gast und wollte niemandem lästig fallen. Oft saß ich bei der zweiten, damals zufällig anwesenden Gattin des Aufsehers, in viele Decken gehüllt, und machte noch Scherze. Abends, wenn wir gegen neun Uhr zu Bett gingen, atmete ich erlöst auf und fiel wie ein Sack auf die Kissen zurück.

Alles interessierte mich: Die drei Diener in ihren scharlachroten Lendentüchern, die sich vor dem Auftragen der Speisen Blumen ins Haar steckten, denen aber leider Halskette und Nasenstab aus gesundheitlichen Gründen für die Zeit ihrer Dienstleistung verboten waren; die Käfer, die ins Zimmer kamen – so der gefürchtete Holzkäfer, der groß und schwarz war und schon bei bloßem Erschrecken einen entsetzlichen Gestank verbreitete, das wandelnde Blatt, das einem verwehten Guavablatt selbst in der Blattäderung glich und sich oft an einen Vorhang klammerte, die riesigen Heuschrecken, die von hinten ansprangen, die knieenden Herrgottsanbeter und im Badezimmer, unter dem Holzgitter des Bodens, die großen Landkrabben; ja, es fesselten mich die schroffen Berge und der Urwald, der so viele neue Formen aufwies, und vor allem die Menschen mit ihren durchbohrten Nasen und den Ohrmuscheln, die ein Loch hinter dem anderen trugen und in jedem Loch etwas, was einem winzigen Besen glich, während im Läppchen, das beinahe die Schulter erreichte, der Kalkbecher (unumgänglich zum Betelkauen) stak.

Eines Tages, als ich wieder auf der Veranda saß und eifrig malte, stand wie hingeweht unten auf dem Kies eine schwarze Gestalt. Das Haar bildete einen ungewohnt breiten Glorienschein und trug überdies einen aus Bambusgeflecht zusammengestellten Kopfputz aus Kakadufedern; um den Hals lag eine Kette aus echten Menschenzähnen, die Arme waren mit breiten Muschelarmbändern geschmückt, in der breiten Nase stak ein ungeheurer Nasenstab und die Ohren waren eine einzige Schmuckmasse. Am unauffälligsten war das Lendentuch, das bescheiden dunkel war und nichts verdeckte, als was nach Ansicht der zimperlichen Weißen unbedingt verborgen werden mußte. Sonst trug er sein Naturfell und auf den Beinen Haare – Haare.

Hinter ihm standen in bescheidener Entfernung drei ebenfalls geschmückte Männer, die aber weniger Duftkräuter von den Armbändern hängen hatten und die weniger kriegerisch wirkten.

Es war der berüchtigte Häuptling von Malaita, und er starrte aus allen Augen zu mir empor. Ich verließ mein Netz, starrte mit allen Augen auf ihn hinunter und beschrieb im Geiste schon seine buschigen Brauen, seinen Muschelschmuck um die kräftige Brust, seine breitgequetschte Nase. Das erforderte Zeit. Er besah sich einmal so recht eine Europäerin von den falschen Fußhülsen bis hinauf zum glatten, nichtssagenden kurzen Haar. Das erforderte der Farben wegen auch Zeit. Endlich stieß er einen tiefen Seufzer aus und entfernte sich ohne Gruß, vornehm. So etwas Kleines hatte er zu fressen gehofft! Fürwahr, die Weißen waren ein Volk, das nur zu enttäuschen vermochte. Aber sehenswert waren sie immerhin, auch wenn sich das Fressen nicht verlohnte.

Die Rhinozeroskäfer.

Ich sammelte fieberhaft und schickte ein großes Paket mit wertvollem Muschelgeld, mit sonderbaren Samen, Muscheln, Pflanzen, Käfern heim an meinen Vertreter, der die Erlaubnis hatte, all dies auszustellen und von den mehrfachen Exemplaren auch etwas wegzugeben. Noch immer wartete ich auf Nachricht von daheim. Beiträge schoben sich an Beiträge und alle behandelten seltenen Stoff. Wen verschlug das Schicksal zum Beispiel nach Malaita? Höchstens einen Engländer.

Gern hätte ich die schönen und sehr schädlichen Nashornkäfer heimgeschickt, und Herr M. beauftragte einen Boy, solche Käfer zu bringen. Am Abend, als wir den üblichen Abendbummel antreten wollten, kam er denn auch und wickelte aus weichem Blattwerk etwa vierzig Käfer, aber alle ohne oder mit gebrochenen Beinen, damit sie ihm nicht entlaufen konnten. Sie zappelten trostlos, und ich erklärte, mit ihnen nichts anfangen zu können, da zu einem Käfer auch die vollen sechs stacheligen Beine dazugehörten. Vernichtet mußten sie werden, deshalb befahl Herr M., siedendes Wasser darüber zu schütten und am folgenden Tage einige tadellose Tiere zu bringen.

Als Frau M. und ich am nächsten Morgen die Küche betraten, sahen wir zur Verwunderung unsere beste Gemüsepfanne auf dem Herd. »Mensch, was kochst du denn da?" fragte Frau M. verwundert.

»Die Käfer der Mississi!« erklärte er stolz und hob den Deckel. Im siedenden Wasser, wie Bohnen, sprangen die Käfer auf und ab.

Die Iguana.

Eines Abends vernahmen wir aus dem Hühnerhaus schreckliches Gegacker. Herr M. ergriff die Flinte, rief den Hund und fort ging's über den Rasen. Als er die Tür erreichte, sah er eine Iguana, die mit ihrer schlangenartig gespaltenen Zunge eine Henne vom Nest zu scheuchen versuchte, um an die Eier gelangen zu können. Herr Mackenzie erschoß sie, und ich trug sie heim, um sie in aller Ruhe zu bewundern. Sie hatte ein grünliches Fell mit weißen Punkten, sah sehr hübsch aus und hatte natürlich ganz die Form einer Eidechse, war aber von der südamerikanischen, harmlosen, doch viel größeren und schauriger wirkenden sehr verschieden. Sie hatte weder Kropf noch Stachelrücken und meiner Ansicht nach einen spitzeren Kopf. Dem Hühnerstall wird sie sehr gefährlich.

Manchmal brachten die Eingeborenen auch die großen Kokoskrabben zum Verkauf herunter. Es waren das erstaunlich große und starke Tiere; die linke Schere war die stärkere und damit vermochte das Tier ruhig das Handgelenk eines Mannes zu brechen. Wenn sie auf ihren hohen sechs Beinen dahinschwankten, waren sie hoch wie Ratten und wohl geeignet, jemanden zu erschrecken. Man fing sie, indem man loses Reisig über ein Loch unter einer reichtragenden Palme breitete. Die Krabbe fiel hinein und konnte da leicht mit Hilfe einer Schlinge herausgezogen werden. Um sie ganz zu kochen, bedarf es eines Kessels. Ein kleineres Gefäß genügt nicht.

Zu den unerfreulichsten Arbeiten gehörte auch das Putzen des Häuschens, denn das war gegen das Tabu der Schwarzen. Auch eine Frau galt zu gewissen Zeiten als so unbedingt unrein, daß man ihr keinerlei Hilfe leisten wollte, wenn man den Zustand erriet. Die eigenen Frauen wurden unter das Haus verbannt, durften nichts kochen und hingen von der Gnade des Mannes in jeder Weise ab. Erwarteten sie ein Kind, so wurde im Busch eine Hütte gemacht, und dahin zog die werdende Mutter mit ihrer Gehilfin. Erst nachdem alles lange und gut vorüber war, durfte sie sich der Hütte und dem Manne nähern. Er kaufte sich ein Weib um Muschelgeld, das nur noch auf Malaita gemacht wurde und auch in den Augen der Engländer hohen Wert besaß.

Wie bequem ist ein Land, in dem man ein zänkisches Weib erst mästet und dann auffrißt, um eine doppelte Genugtuung zu haben: den guten Bissen und das endliche Verstummen der ewig klappernden Zunge.

Auf Bonani.

Auf Bonani – so ähnlich hieß der Ort eine halbe Tagreise von Su'u entfernt – lebte ein Missionar der südevangelischen Mission. Ein lieber Mensch mit einer netten Frau, die in ihm wunschlos aufging. Er verstand viel von einheimischen Sagen und Sprachen, aber er war auch sehr fanatisch bei seiner Sache und versuchte meine Seele um jeden Preis in das Blut Christi zu tauchen und darin gründlich auszusechteln. Das mißfiel mir. Ich bin nicht für die Lehren, durch die man ohne eigenes ernstes Zutun selig werden kann. Ich halte von Jesus mehr als ein Aufwaschen in seinem Blute. Seit Jahren hatte ich vergleichende Religionsstudien betrieben, und etwas von Eigensinn brach bei den Bekehrungversuchen hervor. Er gab mich als Seele verloren. Ich erwähne dessen nur, weil die Sache ein heiteres Nachspiel hatte.

Seine Frau führte mich in die Dörfer der Eingeborenen. Die Hütten waren niedrig, innen mit allerlei Wandbrettern, auf denen irdene Töpfe, Rattankörbchen und ähnliche einfache Dinge standen. Vor mancher Hütte schwang ein bunter Papagei in einem Ring. In einer Hütte kochte eine Frau eben mit Kokosmilch, die sie aus der geschabten Masse mit den Fingern drückte. Ein kleines Schweinchen und ein Kind fraßen auf, was herabfiel. Alle Kinder hatten Framboesia, eine häßliche Hautkrankheit mit Beulen, die in Form und Farbe an Himbeeren erinnern. Die Schwarzen sehen aber das Auftauchen der Krankheit mit Wohlgefallen, denn sie behaupten, daß damit auch alle Fäulnis dem Körper entfließe und das Kind dadurch später gesund bleibe. Der Ringwurm tritt auch stark auf und verwandelt manche Körper in ein wahres Stickmuster.

Zahllos waren die Spinnen. Es gab rote, kleine, giftige, gelbe mit schwarzen Fleckchen, die sich in einen gelben Kokon einspannen: braune, die ein weißes Riesenei mit sich herumschleppten; schwarze mit langen, dünnen Beinen und große, haarige. Am schlimmsten waren die Ameisen. Es gab die Kokondui, die ihre Eier in die frische Wäsche legten; die Tambara oder roten Buschameisen, die zerdrückt auf Wunden gelegt wurden und die ganz abscheulich bissen; die Lolotoer, kleine, schwarze Baumameisen, die für Zucker Interesse hatten, so daß alle Schränke in Wasserkübeln stehen mußten, die überdies eine Petroleumschicht verlangten, sonst bauten die Tierchen aus den Leichen eine Brücke; die Kerengandi oder großen schwarzen Hausameisen und endlich die Termiten oder wurmähnlichen, weißen Ameisen, die durch Wände, Wäsche, Bücher hindurch Gänge bauten und alles zerstörten.

Das erschöpfte keineswegs den Tierreichtum, denn eine Grillenart zerschnitt die Wäsche wie mit einem Messerchen, die Kakerlaken griffen Speisen, Leder, ja selbst die Haut um Zehen und Fingernägel und die Nägel selbst an, und Tausendfüßler und Skorpione verursachten wahnsinnige Schmerzen, konnten sogar ein jüngeres Kind geradezu töten. An den Türen fanden wir die Langhornkäfer, deren Kopf an einen Totenschädel erinnert – kurz, die Salomonen sind das Paradies des Käferfängers und die

Greuelstätte der gewöhnlichen Sterblichen. Nur unter dem Mückennetz fühlte ich mich teilweise sicher.

Der Verlust der Sprache.

Anstelle der einen Woche blieb ich auf freundliches Einladen hin Woche auf Woche, erlernte viel, ging mit dem Ingenieur auf Tierstudien, mit dem Aufseher auf Pflanzensammlung aus, erfuhr von der Ärztin, die jenseits der Bucht in einer Eingeborenenhütte wohnte und ihre Kinder nackt wie die Wilden aufwachsen ließ, was sie waldklug, aber haarig und braun machte, eine Menge über Tropenkrankheiten und Buschsitten, verfiel aber mehr und mehr in tückische Malaria.

Eines Tages sollte ein großer Tanz der Wilden oben, unweit der verbotenen Grenze getanzt werden und durch die Hilfe der Ärztin sollte ich teilnehmen dürfen. Um drei Uhr wollte man loswandern und auf Stunden ein Malaitakind sein. Gegen ein Uhr – so geht es mit Denken und Wollen – erfaßte mich das Fieber und warf mich nieder. Ich hatte nicht mehr die Kraft, mich auszukleiden, streifte mir die Schuhe ab und warf mich unter die Decken. Gegen halbzwei ging Herr Mackenzie an meiner Türe vorüber in die Küche, und ich sah ihn durch den Vorhang. In der kurzen Pause aber spielte sich unendlich viel ab – etwas, das mir immer ein Rätsel geblieben.

Zuerst mein persönliches Erfahren.

Ich erwachte schweißdurchnäßt (was nicht so rasch geht, da man vom Schüttelfrost bis an die Fiebergrenze von 41 Grad muß) und sah mich sehr erstaunt im Zimmer um. Keine Ahnung, wo ich war, wie ich hieß, was ich da suchte, wieviel Uhr es sein mochte oder ob das Licht den Morgen oder den nahen Abend bedeutete, nur ein unbehagliches Empfinden etwas tun zu müssen. Ich hatte ein Ich-Empfinden, den Schein seiner verwickelten Persönlichkeit, ohne Namen und ohne Heimat. Das Herz pochte zum Zerspringen, das Haar hing in wüsten nassen Strähnlein über das Gesicht. Wo war ich?

Da ging Herr M. vorbei, und ich erinnerte mich, daß ich in das Speisezimmer gehen wollte, doch als ich stand, war ich zu schwach, mich umkleiden zu können. In unbestimmter Sucht nach Menschen wankte ich in das Zimmer und wurde von Frau M. aufgefangen. Sie sprach auf mich ein, und ich, die ich jahrelang kein deutsches Wort gesprochen, antwortete in meiner Muttersprache, obschon ich fühlte, daß ich ins verkehrte Gehirnfach gegriffen hatte. Am schlimmsten aber war das Erkennen, daß mich die Laute erreichten, ich sie aber nicht mit dem Gehirn aufzufangen vermochte. Dadurch geriet ich in größere Angst und in neuen Schweiß, so daß man mir mit Zeichen bedeutete, vollkommen ruhig zu bleiben. Ich wollte sprechen und stotterte nur, ich war abgeschnitten von meinen Mitmenschen ...

Später, nachdem ich umgekleidet war, wieder natürlich sprach und meine Erfahrungen mitteilte, erklärte mir das Ehepaar feierlich, mich wenige Minuten vor dem Durcheilen Herrn M.s ins Küchenreich durch den Gang vor meinem Zimmer im Speisezimmer im Lehnstuhl gesehen und mich angesprochen zu haben, ob ich zum Tanz gehen wolle, und daß ich sehr höflich »Ich bitte um Entschuldigung!« gesagt hätte, weil ich die Frage nicht sofort verstand. Es war mir lieb zu wissen, daß ich auch im Fieberwahn höflich geblieben, aber wie ich gleichzeitig im Bett und im Zimmer sein konnte, ist mir bis heute unerklärlich.

Von da ab fürchtete man indessen um mein Leben, und da der Tod einer Ausländerin auf einsamer Insel immer viel Staub bei den Gerichten aufwirbelt (man könnte jemand so weit weg ja zehnmal töten, ohne daß man genau darum wüßte), so schickten sie mich nach siebenwöchentlichem Aufenthalt zu meiner Trauer nach Tulagi, damit ich von da weiter Faisi erreichen mochte.

Belohnte Untugend.

Tausend Erinnerungen knüpfen sich für mich an Malaita. Montag wuschen wir nach englischer Sitte unsere Wäsche, das heißt, wir beaufsichtigten die Boys, die sonst graue Strümpfe mit weißen Spitzendeckchen gekocht und vielleicht beide gebläut hätten, bis sie rein Indigo geworden wären. Am Dienstag wurde gebügelt, am Mittwoch geflickt und Frau M. sah bei diesem Anlaß ein Hemdhöschen, in das ich mit unendlich viel Mühe und, wie ich mir schmeichelte, großem Geschick einen Flecken eingesetzt hatte – eine verdienstliche Handlung sondergleichen, da es sonst meine Art war, Löcher durch ein kühnes Zusammenziehen schwinden zu machen.

»Wer hat denn Ihre Höschen geflickt?« fragte sie, das Kunststück gegen das grelle Tropenlicht haltend. Ich nannte die Urheberin mit passender Bescheidenheit. Da sagte sie: »Ich werde es flicken! Den alten Flicken aber schicken Sie an ein kunstgewerbliches Museum als abschreckendes Beispiel, wie man nicht flickt!«

Sie machte mir zur Belehrung drei neue Höschen und einige Kleider und war mütterlich liebevoll, als sie mich entließ. Sie gehört zu meinen liebsten Erinnerungen, denn nie floß irgend ein Tadel – außer als Scherz – in ihre Reden ein. Auch kannte sie kein Volksvorurteil.

Von ihr lernte ich allmählich, daß es sich verlohnte, immer Blumen im Zimmer und stets Ordnung im Haus zu haben und daß es eine Ehe förderte, wenn die Frau jedesmal ihren Gatten schon auf der Schwelle und mit einem warmen Lächeln erwartete. Kinderlose Ehen scheinen mir die glücklichsten. Man geht ohne Reibung ineinander auf.

Einmal, an einem Vormittag, an dem es Menschenfresser regnete (um im Bilde zu bleiben) und wir Kuchen und anderes Backwerk rührten, während der Koch das Gemüse kochte und dabei versuchte, es von einem Lausregen freizuhalten (wobei ich allerdings begütigend einschiebe, daß die Laus durch das siedende Wasser in jedem Falle tot sein muß), lief Frau M. herein und meldete atemlos, daß Gäste eingetroffen waren und ich sie unterhalten sollte. Wie? Womit? Mit Schweigen. Die Dame sprach schon selbst ...

Als ich mich ungewiß in das Speisezimmer schob, sah ich einen einarmigen Mann mit haarigen Beinen und wollenen Kniehosen, wettergebräunt und heiter und eine Frau, in ein ärmelloses Gewand gehüllt, das aus japanischem Stoff war, sonst aber gut der schönen Helena entliehen sein mochte. Es war eine Hülle; mehr war nicht zu sagen.

Es war das Ehepaar vom Rekrutierungsdampfer »Afa«. Was mir auffiel, war die Redebegeisterung der Dame; was mich aber sofort für sie einnahm, war der Umstand, daß sie nie ein böses Wort über jemanden sagte, sondern die guten Eigenschaften aller Leute ins rechte Licht rückte. Das ist selten wie Schnee in den Tropen, und ich erriet, daß sie ein gutes Herz hatte. Nach dem Mahl schoben beide ein Kissen unter das Haupt und streckten sich auf dem Erdboden aus, und als ich später das wackelnde Schifflein sah, die armen zwei Weißen unter dem grünen Schutzdach ahnte und von ihren Erlebnissen in gefährlichen Buchten hörte, hatte ich bei allem Forschermut wenig Lust, die Einladung zu einer Rundfahrt um Malaita anzunehmen. Gesund meinetwegen, aber krank!

Als ich nun indessen nach dem teuren Tulagi sollte, sehnte ich die beiden Schottländer herbei und hatte wirklich das Glück, sie wenige Stunden nach mir eintreffen zu sehen. Sie mußten nach dem Nordende von Malaita zurück, waren aber gern bereit, mich dahin samt Malaria mitzunehmen. Es wurde mir nur nahegelegt, meine Gedanken von allem loszulösen, was ich sehen oder hören würde. Was alle guten Lehren hausfraulicher Tanten und sämtliche glänzenden Beispiele von Ordnung unterwegs nicht erreicht hatten, das erreichte in drei Wochen die »Afa«: Ich wurde ein grundreinlicher und ordnungsfreudiger Mensch. Wir lernen mehr von den Lastern als den Tugenden anderer.

Auf der »Afa« ...

Mehr als einmal stöhnte ich in den folgenden drei Wochen, daß einem Menschen im Leben mehr aufgebürdet wird, als er ertragen kann. Das Ehepaar war reizend, aber meine Empfindlichkeit stieß sich an tausend Kanten wund. Am Morgen wuschen wir uns in einem kleinen Becken (und wir trieften von Ruß und Schmutz), dann spülte man die Schüssel ein wenig aus und knetete darin den Teig, der unseren Brotersatz ergab. Zum Glück setzte sich Herr Mac schon am folgenden Morgen zufällig darauf und brach eine Ecke aus, so daß die Schüssel nur noch Kochgeschirr sein konnte, wenn ich sie schief hielt, während geknetet wurde. Von da ab wuschen wir uns indessen nicht mehr, denn das Wasser war Trinkwasser für die Boys und ohnehin fragwürdig rein. Mußten wir scheinbar sauber an Land, so rieben wir Gesicht und Hände mit Brennspiritus. So oft als möglich stürzten wir auf eine Junggesellenansiedlung zu und benützten das Badezimmer. Unsere Wäsche wuschen wir im Fluß und trockneten sie an einem Strauch. Aus- und Ankleiden war undenkbar, da wir Tag und Nacht von den Schwarzen umgeben waren. Wir schliefen alle drei auf dem Kabinendache, und da das Ehepaar bedeutend dicker war, rollte ich öfter auf die Pumpe. Jedenfalls verlor ich in der Regel die Decke, an der wir alle drei zogen. Bei dem schweren Taufall war ohne Hülle an ein Schlafen nicht zu denken.

Gekocht wurde in einer hohen umgekippten Blechkiste am Schiffsende, und hinter diesem Ersatzherd verbarg man sich, so gut es ging, wenn man ein menschlich Rühren fühlte. Um dahin zu gelangen, mußten erst alle Boys nach vorn geschickt werden, so daß jede Seele an Bord wußte, wann man sich zurückzuziehen wünschte ...

Ein kleiner ungewaschener Junge holte den zu kochenden Reis und warf ihn in den Topf (ungewaschen und meist in trübes Wasser), dann briet er Kartoffeln oder eher Taro in der Glut und schälte sie mit den Nägeln, nachdem er zuerst einschneidend hineingebissen hatte – des Anfangs wegen! Wir hatten einen Löffel, drei nie gewaschene Gläser und einige krumme Gabeln. Man aß »wo man schlief«, auf den Betten, denn es gab keinen anderen Ort. Jeder nur faßbare Raum gehörte einem ringwurmgefleckten Schwarzen, der sich mit Vorliebe den Rücken gegen unsere Kopfkissen kratzte. Eine halbtote kleine Katze wimmerte herum, und wenn ich schlief, steckte sie mir der schwarze Steuermann unter die Decke, damit ihr warm war. Ein Kakadu weinte wie ein kleines Kind, weil er noch nicht ein Jahr alt war, und je mehr ich das Federvieh zu beruhigen trachtete, es fütterte, streichelte und herumwandern ließ, desto herzzerreißender wehklagte es Tag und Nacht. Es gewöhnte sich an mich und lief mir wie ein Hund nach. Der gelbe Schopf wackelte ordentlich vor Vergnügen, wenn es mich erspähte, aber seine weiße Kakadufarbe ging bald in ein trauriges »Afa«-Grau über. (...) Unten, in der Kabine, die aber mit den undenkbarsten Sachen angestopft war, gab es Tropenkakerlaken in Herden. War ein Sack oder eine Bohnenbüchse so voll, daß mehr Ungeziefer als Inhalt war, so wurde alles ins Meer entleert, wenn der Wind günstig war. Natürlich flogen eine Menge wieder auf das Schiff zurück. Die Eingeborenen sammelten sie und bewarfen mich damit, wenn ich im Fieber lag ...

Und so arm war ich unverschuldeterweise, daß ich Gott danken mußte, auf so einem Kutter fahren zu dürfen!

In Siota.

Durch die wunderschöne Mbolipassage hinter Tulagi gelangt man nach Florida, und darauf befindet sich die anglikanische Mission. In kleinen Hütten umgeben die Eingeborenen die Missionsgebäude, und die armen, kranken Missionarinnen unterrichten diese Dickbäuche, die vermutlich nur den äußeren Sinn erfassen und froh sind, etwas behaglicher als im Busch leben zu können. Sie singen Hymnen und lassen sich taufen, wie ich mich waschen lasse – ohne Widerstand. Die meisten von uns Christen sind im Grunde selbstsüchtige, sinnegerittene Heiden; warum versuchen wir zu bekehren, ehe wir bekehrt sind? Was sieht der Schwarze von dem Weißen als Trunksucht, die Gier nach dem Weibe, das Buhlen der enttäuschten Frauen um die Liebe eines anderen Europäers? Geldgier, Ausbeutungseifer, Tabubruch – und dann erzählt man ihm von einem fernen Gotte, wenn er seinen Akalo oder höchsten Geist hat, und versucht, ihm etwas aufzudrängen, was ihm gänzlich fernliegt. Für die Europäer ist eine Mission eine wundervolle Zuflucht, den Eingeborenen ein Zwang, außer wenn ärztliche Hilfe gespendet wird.

Selbstloser in jeder Hinsicht sind aber unzweifelhaft die katholischen Missionen. Die anderen Sekten lassen sich für alles bezahlen.

An Buma und Baokwa vorüber gelangt man in die Langalanga-Passage. In Buma ist eine katholische Mission. Damals gab es nur zwei oder drei Patres, heute schon Schwestern. Sie sind eine Notwendigkeit, denn wer soll kochen, waschen, flicken, wer endlich eine weise Hand für die Frauen in ihren schweren Stunden haben?

Die katholischen Missionen zeichnen sich dadurch vor den protestantischen aus, daß sie die Eingeborenen als Brüder, aber als unerfahrene, zu leitende Brüder behandeln; daß die Kinder vor allem zum Arbeiten und dann zum Beten und zum Singen angehalten, und daß sie nicht aus ihrer Umgebung herausgerissen werden. Die Protestanten behandeln sie als gleichberechtigt, und das macht den Schwarzen höchstens unverschämt; dann unterrichten sie viele Stunden täglich, was zu nichts als Faulheit führt, und endlich lehren sie zum Beispiel Weltkunde, so daß er »Frankeriche«, »Dötschelande« herabschnarren kann, doch nicht weiß, wie die nächste Insel heißt. (...)

Abgesehen von der Hoffnungslosigkeit der Umwandlung fand ich die Missionen sehr schön. Sittenlosigkeit wie bei uns gibt es nicht, weil die Augen der ganzen Gruppe an den Patres und Missionaren hängen. Die Schwarzen lauern nachts in den Palmenkronen, um zu sehen, was solch ein Mann tut, und die Obrigkeit ist sofort dahinter her, wenn nicht alles am Schnürchen läuft. Ein aufopferndes Leben ist es ohne Zweifel.

Der Pater in Buma erzählte uns viel von den alten Sitten und berichtete lachend, daß sich die Eingeborenen bitter über die Regierung beklagten, weil sie den ganzen Handel unterbunden hatte. Sie meinten damit indessen den Handel mit Leichen, denn sobald früher jemand in einem Dorfe starb, wurde sofort eine Sühneleiche bestellt und ein Fest veranstaltet, wenn sie geliefert wurde. Nicht nur erhielt der Verkäufer viel Muschelgeld und Inselschmuck, er durfte auch am saftigen Menschenbraten teilnehmen, was ein wahrer Hochgenuß sein sollte.

Außerdem haben die Leute auf Malaita die Gewohnheit, die Hütte und manchmal das ganze Dorf niederzubrennen, in dem jemand gestorben ist. Jeder Schwerkranke wird daher ins schlechteste Häuschen getragen und oft auch schon lebend ins Meer hinausgefahren, um nicht später durch seinen Geist unangenehm zu werden. Einmal schwamm indessen solch ein »Toter« zur allgemeinen Entrüstung ans Land zurück und lebte weiter. Das ungewohnte Bad hatte ihm geholfen.

Am Ende der Langa-langa-Passage ist das Venedig von Malaita, das Steindörflein Lisiala, das ganz ins Meer hinaus gebaut ist, damit die Buschkanaken, die nicht schwimmen können und wahrscheinlich auch das Wasser fürchten, sich nicht so schnell einen Braten zulegen. Wir landeten dem Regierungssitz Auki gegenüber (der damalige Kreisrichter wurde vor einem Jahre getötet, seine Begleitung gefressen), und ein junger Mann, der etwas Englisch gelernt hatte (das lernen sie bei Pflanzern oder bei Missionaren) wurde unser Führer. Er zeigte uns die ganz netten, engen Gassen, die Junggesellenbauten und die Wohnungen der Eheleute, führte uns zu den Muschelgeldmachern, die aus drei verschiedenen Arten dieses Geld mühsam herstellten, erklärte nun alles, zeigte uns die herrlichen Schildkröten im besonderen Teich und führte mich als Frau bis zur Stadt der Frauen, die unrein waren oder ein Kindchen erwarteten, und die nackt in sehr niedrigen, sehr finsteren Hütten saßen. Sie stoben vor mir davon wie Spreu vor dem Winde.

Der Frauenstadt gegenüber lag das Tabu- oder Geisterhaus, worin die Knochen der Männer, vorwiegend der Häuptlinge, aufbewahrt waren. Jeden Monat einmal mußte der Zauberer sie herausnehmen und in Perlmutterschalen sorgfältig abspülen. Nur Männern war der Eintritt gestattet. Der junge Mann warnte mich grinsend, ja um keinen Preis den Fuß auch nur auf die äußere Schwelle zu setzen, denn sonst müßte man mich zu allgemeinem Bedauern töten, und zwar umso schneller, als die Abwesenheit des Kreisrichters dies erleichtere. Ich ging also an dem hochdachigen Bau ehrfurchtsvoll gebückt und rasch vorüber.

Am frühen Morgen wurde eine kleine Kanone abgeschossen, und der laute Widerhall trieb allmählich viele Malaitamänner von den Höhen herunter. Meist waren es Knaben, die das Faulsein noch nicht erlernt hatten oder Männer, die unbedingt das Geld für die jährliche Kopftaxe in Silber verdienen mußten. Sie wählten diese oder jene Pflanzung. Der eine wollte zu dem Pflanzer nicht, weil er »allzuviel brummig« war, der andere hatte erfahren, daß da zwei gestorben waren; dieser wollte nach Faisi, jener nach Choiseul, und es nützte nichts, sie umstimmen zu wollen. Lange mußte man auf sie einsprechen, und erst wenn man dem Manne über die Brust gefahren war, so daß der Bleistift eine leichte Linie hinterließ, fühlten sie sich heilig angeworben und bekamen einen Namen – etwas, das sie im Busch scheinbar entbehrt hatten. Eine Lehmpfeife, etwas Stangentabak, ein Lendentuch (das fadenscheinigste, das zu kaufen war), und sechs Pfund Angeld an die Verwandten, und ein Boy war auf zwei Jahre gebunden. Nun mußte er sich von der Taro- und Pflanzenkost überhaupt an die Reis- und Fleischkost gewöhnen, was zuerst viele krank machte; dann wurde, bevor er in Tulagi die Steuermarke erhielt, eingetragen, vom Arzt untersucht und dem Arbeitsinspektor vorgestellt wurde, ein Bad genommen, und die Unwilligen, die noch nie ein Meerbad versucht hatten, mußten über Bord geworfen und von einem Schwimmer wieder herausgefischt werden. Großes Getriebe, viel Lärm und Schmutz!

Mir blieben die Wilden feindlich, obschon ich ihnen zur Beruhigung bei hohem Fieber eine Versöhnungsrede hielt, weil ich fürchten mußte, in Tulagi ausgeschifft zu werden. (...) Gewiß hätte ich nie so viel gelernt wie auf der »Afa«, aber wenn ich noch einmal frei zu wählen hätte, mit Geld, würde ich unter solchen Umständen den Dampfer mit seinem Eistee und reinen Betten entschieden vorziehen.

Zitternd, nicht wissend, ob ich selbst auf diesem Kasten der Verheerung würde bleiben dürfen, krank, gebrochen, vergessen, landete ich in Tulagi. Der Postmeister übergab mir einen Brief, der zehn Dollar enthielt. Zu viel zum Sterben und nicht genug zum Leben. Ich wurde gleich bei ihm krank schon am Vormittag, ein höchst ungünstiges Zeichen. Im Brief aus der Heimat aber stand, daß mir meine Mutter aus falsch angebrachter Prüderie (ich hatte über meine peruanischen Erfahrungen geschrieben) hinter meinem Rücken die Verbindungen mit einem der größten Wiener Blätter vernichtet hatte. So verlor ich Anschluß, Geld, Reklame. Und das nach all dem, was ich durchgemacht hatte ...

Mein Vertreter schickte mir zehn Dollar für achtzig Beiträge. Es stand schlecht auf dem Zeitungsmarkt.

Unterwegs war ich nahe daran, in einem Graben liegen zu bleiben. Eine fremde Dame nahm mich in ihr Haus, wickelte mich in eine schwarze Decke und gab mir heiße Limonade. Immer dachte ich an die Briefe. Als ich wieder stehen konnte, ging ich zur »Afa« zurück. Wenn ich nicht da war, fuhr sie am Ende ab.

Das Todesurteil.

Am nächsten Morgen, als ich wieder beim Postmeister stand, holte mich meine Schottin ab und schleppte mich, ob ich wollte oder nicht, ins Hospital. Es lag jenseits des Ortes, etwa zwanzig Minuten entfernt, und ehe ich es recht erreicht hatte, brach die Malaria durch. Mir war so kalt auf der Veranda, daß ich die Augen im Kopf verdrehte und mich wie ein gebratener Balolo krümmte. Der Arzt wurde endlich frei, zog meine Lider hinauf und ließ mich zu Bett bringen. Sechs Wärmeflaschen mußten um mich gelegt, eine Tasse Kognak und siedendes Wasser in mich geschüttet und fünf Decken auf mich geworfen werden, ehe der Schüttelfrost dem Fieber wich. Der Arzt nahm die Blutprobe und verschwand damit. Ich beschwor die Dame, mich um keinen Preis auf Tulagi zu lassen.

»Ich kann Sie aber unterwegs zu keinem Arzt bringen.«

»Ich brauche keinen!«

»Zu keiner Mission.«

»Ich kann allein sterben.«

»Vielleicht kann man nicht landen und ich Sie nicht in der Erde begraben.«

»In meinem Körbchen ist ein alter Jerusalemschal von meiner Mutter, der mich immer begleitet und alles mitgemacht hat. In jenen Schal wickeln Sie mich und dann werfen Sie mich unbekümmert ins Meer.«

»Gut. An wen soll ich schreiben?«

Ich nannte meinen literarischen Vertreter. Sie ging.

Was ich in den nächsten zwei Stunden seelisch gelitten – von körperlichen Leiden ganz zu schweigen – werde ich nie in Worte zu kleiden vermögen. So krank zu sein, daß man sich nicht zu rühren imstande ist und dabei doch angstgefoltert, verlassen zu werden! Erlöst atmete ich auf, als ich vor der Tür Geflüster vernahm und die Stimmen meiner Freundin und des Arztes unterschied.

»... der schlimmste Fall in zwanzig Jahren ...«

Dann Geflüster, gefolgt vom Abreden des Arztes, »gefährlich ... Verwicklungen mit der Obrigkeit ... sterbend ...«

Meine Schottin aber beseitigte alle Verwicklungen. Sie sagte: »Ich weiß, wie ich sie über Bord werfen und wem ich schreiben soll!« und trat ein. Der Arzt versuchte hierauf, mich zum Bleiben zu veranlassen, aber als er bei mir so viel Bereitwilligkeit zum Sterben wie bei ihr zum Mitnehmen fand, zuckte er die Achseln, schrieb uns als Narren ins Buch, schenkte mir zur Entlastung seiner Seele ein teures Fläschchen Euchinin, das einzige Chinin, das mein Magen noch vertrug und entließ uns mit seinem Segen. Ich war so naß, daß es von mir tropfte. So gut ich konnte, trocknete ich mich und überließ den Rest der sengenden Tropensonne, durch die ich zwanzig Minuten weit gehen mußte. So schwer ist mir selten ein Gang geworden, und dennoch war ich froh, ihn tun zu dürfen. Unterwegs hielt mich die Schottin beim Arm und sagte im Promenadenton: »Sie wissen ja, daß der Tod in der endlosen Reihe der Entwicklungen nur ein nichtssagender Augenblick ist?«

Ich bejahte. Immerhin war es ein Augenblick, den manche Menschen ernst nahmen. ·

Persönlich empfand ich weder Schmerz noch Freude. Man soll um ein wertloses, trauriges Leben nicht weinen – ich hatte oft geweint, eben weil es so freudelos gewesen –, noch soll man sich freuen, weil diese Freude etwas Unabgeklärtes, Bedauernstiefes ist. Man soll das Leben kühl in die Hand zurückgeben, die es verabreicht hat. Kühl, ohne Dank, denn Dank war es nicht wert gewesen. Ohne Groll, wenn es sein mußte ...

Frau Mac stellte mich überall als die »sterbende Dame« vor und da es nur wenigen Menschen beschieden ist, gewissermaßen im Geruch des eigenen Todes herumzuwandern, so genoß ich meine Ausnahmestellung nach Gebühr. Niemand widersprach. Ich muß wohl sehr dementsprechend ausgesehen haben.

Am folgenden Morgen waren die Angelegenheiten alle in Ordnung, die gesunden Boys waren zweimal aufgerufen worden, die kranken hatten sich unterdessen versteckt, um mit der falschen Marke durchzukommen (wer nicht gut aussah, wurde nämlich abgewiesen), und dann spannte die gute alte »Afa« das Segel und schaukelte müde zur Bucht von Tulagi hinaus.

Ich trat meine Todesfahrt an ...

In der Marowogruppe.

Wir glitten an Cape Marsh vorüber und an der trügerischen Murray-Insel, auf der nur Schweine zu finden sind und die so kurz aussieht, aber ganz endlos zu umschiffen ist. Der Kakadu kletterte zu mir herauf und weinte an meiner Brust sein Vogelherz aus. Das Kätzchen war räudig geworden, und ich warf es Ipi an den Kopf, als er es mir wieder unter die Decke steckte. Als ob dreißig Ringwurmträger nicht genug gewesen wären! Vor mir lag ein schwer Lungensüchtiger und hustete sein Blut ins Meer hinab.

Durch die Billypassage glitten wir nach fast 36 Stunden in die prachtvolle Marowo-Inselgruppe. Alle Inselchen sind stark bewaldet, manche flach wie ein Kuchenteller, die meisten sanft hügelig, voll windgebeugter Palmen und winziger Strohhütten. Krokodile und Haifische wimmeln in diesen Gewässern. Der süßliche Geruch trocknender Kopra verekelt jeden Landungsplatz.

Wir zogen langsam von Insel zu Insel. Die Maschine versagte in den meisten Fällen, und Herr Mac meinte, Maschinen wären wie Frauen: Wenn sie wollten, dann wollten sie, und wenn nicht, dann konnte kein Teufel sie zum Wollen bringen.

Er betrachtete mich auch sehr ernsthaft nach der Einschiffung und erklärte feierlichst, lieber eine lebende Mitreisende als eine noch so schön zusammengerollte Leiche an Bord zu haben, und daher wurde ich mit Euchinin, Bier und Oportowein gefüttert, bis sich das Fieber etwas beruhigt hatte. So sehr ich mich weigerte, wurde die Fütterung vierzehn Tage fortgesetzt, bis ich an einer Chininvergiftung erkrankte. Da waren wir richtig und diesmal zu meinem aufrichtigen Bedauern vorderhand dem Tode entgangen.

In der Marowogruppe aber war ich noch ein Dreivierteleichnam und als solcher von jedem Junggesellen willkommen geheißen. Frau Mac war nämlich der Ansicht, daß es bei unserer Lebensart und unserem Aussehen klüger war, nur bei Junggesellen anzulaufen, die sich immer über eine weiße Frau freuten, ohne jene gefürchtete weibliche Kritik zu üben, die bei einer Frau unvermeidlich war, besonders auf einer Insel, auf der sonst doch nichts zu denken oder zu besprechen war. Auch konnten wir da schnurstracks ins Badezimmer laufen, vom Boy warmes Wasser begehren und auch Eier bestellen, falls der junge Mann selbst abwesend war. Das ist das Reizvolle solch ferner Menschenfresserinseln: Jedermann ist gastlich.

Auf Lilihina trafen wir den Pflanzer daheim und er ließ sofort das salomonische Leibgericht, die Büchsenparadeissuppe auftragen. Man sagt auf den Inseln zum Scherze, daß das Wappen der Salomonen eine Chininpille samt einer Tomatenbüchse, überflattert von einem Moskito, sein sollte.

Elfenbeinnüsse, die kostbare Frucht der Sagopalme, die zwölf Jahre zum Reifen braucht und mit den reifen Nüssen eingeht, bildeten dichte Haufen vor dem Hafenwarenhäuschen. Ein Schwarzer saß davor und zupfte sich mit zwei flachen Muscheln mühselig jedes einzelne Barthaar aus.

Aus den Inseln dieser Gruppe werden die Toten zuerst ganz lose unter Stein und Kies begraben, um drei Wochen lang noch herumwandern zu können. Hieraus wird der Kopf vom Rumpf getrennt und unweit des Hauses richtig begraben. Kleine Speiseopfer werden gebracht und zuzeiten ein Blättchen Tabak auf das Grab gelegt.

Jede Nacht schliefen wir bei jemand anderem. Einmal sahen wir die Abdrücke von Krokodilfüßen ganz dicht vor der Veranda. In der Nacht kommen die Tiere gern ans Land und suchen nach Schweinen oder Hunden. Sie hypnotisieren scheinbar ihr Opfer, denn der Hund heult einmal auf, dann rührt er sich nicht mehr vom Fleck, sondern läßt das Raubtier an sich herankommen. Meist bricht das Krokodil die Beine des Opfers mit einem Schweifschlag und vergräbt es dann im Wasser unter einer Baumwurzel, bis es weich geworden ist. (...)

Der schöne blaurote Teppich.

Ein guter Soldatenwind (scharf von der Seite) blies uns durch den Blanchekanal und an der Rubianagruppe vorbei in die Nähe von Gizo. Duki auf Rendova hat eine ganz eigene Form, und man erzählt sich, daß einmal in der Urzeit ein Riese sein Beil daran geschliffen und den Berg so schön abgerundet hatte; da kam sein Bruder herbeigelaufen und bat auch um das Beil, er machte aber das zweite Berglein voll kleiner ungleicher Einschnitte. Man erkennt den Berg von weitem.

Gizo ist nach Tulagi die wichtigste Regierungsstation und von einem Riff umgeben, durch das man sehr schwer einläuft. Wie überall nimmt der Laden von Burns Philps (die Koprafirma, allgemein »die Haifische der Südsee« genannt) den ersten Platz ein, und dort trinkt man immer sein Bier oder den Willkomm-Whisky, der nach englischer Sitte allen Eintretenden angeboten wird. Dabei verhandelt man Preise, Sitten, Ereignisse. Am meisten beherrscht die Moral oder besser deren Mangel den Gesprächsboden. Herr X. ist mit jenem Mischling nach Buoto gefahren und Frau X. als glückliche Mutter nach zehnmonatlichem Urlaub in Australien, während der Mann hier schuftete, zurückgekehrt. So-und-so denkt an Scheidung, weil ... usw.

Am Tage nach unserer Ankunft in Gizo fuhren wir gegen Mittag nach Lusibaraka, einer kleinen Insel im weiten Becken. Wie immer stand unten das Warenhaus, und etwas dahinter reihten sich die Hütten der Boys an, während oben auf dem Hügel das eigentliche Wohnhaus, immer ein Pfahlbau und hier sehr geschmackvoll eingerichtet, gelegen war und eine schöne Aussicht bot. Da lernte ich »Mum« kennen.

Sie war die Mutter von zwei Töchtern. Die eine hatte sie schon an den Mann gebracht, die zweite, sehr hübsch, ganz seicht und mit einer köstlichen Gewohnheit, sich immer wie eine Katze die Lippen zu lecken, war noch zu haben. Sie hatte drei Bräutigame. Einen sehr netten, tiefverliebten Junggesellen auf Lilihina, zu dessen Vater sie später ging und fragte, was er ihr geben würde, wenn sie Bertie heiratete; einen reichen Juden in Sydney, von dem sie Umhang und Ring trug, und einen Händler, über dessen Vermögensverhältnisse sie erst Erkundigungen einzog. »Mum« erzählte von all den Herrlichkeiten und trank dazu ein Gläschen Whisky nach dem anderen – »weil das elende Klima sie so erschöpfte« – doch als sie gar von einem rotblauen Teppich ihrer auf den Inseln verheirateten Tochter in allen Tonarten zu schwärmen begann, wurde das Herz der guten Frau Mac, die nie etwas als Läuse und Tausendfüßler um sich hatte, so schwer, daß sie ohne mein Wissen strandwärts lief, einem Kanu winkte und auf die »Afa« zurückkehrte, wo sie ihrem Gatten unter Tränen einen Teppichvortrag hielt. Ich blieb »marooned« da oben und mußte mich zum Mittagessen und zum Abendbrot einladen lassen, weil ich einfach nicht weg konnte. Um neun Uhr abends holte mich Frau Mac und fegte alle meine Vorwürfe mit dem rotblauen Teppich und der Begründung hinweg, daß ich oben doch besser zu essen bekomme als unten auf der »Afa«. Ich erzähle all das nur, weil es so unendlich charakteristisch für das Leben der Europäer auf den Salomonen ist. Der blaurote Teppich diente uns noch lange als Quelle harmloser Heiterkeit, umsomehr als er in Wirklichkeit ein Fetzen ältesten Datums und billigster Art war ... Heute lebt die schöne Mundleckerin mit keinem der drei, sondern hat eine Villa von jemandem, dessen Namen sie nicht trägt, und Mum säuft Whisky wie der sprichwörtliche Bürstenbinder unten in Sydney.

Im Tal der schwarzlippigen Perlmuscheln.

Ui spielte auf seiner Nasenflöte die Sterbearie um das eingegangene Kätzchen. Mein Kakadu saß auf dem Schoß und beweinte unaufhörlich eine sündige Welt. Ich nenne ihn »meinen Kakadu«, weil er in seiner Trauer immer zu mir kam und je mehr ich für ihn tat, desto widriger schrie. Nach einem Jahre gewöhnt er sich an den Aufenthalt in diesem Jammertal und beginnt dann zu sprechen und zu pfeifen, aber in seinem Babydasein war er unausstehlich.

Insel auf Insel.

Wir besuchten Liapari in strömendem Regen, ließen uns heißes Wasser geben, wuschen uns wieder einmal wie gewöhnliche Menschen, bestellten Eierspeise, Brot, Tee und setzten das Grammophon in Bewegung. Im Hause waren fünf Betten, alle frisch überzogen, und wir wählten ein Lager. Ich dachte an die mögliche Heimkehr des Junggesellen und an Schneewittchen. Was würde er sagen, wenn er in seinem Bett entweder die rundliche Frau Mac oder den mageren Teufelsfisch meiner Wenigkeit entdecken würde? Wir legten uns zum Schluß in die richtigen Betten, denn in der Nacht kam der Pflanzer tatsächlich heim und erblickte erst am Morgen die fremde Einquartierung. Wo dürfte man sich das in Europa leisten?

Allerdings werden unlautere, unwünschenswerte Leute sehr flink aus den Inseln herausgeworfen. Der nächste Dampfer trägt sie erbarmungslos davon, daher die Strenge bei der Einfahrt. Das geringste Vergehen folgt einem viele hundert Meilen weit in einem Land, das seinen geistigen Bedarf nur mit Klatsch zu decken vermag.

Auf Vella la Vella, einer weiteren Inselgruppe (500 Meilen trennen Malaita von den nördlichen Inseln der Salomonsgruppe), lag die Pflanzung der Schotten. Der Ort hieß Kili Bembala oder »das Heim der schwarzlippigen Perlmuschel« und war, wie das Ehepaar selbst, freundlich und auf Tralala Hoppsasa eingstellt. Das Häuschen hatte nur einen Betelrindenboden, und die gute Dame sagte mir mit einem entwaffnenden Lächeln, daß ihr so ein Boden am besten gefiele. Man brauchte ihn nie zu fegen. Sprang man ein wenig darauf herum, so flog aller Mist um die Fugen herab auf den Erdboden. Wohl fielen aus dem Grasdach, das keine Decke vom Zimmer trennte, auch Tausendfüßler, Skorpione und Eidechsen herunter, aber diese fielen nach einigem Springen ganz richtig ebenfalls durch die breiten Spalten in die Tiefe, und Fenster brauchte man nicht, dieweil Scheiben zerschlagen werden konnten. Ein Breitholz versperrte das Fensterloch zur Zeit eines schweren Tropenregens.

Wir kochten nicht gerade »in einer Hutschachtel« wie im Liede, aber viel beschwerlicher nicht, und wir aßen, woraus wir konnten – oder was wir fanden. Den plärrenden Kakadu trugen wir weit vom Haus den Abhang hinab und ließen ihn frei, denn fliegen konnte er nicht. Es rührte mich zum Schluß, zu sehen, daß er immer wieder zurückfand, das ganze Haus durchweinte, bis er mich gefunden, und dann befriedigt und schreiender denn je an mir emporkletterte. Immer suchte er gerade mich. Frau Mac bot ihn mir an, aber wer kann um die ganze Welt mit einem gelbschopfigen Schreihalskakadu reisen?

Ich drückte ihn samt Schopf an mein Herz und ließ ihn auf Vella la Vella zurück.

Auf den Abhängen wuchsen viele Kapokbäume, aus deren Wolle man gute Matratzen macht und in jüngster Zeit auch Schwimmgürtel, weil sie kein Wasser aufsaugen. Ich sammelte viel von dieser Seidenbaumwolle ein. Die Bäume waren hier ganz jung und hatten noch nicht die herrliche Wurzelbildung wie jene Südamerikas.

Nachts mußten wir einen Riesenumweg zum Hafen machen, denn auf dem Weg schlief ein Stier, der es sehr übelnahm, wenn er geweckt wurde. Die Mücken und Sandflöhe fraßen uns beinahe tot. Wir fuhren weiter ...

Mundi-Mundi.

Das bedeutet »der letzte Ort« und ist auch wahrlich der letzte Ort, an dem man leben möchte. Der Besitzer führte uns zu seinem Heim hinauf. Der Weg führt zuerst durch die schönen, allzu bekannten Kokoshaine und dann an Kautschukbäumen vorbei, die aber nicht von der richtigen Art und daher fast wertlos waren, höher und höher auf einem steilen, abschüssigen Lehmweg, bis man glaubte knieweich zu werden und überhaupt nie wieder frei atmen zu kennen. Das Haus liegt allerdings schön, doch die Sandflöhe und Moskiten sind derart schlimm, daß meine Arme und Beine eine Woche lang wie Reibeisen aussahen und sich wie solche anfühlten. Ich kratzte mich wie ein Winselaffe Tag und Nacht.

Von ihm und von anderen »alten Händen« erfuhr ich viel über den Volksaberglauben, manch ein Märchen und manch eine Sittengeschichte. Herr W. zeigte mir nachmittags am anderen Ende der Pflanzung das praktischste Kopratrockenhaus, das ich bis dahin gesehen, das oben mit einem Drahtnetz geschlossen und mit heißem Rauch erhitzt war. Auf dem Wege fand ich Inselklee, schöne Farne, etwas Kakao und hübsche Muscheln. Überall stieß man auf die komischen Einsiedlerkrebse, die irgend einem anderen Muscheltier das Haus nehmen.

Auf Choiseuil.

»Tschoisl« nennen es indessen die Engländer. Hier lebte ein Pflanzer, der durch die Salomonen als ein lästiger Patron bekannt war. Er war nicht streng – das vertragen die Schwarzen gut – sondern er tadelte winselnd in einem Schnürchen. Das erbittert die Wilden. Er hatte einen Arm verloren und bewegte nur die rechte Hand mit Gelenkigkeit. Eines Tages wurde er angefallen, man hieb ihm den anderen Arm weg und hetzte ihn blutend und armlos durch die ganze Pflanzung, ehe man ihn tötete.

Wir trafen spät abends ein und der Junggeselle kam sofort zum Schifflein herunter. Er hätte uns ebenso gut liegen lassen können, aber so gastlich sind einmal die Menschen. Er lud uns hinauf ein, flüsterte uns indessen vor dem Hause zu, leise zu gehen und zu sprechen, weil das Kind schliefe. Kind?! Ja, die junge Frau eines verabschiedeten Aufsehers war erkrankt und konnte nicht weiter. Nun lag sie seit Wochen oben bei ihm, und das ebenfalls kranke Kind durchheulte die Nächte. Bis zum nächsten Dampfer mußte er sie behalten, denn wohin sollten sie gehen?

Im Garten fand ich am nächsten Morgen Fünfeckenfrüchte mit leichtem Terpentingeschmack. Die violettroten Blüten hingen am gleichen Aste. Auch Granadillas wuchsen in Mengen, waren aber recht krumm geraten, weil die Befruchtung nur künstlich erfolgte.

Wieder den Berg hinab und am Chinesenhüttchen vorbei hinaus in das offene Meer. Es war die letzte Nacht vor den Shortland-Inseln, und ein unfreundlicher Landwind, verbunden mit einer dunklen Nacht, machte es unmöglich, den kleinen Hafen von Faro zu finden. Wir lavierten bis zum Morgendämmern, und da es auch stark zu regnen begann und die Wellen wie damals vor der Marowogruppe in kalten Mengen das Deck überschwemmten, krochen wir unter das gesenkte, sehr schwere Segeltuch und lagen darunter fast erstickt, bis das Segel aufgerollt wurde und die

Tropensonne durch die fliehenden Wolken brach. Das Haus lag dicht am ungesunden Strande, denn vom Häuschen auf dem Berge war einmal ein betrunkener Europäer ins Meer gerollt, und die Eingeborenen behaupteten, daß ihn der Geist geholt hätte, weil er das Tabuwasser entehrte.

Die Boys wurden nur auf die nahende Barke geschoben; Herr Mac fuhr nicht mit ans Land, denn diese Reste einer Ladung waren nicht die besten. Der schönste Ringwurmfall und der Lungensüchtige, der gewiß sofort nach Tulagi geschickt werden mußte, wurden abgelagert. Wir segelten davon.

Auf den Shortland-Inseln.

Ich verdankte dem Ehepaar mein Leben; dafür war ich eigentlich nicht verbunden, aber ich dankte ihnen viel Neues, die endlose Fahrt und all den Wein, der mich – da ich fast nichts genießen konnte, am Leben erhalten hatte, und trotz aller Eigenheiten war mir die grundgütige Schottin sehr lieb geworden. Sie war eine Romangestalt erster Klasse. Nichts an ihr war alltäglich oder konnte alltäglich werden.

Faisi und all die umliegenden Inseln sind verhältnismäßig neues Land – versunkene Bergspitzen oder Korallenbildungen – und sehr den Erdbeben unterworfen, die von den feuerspeienden Bergen auf Bougainville auszugehen scheinen. Die flache Insel Faisi war ganz Burns-Philps-Besitz, und als wir den Aufseher begrüßten, sagte er uns, daß Herr und Frau Monckton, zu denen ich sollte, gerade aus Kokonai, ihrer eigenen Insel, angekommen waren.

Die Frau entstammte einer deutschen Australierfamilie, hieß mich herzlich willkommen und nahm mich von der »Afa« herunter. Wir kletterten in die wartende Dampfbarkasse und fuhren los. Die Inseln liegen hier sehr dicht nebeneinander, und man spricht viel vom »gesellschaftlichen Leben« auf den Shortlands, weil nämlich jeder Pflanzer eine Dampfbarkasse hat und alle Samstagsnachmittage nach Faisi kommen kann, um auf dem dortigen Tennisplatz zu spielen und im Laden von Burns Philps Klatsch und Whisky zu tauschen.

Maleai ist das kleine Eingeborenendorf unweit der Maristenmission; auf Orlofi wohnte damals Frau Scott, die Inselkönigin, und ihr gegenüber liegt Pirumeri, während Nofu, das größte Dorf, hinter Kokonai zu finden ist.

Sehr schön war der kurze Kanal von Kokonai. Die lichtgrünen, ewigsaftigen Mangroven bilden einen natürlichen Dom; Geduldspielnüsse klatschten reifend in den Fluß hinab, die dicken Wucherpflanzen bildeten schwere Ketten, hohe Inselbäume überragten den niedrigeren Wald, dann zeigte sich das Bootshaus und dahinter der Laden, über dessen Eingang ein Betelzweig gegen böse Geister hing. Die Boyhütten bildeten eine Straße, und durch eine lange Kokosallee, an der entlang rosa und schneeweiße Erdorchideen blühten, gelangte man zum Hügel, auf dem das geräumige Wohnhaus gelegen war. Wie immer war die Veranda der schönste Teil, denn man lebt nur im Freien. Deckstühle mit weichen Kissen luden zur Ruhe ein, das Badezimmer mit Sonnenrohrwärmung lag im Erdgeschoß, und das Speisezimmer überschaute die Kronen einer rosablühenden Eugenia – eines Kamelhufbaumes.

Am ganzen Haus störte mich nur ein Ding: der gewisse Ort. Er stand in der Nähe eines heiligen Banyans am Rande des Busches, aber innen auf dem Balken unter dem Dach lag nicht selten eine Riesenschlange zusammengerollt und ruhte sich von ihrer Freßmühsal aus. Man beteuerte mir ihre Unschuld in den glühendsten Farben, aber es blieb mir ein ungutes Gefühl, sie so zu Häupten zu haben.

Auf der Pflanzung Kokonai.

Wieder hatte sich das Bild der täglichen Erfahrungen umgestellt. Wir aßen behaglich gegen acht Uhr, so daß man sich gut ausruhen konnte; dann arbeitete ich im Lufthäuschen mit dem Blick auf Sago- und Kokospalmen, einmal dem Meere abgekehrt, betrachtete die roten und die goldglitzernden Libellen, die in ungewohnter Zahl über die wenigen Erdbodenblüten dahinhuschten, sah die Kühe unten dürstend mitten im Fluß stehen und sich mit dem Schwanz Wasser auf den Rücken spritzen, hörte verschwommen das Schreien der arbeitenden Boys oder malte oben im Zimmerchen neben der Veranda.

Nach elf Uhr kam der Herr von dem Rundgang heim. Man nahm einen stärkenden Cocktail ein, speiste zu Mittag und ruhte plaudernd eine halbe Stunde auf den Stühlen, ehe man sich zur Ruhe begab. Das war meine glücklichste Stunde. Das Kind und die Erwachsenen schliefen, die Diener waren weggegangen, und ich konnte in voller Stille schreiben.

Nach drei Uhr wurde der Tee eingenommen, dann ging es mit Frau M. in den Busch, wo wir allerlei Blumen sammelten und von tausend Mücken gestochen wurden. Der Fuß versank jählings im Schlamm, Ameisen stürzten herbei, im Dickicht raschelte es verdächtig. Nein, Vergnügen sind die Urwaldmärsche nicht. Zuzeiten erwischte uns ein Guß und durchnäßte uns bis ins Fleisch hinein und immer kamen wir so zerbissen und schmutzig zurück, daß wir sofort ins Badezimmer liefen.

Nach sechs Uhr sank die Sonne, und von diesem Augenblick an war das Außenleben zu Ende. Wir nachtmahlten und lagen dann plaudernd oder lesend auf den Langstühlen. Eine Fledermaus umkreiste furchtlos die Veranda und fing Mücken; Eidechsen huschten über den Boden, die gelbbraune Hauseidechse lief die Wände suchend auf und ab. Irgend ein Boy, der sich verspätet hatte, sang laut, damit die Geister furchtgeschlagen ihn mieden. Sonst Stille. Manchmal aber vernahmen wir plötzlich ein unvermutetes unterirdisches Getöse, dann ein lautes Anschlagen der Brandung, die sonst nicht bis hierher hörbar war, und sofort schrien wir »Lampen!« und umklammerten das Licht, denn im nächsten Augenblick schwankte der Boden unter den Füßen, krachten die Wände, ächzten die Pfeiler des Hauses. Wir hatten Erdbeben!

Ein Tag wie der andere, sonnetrunken, inselverloren, dennoch jeder eine Spur hinterlassend. Jede Pflanzersfrau ist gleichzeitig Ärztin, und fast täglich kam jemand zur Behandlung; entweder mußten die scheußlichen, übelriechenden Inselwunden behandelt oder Wunden ausgewaschen und verbunden oder Chinin ausgeteilt oder Rizinusöl und Epsomsalz verabreicht werden. »Wann du wesen Busch?« war die übliche Frage. »Mich gehen jeden Tag!« aber trotzdem wurde ihm Rizinus gegeben, denn das ist für alle Fälle gut ...

Nie konnten wir einen Boy veranlassen, Holz von einem Baum zu bringen, den der Blitz gestreift hatte. Da würde er bald danach sterben müssen. Nachts ging keiner allein vom Bootshaus herauf. Der Verstand unseres männlichen Stubenmädchens (er hieß Kafuta und sah wie eine Spinne aus) stand auf der gleichen Höhe wie der eines vierjährigen Kindes bei uns. Sie freuten sich alle über Ball und Bilderbücher.

Wenn die Wilden einen Streit haben, so geben sie sich immer gegenseitig Bußgeld. Ein komischer Fall ereignete sich bei uns. Frau M. lag nach Tisch auf dem Bett und hatte bei der Hitze alles bis auf das durchsichtigste Nachthemd abgeworfen. Der Boy traf ein, um sie etwas zu fragen und sah sie in dem Zustand. Später lagen zwei Schillinge neben ihrem Bette. Sie fragte ihn, warum er das Geld hingelegt hatte.

»Das für Sie – ich Sie sehen Hemd nix, Master später me fest, fest schlagen!«

Er bot ihr Geld an, weil er sie so gut wie nackt gesehen hatte! Inselsitte ...

Eines Tages wurde ihm befohlen, alles, was vom Mittagstisch nachgeblieben war, wieder aufzuwärmen. Auf einmal kam er atemlos angestürzt: »Schnell, schnell, Master, Käse ihm laufen weg!«

Er hatte den Käse ins Bratrohr geschoben ...

Wollte jemand heißes Wasser haben, so rief man einfach »Kessel« und der Boy brachte ihn. Eines Tages weinte das Kind und Talota kam angestürzt mit der Meldung: »Kind ihm zu viel Kessel im Aug' haben!«

Eine Säge heißt »ich ziehe dich, du stößt mich«. »Liebe wird ausgedrückt, indem man jemandem sagt, »mein Bauch ist gut gegen dich!« Parfüm wird seltsamerweise sehr gern gekauft, heißt zuzeiten Liebeswasser, doch weit öfter »guter Kerl Gestank«.

Seit den Neu-Hebriden litt ich an den Mangozehen, das ist Eiter zwischen den Zehen, der ein starkes Jucken erzeugt und nicht zu heilen ist, weil man ja täglich schwitzt und täglich badet und gerade die andauernde Nässe so schädlich wirkt. Frau M. litt auch daran, und abends, wenn wir plauderten, saßen wir zusammengekauert da und schabten nach Herzenslust mit schiefgezogenen Gesichtern.

Jeden Sonntag fuhren wir nach Faisi und erörterten die Moral unserer Umgebung. Ich lehrte Frau M. das Lesen aus den Handlinien, und man kann sich vorstellen, wieviel Spaß sie daraus zog, sie – die alle geheimen Liebesabenteuer kannte.

Weihnachten.

Das Fieber hatte nachgelassen, und ich aß mich langsam zu größeren Kräften zurück. Über meiner Seele aber lag der Schatten der Entheimatung, und die Hoffnungen, die wie goldene Sonnen mich jahrelang angelockt hatten, begannen zu verblassen. Ich hatte gebeten, auf den Inseln sterben zu dürfen, wenn ich nicht für etwas ganz Ungewöhnliches auserlesen war, denn von des Lebens Schattenseiten hatte ich für ein Durchschnittsdasein mehr als hinreichend gesehen. Nicht einmal das Sterben schien mir erlaubt, und dennoch änderte sich nichts an meinem Geschick. Alle Schriftleitungen, mit denen ich in Fühlung geblieben, versprachen mir goldene Berge, wenn ich nur schon Java erreichte.

Nach den Inseln konnte man weder Geld noch Belege noch Empfehlungen schicken, doch nach Java ...!

So sang auch mein Vertreter, der längst aufgehört hatte, klar anzuführen, wann und wo etwas angebracht worden war. Am Weihnachtsvorabend kam das Schiff nach Faisi, und wir fuhren sofort hinein, um die Post abzuholen. Da speiste man stets auf Deck, erzählte und fragte hungrig, trank einmal geeistes Bier und sah den Hauch der Außenwelt endlich wie flüchtigen Nebel entgleiten. Im Weihnachtsbrief aber schrieb mir mein Vertreter, in dessen Händen meine Sammlungen, alle Arbeiten und so weiter waren, es ginge mit dem Vertrieb schwer, ich möchte mich lieber nach einem geeigneteren Manne umsehen. Was konnte ich aus solcher Entfernung tun als eiligst zurückschreiben, es solle alles beim Alten bleiben? Wo sollte ich von den Shortland-Inseln aus, von jedweder deutschen Zeitung abgeschnitten, verloren im Weltmeer, Ersatz suchen? Und an ein direktes Verschicken war nicht zu denken, da ich nie zu sagen vermochte, wann und wo ich an irgend einem Orte sein würde, saß ich doch schon viele Wochen auf Kokonai, ohne eine Gelegenheit zur Weiterreise zu finden.

Natürlich blieb Herr H. nach wie vor mein machthabender Vertreter, aber von jenem Weihnachtsabend an merkte ich in mir den heimtückischen Giftsatz, den ich nie wieder ganz ausgerottet habe: »Unser Höchstes und Bestes kommt in der Auswirkung unserem Niedrigsten und Schwächsten gleich«, denn hätte ich einfach als nichtuende, mich jedem Manne achtlos hinwerfende Abenteuerin nicht *mehr* erreicht als durch mein ideales Arbeiten, mein ununterbrochenes Schaffen, mein Sammeln, Lernen, Entbehren? Jahre hindurch, so lange ich dazu imstande gewesen, hatte ich all meine Einnahmen den deutschen Schriftstellern, die unter der Not der Geldentwertung litten, zugewandt: erst seit dem Inselreich kam, was ich verdiente, mir allein zu, und zwar nur, weil ich nun krank war und es nirgends etwas zu verdienen gab. Und wo stand ich, die ich seit sechs Jahren zum Wohle anderer kämpfte? War das gesammelte Wissen denn für mich? Was nützte es mir? Das Blatt meiner Vaterstadt allein hatte schon an zweihundert Beiträge gebracht – alle unentgeltlich und von mir nur übersandt, um das Deutschtum zu fördern, konnten sich die ärmeren Deutschsprecher rund umher doch nicht ein teures deutsches Buch kaufen, wenn sie auch gern Deutsch lesen, und war, was ich da schrieb, nicht besser als seichte Schundliteratur, die billig zu erstehen ist? Dessen ungeachtet hatten es alle die besser, die daheim saßen, Scherze über mich machten und sich an Pfannkuchen dick aßen. So lohnet Gott das Böse und straft das Gute schnell ...

Frau M. hatte Nachricht vom Erkranken ihrer Mutter erhalten und fühlte ebenfalls keine Weihnachtsstimmung. Wir saßen nachdenklich auf den Langstühlen und gingen um zehn Uhr zu Bett.

Neujahr.

Zu Neujahr kamen die Junggesellen von Bougainville herab, und der erste Paßbeamte fuhr selbst mit. Von den Shortlands bis nach Bougainville fährt man eine einzige Nacht, aber man kreuzt damit die Grenze vom britischen Krongebiet in das des australischen, einst deutschen Mandatsgebietes und das bedeutet lästige Fragen nach Geld, Absicht, Paß und so weiter. Aus diesem Grunde war ich froh, schon aus Faisi mit allen bekannt zu werden. Die Herren versprachen, mich mitzunehmen, nachdem das Tenniswettspiel vorüber war.

Vorher wurde noch eine Vermählung gefeiert. Eine junge Braut kam zu einem Pflanzer heraus, und der Kapitän hatte das Recht, sie – im Notfall – zu trauen. Er war für diese Zeit der höchste Staatsbeamte. Da es aber einen katholischen Pater gab, der ebenfalls (das ist erwähnenswert) protestantische Ehen schließen darf, wenn auch nicht nach katholischer Art, so wurde er eingeladen. Die Braut trug einen Kranz und einen Strauß aus weißen Orchideen, und wir alle umtanzten sie. Man trank Champagner aus Teetassen, und die Tische waren mit Brauttränen und Hibiskusblüten geschmückt. Am Abend warfen wir dem Brautpaar alte Schuhe und Reis ins Boot nach (das bringt Glück), und dann begann für die junge Australierin das neue Leben unter Mücken, Gewürm und Schwarzen. Sie litt unter der Hitze und war von Sandflöhen ganz zerstochen, als wir sie nach einigen Tagen besuchten. Die Salomonen eignen sich nicht zu Flitterwochen.

Im Reich der Junggesellen.

Ich habe seither oft gedacht, wie wunderschön die Welt ohne Frauen und Kinder wäre. Ein undenkbarer Zustand auf die Dauer, aber der schönste, den ich einige Tage hindurch auf Bougainville mitgemacht habe. Kein Klatsch, kein müßiges Bestarren, ob man entzückend gekleidet ist, kein Zanken in Zimmer und Küche, weil der Boy nicht alles gerade so und so hingestellt hat und keine, ach *keine* schreienden, springenden, lärmenden Kinder!!! Wenn mich der liebe Herrgott einmal in einen Himmel hebt, so mag es ein lautloser, kinderfreier, grammophonentleerter sein! Sind denn die Menschen noch so dicht an der Wildengrenze, daß sie allzeit Lärm zur Freude haben müssen? Kann man ein junges Menschwesen wirklich nicht zur Mundsperre erziehen?

Wir fuhren die ganze Nacht hindurch und lagen früh am Morgen vor Anker. Jemand hatte mir ein Deckenlager zur

Verfügung gestellt, und deshalb lag ich, ohne zu frieren, auf dem Kabinendach, denn man darf nicht glauben, daß man es in den Tropen nicht auch kalt haben kann. Man ist durch das Fieber blutleer und empfindlich geworden und der schwere Tau durchnäßt ärger als ein gelinder Regen.

Der Paßbeamte führte mich um acht Uhr ans Land und samt Paß einen gewundenen Bergweg hinan zum Kreisrichter. Ich graute mich lange, lange innerlich ab und fragte zum Schluß gepreßt: »Wird es viel Plage geben?«, denn in ein Land zu gelangen ist so schwer wie für den Reichen, ins Himmelreich einzudringen. Er aber lachte und meinte, daß alles schmerzlos gehen würde. Gleichzeitig waren wir im Amtsgebäude und mitten im Gerichtssaal, wo eben ein Kranz Schwarzer vernommen wurde. Der Richter ließ alle stehen, um mich und meinen Paß anzuschauen, dann führte er mich in sein Privathaus hinaus und befahl dem Boy, Tee und Butterbrot zu bringen.

Ich sollte zu einer Frau nach Poponai, zwölf Meilen von Kieta, an die ich ein Empfehlungsschreiben der Schotten hatte und auch Grüße der Faisi-Leute zu überbringen hatte. Am folgenden Tage wurde ich ins Polizeiboot getan und wir ruderten los. Das Lendentuch der Boys war so kurz, daß beim Sitzen nichts mehr verdeckt blieb, aber sechs Jahre unter Farbigen hatten mich abgestumpft. Ich bemerkte es höchstens mit Verwundern, weil es Polizeiboys waren ...

Unterwegs hatte ich einen Malariaanfall. Die Brandung rund um die Küste war so wild, daß wir ein richtiges Wellenreiten versuchen mußten, das teilweise mißlang und mich dreiviertel durchnäßt ließ. Ich zitterte vor Fieber und Kälte und mußte dennoch trachten, einen guten Eindruck auf den Mischling zu machen. Die Frau erklärte mir sofort, daß sie auf dem Wege nach den Mortlockinseln war und mich nicht aufnehmen könne. Sie bot mir Bier an, und hierauf rief sie die Boys und verschiffte mich mit Hast und Umsicht.

Unterwegs sank das Fieber allmählich, aber die Sorge verblieb. Was würde der Kreisrichter dazu sagen, und wohin sollte ich mich wenden, denn eben weil es ein Paradies der Junggesellen war, blieb mir Kieta geschlossen.

Der Richter war nett. Er kam mir schon den Berg hinab entgegen und tröstete mich. Es war Silvesterabend, ich sollte mich nicht grämen; man würde bei der Mission anfragen. Unterdessen kam der Arzt hinauf, und wir plauderten wie drei Männer über Wert oder Nichtwert der Königin Elisabeth und die Tiefen der Musik. Fast jeden Abend saßen wir zusammen, lauschten dem Grammophon und besprachen Fragen von allgemeinem Wert. Kein Wort über Kleinliches oder nahewohnende Menschen. Kein Lärm. Der Diener stellte die Speisen lautlos auf den Tisch.

Der Kreisrichter war verlobt und weit entfernt, ein gewöhnliches Mannszweibein zu sein. Er war auch britischer Beamter und schon dadurch gebunden. Ich schlief ganz ohne Furcht im anderen Teil des Hauses, nur wenn morgens der Schwarze den Kopf samt Frühstückstee zum Fenster hereinstellte, fuhr ich erschreckt zusammen. Sein Haar war wie ein Berg und er sah so unbedingt menschenfresserisch aus.

Dem Gebäude gegenüber lag die Insel Popoko. Man konnte die Dörfler als schwarzes Gewürm erkennen. Sonst sah man die weite Bucht, die scharfgezahnte Küste, das weite Meer. Rund um das Haus gab es viele Bäume, darunter Ylangylang von wunderbarem Duft und andere Sträucher. Ich malte sie, und dieses Können flößte dem Diener einige Ehrfurcht ein. Ich konnte mit den Farben »Schatten werfen!«

Ein schöner Strandweg führte bis zu den Chinesenläden am Ende des Ortes einerseits, bis zum Inselhospital andererseits, und alte Kautschukbäume gaben tiefen Schatten. Die Gebäude waren über den Abhang zerstreut, und wen man traf, der sprach einen an und war freundlich. Es war alles großzügig und wissenschaftlich wertvoll. Der Richter hatte eben einen Malerafall, das heißt einen Fall von Liebeszauber, und ich interessierte mich unendlich dafür, da ich Zauberei und Folklore von Anfang an als mein Sonderstudium erwählt hatte. Man sprach oft von der salomonischen Zauberzigarette, und etwas Wahres mußte daran sein, denn sie war durch die ganze Südsee gefürchtet. Gab der Mann eine solche Zigarette einem Freunde, der sie an einen anderen und dieser an einen nächsten und dieser erst sie dem Mädchen geben sollte, so wirkte der Zauber (den die Schöne nicht ahnte – also nicht Gedankenübertragung) dennoch so stark, daß das Mädchen ihm unbedingt folgen mußte. Selbst auf Mischrassige wirkte der Stoff noch. Auf Europäer ist er vielleicht nicht angewandt worden. Ich werde noch später bei der Beschreibung anderer Inseln darauf zurückkommen.

Malera dagegen war ein echter Liebeszauber leichterer Art. Der Mann nahm die Wurzel eines falschen oder Busch-Ingwers, rieb sie sorgfältig, staubte etwas Knochenrestchen, feingeschabt und von irgend einem Vorfahren stammend, darauf und rieb damit die Stirn der Begehrten im Schlafe ein. Dann verließ sie ihren Gatten und folgte unbedingt dem fremden Manne. Selbst bei Gericht wurde der Fall ernstlich untersucht, obschon der Richter dem Schuldigen befahl, die Malera wieder aufzuheben. Mit wenig Erfolg!

Bei der Sankt Markus-Mission.

Wenn ich mich glühend fortsehnte, mußte ich bleiben wie ein Verbrecher im finsteren Kerker der Strafinsel Nou, aber wenn ich einmal irgendwo leben konnte, dann riß mich das Schicksal weg, wie ein übermütiges Kind eine wurzelfrohe Blume dem Boden entreißt. Monatelang konnte ich es – so albern es klingen mag – nicht überwinden, als Weib und nicht als Junggeselle geboren worden zu sein. Da säße ich nun in einem ruhigen Häuschen, mitten in Kieta, könnte jeden Abend mit dem Kreisrichter abstrakte Gespräche führen, während der Mond die Dielen wusch und das Inselbier in den Gläsern schäumte, und weil ich ein Weib war, fluchbelastet, zur Trauer geboren, mußte ich wieder den Weg in ein lebendiges Grab einschlagen, denn eine Mission liegt abseits vom Leben. Wenigstens im weltlichen Sinne.

Mein Körbchen war zurückgeblieben, Schreibmaschine und das Nötigste hatte ein Boy schon hinabgetragen. Nun ging ich selbst den sechs Kilometer langen Weg dicht am Strande und weinte um das verlorene Junggesellenreich. Wir hatten alles erörtern können von Bacon bis zu Galsworthy und von dem Gang der Gestirne bis zu Malera, dem Inselzauber. Nun würden die Gedanken in mir wieder altgebacken werden und wurmdurchlaufen wie altes verschimmeltes Brot. Fürwahr, ich war zu Leid geboren wie der Funke aufwärts fliegt!

Unterdessen ahnte ich nicht, daß die Schwester-Oberin mein Nahen mit den gleichen unerquicklichen Empfindungen überlegte, denn man hatte mich als Australierin angekündigt, und die vorige Fremde hatte immer noch um acht Uhr abends Tee haben wollen und immer geweint, wenn sie nicht zu ihrem Gatten ins Paterhaus durfte.

Ein deutscher Pater empfing mich mit Ruhe, aber mit jener reichsdeutschen Kürze, die – gepaart mit geistlicher Zurückhaltung – mir nach den acht Junggesellen Kietas das Mark in den Knochen zu Eisbrei verwandelte. Ich stand auf der Schwesternveranda und versuchte liebenswürdig dreinzuschauen, was im Augenblick eine Kunst war, und wartete auf Schwester Marie Claver, die Oberin.

Sie kam endlich und begrüßte mich freundlich zurückhaltend auf englisch, doch kaum hatte ich sie angesprochen, ihr gesagt, daß ich ehemalige Österreicherin war und so weiter, so taute sie wundersam auf, machte mich mit der englischen und der französischen Schwester bekannt und führte mich in ein kleines Zimmerchen, das eine herrliche Aussicht auf die Berge hatte.

Abgesehen vom Schmerz, mich nicht in einen Mann verwandeln zu können, der ebensogut Tropenkoller, schleichende Malaria oder Vorgefühl der sich entwickelnden Krankheit sein konnte, von der ich noch nichts ahnte, gewöhnte ich mich schnell an das Klosterleben und weiß heute genau, daß die Vorsehung es so besser gemeint hatte, denn von den acht Junggesellen zusammen hätte ich nicht so viel gelernt wie von einer Missionsschwester, die seit zwanzig Jahren auf Kieta war und jeden Winkel im krausen Gehirn eines Eingeborenen kannte, die Landessprache und die Erdkunde weit und breit beherrschte. Sie erzählte mir alles über Aberglauben, sonderbare Gebräuche und unerwartete Sitten und bereicherte mein Wissen um Bedeutendes. Sie wurde mir aber auch als Mensch teuer, denn sie freute sich, mit jemandem deutsch sprechen zu können, und so oft wir uns trafen, plauderten wir einige Minuten. Zeit vergeudeten weder sie noch ich, denn wir waren beide durch unsere inneren Pflichten gebunden – ich nicht minder streng als sie durch die Ordensregel. Nur abends nach dem Abendbrot saßen wir auf der Veranda und sprachen von der alten deutschen Heimat, die wir wohl nie wiedersehen würden. Wie heimattreu waren diese Schwestern am anderen Ende der Welt!

Um halbsieben begann die Messe. Die Schwestern hatten vorher Betrachtung. Um sieben Uhr gab es Frühstück – heimische Selchwürstchen oder rohen Schinken, dunkles Hausbrot und einen Kaffee! Kein Blümchen! Dann ging ich an die Arbeit, und um zehn Uhr brachte mir Schwester Marie Dolores, die Engländerin, Tee und dünne Butterscheiben. Um zwölf Uhr wurde Taro, ein Grüngemüse und ein Stücklein Fleisch gegeben. Von der Suppe hatte ich mich, wie ich glaube, freigebeten. Mehlspeise gab es oft, und manchmal durfte ich unten in der Küche die Schmalzküchlein umdrehen.

Nach Tisch ruhten die Schwestern eine halbe Stunde lang, um drei Uhr gab es Tee und Butterbrot und um halbsechs das Abendbrot, wieder Gemüse, ein wenig Fleisch (weil ich wenig aß) und Kaffee. Um sechs Uhr begann die Abendandacht, dann beteten die Kinder weiter und lernten mit dem Pater in der Kirche Katechismus bis sieben oder halbacht, hierauf tollten die Mädchen eine halbe Stunde unter der Veranda herum und wurden um acht ins Mädchenhaus, zwanzig Schritte unter dem Missionsgebäude, eingesperrt. Ah, eingesperrt! Die Fensterläden waren vernagelt, ein vierreihiger Drahtzaun umspannte die Hinterwand des Baues, zwei Hunde hielten Wache, Pater und Schwestern, alle lauschten, und dennoch geschah es zuzeiten, daß jemand die Wand durchschnitt und den Weg zur Liebsten fand. Sittlichkeit in unserem Sinne steht nicht hoch, denn Jungfrauen findet man höchstens im Taufkissen, aber kein Kind darf von einer unverheirateten Mutter geboren werden. Geschieht dies, so wird das Mädchen von den eigenen Angehörigen getötet, selbst wenn die Schwestern hindernd einzuspringen versuchen. Damit indessen keine unbestellten Kinder eintreffen können, hat man auf Bougainville, was man bei uns herbeisehnt: ein völlig verläßliches Mittel der Geburtseinschränkung. Der Saft einer Winde wird genommen und ausgedrückt, getrunken und ... auf Monate hinaus ist ein Weib unbedingt unfruchtbar, entwickelt aber, da das schlechte Blut doch abfließen soll, leicht allerlei Beinwunden. Es gibt drei derartige Mittel, alle verursachen Schmerz und Erbrechen, und eine zu große Menge kann todbringend sein.

Wir saßen immer auf der Veranda, während die Mädchen unten sangen, und Schwester Marie Claver erzählte von ihren unglaublichen Erfahrungen, nur um sich von Zeit zu Zeit zu unterbrechen und die Kinder zu tadeln, die laut, doch wunderbar einstimmig sangen. Ich hielt, was sie sangen, für Inselballaden, doch die Schwester erklärte, daß sie für die Jungen und Boys bei den Patres Inselklatsch sängen – vorwiegend über uns.

Der ganze Gesichtskreis eines Inselmädchens war »Geschlecht«, denn Liebe, das heißt aufopfernde Zuneigung, kannten sie nicht. Jede Handbewegung, jedes Zucken der Lider, jeder Körperschwung hatte eine symbolische Bedeutung.

Schönheitsproben.

Am Tag nach meiner Ankunft sagten die Jungen zum Pater: »Sag', Pater, hast du keine Botschaft für die Schwestern?«

»Nein, keine.«

Nach einer Weile: »Pater, eine neue Mississi ist eingetroffen!«

»Ich weiß es.«

»Du könntest ja einmal hingehen – –«

»Wozu wohl? Mädchen gehören zu Mädchen und Männer zu Männern, und jetzt lernt das sechste Gebot. Es lautet –«

Das half für eine Weile, dann sangen die Knaben herüber: »Mädels, wie sieht die Neue aus?«

Die Mädchen aber sagten nachmittags als Einleitung zum Taufunterricht zum Pater: »Hör' einmal, Pater, die neue Mississi kommt aus einem armen Land, in dem es weder Schweine noch Taro gibt.« Und sie seufzten.

»Was läßt euch so denken?«

»Ach, Pater, sie hat *keinen* Bauch!!!«

Einen großen Bauch zu haben ist nämlich Ersterfordernis der Bougainvilleschönheit. Die Frauen tragen alle ihr Lendentuch weit unter dem Nabel und so gebunden, daß der Bauch vorgeschoben wird. Der Nabel muß unbedingt frei bleiben, selbst wenn die Brust, in der Kirche zum Beispiel, durch ein ganz kurzes Jäckchen verdeckt wird. Je mehr das Jäckchen vorspringt, desto größer der Zauber. Die Brüste sind indessen sonderbar gebaut; wie zusammengekniffen dicht an den Rippen, dann sich weitend und endlich zum Abschluß eine steife, längliche Brustwarze. Auch sind die Leute von Bougainville nicht nur dunkelbraun wie die Salomoner, sondern wirklich schwarz und oft gedrungener im Bau.

Damals waren bei der Mission nur sechs Mädchen; einst waren es mehr als vierzig gewesen, doch die heutige Regierung ermutigt keinen Schul- oder Missionsbesuch. Die

Leute sollten machen, was sie wollten. Das schönste Mädchen weit und breit – jedenfalls in den Augen der Inselbewohner – war Nani. Sie wurde als vierjähriges Kind bei einem Menschenfresserüberfall weit drinnen im Busch geraubt und von der dritten Gattin eines Seedorfhäuptlings groß gezogen, wurde aber von dem Weibe oft geschlagen und entlief zur Mission. Unterdessen verkaufte der Häuptling sie einem Manne aus Koromila für eine Kiste voll Lawalawas (Lendentücher), fünf Ellen Muschelgeld, ein Schweinchen, eine Axt, etwas Tabak, und bald kamen der Junge und der Häuptling, um Nani zur Hochzeitsfeier zu holen. Sie aber weigerte sich. Da trat der junge Mann in den Dienst der Patres, brachte ihr einen Spiegel, Lendentücher, Brustjäckchen und Tabak, doch sie legte alles unbenutzt in eine Kiste. Eines Tages traf er wütend mit einer Keule ein und wollte sie tüchtig verprügeln und zur Ehe zwingen. Die Schwestern sperrten Nani in den Hühnerstall und vermittelten. Er wollte alles, alles zurückhaben. Nani warf ihm die volle Kiste hin. Nun eilte er zum Häuptling. Dieser ging zu Gericht. Nani weigerte sich wieder, und der Kreisrichter verurteilte den Häuptling, dem jungen Bewerber alles zurückzugeben. Alles wurde zurückerstattet, nur das Schwein, das unterdessen groß und fett geworden, wollte der Häuptling behalten.

»Richter, ich habe es gefüttert, und es ist unter meinen Händen gewachsen wie die Banane unter dem Anprall des Regens.«

»Dein Schwein ist fett, Mann, aber warum hast du ein Mädchen verhandelt, das nicht mehr in deinem Besitz war? Und dann – der junge Mann hat sich vergeblich auf das Mädchen gefreut. Gib' ihm das Schwein, damit er den Kummer im Fett verwinde!«

Der Häuptling heulte, er wollte wenigstens mitessen. Es wurde ihm erlaubt, und er fraß sich fast tot. Der enttäuschte Freier ebenfalls. Nani versprach sich Dobi, einem anderen Insulaner, der ihr jede Woche etwas schenkt. Er borgte ihr auch sein schon lange getragenes Lendentuch, das seinen »Geist« und viel von ihm enthielt. Sie trägt es, ohne es je zu waschen, denn es roch nach »ihm«. Einmal warf Schwester Marie Claver es in die Lauge. Großer Kummer...

Vergiftungskünste.

Bougainville hatte einen eigentümlichen Zauber, den höchstens Malaita erreichte. Hinter der vierten Bergkette gab es Menschen, die noch kein Weißer besucht hatte, lagen völlig unbekannte Gebiete. Auf und hinter jenen Höhen hausten die Menschenfresser, doch kamen sie oft viel näher. Hinter Numa-Numa waren sie kaum drei Meilen buscheinwärts, und auch um Kieta hatte man das ruhelose Leben ewiger Gefahr. In der Nacht kläfften sich die Köter nicht selten um alle Stimme, und Schwester Marie Claver und ich, wir gingen häufig mit der Lampe in der einen und einer Waffe (ich mit einem dornbesetzten Bougainvillespeer) in der anderen Hand auf die Veranda und spähten in das dichte Mangodunkel. Es war besser, als Wächter zu erscheinen, wenn Gefahr im Anzug war, als einige Fresser zum Fenster hineinspringen zu sehen. Manchmal kamen sogenannte harmlose Dörfler und besangen jeden Holzpfeiler der Veranda, rieben ihn mit Schweinebraten und entfernten auf diese Weise den bösen Geist, der da herumlief und auch dem Dorfe gefährlich werden konnte.

Doch Meister waren sie in Vergiftungskünsten. Sie erklärten offenherzig, daß man die Europäer schwer vergiften könne – der beste Beweis dafür, wie oft sie es liebend versucht, und ihre Gifte sind der Wissenschaft noch unbekannt. Wenn sie jemanden ganz vernichten wollen, so verwenden sie etwas, das sie auf den Bootssitz schmieren oder den Schwestern auf die Kniebank. Bemerkt man es nicht, so dringt das Gift in den Körper ein, läßt ihn mehr und mehr aufschwellen und führt nach wenigen Stunden den Tod herbei. Die Schwestern wurden oft rechtzeitig gewarnt, gossen siedendes Wasser auf die Betbank und hatten sofort einen spannhohen roten Schaum, der seifig schien und schwer abzuwaschen war.

Eine Frau aus dem Innern, die nach Popoko ging, wurde so vergiftet. Am Abend um sieben fuhr sie froh und gesund von uns ab, um vier Uhr morgens, als die Schwester die Insel erreichte, war sie schon im Sterben und eine wahre Kugel. Die Eingeborenen nennen das Gift unheilbar. Die Pflanze verraten sie nicht.

Die Missionare hatten einen Dieb angezeigt und einen Koprawächter aufgestellt, denn die Mission lebt nur von den Palmen, seit aus der deutschen Heimat keine Unterstützung mehr erfolgt und die fremde Regierung sie nur duldet. Der Diener wurde in der folgenden Nacht vergiftet und am Morgen sterbend aufgefunden.

Er murmelte nur etwas von »einer Hand auf dem Gesicht«. Einige Nächte später erwachte der Pater vom leichten Druck einer feuchten Hand auf dem Gesicht, doch besonnener sprang er augenblicklich auf, allerdings zu spät, um mehr als einen entweichenden Schwarzen zu sehen, doch früh genug, um sich das Gesicht sorgfältig abzureiben und hierauf ins Schwesternhaus um heißen Kaffee zu schicken, von dem er viele Tassen leerte und so das Schwindel- und Ekelgefühl überwand.

Manchmal wird das Gift in Tabak gerollt. Ein Missionsmädchen erhielt ein Röllchen Tabak unterwegs von einem Jungen und wollte dies nicht eingestehen, weil an dem Tage infolge eines Namenstages ohnehin Tabak verteilt werden sollte und Pauline fürchtete, zu wenig zu erhalten. Um fünf Uhr rauchte sie von dem geschenkten Tabak, um Mitternacht klagte sie über große Schmerzen, wurde einfach mit Rizinus behandelt (weil die Ursache unbekannt war), begann grün zu erbrechen und gestand zu spät die Gabe ein; um fünf Uhr früh war sie tot. Alles, was von der Leiche kam, auch der Saft, war grün.

Fast so unheimlich wie einen Vergifteten war es zu beobachten, wie ein Malariakranker starb. Die Fieberhitze erreichte über 42 Grad, und der Körper bedurfte vieler

Stunden, ehe er auskühlte. Da auf den Inseln schnell begraben wird, hat man ein entsetzliches Gefühl der Übereilung, wenn die warme Leiche schon in Matten gerollt wird ...

Auf dem Wege nach Bawa.

Es gehört zu den Pflichten der Schwestern, die einzelnen Dörfer zu besuchen, sich nach dem Befinden der Leute zu erkundigen, die Kinder zum Schulbesuch zu ermahnen und den etwaigen Kranken seelischen und körperlichen Beistand zu leisten. Da fragte mich Schwester M. C., ob ich sie begleiten wollte. Natürlich sagte ich ja.

Wir nahmen drei oder vier der stärkeren Mädchen mit und verschwanden bald im Hügelland vor Kieta. Dicht unten am Flußrand, wo sich zuzeiten ein Krokodil sonnte, standen einige Buschmänner (Leute aus dem Busch, die etwas wasserscheu und immer wilder als die Seekanaken sind), und ich wunderte mich über die hohen, innen hohlen Bambusrohre, die sie trugen. Darin holen sie nämlich das Meerwasser vom Strand und tragen es zwei oder drei Stunden weit hinauf in die Berge, um ihre Speisen darin zu kochen, da sie kein Salz haben. Alle Kinder bei der Mission stehlen Salz in der Küche, wie oft es auch verboten werden mag, und das liebste Geschenk für eine zur Kirche pilgernde Inseldame ist ein Fäustchen voll dieser Herrlichkeit. Selbst auf Zucker fliegen sie lange nicht so.

Der Weg war wie der Weg zum Ruhm, steinig, abschüssig und ungewiß. Dichte Farne, Baumkronen, die sich ineinanderschlossen, Lianen, die zu Ketten und Schnüren wurden und den Pfad unterbrachen, seltsame Kräuter und Pflanzen und stets das gleiche, dennoch schwermutvolle Bild ewigen Wechsels bei stumpfem Einerlei. Nicht zwei Formen sind ganz gleich, aber all das hat man irgendwie in seinem Sommergrün schon einmal geschaut und ist müde davon geworden ...

Der zähe Lehmboden zog unsere Füße an und wollte sie nicht freigeben. Oft mußten mir zwei Mädchen einen Ruck geben, um mich loszukoppeln, und dabei herrschte ringsumher eine Hitze, die uns das Wasser stromweise aus den Poren trieb. Nach zwei Stunden erreichten wir die erste Höhe und Schwester M. C. sagte lächelnd: »Viele wollten mich schon nach Bawa begleiten, doch Sie sind die Erste, die nicht umgekehrt ist.«

Das freute mich. Es war mir auch nie der Gedanke gekommen, umzukehren. Wohl mir, wenn ich mehr von der umkehrigen Art gewesen wäre, aber ich war wie der Bulldogg, der hängt, wenn er einmal gefaßt hat und wenn man ihn darüber in Stücke reißt.

Es bleibt meine Überzeugung, daß es zum Erreichen eines Ziels nicht so sehr des Mutes als der Beharrlichkeit bedarf.

Lange gingen wir am Kamm des Berges dahin, und ich spähte in jene engen Täler, die zwischen den unbekannten Bergen wie verschlossene Bücher lagen, dann waren wir in Bawa selbst und umringt von nackten Kindern. Auf den Veranden saßen einige Leute (»Veranda« nenne ich hier hochtrabend den kleinen Vorsprung vor dem Eingang in die Hütte, denn jedes Häuschen war ein Pfahlbau, zu dem eine Leiter führte), und aus irgend einem Loch spähten verwunderte schwarze Augen. Mitten auf dem Dorfplatz war ein enger, viereckiger Bambuszaun um ein Grab angelegt und drinnen wuchs eine Yampflanze, die ganz dem Toten gehörte und nicht berührt werden sollte. Eine Frau war zum Zeichen der Trauer mit Kalk bemalt und wirkte mit dem weißen Gesicht, den toten Lippen, aus denen der Betelsaft floß, und den schwarzen Zähnen fratzenhaft häßlich. Junge Mädchen hatten das Haar mit dem Saft des Penotta rot gefärbt und schminkten auch das Gesicht, indem sie den kleinen Samen zerdrückten und mit Kokosöl mischten; bemalten sie jedoch Matten, so vermischten sie den Saft mit Wasser.

Auf einer Veranda saß eine junge Frau und hielt das Biroko vorsichtig vor Brust und Bauch. Das Biroko ist nämlich ein aus einer Fächerpalme zusammengestellter, sehr großer und oft hübsch bemalter Fächer und das kostbarste Ding einer Insulanerin. Man kann sie schlagen, ihr alles nehmen und sie läßt sich begütigen, aber nimm ihr das Biroko und verbrenn' es, und sie läuft auf immer davon. Tut es ein Mann, so verläßt sie ihn und kehrt erst zurück, nachdem er sie gesucht, beschenkt, gebeten und endlich mit scheinbarer Gewalt gezogen hat. Die Feuerstäbchen, eine halbe Kokosschale als Trinkbecher, der Nasenstab aus weißer Muschel, ein geflochtenes Armband und das Biroko ist meist das Um und Auf einer Kietarin.

»Sie trägt keinen Schmuck«, erklärte die Schwester, vor dem jungen Weibe stehen bleibend, »denn sie erwartet zum erstenmal ein Kind, und da darf sie erst wieder Schmuck tragen, wenn der Bauch aufgeschnitten wurde.«

»Der Bauch aufgeschnitten?«

»Nicht in dem Sinne. Nach den ersten drei Monaten werden rund um den Nabel Einschnitte gemacht und die zu Wunden derart vergrößert, indem man sie lange eitern läßt, daß breite Narben bleiben. Das ist das Ehrenzeichen ihrer ersten Mutterschaft. Vor den wachsenden Bauch muß sie indessen beim Nahen eines Fremden stets das Biroko halten. Kinder sollen schnell kommen, und ich muß immer wieder zu Geduld warnen, denn nach sieben Monaten behaupten die Väter schon, daß aus einem Kinde, das so lange braucht, nichts Gescheites werden wird, und zwingen die Frauen, sich von einer anderen Frau unweit eines Flusses und auf einem glatten Stein liegend auf dem Bauch herumspringen zu lassen. Da kommt das Kind, aber oft stirbt es.«

»Geschieht alles am Fluß?«

»Häufig, aber die Frauen kommen auch schon zur Mission«, und dann sehe ich darauf, daß die Kinderaugen schnell ausgewaschen werden, denn daran denkt niemand. Kind und Nabelschnur werden noch ungewaschen in starken Rauch gehalten, damit das Kind bestimmt nachdunkelt, da es ja licht zur Welt kommt. Die Nachgeburt soll schnell kommen; die Frauen wickeln die Schnur um die große Zehe und lassen sie sofort dem Kinde folgen, denn erst da wird die Schnur abgebunden und dem Kinde der Mund mit Kokosmilch ausgeschwemmt. Auch die ersten Ausscheidungen werden in Laub gehüllt und müssen in der Hütte selbst allmählich verwesen, sonst erkrankt das Kind. Ein Jahr lang dürfen Mutter und Kindchen nicht das Dorf verlassen, daher kommen sie auch nicht zur Kirche. Dann wird ein feierlicher Spaziergang unternommen, alle Frauen schwingen das Biroko, Taro werden dem Kinde zugeworfen, und damit ist das Kleine als Mitglied des Stammes anerkannt.«

Es würde über den Rahmen des Reisewerkes hinausführen, wollte ich hier mehr darüber schreiben.

Eben als wir das Dorf verlassen wollten, kamen die armen Frauen nach Hause. Sie waren teils mit Tarobündeln, teils mit Reisig wie Lastesel beladen, und dem Zuge folgten zwei Männer. Sie behielten nämlich die arbeitenden Frauen immer im Auge, während sie selbst im Schatten rauchten. Auch müssen Frauen auf anderen Pfaden wie die Männer gehen und auf gemeinsamen Wegen den Männern demütig ausweichen. Man kann sich denken, wie breitfüßig ich an den Männern vorbeiging, aber ich war eine weiße Missisi, und das ist weder Fisch noch Frosch, ebenso wenig wie eine Sisita ein voller Mensch ist.

Stunden in Kieta.

Der Zollbeamte hatte mich gebeten, ihm französische Stunden zu geben, und da alle Junggesellen so reizend gegen mich gewesen waren, vermochte ich nun nicht unfreundlich »Nein« zu sagen. Man mußte aber sechs Kilometer laufen. Das hätte mir nichts gemacht, wenn man nicht zwei Kilometer einsam hätte laufen müssen. Wohl waren die Schwarzen angeblich ganz zuverlässig, aber das hatte man von den Fidjiern auch behauptet, bis mich der Mann in den Busch geschleppt und als Ball behandelt hatte. Nun ziehe ich feste Erde und gerade Haltung der lustigen Kugelform vor, und daher bat ich, einen der Missionshunde mitnehmen zu dürfen. Zwei gottesjämmerlichere Köter habe ich nie gesehen. Dem älteren und beliebteren fehlten fast alle Haare und sonst alles, was zur Schönheit gehörte, doch sollte er treu sein, und das wollte ich bedingt gelten lassen. Die schwarze Kröte war nicht einmal das. Ich führte sie an einer langen Leine, und so oft sich in der Ferne ein Schwarzer zeigte, wich das feige Biest hinter mich zurück. Ich aber rollte die Schnur ein und tat, als hätte ich den Hund hinter mich gedrängt, weil er so furchtbar gefährlich war. Ob jemand von den Eingeborenen das dachte, weiß ich nicht. Die acht Junggesellen lachten sich krumm, als ich mit diesem Erzmordsköter auftauchte, und machten allerlei verletzende Anspielungen auf den Ursprung des Viehs, aber ein Hund war's und als solchen nahm ich ihn mit und band ihn an den Pfosten des Amtsgebäudes, damit der Abglanz irdischer Gerechtigkeit ihn verkläre ...

Am Krokodil neben der Brücke kam ich ganz gut vorüber, denn am Tag ist das Tierchen faul, aber ungern näherte ich mich dem letzten Kautschukbaum der Reihe, denn darin hauste eine zwei Meter lange, dünne, hellgrüne Schlange, die meist quer über den Weg lag und der ich samt Hund über den Schwanz klettern mußte.

Sie entfernte sich in der Regel entgegenkommend schnell, aber ich war nie sicher, ob ich nicht zufällig bei all dem modrigen Laub auf sie treten könnte. Da wäre sie mir wohl gegen den Leib geschnellt.

An den Eingeborenen ging ich hocherhobenen Hauptes vorüber, bis mir die Schwester sagte, daß es weiser wäre, einige Worte hinzuwerfen, was ich dann tat.

In Komuntoro.

Nicht immer begleitete ich Schwester Marie Claver, die auch die ganze Pater- und Kirchenwäsche über hatte und fleißig nähte; häufig ging ich mit Schwester Marie Dolores zu den Pflanzungen der Mission hinab und lernte, wie Yam, Taro und so weiter angebaut wurde, wie man ein eßbares Gras suchen mußte, wo man Zwergpassionsfrüchte fand und was die Jungen, die Holz für die Mission sammelten, alles taten, um mit den Mädchen einige Blicke oder Worte zu wechseln.

Einmal gingen wir nach Komuntoro, einem in ganz anderer Richtung gelegenen Bergdorf, und so herzlich habe ich selten gelacht, denn vier Mädchen packten die Schwester bei Beinen und Armen und trugen sie über den Fluß. Sie hielten aber nicht Takt und waren bald näher, bald weiter voneinander, so daß Beine und Kopf nicht zusammenblieben und die Schwester einmal flach in der Luft, einmal zusammengelegt schien. Mich nahm ein Mädchen, das aus einer Wunde unter dem Arm wie eine Pestkranke stank, auf die Schulter und trug mich wie St. Christoph das Jesuskindlein.

Das war der Anfang vom Ausflug. Höher oben hatten wir andere Hindernisse zu überwinden. Die Gärten waren so angelegt, daß die Schweine nicht hinein konnten, das heißt, alle hatten hohe Zäune, die an einer Stelle mit Vorpfosten versehen und so zum Überklettern waren. Man denke sich vierzig solche Zähne. Ich glaubte, an Knieweiche sterben zu müssen, und der Schwester in der langen Klostertracht ging es noch schlechter. Zum Schluß lag uns ein gestürzter Baum im Weg, und wir begannen, auch ihn zu überklettern. Da erwischten uns die roten Ameisen. Wie sie unsere innersten Heimlichkeiten untersuchten, wie ich schrie und tanzte und mich schüttelte und zornfauchte! Es dauerte lange, ehe ich sie totgeschlagen hatte.

Die Hütten waren auch hier Pfahlbauten und beinahe leer, die Eingeborenen kalkbestrichen, weil viele gerade trauerten, eine Schnur zum Zeichen um den Oberarm trugen und sich auf das Leichenschwein freuten. Unter den Häusern waren die Hunde und Schweine und fraßen alles auf, was durch den Boden fiel, und es fiel allerlei.

Ein furchtbarer Guß brach los und hielt uns eine Stunde lang gefangen. Auf dem Rückweg fanden wir gestürzte Bäume und zwei Flüsse, durch die wir mußten. Wir sputeten uns, denn es war spät, und gegen Sonnenuntergang fangen die Krokodile an hungrig zu werden ...

Tropenkoller.

Ich lernte fieberhaft, ich schrieb, dichtete, malte; ich beteiligte mich zuzeiten an dem Treiben der Mission, saß Sonntags früh auf der Veranda und sah die Dörfler in all ihrem Schmuck heranwatscheln. Dickbäuchige Schönheiten in strahlenden Lendentüchern, die aber in einer Kiste bei der Sisita verwahrt blieben, denn sie waren nur für die Kirche. Oben im Busch rieben sie sich lieber mit Kokosöl, getränkt mit Ganguasuablüten ein, was Liebesnot im Riechenden erweckte, oder enthüllten ihre Reize dem Begehrten im Schatten des breiten Birokos. Zuerst setzten sie ihre Gedenkpyramiden überall auf den Missionsplatz, doch als Schwester M. C. mit einer Schaufel voll Feuer umging und alle solchen Reste verbrannte, heulten die Weiber, denn sie glaubten, nun sterben oder doch mager werden zu müssen, und in Zukunft besorgten sie, was zu besorgen war, fern von unseren Augen und Nasen.

Ich ließ mir die Märchen der Kinder erzählen – sofern es solche gab, ich fragte nach jedem Aberglauben, wozu sich stündlich die Gelegenheit ergab, ich blieb scheinbar im alten Geleise, indessen merkte ich, daß ein Kampfeswiderwille in mir durchzubrechen drohte. Manchmal saß ich traumlange Minuten, den Bleistift müßig in der Hand und starrte auf die fernsten Bergkämme. War das Höchste wirklich gleich dem Niedrigsten, und war es alles eins, was man begann? Waren wir nur das Spielzeug einer Macht, die uns unbarmherzig schob, beengte, unser bestes Tun an unsichtbarer Schranke zerschmetterte? Oder kam es nur auf das unbedingte Fest- und Durchhalten an? An diesem zynischen »es verlohnt sich nicht!« lief ich mehr Gefahr zu Grunde zu gehen, als an all meinen vorigen Gefahren und Hemmnissen. Da sagte ich mir, daß ich durchhalten wollte – und wäre es den Göttern selbst zum Trotz. Wenn ich das Leben abstreifen würde, so sollte es mit dem Bewußtsein geschehen, nichts versäumt zu haben und einer höheren Macht heimtückisch unterlegen zu sein. Das rettete mich, sonst wäre ich auf Bougainville, wie man landläufig sagt, zum Teufel gegangen ...

Das vernichtete Tambu.

Der Himmel drohte. Hinter den Bergketten türmten sich die Wolken. Schwester Marie Claver war nicht geneigt, sie zu sehen; ich auch nicht. Sie verließ sich auf eine französische Heilige, die eine wahre Schönwetterpatronin, ich mich auf den Umstand, daß die menschliche Haut wasserdicht war. So zogen wir los.

Im Anfang sah es wirklich aus, als ob die Heilige uns beistehen wollte; es hellte sich mehr und mehr auf, und Toponai leuchtete in der Küstenferne. Sechs schwarze Mädchen, darunter zwei frisch dazugekommene, folgten uns, und der unbeschreibliche Mordsköter lief uns voran.

Nirgends erkauft man einen Spaziergang teurer als auf Bougainville. Es gibt da ein Gras, das der liebe Herrgott in einer Anwandlung von Tropenkoller erschaffen hat und das Samen erzeugt, die scharfspitzig sind und eine Vorliebe haben, sich in Kleider und Strümpfe einzubohren. Am Abend sitzt man dann stundenlang mit einem Messer in der Hand und schabt an sich herum. Kaum waren wir eine halbe Stunde gegangen, so waren wir die reinsten Bidibidi-Igel.

Der Weg führte durch den Urwald, nicht zu fern vom Strand, und die Erdschlingpflanzen wickelten sich um unsere Füße und erschwerten das Gehen. Nach und nach gelangten wir auf freieren Boden, und die Schwester erblickte zwischen zwei Palmen ein Tambuzeichen. Das wird immer gemacht, wenn man jemand verhindern will, von diesen Früchten zu stehlen. Schwester M. C. hielt das Tambu indessen zuerst für ein Liebeszauberding und riß es ruhig von der Palme herunter. Die Mädchen schrieen warnend auf.

Wir untersuchten es – nachdem sie es nun einmal entfernt hatte, war ich sehr froh, es näher besehen zu können, denn an vielen Orten bestrafen die Wilden das Abnehmen eines Tambuzeichens mit dem Tod – und fanden, daß es aus dreierlei Blättern, das eine davon rot, aus einer Nuß, die leer, aber in Dreiecksform ausgehöhlt war und aus einem blutroten Samen zusammengesetzt war, und keins der Mädchen wollte sich uns auch nur nähern. Sie rieten uns, das Ding wegzuwerfen, weil uns sonst gewiß der Bauch springen würde. Ich hatte keinen Sack, bat daher die Schwester, das Tambu einzustecken, und bis auf den Umstand, daß sie es mir abends überreichte und ich es meiner Sammlung beischloß, dachten wir nicht mehr daran.

Ob wir nun mit unserer Tat die Inselgötter beleidigt hatten oder ob die französische Heilige uns beiden Deutschen den Regen nicht verschenken wollte, kurz, kaum waren wir eine weitere Meile oder zwei gegangen, so verdunkelte sich der Himmel, die Wolken zogen bis nach Popoko und wälzten sich schwer über das Meer hinter Toponai. Wir beschleunigten unsere Gangart und fühlten schon die ersten schweren Tropfen, als wir auf das Pflanzerhäuschen zustürzten, dessen Herrin allerdings verreist war, von dessen Veranda wir aber mit Inselfreiheit Besitz ergriffen.

Selten habe ich – selbst in den Tropen – ein derartiges Unwetter mitgemacht. Es goß wie aus Schleusen, Blitze zuckten, der Donner fuhr mit Erdbebengepolter über uns hin, und der Ylangylang duftete betäubend.

»Sollten wir nicht lieber heimkehren?« fragte ich.

»Nein, nein – der Mond wird aufgehen, und mit dem Monde wird es klar werden!«

Wir warteten noch eine Stunde. Die Abendstunden nahten. Der Mond als matte Scheibe mußte schon irgendwo hinter dem Wolkengeschiebe stehen, aber nichts verriet seine Anwesenheit Es schüttete weiter. Schwester Marie Claver gab die Hoffnung auf Mond und Heilige auf, aber auch die, eine Fackel für den Heimweg zu erlangen, und endlich zogen die Mädchen ihr Lendentuch fester um die Lenden, legten ihr Biroko zum Schutz über den nackten Rücken, die Schwester mit den langen, weiten Röcken und der krausgestärkten Haube folgte, und ich bildete mit meinem orangefarbigen Federhut und dem japanischen Stoffkleidchen den Schluß.

Vor drei Stunden war hier ein pulvertrockener Weg gelaufen, nun versanken wir bis über den Knöchel im Wasser, das für die Tropen kalt war. Erst wollten wir einen kürzeren Weg einschlagen, dann ertappte uns die Dunkelheit, und wir eilten zum sicheren Weg zurück. Die Schlinggewächse vor mir erinnerten an nasse Schlangen, und manchmal wartete ich, bis jemand darüber stieg, um mich zu überzeugen, daß es nicht der Fall war.

Nie werde ich diese Nacht vergessen! Wir blieben nur auf dem Weg, weil da das Wasser am tiefsten war und wir gegen die Knöchel beim Abweichen das spröde Gras fühlten, denn Licht gab es keines. Einmal sah ich den schwarzen Schatten der Schwester ganz vor mir verschwinden, und im nächsten Augenblick merkte ich, daß sie mitten auf dem Wege im Wasser lag. Die Kinder fürchteten sich vor den Geistern, und mir war der Gedanke an die vielen Flüsse, an deren Ufern nun erwachte Krokodile warteten, recht nervenkitzelnd. Licht zum Verscheuchen hatten wir keins, und ich war die vorletzte des Zuges. Der Teufel aber holte, das wußte ich, immer den Nachzügler.

Der Urwald zu beiden Seiten, in dem ein verirrter Menschenfresser aus den Bergen sein mochte, war auch nicht zu behaglich. Große, wilde Tiere, wie Löwen oder Tiger, gab es ja nicht, aber Giftschlangen waren reichlich zu finden, große Frösche quakten hohl, und das Beunruhigendste, wenn auch Ungefährlichste im Grunde, waren die zehntausend Käfer, die nun surrten, zirpten, raschelten, rannten, knisterten, knatterten und die da wie feurige Augen unweit der Buschgrenze kreisten, dort den Klang winziger Glöcklein nachahmten. Es funkelte, blitzte, glitzerte im dichten Gestrüpp in einer Weise, wie es bei uns gar nie glitzern kann. Das ließ mich verstehen, warum die Eingeborenen so hartnäckig an Geister glaubten. Es wirkte geisterhaft und unheimlich über alle Beschreibung hinaus.

Es strömte wie aus Kesseln. Wir näherten uns einer Brücke und brüllten wie die Wilden, um die Krokodile zu verscheuchen. Ich erwartete jede Sekunde den bewußten Schlag gegen das Bein. Die gleichen Laute und Gefühle wiederholten sich bei jeder Brücke. Immer schüttete es weiter.

Nach zweistündigem Marsch waren wir vor dem Missionshügel, und die Mädchen, deren nackte Zehen sich einzubohren vermochten, zogen uns buchstäblich den Berg hinan, denn der lehmige Boden, das spröde, nasse Gras machten uns stets von neuem zurückfahren. Da oder tiefer im Wald verlor ich den Absatz meines Schuhes. Später erhielt ich einen Ersatz der Hacken von einem Paterschuh angenagelt.

Schwester Marie Dolores hatte sich mit den zwei restlichen Mädchen und dem schäbigeren der zwei Hunde in die Zelle gesperrt und war so entzückt über unser Eintreffen, daß sie uns in die Arme schloß und küßte, woraufhin ihre Haube so zusammenfiel, wie die der Schwester Oberin, die nur noch als Nasenschleier diente.

Mein Kleid war vom Knie bis zum Knöchel an Länge gewachsen, und aus dem Hut floß eine orangefarbige Tunke, die wie der Nil in vielen trüben Deltas den Rücken hinabfloß und alles, sogar Unterwäsche und Rücken färbte. Das Haar war eine Masse von nassen Strähnen, und wo wir standen, verblieb ein sandiger Deich. Die Grassamen saßen alle fest. Pater B. kam auf all das Freudengeschrei hin angelaufen, besah uns schweigend, schüttelte das Haupt, murmelte endlich »so zwei Narren!« und entfernte sich. Wir wuschen uns eiligst vom Kopf bis zu den Füßen und aßen Eier, denn Schwester Marie Dolores hatte in der Verzweiflung ihres Herzens unser Abendbrot aufgegessen.

Es strafen die Götter ...

Nach diesem Regenausflug waren wir beide nicht ganz wohl, die Oberin und ich, obschon wir uns nichts anmerken ließen. Ein wenig Malaria, ein wenig Gliederreißen, aber immer klaglos ertragen.

Eines Abends, nach dem üblichen Geplauder auf der Veranda, wobei man sich indessen unaufhörlich kratzen mußte, weil die Moskitos da am schlimmsten waren, entkleidete ich mich in meiner Zelle, die oben nicht völlig die Decke erreichte, so daß wir manchmal noch Scherzworte einander zuriefen. An jenem Abend hatten die Schwestern schon die sogenannte Stille begonnen, nach der nicht mehr gesprochen werden durfte, und ich löschte die Lampe aus, gerade als ich um den Nabel einen Schmerz verspürte. Ich fuhr im Finstern an die Stelle und zog etwas (wie ich später wußte, getrockneten Eiter) heraus. Im Augenblick aber fühlte ich mich wie der Wolf, der an Stelle der sieben Geißlein sieben Steine aus dem Bauch zieht. Ich verharrte starr vor Schrecken, dann fühlte ich wieder vorsichtig dahin. Es war naß ... und ... und ...

Mir stiegen die Haare zu Berge, denn ich glaubte nicht anders, als daß nun eine Sache wie nach Harakiri eintreten müßte. Ich wollte die Schwestern rufen und begann die Worte zu suchen. Sollte ich »Schwester, mir ist der Bauch gesprungen!« rufen, oder »ich habe ein Loch im Bauch!«, oder »etwas kommt aus dem Bauch heraus!«? Nein, es ging nicht. Ich mußte schon bei dem Gedanken lachen, allerdings still und mit der Hand auf dem verletzten Teil. Zum Schluß kroch ich ins Bett, blieb regungslos auf dem Rücken liegen und legte das Kissen quer über den Nabel in der Erwartung, daß es als eine Art Briefbeschwerer dienen möge. Am Morgen merkte ich, daß die Sache nicht so gefährlich war, und erhielt von der Oberin eine Bandage. Wir schwiegen des Tambus wegen über den Vorfall selbst zu Schwester Marie Dolores, und zwei Tage später ging ich wie immer nach Kieta zur Stunde.

Sie strafen flott weiter.

Es folgte eine für mich sehr ereignisvolle Woche. Am zweiten Februar hatten die Schwestern mit Kuchen und rosa Tropenkrokus meinen Namenstag gefeiert, der auf Maria Lichtmeß fiel (weil es noch keine heilige Alma gibt und ich wenig Aussichten verriet, eine zu werden), und am Donnerstag, zwei Tage später, begab ich mich auf das Ersuchen der Schwester nach der Pflanzung hinunter. In der Regel arbeitete ich nun an meinem längst in mir ausreifenden Roman »Der Götze«, und ging darin so auf, daß ich mich über das endlose Warten auf eine Fahrgelegenheit teilweise hinwegtröstete. Kaum war ich indessen beim Yamfeld, so kam ein Bote, der meldete, es sei ein Kutter eingelaufen, der nach dem einstigen Bismarck-Archipel weiterfahren wolle. Ich möge laufen.

Und ich lief! Zuerst den Hügel hinauf zur Mission, um meine Sachen in fieberhafter Hast zusammenzuwerfen, dann bis zum Bootshaus, von wo aus mich der Missionskahn nach Kieta brachte. Pater B. war schon unten, um den Kapitän in meinem Namen zu bitten, mich mitzunehmen. Er weigerte sich, denn er war gewöhnt, auf dem Kutter laut herumzufluchen, was nach englischer Sitte in Gegenwart von Frauen unzulässig ist, und überdies fürchtete er das Unglück, das einer Frau angeblich auf Deck folgt. Kaum sah er das Missionsschiff über die Bucht daherkleiten, so warf er sich in sein Kähnlein, fuhr überstürzt zum Kutter zurück, erließ den Befehl, den Anker zu lichten, und dampfte eine Stunde vor Abfahrtszeit davon. Ich sah nur noch den Rauch des Schlotes verschwinden ...

So komisch war seine Furcht und sein eiliges Abdampfen gewesen, daß ich nur lachende Gesichter am Strande fand, und man tröstete mich, es werde sich schon noch eine andere Gelegenheit zur Weiterreise ergeben.

Sie versuchen, mich zu brechen.

Das Leben bei der Mission, obschon es sehr still war, entbehrte nicht der Unterhaltung und war auf Bougainville viel angenehmer als irgendwo anders bei Missionen. Abends, wenn sich Schwester M. D. fürchtete, an dem dichten Buschwerk vorbei das Häuschen zu besuchen, warfen wir plötzlich einen Mango ins Gebüsch oder ein Steinchen aufs Dach, um sie kreischen zu hören, und öfters steckte mir die Oberin einen Besen oder sonst etwas ins Bett. Auch kam immer wieder jemand vom Busch herab, der etwas Neues (auf dem Gebiet des Aberglaubens) erzählte, aber dennoch konnte ich nicht heiter werden. Selbst mein Werk verschlang mich nicht in dem Grade, in dem mich schöpferisches Wirken sonst verschlang, und ein nie weichender Unmut verbitterte mir das Dasein. Ursache hatte ich, denn auf einer stillen Insel im Weltmeer die besten Jahre des Lebens verstreichen zu sehen, während zum Leben im besten Sinne nur Europa in Frage kam, war ärgerlich, doppelt bitter, wenn man zu begreifen begann, daß nur persönliches Einsetzen zu einem Ziele führen würde. Was nützten alle Arbeiten, wenn sie in einer Lade altgebacken wurden? Was alle Werke, wenn sie in einem Strohkörbchen verborgen blieben? Noch hatte ich den Glauben an mich und mein Schaffen.

Jede Post, einmal in sieben Wochen eintreffend, erwartete ich fieberhaft, und immer hieß es wieder, ich solle warten, die Zeiten wären schlecht, warten, warten, warten ... Das Wort zermürbte mich.

So brummig wurde ich nach der Abreise des bösen Kapitäns, daß ich mir selbst hätte in die Nase beißen mögen. Ich konnte nicht arbeiten, ich malte mit Unlust, ich zwang mich zu höflichem Sprechen, ich wanderte grollend auf der Veranda auf und ab, ich war froh, als die Stunden abgesagt wurden, weil der Zollbeamte dem Dampfer entgegenreisen mußte. Als ich aber immer brummiger wurde und immer weinte, weil ich kein Mann war – eine riesig bedauerliche, doch unabänderliche Tatsache – griff ich zum Schluß zu einem Gewaltmittel und trank ein Glas Rhabarber aus, weil ich nach Art des Paracelsus glaubte, daß die Hälfte des Zorns auf ungute Säfte zurückführbar sein könnte. Ich wusch meine Seele so gut wie sie sich waschen ließ, aber weder das eine, noch das andere Mittel verfing. Ich wurde so brummig, daß ich beim Aufstehen am Samstag die Zähne fletschte.

Es war gegen Ende der Messe, daß ich Schwester M. C. zuwinkte, ich müsse mich entfernen, und ich kehrte auch nicht zurück. Ich ließ das Frühstück unberührt und pilgerte immer vom Häuschen zum Bett und vom Bett zum Häuschen. Ich hatte keine Schmerzen, nur eine furchtbare Müdigkeit.

Gegen zehn Uhr kamen wahnsinnige Schmerzen zwischen den Schulterblättern hinzu, und ich erbrach ein grünliches Wasser durch Mund und Nase. Die Schwestern brachten mich zu Bett und befürchteten in erster Linie Schwarzwasserfieber, das so ähnlich beginnt, umso mehr, als bei mir bald Malaria hinzutrat. Später glaubten sie eher an einen Nervenzusammenbruch, was mir sehr erklärlich schien, mich aber doch nicht ganz das Richtige deuchte. Plötzlich fragten die Schwestern: »Was erbrechen Sie denn?«, als ob das mich interessiert hätte, wenn ich jedesmal Zehen- und Wadenkrämpfe dabei entwickelte und zwischen den Schulterblättern wie einen Dolch sitzen hatte! Es war gestocktes Blut, und als es acht Uhr abends geworden, holten sie den Pater, der mir Jod in Wasser verabreichte und versprach, einen Boy nach Kieta um den Arzt zu senden.

Er kam am folgenden Morgen sofort hinausgefahren und stellte Magengeschwüre fest. Wie ich mich ärgerte! Schwarzwasserfieber hätte die darin erfahrene Schwester allein geheilt, und nun entwickelte ich etwas, das Geld kostete! Umsonst tröstete mich der junge Arzt mit einem Zeitungsausschnitt, der mir bewies, wie selbst eine Prinzessin aus englischem Herrscherhause Magengeschwüre hatte. Die hatte das Geld und die Zeit dazu, aber ich ... ich ... !

Er gab mir Opium und verschrieb vollkommene Ruhe und unerhältliches Eiswasser. Nichts essen, möglichst wenig trinken, nicht rühren. Weg war er.

Am nächsten Morgen kam er wieder, und ich erklärte, ich fühle mich besser und wolle aufstehen. Er lachte nur und gab mir Opium, das mich weder einschläferte, noch mir Träume gab, mich indessen in einem Zustand von Gliederstille und geistigem Zufriedensein erhielt. Als er gehen wollte, sagte ich: »Journalisten sind arme Teufel. Bitte, sagen Sie nur, was ich tun muß, die guten Schwestern werden sich meiner dann schon annehmen!«

»Machen Sie sich keine Sorgen«, beruhigte er mich, »wenn einmal eine weiße Frau so weit herauskommt, dann tut jeder von uns gern das Beste für sie!«

So waren die beneideten Junggesellen von Kieta ...!

Die Eingeborenen aber umschlichen das Haus und flüsterten alle: »Der Mississi ist der Bauch aufgesprungen, weil sie ein Tambu gebrochen hat!«

Eine Woche später erkrankte Schwester Marie Claver an hartnäckigem Erbrechen. Wir machten nie wieder lange Ausflüge; wir saßen im Lehnstuhl und sahen beide wie aufgewärmtes Apfelkoch aus.

Uns hatte der Zauber erreicht.

Eine Leichenverbrennung.

Ich war nie wieder das, was ich gewesen. Nach einwöchentlichem Fasten und einer Arznei, die alles im Innern versandete, durfte ich wieder essen, doch nur lästigen Papp, begleitet von Wasser, anstatt von Tee oder Kaffee, und selbst das Sitzen strengte mich an. Wenn ich nun schrieb, beobachtete ich weit öfter als vorher die netten Ameisen, die zu mir auf den Tisch kamen. Wir waren Freunde. Ins Malwasser durften sie nicht, doch hatte ich eine seichte Trinkgelegenheit für sie angelegt. Sie kamen auf mein Zeichen hin. So oft ich einen Moskito erschlagen hatte – und es gab ihrer genug zu reichlicher Jagd –, legte ich ihn auf den Rand des Tischtuchs. Bald kam den Tischfuß heran die erste Ameise, suchte, lief zurück und gab der folgenden Nachricht, eilte weiter, um mehrere zu verständigen. Dann kehrten sechs oder acht zurück, ergriffen die Leiche bei Flügeln und Beinen und versuchten, sie davonzuschaffen. Oft lief jede mit einem Bein wie mit einem geschulterten Schinken davon und der Eifer, wenn sich die Mücke noch rührte! Wie sie in Massen angriffen, wie sie zogen und um Hilfe liefen, wie sie sie dem Tischrand zuschleppten und dann, ohne abzustürzen, das glatte Tischbein hinab!

Manchmal fing ich eine Fliege. Da war die Aufregung groß. Sie zerlegten das Tier ganz weidgerecht, ehe sie es in die Kammer zogen, und war ein Morgen sehr beutereich, so kam die Ameisenkönigin und lief den Platz ab. Sie war viel größer als alle Tierchen, tat nichts, sondern befahl nur. Es war wunderschön, all das Treiben zu sehen. Sie verstanden jedes meiner Klopfzeichen, wußten, daß ich den Rest des Tisches für mich haben wollte, und daß ich es übelnahm, wenn sie in die Tusche fielen. Ob sie etwa auch gelehrte Bücher führten, weiß ich nicht, aber meine Tusche (nicht dagegen Tinte) tranken sie wie Schnaps.

Die weißen Ameisen durchbohrten dagegen die Kirchenwände und mußten aus Altären, aus Kirchenwandungen und so weiter wöchentlich einmal mit Petroleum entfernt werden. Mein Körbchen wurde so durchfressen, daß man Gänge durch Bücher, Kleider und Schuhe fand. Es kann ein Haus plötzlich einstürzen, weil es innen schon ganz durchnagt ist. So hat man nicht eine Stunde Ruhe. Ich konnte nur mit den Füßen in einem Sack (was sehr heiß macht) arbeiten, und zu Schwester M. C. kroch – da sie das Mückennetz hängen ließ, anstatt es einzustopfen – nachts eine Schlange ins Bett und klopfte mit dem Kopf gegen das Häubchen. Die Schwester besaß die Geistesgegenwart, behutsam aus dem Bett zu steigen und die Boys zu holen, die das Tier erschlugen. Schuhe mußten vor dem Anziehen ausgeschüttelt werden.

Auf Popoko starb eine Heidin. Auch wenn sie eine Christin gewesen wäre, würden die Leute versucht haben, die Leiche zu verbrennen; so geschah es natürlicherweise.

Ein Freund der Mission holte mich in seinem Seelenverkäufer um sechs Uhr früh ab. Das ganze Boot war nicht halb so breit wie ein Tisch, hatte keinen Ausleger und ein Ruder wie einen abgenützten Kochlöffel. Wenn ich die Knie eng aneinander drückte, gingen sie gerade in den ausgehöhlten Spalt. Auf der nicht ausgehöhlten Stelle saß ich, und vorn steuerte und ruderte der Mann, ein Bein im Kanu und eins oben auf dem Rand. Ein vierjähriges Kind saß auf einem winzigen Brettchen zwischen uns. –

Wir glitten über das herrliche Korallenriff, aus dem es in allen Farben schimmerte, und erreichten den Strand, als das Wehklagen schon voll im Gange war. Man wehklagt nämlich zeitgemäß, einmal weinen die Frauen, einmal die Männer, und in den Zwischenräumen kann man sich unterhalten.

Das Dorf lag im rosigen Morgenlicht, auf allen Veranden kauerten Kinder und Erwachsene und auch ich wurde auf eine Veranda geführt. Die Trauernden waren alle mit Kalk ganz weiß gestrichen. Wo er nicht fest gegriffen, zeigten sich braunschwarze Sprünge und die Betellippen leuchteten feuerrot. Die Leiche selbst war mit Penotta ganz rot gestrichen, um den Geistern gebührende Furcht einzujagen, und der ganze reiche Schmuck war ihr umgegeben, denn wer armselig aus dem Leben ging, der vermochte nicht am Stein Kikio vorbei an den Lulorusee zu gelangen und plagte daher die geizigen Hinterbliebenen. Alle Pflanzungen wurden zerstört und die Taros auf die breite Straße geworfen. Oft suchte Schwester M. C. solche Taros, die niemand berührt oder gegessen hätte, zusammen und kochte sie. Niemand erkrankte.

Der Gatte mußte die Gattin auf den Holzstoß legen, der sodann in Brand gesteckt wurde. Einige eifrige Verwandte warfen sich darauf, sprangen indessen schnell wieder zurück auf die Veranda, und der Gatte, der vielleicht schon an den nächsten Fraueneinkauf dachte, umwanderte den Stoß aus scheinbarem Kummer auf ein Beil gestützt. Von Zeit zu Zeit wurden Nüsse aufgeschlagen und die Milch auf das Feuer geschüttet, manchmal flogen Brotfrüchte oder Taro gegen den Scheiterhaufen, und immer sangen die Eingeborenen ihre Trauerweisen. Gegen den Schluß hin tanzten die Frauen um den Scheiterhaufen, fast nackt, mit langen, ausgesogenen Hängebrüsten, die bei jeder Bewegung in die Luft flogen. Sie schwangen dazu ihre breiten Biroko und hielten wunderbaren Takt.

Der Kinnbackenknochen muß gerettet werden, denn er wird in dem vorläufigen Geisterhäuschen aufgehängt und muß umsungen werden. Die Leidtragenden sitzen unter ihm im Kreise und rufen den Toten bei dem Verhältnis, in dem sie zu ihm oder ihr gestanden, »oh, mein Vater, oh, mein Onkel, oh, meine Freundin!« und so weiter.

Ich beobachtete alles von der Veranda aus, und die Leute fanden mehr Interesse an mir als an dem Totenfeste. Ein Augenblick ist immer schaurig bei einer Verbrennung: Wenn die Hitze der schweren Hölzer die Leiche zum Krümmen bringt und die Tote, sich aufbäumend, die Lider aufschlägt und die Augen rollt. Da fühlt man Kälte am Rückenmark.

Der Geruch brennenden Menschenfleisches ist ebenfalls nicht erheiternd, und all die begleitenden Bräuche haben etwas Wildes, Niegeschautes, das das Herz sonderbar berührt und in Aufruhr bringt.

Viele Gräser und Kräuter sah ich auf Popoko (dem Krokodil), doch niemand wollte mir verraten, wie das Kraut beschaffen war, das man zu Liebeszauberzwecken in die Zigarette legt. Selbst Schwester M. C., die seit zwanzig Jahren die Schwarzen kennt, hat es nie in Erfahrung zu bringen vermocht. Andere Liebesmittel verrieten uns Männer und Mädchen in Menge.

Das Geheimnis der Mortlockinseln.

So reich ist der Stoff, daß ich mich nur mit Mühe von Bougainville losreiße.

Die Mischlingsfrau, zu der ich zuerst hätte fahren sollen, war von den Mortlockinseln, die ihr gehörten und etwa hundertfünfzig Meilen südöstlich von Bougainville lagen, zurückgekehrt, und man munkelte neuerdings vom alten Inselgeheimnis der Mortlocks. Die Gruppe hatte achtzig Eingeborene und eine Anzahl von Mischlingen. Einst waren ihr die Inseln durch die Heirat mit einem Deutschen zugefallen, später, unter der neuen Regierung und dank einem englischen Gatten (was kauft ein Mann nicht um zwanzig Inseln?) waren ihr die Mortlocks geblieben, doch hatte die Regierung, als sie Witwe geworden war, einen behördlichen Aufseher hinausgeschickt. Er lebte unter Farbigen ganz allein da draußen und sah niemand von Jahreswende zu Jahreswende. Manchmal brachte ein chinesischer Kutter Lebensmittel, und zuzeiten fuhr die gute Frau hinaus und versah ihr Königreich mit dem Nötigsten, brachte Kopra und Turmschneckenmuscheln mit und schöne Matten, die einzelne Eingeborene zu flechten verstanden.

Und jedesmal, wenn die Regierung die jährliche Abrechnung für die beschlagnahmte Hälfte der Inseln forderte, war der Aufseher gestorben und längst begraben. Die Regierung sammelte die unvollständigen Aufzeichnungen und schickte einen anderen Aufseher, der ebenfalls den Rasen düngte; dann einen dritten und vierten ...

Endlich fand sich kein Weißer mehr bereit, nach den Mortlocks zu fahren. Das Klima war weit gesunder als zum Beispiel auf Bougainville, da die Inseln Korallenbildungen und fast flach sind und an reiner Langeweile ist noch niemand gestorben. Man sandte einen Chinesen und machte häufigere Besuche auf den Inseln. Der Chinese hatte insofern Glück, als er einen Kutter fand, der ihn, sterbend, hinüber nach Rabaul mitnahm, doch war er schon zu krank, um irgendwie Aussagen machen zu wollen oder zu können. Da ging, so viel ich weiß, ein Weißer und nahm den eigenen verläßlichen Diener mit. Auch er starb, doch da murmelte man etwas wie von Bleivergiftung oder Blausäure. Vielleicht Frauen, das alte Übel des Tropengebiets.

Um diese Inselfrage zu erörtern, kam der Gouverneur auf dem Regierungskutter nach Kieta, fuhr nach den Mortlocks mit Richter und Paßbeamten, kehrte in Schweigen und Wichtigkeit gehüllt zurück und ließ sich von den Patres erweichen, mich um drei Pfund mitzunehmen – ein Pfund den Tag wie auf einem Burns-Philps-Dampfer. Kein Wunder, daß die Regierungsgebäude so schön sind!

Auf dem Regierungskutter.

Ich lag in einer Kabine, deren Luke man nicht öffnen konnte, weil bei leisestem Seegang das Wasser einlief. So mußte ich die ganze Nacht hindurch den elektrischen Fächer laufen lassen. In Stille dachte ich an die guten Schwestern, die mich so rührend gepflegt hatten wie kaum eine Mutter ihr Kind und die ich in dieser Wildnis zurücklassen mußte. In Krankheit und täglicher Plage verging diesen opferfreudigen Frauen das Leben, und dennoch waren sie immer heiter, gut und mild. Was für ein Brummbär war ich dagegen, die ich mit meinem kaum vernarbten Innern wieder dem Unbekannten entgegensegelte...

Wir fuhren an Numa-Numa vorbei und an der Küste von Bougainville bis zur Nordostspitze, doch blieben wir der gefährlichen Westküste fern, wo Menschenfresser noch ihr Unwesen treiben. Die Mission wußte von dreißig Gefressenen im Jahre meines Dortseins, der Gouverneur leugnete dies – als Regierungsbeamter – pflichtschuldigst ab.

Am dritten Tage waren wir in Rabaul.

Das soll das Säuferloch des Stillen Ozeans sein. Man spricht von den Trinkgelagen der Rabaul-Ansiedler schon auf Fidji und auf den Neu-Hebriden, und nur ein Trinkkünstler kann es heutzutage mit den Ansässigen aufnehmen. Die Frauen sollen – ich halte mich lediglich an Inselklatsch, dem indessen stets ein wenig Wahrheit unterliegt – ungewöhnlich verderbt und vertrunken sein, und unleugbar bleibt die Tatsache, daß der Hafen, seit man ihn den Deutschen weggenommen, ein toter Fleck ist. Für Australien ist das ganze Inselreich eine Last, für die Deutschen war es eine Notwendigkeit, denn es versah Deutschland mit Kopra, Färbehölzern, Bananen, Rotang, Muscheln und so weiter, sehr nützliche Dinge, die Australien dagegen im Überfluß besitzt. Zudem machte man den Fehler, ungeübte Kriegsinvaliden, die weder die Hitze gewöhnt waren, noch vom Tropenleben eine blasse Ahnung hatten, zu Aufsehern zu machen, damit man sie los wurde. Sie schreiben ganz verzweifelt nach Australien an die Behörden, man solle ihnen Leitern zum Abnehmen der Nüsse schicken; andere wieder berichteten von der Erkrankung der Nüsse, die plötzlich braun würden und abfielen, und alle fühlten sich unbehaglich in fremder Umgebung. Manche tranken sich zu Tode, andere nahmen schwarze Weiber (...), wodurch sie an die Inseln gefesselt waren, und viele erlagen den verschiedenen Tropenkrankheiten. Man muß nur hören, daß ein Abortputzer im Rang zum Gesundheitsinspektor aufstieg und von da Unterarzt im Hospital von Rabaul wurde, um zu verstehen, wie die ärztliche Behandlung war. Die Schule allein kostet den Staat 36 000 Pfund jährlich, und Burns Philps, die ein Auge fürs Praktische haben, nehmen alte Missionsschüler, weil die wenigstens richtig Säcke zählen und einfache Worte in Kreide darauf malen können. Auch die Engländer geben zu, daß die Inseln tot sind.

Ich wanderte hinaus zur Mission der Schwestern des göttlichen Herzens Jesu, die weiße Tracht haben und die mir riesig nett entgegenkamen. Ich verbrachte die Nacht bei ihnen und fuhr am nächsten Tage auf ihr Anraten hin nach Vuna Pope auf dem kleinen Missionsdampfer weiter. »Vuna« bedeutet Glauben und »Pope« Papst, daher »Glauben des Papstes«, weil es die erste katholische Niederlassung war und heute noch der Mittelpunkt der Missionen im Archipel ist.

In Vuna Pope war kein Platz; man hatte einige kranke Frauen aufnehmen müssen und empfahl mir das Hotel in Herbertshöhe, das ein Pfund täglich kostete. Mit einem Pfund mußte ich schon eine halbe Weltumseglung machen! In Rabaul hatte ich wieder nur fünf Dollar vorgefunden, das entsprach einem Pfunde und während ich geschlafen, – eine andere Möglichkeit kenne ich nicht, da die Tasche mich nie verließ – war mir dieses Geld im Hotel entwendet worden. Ich war bereit, zu Fuß nach Malaguna auf dem Landwege zurückzukehren, etwa zweiundzwanzig Meilen. Nur die langen einsamen Strecken jagten mir der Mannszweibeine wegen die Gänsehaut über den Rücken.

Als ich indessen nach durchweinter Nacht im Morgengrauen hinabstieg und meine Rechnung zahlte, hatte ich Glück, denn der Besitzer fuhr gerade mit dem Kraftwagen nach Rabaul und lud mich ein, bis Malaguna mitzufahren. Mein Gepäck, bis auf Schreibmaschine und Handtäschchen, hatte ich in Vuna Pope gelassen.

In Malaguna.

Die Schwestern waren reizend, als ich zurückkam, erklärten, mich gerne bei sich behalten zu wollen, und steckten mich wieder in das kleine Zimmerchen neben der Veranda, denn in allen anderen Zimmern gab es so viele Kinder, daß es davon wie Läuse auf einem Menschenfresserkopf wimmelte. Die Mission nahm nämlich trotz geringer Mittel viele Säuglinge und brachte sie auf, weil so viele Frauen ihre Kinder aus Mangel von Pflege und selbst Nahrung zu Grunde gehen ließen und weil altem Aberglauben gemäß wenigstens eins von einem Zwillingspaar getötet werden mußte. Die Schwestern gingen hoch hinauf in den Busch und suchten diese armen Hascherln zusammen.

Größere Kinder gaben auf die kleineren Kinder acht, und immer hieß das Mädchen, das ein Kind betreute, nur die »Schwester von So-und-so«. Sie schliefen auch mit dem Kleinen in einem Raume und mußten es herumschleppen, wenn es fieberte. Nichts trauriger als so eine winzige Schwarzhaut schon Malariaanfälle durchmachen zu sehen.

Die Schwestern waren heiter. Es darf sich niemand wundern, daß ich diese Eigenschaft am meisten hervorkehre, aber das Leben ist so traurig, in den Tropen insbesondere, daß gerade diese zuversichtliche Heiterkeit jedes Herz erhebt. Die Kinder lächeln da jedem freundlich zu, die Wilden grinsen vergnügt, die Patres sehen besser aus und die Europäer erholen sich bei solch einer Mission vom Tropenkoller. Wer den Missionen gibt, gibt gewissermaßen etwas für das eigene Volk.

Vielleicht dürfen die Schwestern dieses Ordens die Regel brechen oder dürfen manchmal Ausnahmen machen, aber nur dort durfte ich mit ihnen speisen, und gern vergaß ich das lange Tischgebet über dieser Freude. Man darf nicht vergessen, daß ich seit Monaten immer völlig allein gegessen hatte, teils auf der Veranda, teils auf meinem Zimmer, aber immer gerade bei den Mahlzeiten zu tiefstem Schweigen verdammt. Nun plauderten wir über alles Mögliche, und die Schwestern erzählten aus ihrem Inselleben. Schwester Margareta war bei der Niedermetzelei kurz nach der Gründung der Mission hinter Herbertshöhe dabei gewesen und nur wie durch ein Wunder entkommen. Die anderen kannten das Denken der Eingeborenen und berichteten davon. Nach dem Mittagessen ruhten wir eine halbe Stunde lang im Lehnstuhl, und da beschrieb ich die sündige Welt und die bösen Mannszweibeine. Darüber gerührt, schenkte mir die Oberin eine Pfefferflasche und riet mir, sie auf längeren Buschgängen stets bei mir zu tragen. Bis der angreifende Mann wieder das Augenlicht klar bekommen hatte, würde ich über alle Berge sein. Wir Menschen nennen alles Zufall. Dieses Gespräch, die Flasche, der Rat waren vergängliche Dinge, die ins Vergessen untertauchten, und dennoch rettete fünf Monate später diese Flasche mein Leben ...

Unter der Veranda saßen die Erstkommunikanten froh und gesättigt. Sie plauderten untereinander, und der eine sagte: »Wenn ich in den Himmel komme, so esse ich nur Schweine.«

Darauf stolz der andere: »Ja, aber nicht schwarze Buschschweine, sondern weiße, wie sie die Schwestern haben!«

Oh Schwein, du höchste ird'sche Seligkeit!

Die Sprache um Rabaul hat kein F, und daher können die Leute kein Wort aussprechen, das diesen Buchstaben enthält. Das schwarze Küchenmädchen, das mittags das Essen herausbrachte, meldete immer: »Katopel aup Tisch!«

Überhaupt war es ein Spaß, mittags der Fütterung beizuwohnen. Die größeren Kinder saßen an einem langen Tisch und löffelten brav aus, was sie erhielten, aber die ganz Kleinen, Zwei- und Dreijährigen, die hatten einen großen, langen Holztrog mitten auf dem schattigen Hofe und waren immer so heißhungrig, daß sie vor Gier umfielen, wenn sie das kurze Tischgebet herunterhaspelten. Mit beiden Pfötchen griffen sie dann hinein und hörten nicht auf, bevor nicht die Bäuchlein einer schwarzen Zaubertrommel glichen.

Köstlich ist ihre Ausdrucksweise. Die Braunen (sie sind heller als die Leute auf Bougainville) nennen ein Taschentuch (ein bei ihnen im Grunde ganz überflüssiger Luxus, da jede Kokospalmenrinde dazu taugt) ein »Nasenkleid«, einen Strumpf ein »Fußhülsenkleid« und die Tinte »Schreibwasser«. So oft ich nach Rabaul, etwa eine Wegstunde entfernt, ging, wurde ich von jedem Eingeborenen angesprochen. Immer hieß es: »U we?«, das »Quo vadis« der Insel. Es war ganz genug, wenn ich lächelte und Rabaul oder Malaguna erwiderte. Hatten sie mich indessen schon einmal gesehen, so begnügten sie sich damit, mir ein tief aus dem Bauche klingendes, langgezogenes »E« zuzurufen.

Von Rabaul ist die große Allee der Poinciana regia wohl das Schönste und Ah Chis Restaurant unten im nicht unbedeutenden Chinesenviertel das Bekannteste. Nur der Blick auf die Bucht ist wahrhaft schön, noch schöner indessen von Malaguna aus. Da ist der höchste Berg, die Nordtochter, der uralte Krater, der sacht verläuft, schwarz und drohend hinter der kurzen grünen Strandlinie wirkt und der 1878 zum letztenmal ausgebrochen ist. In den heißen Aschenhügel um die Schwefelquellen legen die Inyo oder Buschhühner ihre Eier. Die Vögel sind nicht so groß wie ein europäisches Huhn, legen indessen Eier von der Größe eines Gänseeies und scharren sie in die heiße Asche ein, ohne sich später um die Brut zu kümmern. Die ist flügge, sowie sie erscheint. Die Schwestern steckten ein Ei in die heiße Herdasche, und eines Tages spazierte, mitten während des Kochens, ein fertiges Inyo heraus, vollständig lebensbereit und nicht wenig erbost, als wir es fangen wollten, um es zu betasten. Es wußte gleich, ohne Eltern und Lehrer, daß sich dies nicht für ein Buschhuhn schickte. Warum wir Menschen nicht auch lieber schon fertig aus heißer Asche schlüpfen?

Ein Vorfall machte uns geradezu heimwehkrank. Wir saßen auf der kühlen Veranda; im Mädchenhaus waren die Mädchen schon eingesperrt, doch durch die Fugen flüsterte noch ein Mann. wie es überall auf Erden und selbst, wenn auch in anderer Form, bei Buschhühnern geschieht. Nach einer Weile löste sich ein breiter Schatten von der Holzwand, und der Mann entfernte sich, laut singend: »Sah ein Knab' ein Reßlein stehn, Reßlein auf die Heid'n,

War so jung und morgenßen, lief er ßnell es nah zu sehn...«

Diese Kenntnis war ihm aus den deutschen Tagen geblieben.

Ein gefährlicher Sprung.

Ich blieb ungefähr zehn Tage in Malaguna. Es fehlte nicht an Auf- und Anregungen. Einmal, als wir gerade in der Kirche waren, begann ein starkes Erdbeben, dann feierten wir den Josephstag, der gleichzeitig der Namenstag zweier Patres war, so daß alle Kinder mit Sträußchen zum Glückwunsch ins Pfarrhäuschen eilten, wir eine Flasche Bier zur Feier erhielten und nachmittags auf der Paterveranda saßen und viel über die Inseln hörten. Der Pater war selbst Maler und stellte sehr hübsche Kirchengemälde her.

Der Burns-Philps-Dampfer war zur Ausfahrt nach Neu-Guinea bereit, und die Fahrt verschlang fast alles Geld, das ich hatte. Wohl erwartete ich vom Textilblatt eine größere Summe, fürchtete indessen, durch ein Wechseln des Aufenthalts alles zu verlieren, doch sprachen mir Pater und Schwestern zu und erklärten, daß ich bei den Schwestern auf Ali oder auf Tumleo unweit von Eitape die Weiterfahrt bis Neu-Guinea und das Geld abwarten könne. So erklärte ich mich zur Abfahrt bereit, hinterließ meine Adresse bei Bank und Postamt und packte mein Gepäck, vorwiegend aus Skizzen bestehend, da ja der Großteil in Vuna Pope geblieben war und mit dem Kraftwagen erscheinen sollte, der mich nach Rabaul zu bringen bestimmt war. Er brach indessen zusammen, und ich mußte eine halbe Stunde vor Abgang des Schiffes mit dem Boot quer über die breite Bucht zum Schiff fahren.

Als wir noch mitten auf dem Wasser fuhren, stieß die Wasserhenne schon den Abschiedsschrei aus; der Rauch stieg in schwarzen Wolken aus dem Schornstein und die Taue wurden gelöst. Die Boys winkten und pfiffen.

Wie schnell sie auch ruderten, wir gewannen nur langsam das Ufer. Als ich über den durchlöcherten, sehr langen Landungssteg dahinraste, von drei keuchenden Jungen mit Schreibmaschine und Köfferchen gefolgt, glitt das Schiff dicht am Damm vorbei ins freie Meer. Oben, auf dem Deck der Ersten, standen die Reisenden und schauten herab.

»Bitte, ziehen Sie mich hinauf!« rief ich zweimal.

Da sprangen richtig zwei Herren herab, beugten sich über den niedersten Teil, erhaschten mich bei den Handgelenken und zogen mich empor. Die Schreibmaschine flog nach auf die Taue, so auch Täschchen und Schwesters geborgter Regenschirm, den ich noch schnell wie einen Pfeil nach den Boys mit letztem Gruß abschoß, dann waren wir draußen auf der Bucht, und alle Reisenden lachten, weil ich so verdutzt auf den Tauen stand.

»Ein Glück, daß Sie nicht schwerer sind, sonst wär's nicht gelungen!« meinte der erste Offizier.

Die Hosen meines Bruders.

In Vuna Pope waren die Masern ausgebrochen, und man sprach zuerst davon, nicht landen zu wollen. Ich horchte mit beiden Ohren, denn dort wartete mein Koffer. Es endete zum Glück mit der Bestimmung, daß keine Boys von da eingeschifft werden, daß Europäer aber mitfahren durften. So kam ein mir schon bekannter Pater mit dem Koffer und bat mich, ein Päckchen für einen Bruder auf einer der Admiralitätsinseln mitzunehmen. Ich solle nur, sobald er auf Deck gekommen, auf ihn zutreten und sagen: »Bruder, ich habe Ihre Hosen!«

Gut. Ich übernahm das Päckchen und legte es auf das Sofa in meiner wirklich hübschen Kabine. Es war wieder eine Erste. Ich fühlte mich Mensch. Die guten Schwestern hatten mir ein graues Kleidchen gemacht, weil sie fanden, daß ich in meinem von Frau Monckton gemachten etwas zu sündig aussah, denn die Kleider waren sämtlich sehr kurz und ganz durchsichtig. Das arme Klosterkleid endete später bei den Menschenfressern ...

Hinter der Gazellenhalbinsel, auf der Rabaul liegt, leben die Baininger, ein sonderbarer Volksstamm, dessen Frauen das Lendentuch so gebunden tragen, daß es hinten in einem Schwanze endet. Diese Mode gab Anlaß zur Aussage einiger Weltumsegler, daß es auf Neu-England beschwänzte Menschen gäbe. Bei diesen Stämmen feiert man auch im Mai die sogenannten Dukduktänze, die nur Eingeweihte ausführen dürfen und bei denen die schaurigsten Teufelsmasken getragen werden.

Am nächsten Tag schon erreichten wir die zweitwichtigste Insel des Bismarck-Archipels, das einstige Neu-Mecklenburg, das heutige Neu-Irland mit dem Hauptort Kawieng. Beim Landen spalteten wir bei einem Haar die Landungsbrücke ...

Eine lange Straße, noch von den Reichsdeutschen angelegt, führt über hundert Meilen die Küste entlang und erleichtert den Verkehr. Schöne, große Pflanzungen folgen einander. Im Laden Chin Gams, des Chinesen, traf ich eine gewisse Frau Schulze, die mich zum Mittagessen einlud. Wir waren auf dem Schiff zusammen gefahren, und sie hatte mir die Ermordung der armen Frau Wolf bei Toma auf Neu-Britannien erzählt. Sie hatte eine schöne Pflanzung auf der Insel und war eine herzensgute Frau, von der mich zu trennen mir aufrichtig leid tat. Das Inselleben macht die Menschen gutherzig und großzügig, und alle sprechen von der deutschen Heimat mit einer Sehnsucht, die rührend ist.

Am Abend verließen wir Kawieng und fuhren die Nacht hindurch und einen Tag, ehe wir wieder in der Ferne Inseln erblickten und uns früh am Morgen in der Manusgruppe befanden. Seltsame Boote, die einen breiten Ausleger und über dem breiten Baumstamm gegen die Hitze ein richtiges Grashäuschen hatten, schwammen uns entgegen. Lorengan ist der Sitz der Behörde, eine gottverlassene Insel inmitten vieler gottverlassener Inseln, die alle unendlich malerisch und steinlangweilig sind. Manchmal sagte mir ein Europäer, daß er das Inselleben so liebe, weil er alles tun könne, was er wolle. Steigt er bei uns in ein fernes Hochtal, darf er es auch. Menschen, die ihn ärgern, niederschießen, darf er heute auf den Inseln nicht mehr; auf Tiere, die nicht da sind, kann er nicht Jagd machen, und die gepriesene Freiheit kann sich höchstens auf Tottrinken, Weiberhaben und Langschlafen erstrecken, denn niemand ist frei in einem Lande, in dem einen so viele Insekten so unaufhörlich angreifen und einen die Malaria alle Augenblicke aufs Bett wirft. Wenn ich meine Stiegentüre schließe und an die Außenseite den Zettel »Verreist« hänge, bin ich so unabhängig, aber unter behaglicheren Umständen, wie auf der größten Südseeinsel, doch Männer freuen sich wie Kinder, sich in die Brust werfen zu können und zu sagen: »Hier bin ich Herr!« Ich habe mich im Südsee-Inselreich stets als Sklavin gefühlt: der Insekten, deren ich mich nicht zu erwehren vermochte; der Mannszweibeine, die meine Schritte hemmten; der Buschwege, die mir den Pfad versperrten mit dem Schlinggewirr und den gefallenen Bäumen; der Schiffe, die nicht kamen, wenn man sie brauchte und die ein Heidengeld forderten, weil keine Konkurrenz bestand; der Hitze, die einen zermürbte; der Einsamkeit, die einem wie ein Fluch folgte. Freilich, wenn ich unten am Strand neben den Einsiedlerkrebsen stand, konnte ich mir auch denken: Ich bin Herrin über all das! Ich danke! Ich wollte zwanzig Rieseninseln nicht nachgeworfen aufheben ...

Lomburn hatte eine Koprastation, und die Leute brachten die süßlich riechenden Säcke. Sofort war das Schiff voll kleiner, schwarzer Käfer, die ins Brot, in die Speisen, in die Nase, in das Bett krochen und die man, wo Kopra in Mengen aufbewahrt wird, immer findet. Auf Faisi war der Tisch immer schwarz von ihnen gewesen.

In Pitilu wurde ich ungeduldig, denn nun sollte »mein Bruder« schon aufs Schiff gekommen sein. Immer wieder kam irgend ein Europäer, und mehr als einmal, wenn ich ein Boot mit einer dunklen Gestalt (die Patres tragen den langen, schwarzen Talar) erspähte, lief ich mit dem Päckchen Hosen ans Deck und wartete unweit der Treppe, doch immer stieg jemand empor, zu dem ich nicht sagen durfte: »Bruder, da sind Ihre Hosen!«

Endlich erkundigte ich mich, wann der Bruder zu erwarten wäre, und man nannte Papitalai, und als wir den Ort spät am Nachmittag erreichten, kam richtig ein Bruder auf Deck, der aber so frauenscheu an mir vorbeirannte, daß ich es nicht wagte, ihn anzurufen. Abends saß er neben mir und versuchte, da er nur sehr gebrochen Englisch sprach, seine Wünsche dem Kellner kundzutun, und da half ich ihm. Er sah auf, lächelte, sprach deutsch, und nun, zwischen Suppe und Braten, konnte ich ihm zuraunen: »Bruder, ich habe Ihre Hosen!«

Dadurch aber faßte er Vertrauen zu mir und erzählte mir manchmal am Morgen, wenn wir auf dem obersten Deck saßen, von den Inseln und den Sitten der Bewohner. Sie vergifteten Leute mit der weißen Milch einer Schlingpflanze (später, auf Neu-Guinea, sammelte ich sie), und betäubten auch Fische damit, die gebraten gegessen werden durften, an denen aber Enten, die sie roh verschlungen hatten, eingingen.

Sie ließen nur wenige Europäer an sich herankommen, und sie bauten ihre Häuser oben im Felsgebiet und immer mit zwei Türen, damit sie durch eine entweichen konnten. Nicht eine Bekehrung war in fünfzehn Jahren erfolgt, doch nun begannen langsam kleine Erfolge. Kamen sie zu großen Anlässen zur Kirche, so trugen sie den meist verborgenen Schmuck aus Muscheln und Armbändern. alles Erbstücke und sonst tief vergraben, weil man nach Inselsitte auf einen Mann zugehen und ihn um ein Ding bitten darf, das nie verweigert wird. Oft habe ich auf Fidji, auf den Neu-Hebriden oder Salomonen einen Mann auf den anderen zugehen sehen, der ihm die Zigarette aus dem Munde, das Halsband vom Nacken nahm, und ein neues Lendentuch besonderer Art macht in der Regel die Runde des Dorfes. Wird die Kiste geöffnet, die ein Boy vom Dienst mir nach Hause bringt, so wühlen alle darin und nehmen sich das Beste, aber der Beraubte hat die Genugtuung zu wissen, daß er in der Kiste seines Nachbarn auch einmal wühlen wird.

Auf jeder Insel wurde Kopra eingeschifft, zuzeiten auch Turmschneckenmuscheln. Jeder Eingeborene erhielt für zehn Stück drei Stangen Tabak, doch der Händler erhielt hundertzwanzig Pfund für die Tonne!

Eine Frau kostete auf der Manusgruppe zwanzig Faden Muschelgeld, die allerschönste höchstens sechzig Faden, was immerhin ein hoher Preis ist.

Wir glitten an der Helmutgruppe vorüber und berührten flüchtig die flache Insel Marong, die während des Krieges die Schwindelstation der Reichsdeutschen gewesen war. Nur ein Weg führt über das Riff ins Innere der Bucht. Hier wurden Zeitungen und Briefe hinterlegt und allerlei Schmuggel aufgestapelt, bis die Insel, 1917 glaube ich, genommen wurde.

Unweit dieser Gruppe liegt das geheimnisvolle Kreisriff. Ein Japaner hat sein Schifflein dort und fischt Turmschneckenmuscheln. Vielleicht fischt er auch nach geheimen Dingen, denn die Japaner sehnen sich nach Australien und dem Südseeinselreich. Auf den Inseln gewinnt man das Kochsalz aus Hölzern, die lange im Meer gelegen und die man auslangt.

Die Frauen, die sich uns näherten, hatten breite Kalkstreifen auf den Rücken gemalt.

In der Höhe von Eitape.

Von Madang, dem einstigen Kaiser-Wilhelmshafen, gleitet man an der herrlichen, doch ungesunden Küste von Neu-Guinea am Ausfluß des Sepiks oder Kaiserin-Augustaflusses vorbei, Apenang, Yakamul, Monumbo vorbei, bis hinauf nach Eitape, dem letzten Kreisgericht des einstigen Kaiser-Wilhelmslandes. Der Ort liegt auf dem Abhang eines Vorgebirges und besteht wie die meisten Inselorte, die hochtrabende Namen und einen Richter haben, aus dem Amtsgebände, dem Privathäuschen des Richters, dem Häuschen des Unterbeamten, dem des Arztes, dem Hospital, aus zwei oder drei unentbehrlichen Chinesengeschäften, in denen man immer das gleiche Lager und scheinbar den haargleichen Chinesen mit dem gleichen Lächeln findet, den Bauten der Eingeborenen und ein oder zwei Warenhäusern unten am Hafen. Die Post war ein Zimmer oben im Regierungsgebäude. Das Riff war so böse und die Brandung so stark, daß man Eitape zu gewissen Zeiten kaum anlaufen konnte. Mit einem Dampfer überhaupt nicht, im Boot nur bei Südwestwind.

Das ganze große Becken von Eitape besteht aus drei – oder richtiger mit Angèl vier – sichtbaren und einer unsichtbaren Insel. Angèl, Seleo und die seit 1824 gesunkene Insel bilden eine mächtige Riffkante; Ali liegt ziemlich frei weit draußen im Becken, und Tumleo schließt den Kranz gegen das Vorgebirge von Eitape hin. Auf den Riffen aber, die stets die wilde Brandung umtost, hausen die Geister der Verstorbenen und genießen das Dasein, wie sie es zu Lebzeiten nie genossen; da man stets von männlichen Geistern spricht, vermute ich, daß es für die Frauen kein Paradies gibt ...

Auf dem Seleoriff bleiben oft schwere Urwaldhölzer, die der Tropenguß in die Flüsse geschwemmt hat, liegen und die Eingeborenen holen sie mit ihren Kanus und bauen daraus ihre Hütten, denn auf den Inseln findet man kein sonderlich gutes Holz.

Den Strand von Neu-Guinea entlang stehen die Sagopalmen im tiefen Morast, und dahinter steigt Bergkette hinter Bergkette an. Die höchsten Spitzen, von hier aus nicht zu erkennen, deckt ewiger Schnee inmitten von tropischer Umgebung. Dahin ist noch niemand vorgedrungen, nur Lastschiffe haben die Pracht erspäht.

Bei den Dienerinnen des Heiligen Geistes.

Mein Hosenbruder begleitete mich im Kanu nach Ali. Je näher wir kamen, desto klarer bemerkten wir die verschiedenen Dörfer, und endlich trat aus dem Grün des Ufers das Paterhaus und etwa fünfzig Schritte gegen Sonnenuntergang, etwas ferner vom Wasser, das Schwesternhaus mit der Veranda und dem darunter befindlichen Steingange hervor.

Nur wenige bemerkten unser Nahen, denn wer ein Kanu besaß, der umschwärmte den selten einlaufenden Dampfer, und die Daheimgebliebenen waren auf Muschelsuche auf den Felsen, denn es war Ebbe.

Drei Schwestern näherten sich uns und musterten uns erstaunt, denn selten ist Pater oder Bruder, noch seltener eine weiße Mississi und noch tausendmal seltener eine Mississi, die ganz allein, ohne männlichen Anhang ist. Zudem hatte ich sehr viel Malaria auf dem Schiff gehabt und sah wie ein entsprungenes Gespenst aus.

Die Oberin, Schwester Perpetua, eine Deutsche, wies mir eine Zelle an, die Schwester Dolorosia sofort in Ordnung brachte, und Schwester Nicola, die Schulschwester, brachte uns etwas zu essen – dem Bruder als Mann im Paterhaus und mir auf der Veranda, denn die Geschlechter werden streng geschieden, und nie ging ich, wenn mich ein wichtiger Anlaß zum Pater führte, ohne von einem oder zwei schwarzen Mädchen begleitet zu sein, damit es nie heißen solle, daß wir uns allein gesprochen hätten.

So viel ich auch schon bei Missionen gewesen, nirgends war das Leben für mich so schwer und so streng wie auf Ali, obschon die Schwestern, allen voran Schwester Nicola, reizend waren. Das entsprang der Ordensregel. Die Schwestern standen um fünf Uhr auf, um sechs war Messe, so daß ich nach halb sechs aus dem Bett sprang; mit den Gebeten dauerte es bis sieben, ehe wir herauskamen, und da die Schwestern neben mir knieten, kniete ich mit, was ich sehr anstrengend fand. Um sieben Uhr frühstückte ich (Eierspeise, Hausbrot, schwarzen Kaffee), dann gingen die Schwestern an die Arbeit und ich ebenfalls. Um zehn Uhr gab es Obst und Kaffee, zu Mittag um zwölf Gemüse, meist echtes Tropengemüse, keine Kartoffeln und Sonntags Mehlspeise. Um drei Uhr Kaffee und Brot und um sieben Uhr das Abendbrot. Um zwölf Uhr betete man für die Toten und abends von acht bis halb neun, Freitags Todesbetrachtung und Kreuzweg, Samstags abends Beichte, Sonntags mußte man eine Predigt in Alisprache absitzen. Ich verprügelte dann die Kinder, die nicht ruhig blieben, damit mein Geist beschäftigt war, und jeden vierten Sonntag vormittags mußten wir über den Tod nachdenken. Das schenkte ich mir, weil ich allzu viel und sehnlichst an ihn dachte, aber die Ordensregeln trafen mich insofern, als ich nicht mit mir selbst sprechen konnte und den Schwestern das Sprechen untersagt war. Nach Tisch ruhten sie eine schwache Stunde, und nur abends, nach dem Abendbrot, saßen sie auf der Veranda und plauderten mit mir. Da machten wir Schusterpinnchen aus weichem Holze (Nägelchen, mit denen die Patres selbst die Schuhe machten, nachdem sie die Rinderhäute mit Mangrovensaft braun gegerbt hatten) und sprachen über Klostererfahrungen oder das Treiben der Eingeborenen. Es gab keine Bücher oder nur solche über das Fegefeuer, und das hatte ich so schon auf Erden. Man konnte nirgends hingehen, weil es keine Pfade in unserem Sinne gab. Die Buschpfade ging ich, wenn ich lernen wollte, und da mußte man nicht träumen, sondern aufpassen, denn es gab giftiges Gewürm, Schlangen und

Kokoskrabben, Giftgräser und Dorngestrüpp und halbverdeckte Korallen, an denen man sich nicht übel das Bein verletzen konnte. Wollte ich einmal gehen, die Füße wie ein Christenmensch bewegen, so zappelte ich die halbe Meile Pflanzungsbreite hinten am Strande ab, und noch da störten mich die Insellauser oft mit ihrem Geschrei oder ihrer Gegenwart.

Da hieß es fast fünf Monate hindurch tatsächlich: »Arbeite, als ob du ewig leben, und schweige, als ob du morgen schon sterben müßtest!« Was gebeichtet wurde, waren sicher nur Gedankensünden, denn ich hätte eine tatsächliche Sünde nur begehen können, wenn ich den widrigen braunen Brüdern ein Ohr ausgerissen hätte. Das durfte ich als beispielgebende Christin nicht, und zu anderen Sünden bot sich keine Gelegenheit. Man sah keinen Mann (Patres zählen nicht und die Eingeborenen auch nicht), und man sprach mit keiner Seele, so daß man auch keinen lieben Nächsten ausrichten konnte – kurz, ich war zum Erbrechen brav! Als Woche auf Woche verging und ich kleben blieb, schrieb ich Werk auf Werk. Ich vollendete den »Götzen«, schrieb den »Braunen Vampyr«, begann das Buch »Im Haus der Menschen« und vervollständigte überdies meine Südseegeschichtensammlung. Ich malte, ich sammelte, ich schob Beiträge ab, ich lernte, und immer noch blieb mir Zeit zu Herzeleid, denn ich stand mit den Sternen auf, und ich ging mit ihnen zur Ruhe, und ich schwieg wie die Heiligen in der Klosterzelle, und ich arbeitete wie ein Sträfling, und selbst die Palmenkronen schienen zu rascheln und zu rauschen: »Was für ein armer Tropf bist du!«

In der Schule.

Der gütige Leser, der mich nun seit sechs Jahren begleitet, muß bei dieser Jeremiade in Betracht ziehen, daß ich mich schon seit einem Jahre und länger ausgeschwiegen hatte.

Auf Epi hatte ich als Österreicherin und auch meiner ewigen Arbeit willen abseits gelebt und im Kloster wochenlang kein Wort gesprochen; auf den Salomonen war ich nachmittags zu krank, abends zu toderschöpft gewesen, um mehr zu sprechen als zur Aufheiterung der anderen vonnöten war; auf dem Schiff schloß ich mich schwer an und nun war ich wieder ganz auf mein Innenträumen angewiesen. Dazu kam das Gefühl auferlegter Hilflosigkeit. Wie konnte ich in Europa die Funken fliegen lassen, Verleger aufstöbern, Verbindungen anknüpfen, wenn ich die Füße im weichen Sand von Ali hatte? Und jeder, jeder Brief brauchte drei Monate und länger! Man hatte schon vergessen, worauf sich die Anspielungen bezogen, und dennoch waren die Mitteilungen meines literarischen Vertreters der einzige Lichtpunkt meines Seins. Ich ging in meinen Werken auf. Es war dies scheinbar das einzige Band, das mich an die Menschheit knüpfte. Sonst, wenn ich unter dem flimmernden, blauschwarzen Tropenhimmel stand und die Sterne beobachtete, wünschte ich mir zur Belohnung der irdischen Pein nur eins: Hinaufgenommen zu werden auf einen Stern, der ganz leer und ganz still war, der eine Bücherei in allen Sprachen und eine Erika hatte und auf dem ich allmählich vergessen dürfte, daß ich je so etwas wie die Erde gekannt ...

Bei all der Klage will ich aber keineswegs andeuten, daß die endlosen Monate auf Ali etwa verschwendete waren, denn erstens entstanden da mehrere meiner langen Arbeiten und zweitens lernte ich auf Ali genug, um einen ganzen eigenen Band zu füllen, denn es gab täglich irgend ein Ereignis, das eine Flut neuen Wissens nach sich zog.

So meine Schulerlebnisse. Schon am Tage nach meiner Ankunft in Ali ließ mich Schwester Nicola rufen und stellte mir unter dem großen Mangobaum ihren Kindergarten vor. Etwa zwanzig kleine Wutzelchen saßen da im roten Lendentuch und blitzten mich mit ihren kohlschwarzen Äuglein erwartungsvoll an. Sie hatten braune Körperchen und schwarzes Kraushaar. Manche hatten verwischte Spuren von Schönheitsmalerei in Rot an sich, und bei manchen ließ sich in den Mundecken bestimmen, was sie am Vortage gegessen hatten; da befahl die Schwester »Waschen!« und all die Kleinen kugelten schreiend hinab zum Strand und rieben mit den Pfötchen ein wenig im Gesicht, denn so gern sie im Meer fischten und schwammen, gegen das richtige Waschen hatten sie eine unausrottbare Abneigung.

Sie lernten in ihrer Sprache alle Gebete und plapperten das Glaubensbekenntnis mit großem Eifer herunter. Dann sangen sie »Mamalau«, ein herziges, von den Schwestern zusammengestelltes Lied nach deutscher Melodie, in dem sie die Freuden des Fischens besangen, und endlich spielten sie kleine Kinderspiele. Sie zogen mich an den Händen und freuten sich über mein Haar. Die Schwestern trugen ihres unter der Haube und dem Schleier, das Paterhaar war bürstenkurz, aber die fremde Mississi hatte helles Fell auf dem Kopf, und es fühlte sich so komisch wie Kapok an, war glatt wie Pandanusfedern und hing bis an das Ende von Ohren, die nicht ein Loch hatten. Bei der Mississi ließen sich auch Strümpfe und Kleid untersuchen und mehr als ein kleiner Zappler erhielt einen tüchtigen Klaps auf den Gehirndeckel, weil er unbedingt sehen wollte, wie die Mississi von unten aussah.

Von acht bis zehn lernten die Kleinen, dann liefen sie vergnügt in ihre Dörfer zurück.

Um fünf Uhr früh ertönte die Trommel, die zur Kirche rief, um sechs das Glöcklein zur Messe, um ein Viertel auf acht trommelte wieder unser Küchenmädchen um die Schulkinder, und das zweite Trommelzeichen bedeutete Schulanfang. Die Trommel war ein großer ausgehöhlter Baumstamm, der indessen nur oben einen Spalt offen hatte und gegen dessen Seite Leder genagelt war, damit der Ton voller klinge.

Die Großen von sechs bis sechzehn einschließlich hatten ihren Unterricht im Gebäude neben dem Kopraschuppen. Es war ein langes, nicht zu helles Zimmer mit braunen Holzwänden, braunen Schulbänken und einer Schultafel. Sie hatten auch ein Harmonium und mehrere Wandbilder. Sie mußten nach neuester Vorschrift außer der Alisprache auch Englisch lernen, und hatten ein Buch mit Bildern zu dem Zwecke. Außerdem lernten sie täglich von acht bis neun, wenn der Pater da war, Katechismus und Gebete, ferner bei der Schwester Lesen, Rechnen, Schreiben, Singen, besonders Kirchenlieder, und etwas Zeichnen. Sie hatten ein großartiges Formengedächtnis. Eines Tages lieh ich ihnen meine Farbstifte, und sie zeichneten aus dem Gedächtnis die heimischen bunten Fische, ihre Häuser, den Kanuschmuck, Pflanzen und Waffen. Jedes Tier, jede Pflanze hatte den eigenen Namen, und sie wußten genau den Wert jedes Dinges.

Sie waren sehr schmutzig, wenn sie nicht zufällig vom Seewasser oder Regen naß geworden waren. Nach der Kirche war zuzeiten Reinlichkeitsuntersuchung oder auch vor der Schule, und wenn die Schlingel zu schmutzig waren, rief mich Schwester Nicola, und wir wuschen die Jungen und Mädchen im Kuhtrog mit Kokosfaserndündeln zur Strafe. Alles an ihnen tropfte, denn sie hatten nur ein Lendentuch an, auf das nicht sonderlich geachtet zu werden brauchte. Wie ich die Gesichter rieb! Und wie die Nasen, je mehr ich rieb, immer inhaltsreicher wurden. Nach dem Bade (?) wälzten manche in reinem Sand, denn das war ihr Handtuch und ihr Kissen. Die Kirche war voll weißen Sandes, und die Eingeborenen knieten behaglich darin und darauf. Geschah ein Unglück bei einem kleinen Besucher, so rechte die Mutter die Sache mit einem frischen Blatt zusammen und trug es vor die Türe.

Je nach dem Wetter war auch der Lerneifer. Regnete es, was in der Nordwestzeit nicht selten war, so saßen sie ganz gern beim Buche, auch wenn Flut war oder das Meer schäumte, aber wenn die Ebbe schon am Morgen einsetzte und das Meer wie ein glatter Spiegel war, in dem sich einzig das blaue Tropenhimmelszelt in flimmerndem Glanze spiegelte, wenn das warme Sonnenlicht in rosigen Wellen an den weißbraunen Stämmen der Kokospalmen niederglitt und da eher oder dort eine hellgrüne Wucherpflanze liebkoste, da wurden die Kleinen ungeduldig, warfen sehnsüchtige Blicke durch das Fenster und riefen erst leise, dann lauter »Ebbe, Ebbe, Schwester!« Und wenn sie brav gewesen, so durften sie schon gegen zehn Uhr nach Hause eilen, denn da ging es hinaus aufs Riff. Die Kleinsten in Kanus, die größeren watend, die Großen mit Netzen, dem Handkorb und einem festen Stöckchen, mit dem sie Seeigel und Polypen aufstöberten. Die Männer fuhren da weit auf das Meer hinaus und fingen in der Nähe des Riffs die großen Fische, die ihnen allein zukamen, und die sie, in stolzer Abgeschiedenheit und fern von Weib und Kind, angeblich in Gesellschaft der Riffgeister, auf den Geisterplätzen verspeisten, die niemand sonst kreuzen durfte und die an besonderen Bäumen, an buntem Laub und an dem Umstande, daß sie besonders schattig und einladend wirkten, erkenntlich waren.

Manchmal mußte die Schule auch vor elf Uhr geschlossen werden, weil das Wellblechdach so heiß wurde, daß man es darunter nicht mehr aushalten konnte. Einmal entdeckte man weiße Ameisen, die sich beinahe durch den Bücher- und Tafelnvorrat durchgefressen hätten, und man mußte mit Petroleum putzen. Dabei sprangen uns die großen Tropenasseln entgegen.

Zweimal wöchentlich mußten die Kinder den Kirchen- und Missionsplatz putzen, das heißt, das Gras der Wege ausjäten, die gefallenen dürren Palmwedel zum Meer tragen und den Rasen ein wenig fegen. Es gab an die achtzig Kinder, so daß auf jedes Kind ein Stücklein ohne Bedeutung fiel. Manche waren in einer Viertelstunde fertig, andere kratzten eine Stunde lang herum, und manchem mußte man die Ohren aufdrehen, ehe er etwas tat. Auf mich wirkte die Faulheit der Schwarzen nervenkitzelnd, und ich rief ihnen wohl gar oft »Arbeiten!« zu, denn so oft sie mich trafen, als »memento-mori«-Gruß klang es mir von überall »Arbeiten! Arbeiten!« entgegen. Ich wurde die Schlingel, die auf dem Platz lärmten, am leichtesten los, indem ich sie anrief und ihnen befahl, Kokosnüsse zu tragen, wenn sie nichts zu tun hätten. Das verfing! Ich hatte bald den Platz rein.

Die größte Strafe war das Tragen von Kuhdünger. Es galt für ungeheure Vergehen wie frevelndes Zurücksprechen, Schwätzen in der Kirche oder absichtlichen Schaden. Die Kinder trugen die Schaufel mit der kostbaren Last weit vor sich und das Gesicht halb abgewandt. Wollten sie selbst sich zurückziehen, so begaben sie sich an den Strand, und zwar gab es bei jedem Dorfe seit altersher einen Männer- und einen Frauenplatz. Die Flut wusch alles wieder rein.

Einmal wöchentlich wurden Kokosnüsse gesammelt; jedes Kind mußte fünfzehn Nüsse bis ans Koprahaus tragen, und jeden Tag mußte ein anderer Junge die Kühe hüten. Er nahm sich regelmäßig zwei kleinere Jungen mit, die laufen mußten, wenn wirklich etwas zu tun war. Dafür teilte er großmütig mit ihnen einen Teil des Mittagessens, das ihm von der Mission gegeben wurde.

Am Samstagnachmittag gingen wir Heu suchen. Schwester Nicola begleitete die Schulmädchen, die Knaben waren frei. Wir gingen lange, einsame Buschwege und sammelten Käfer, Blüten, Pflanzen, während die Mädchen das scharfe, hohe Tropengras schnitten und zu Bündeln ordneten, die sie auf dem Rücken heimtrugen. Sie zeigten mir allerlei Giftpflanzen, erklärten mir den Wert der Sträucher und Gräser, zeigten mir blaue Korallen an einem besonderen Strand und fingen Käfer und Schmetterlinge.

Da sammelte ich noch sehr viele Insekten auf sehr einfache Weise. Ich legte sie in Spiritus, nahm sie dann heraus, trocknete sie (wobei ich dabei sitzen mußte, sonst kamen sofort Spinnen und fraßen mir den Raub auf) und legte sie in Blechbüchsen, die ich sorgfältig verschloß. Die Kinder wußten, daß ich sammelte, und sie brachten mir die undenkbarsten Dinge, doch darunter manch seltene Blume und wertvollen Käfer. Behielt ich etwas, so gab ich den Kleinen ein Bildchen, später ein Stückchen Pastellstift, mit dem sie sich bemalten und von denen der gelbe und der rote die beliebtesten waren, und eines Tages kassierte ich ein Stück Kopierband von meiner Erika und gab es im Scherz jemand, der gerade irgend etwas gebracht hatte. Ich wurde geradezu bestürmt um Bandrestchen. Die Mädchen saugten daran und färbten dann den Pandanusfaden im Mund; die Frauen bemalten sich und ihre Netzarbeiten damit, die Kinder liefen alle mit violettem Rachen herum und die Schwestern waren trostlos (...). Ich machte ein Bombengeschäft in Käfern mit etwas, das ich sonst dem Misthaufen anvertraut hätte. Und es gab reizende, grüne, schillernde Käfer. Es gab auch Tausendfüßler, die sogar in die Zelle kamen, Spinnen aller Arten und Tropenkakerlaken, aber mein Sonderschrecken waren die Einsiedlerkrebse auf dem Weg »nach der Kirche« in mondlosen Nächten. Die Schwestern hielten aus irgend einem Grunde Licht bei dieser »Arbeit« für sündhaft und leuchteten höchstens so viel hinein, daß ich sicher war, nicht auf einer Schlange zu sitzen; aber Gewürm, Einsiedlerkrebse und Landkrabben verbitterten mir oft den Gang. Ich trug die leichten absatzlosen Gummisohlenschuhe und eine Krabbe hätte mich leicht gezwickt. Die schweren Lederschuhe der Schwestern boten besseren Halt.

Die Einsiedlerkrebse liefen zuzeiten mit einer Blechbüchse als Haus herum, und ein winziger Krebs nahm sich einen Missionsfingerhut. Der Spaß, einen Fingerhut mit sechs Beinen laufen zu sehen!

Wenn wir in der Nähe der Mission Schlangen fanden, wurden einige Knaben gerufen, diese nahmen Pfeil und Bogen und schossen die Tiere nieder. Am Abend standen sie gegen das Meer gekehrt und schossen im Dämmern die fliegenden Füchse, die sie brieten und aßen.

Brauchten wir Blumen für den Altar, so schickten wir einen Jungen auf einen hohen Strandbaum, und er brachte uns wunderbare weiße Orchideen, die als Blütenregen den Altar umgaben. Auch wurde zu Festtagen die Kirche mit Palmen geschmückt, die wir ebenfalls aus dem Busch heimbrachten.

In den Dörfern.

Die beiden Hauptdörfer von Ali waren Genelà (das Ost-) und Genemul (das Westdorf). Die Hütten waren Pfahlbauten da wie dort, die Außenwände oft sehr hübsch mit echten, überlieferten Mustern bemalt, mit Matten überzogen oder – seltener – schmucklos gelassen. Die Räume selbst waren dumpfig und finster, weil es keine Fenster gab. Ein Feuer brannte zwischen Steinen, darüber hing meist der Fischtrockner, ein längliches Schwunggestell, auf dem die Fische langsam geräuchert wurden und dann Tauschgut für die Gegenstände des Festlandes wie Hölzer, Sagomehl und so weiter waren. Auf Wandbrettern oder von der Decke frei schwingend gab es einige irdene Töpfe und Körbe mit Taro und an Haken Netze, ein wenig Fasernwerk und so weiter; Schmuck und Lendentücher ruhten in der Regel in einer Holzkiste, und viel besaß niemand. Man schlief ohne Unterlage auf den breitspaltigen Betellatten.

Schwester Nicola steckte immer den Kopf durch die falltürähnliche Öffnung, besuchte die Fiebernden, trieb die Faulen zu Arbeit an, erkundigte sich nach den Schulkindern und warf sogar einen Blick in das Reich der Heiden, obschon sich diese immer unwillig von ihr entfernten. Die Kinder aber stürzten ihren Hütten zu und rissen ein Lendentuch an sich, denn im Dorf liefen sie nackt, genau wie die Erwachsenen, ob getauft oder ungetauft, die aus Tapa, dem Rindentuch, ein notdürftiges Schamtuch und sonst nichts hatten. Kinder waren lieblich anzusehen, doch die Erwachsenen kamen mir mehr oder weniger häßlich vor. Die Frauen hatten große hängende Brüste und die Männer waren knochig und haarig. Wer nur kräftige Leiber liebt, wäre wahrscheinlich auf seine Rechnung gekommen. Ich habe immer das Zarte, das Schwachentwickelte und vor allem Haarlose vorgezogen.

Die Häuser waren groß, hatten einen weitvorspringenden First, sehr steile vorschießende Dächer und standen ungefähr, wo sie wollten, nie zu dicht am Strand, an dem noch breitkronige Ndilobäume ihre Äste über das Korallenmeer streckten und die wasserdichten braunen Früchte der Vutu (Barringtonia excelsa) den Strand sprenkelten, während von manchem Baume lange, weißglänzende Gewinde duftender Orchideen niederhingen. An jedes Dorf schloß sich ein Geisterplatz, den man am bunten Krotongesträuch leicht erkennen konnte und gegen den die armen Schwestern vergeblich wüteten. Bei allem Bekehrtsein wollten die Schwarzen ihn nicht aufgeben, währte er doch ihre Rechte und erlaubte es ihnen, die besten Bissen ungeteilt da zu verspeisen. Wir gingen unbekümmert über den Tambuboden.

Hinter Genelà lagen noch zwei weitere Dörfer. Überall gab es etwas wie einen freien Dorfplatz mit der großen Trommel, und immer wurde die Trommel sehr verschieden angeschlagen, je nach Art der Mitteilung. Unheimlich war die Totentrommel, die wie ein Herz ging, das schwächer und schwächer schlug; bei Einladungen ertönten drei Schläge und drei Schläge in längeren und kürzeren Zwischenräumen, doch wenn ein Dieb gesucht wurde, da zitterte die Trommel wie vor Wut und klapperte schnell wie Schritte, die dem Verwegenen nachliefen.

War jemand in einem Dorfe gestorben, so sah man auf einer besonderen einfachen Vorrichtung alle seine Schätze hängen: sein Schildpatt, seine Kochtöpfe, Pfeile, Bogen, Lendentücher, Eberknochen, Fischhäute, Siebe, Körbe und so weiter, und so blieben sie, dem Regen und der sengenden Sonne ausgesetzt, bis sie allmählich zerfielen. Nach zwei Jahren wurde ein Fest gefeiert, man brachte allerlei Dinge und verteilte sie an die Verwandten. Damit war der Sache genug getan.

Der Dorfbesuch war für mich eine Fundgrube des Wissens. In einem Hause hatten sie längst vertrocknete Bananen aufbewahrt. Warum? Weil der nun tote Sohn von diesem Stamm gegessen. In einem anderen Hause gab es eine geschnitzte Gestalt. Was war das? Der Ariewat, der Götze, mit dem allerlei Zauber getrieben wurde. Da machte man aus den langen Blättern der Schraubenpinie (Pandanus) die schönen weißen Fasern, aus denen Hals- und Armbänder, Netze und Beutelchen gemacht wurden oder man schlug Vau, den wilden Hibiscus, und entzog dem dünnen Stamme Fäden. Oder es kauerte ein altes Weiblein auf dem Erdboden und höhlte mühsam, mit drehender Bewegung, eine weiße Muschel aus, um daraus ein Armband zu machen, oder es steckte jemand kleine Fische auf ein Stäbchen und legte sie auf die helle Glut. So schön waren diese bunten Fische, daß es mir immer leid tat, sie zu diesem Zweck verwendet zu sehen.

Am lebhaftesten war das Bild am weiten Strande, den das reiche Korallenmeer mit seinen tausend betörenden Formen begrenzte – ein bunter, schimmernder, winziger Feenwald, an dem ich mich nie sattsehen konnte. Schon die kleinsten Kinder schwammen wie Fischlein, die größeren bauten Kanus, fischten mit Speeren, suchten nach Polypen, waren sehr gewandt, Seeigel aufzuspüren, und die Männer arbeiteten an den großen Kanus, mit denen sie zur Zeit des Südostwindes Sagomehl vom Festland brachten. Das war für sie äußerst wichtig und hielt sie wochenlang am Festland in Tauschgeschäften fest, denn von diesem Mehl lebten sie während der Nordzeit, sobald es unmöglich geworden war, die Küste von Neu-Guinea anzulaufen. Hatten sie zu wenig eingekauft, so mußten sie hungern, denn Taro wurde nicht hinreichend auf der Insel gepflanzt, und vom Buschgemüse und von Nüssen allein konnten sie nicht leben. Diese Festlandkanus, wie man sie nannte, waren sehr schön, denn über dem eigentlichen Boot aus einem riesigen Stamm war etwas wie ein leichter Aufbau, wie eine Brücke aus leichtem Geflecht, auf dem viele Leute sitzen konnte, und ein hoher, sehr geschmückter, oft noch mit Duftgräsern und Blumen behängter Mast stieg hoch in die Lüfte. Jedes neue Kanu wurde feierlich eingeweiht und umfuhr die ganze Insel. Die Seiten des Bootes waren geschnitzt und bemalt und trugen alte wertvolle Muster: zwei Augen, drei Finger, das liegende Kreuz und so weiter.

In Genemul wohnte die »Taming senar«, die Frau des Mondes, in einer Hütte, die so eng und klein war, daß man nur mühsam hineinkriechen konnte. Sie war die magerste Frau, die ich je gesehen, splitternackt bis auf ein unkenntliches Lendentuch und ganz mit Lehm bestrichen, weil sie um ihren Gatten und drei Söhne trauerte. Das letzte Lendentuch ihres Mannes war in Lehm getaucht und zur Wurst gedreht um ihren Hals geschlungen, und einer seiner Zähne verbunden mit anderem persönlichen Besitztum deckte ihre Brust. Sie starb, während ich auf Ali war, und wurde in einem so dünnen Sarg begraben und mit so wenig Sand verschüttet, daß ich manchmal abends hinab auf den Kirchhof spähte, um zu sehen, ob die gute Frau vom Mond an einen nächtlichen Ausflug dachte. Schwer geworden wäre er ihr nicht. Gewiß hat man sie nicht gerochen, weil an ihr nichts als Haut und Knochen geblieben waren.

Frauen, die um jemand trauern, dürfen sich nicht waschen, sind lehmbestrichen und dürfen nicht fischen, weshalb andere Frauen ihnen etwas von dem eigenen Raubzug bringen. Leichen werden stets rot angestrichen und reich mit Schmuck behängt, den man ihnen jedoch vor dem Einsargen wieder wegnimmt.

Neue Weltbürger ...

Täglich das gleiche Bild, das so schön war und so lästig wurde. Das Morgensonnenlicht auf den lichten Stämmen der Palmen, der rosiggefleckte Sandweg darunter, das glatte, blaugrüne Meer, die ferne Küste, düster und mit ansteigenden Bergketten, die treibenden Kanus, die nackten Eingeborenen, die ewiggleichen Blüten unter der ewiggleichen Sonne des Äquators. Um die Beine und Arme Mücken und wieder Mücken und im Blute das Fieber!

Mein Trost war meine Arbeit, denn ich träumte allein, schlief allein, wanderte allein, aß allein.

Durch dieses Einerlei, das meine Leser nie genug erfassen werden, brach zuzeiten Schwester Nicola mit irgend einer erlösenden Meldung. Einmal war jemand im Sterben und der Pater war auf Tumleo oder in Eitape. Da gingen wir gewissermaßen als letzte Tröster. Schwester Nicola sprach die Sterbegebete, und ich hielt das Weihwasserfläschchen und verscheuchte die Teufel, die sich angeblich immer da herumtrieben. Es war nicht so sehr erschütternd wie bei uns, weil der Schmerz der Angehörigen mehr ein äußerer als ein innerer war, obschon man selbst da Gutherzigkeit antraf. Mancher Sterbende jagte uns auch samt den Teufeln weg, und ich konnte es ihm nicht übelnehmen, denn jede Seele soll den eigenen Weg finden, aber Schwester Nicola kämpfte glaubensstark und tapfer gegen alle bösen Mächte, und ich hielt den Wassertopf und bewunderte ihre Ausdauer.

Ein anderes Mal geschah es auch, daß Schwester Nicola sehr beschäftigt war und mir nur sagen kam, daß irgend eine Dorfschöne ein Kind zur Welt gebracht hätte und daß ich hinübergehen, den neuen Weltbürger in Augenschein nehmen und daraufhin prüfen solle, ob er getauft werden müsse, weil er schwach sei, oder ob er warten könne. Auch übergab mir da die Oberin eine Faustvoll Blatt-Tabak und meinte, ich solle ihn der Wöchnerin und den Helfershelferinnen geben. Dann folgte ich der schwarzen Führerin, und wir zogen durch den Busch zum Ostrand der Insel, denn es gab auch einen besonderen Ort für Geburten, weitab von jedem Geisterplatz, den Männer nicht betreten durften.

Das hohe, spröde Gras schlug gegen meine Beine, die steifen Vutublätter raschelten, wächserne Blüten bildeten Ranken, der hellrote Ingwer brach aus dem eintönigen Grün, Spinnen hingen vorn Laubwerk, hellhäusige Schnecken labten sich an frischen Blättern, goldige Käfer surrten an mir vorüber, das wandelnde Blatt zitterte an einem Zweig und die Buschtaube gurrte. Endlich öffnete sich der Platz, das Meer lispelte über braunes Gestein entgegen, und zu Füßen eines uralten Inselbaumes saß die

Wöchnerin, ein müdes, aber frohes Lächeln auf den Lippen und zwischen den Beinen ein rosa Kind!

Die Frauen umsaßen stolz das Paar und schnatterten wie erregte Gänse. Ich übergab den Tabak und die Freude wuchs.

Spät am Abend, auf einsamem Weg, von den Frauen umgeben und verdeckt, wurde die junge Mutter in eine Hütte dicht am Strande gebracht, die ihr Gatte mit Hilfe einiger Jungen aus Palmenwedeln für sie erbaut hatte. Darin lag sie unweit des Meeres neben einem starken Feuer auf weichem Sand, gebrauchte nie die Finger, sondern nur ein Stäbchen, wenn sie etwas an die Lippen führte, sich kratzte und so weiter, gewiß eine alte weise Regel, damit sie sich nicht anstecke. Das Kind fand ich oft von Ameisen ganz zerbissen. Nach acht Tagen führten die Frauen sie wieder an den fernen Strand, ließen sie dreimal im Meer untertauchen, gaben ihr ein neues Schamtuch aus Tapa, legten allen erhältlichen Familienschmuck an, schoben Riechkräuter in die Armbänder, rieben sie mit Kokosöl und begleiteten sie hierauf in feierlichem Zuge in das Haus ihres Gatten, der nun zum erstenmal das Kind sah und ihm seinen Namen gab. Atjiek – der Krebs, Steamer – der Dampfer, Nin – Kokosnuß, Tolmanit – unnützer Strick oder ähnliches.

Der Todeszauber.

Manchmal, wenn ich morgens zur Abwechslung auf der Vorveranda schrieb, sah ich plötzlich eine Reihe von nackten Männern (bis auf das Schamtuch) über den Platz eilen, alle im Gänsemarsch und alle mit einem Beil auf der linken Schulter. Sie gingen nach Genemul, weil sie glaubten, daß jemand Tschapul oder Todeszauber gewirkt habe. Das kann man auf viele Arten, hier zu umständlich zu beschreiben, doch immer, wenn jemand erkrankte, wenn gar jemand starb oder eine ansteckende Krankheit das Dorf heimsuchte, glaubte man an Tschapul. In früherer Zeit tötete man sich dann gegenseitig, um Genugtuung zu finden, nun kam es zu kleinlichen Reibereien, die auch in Unfug ausarteten.

Im letzten Dorf hinter Genemul lebte ein alter Heide, verdorrt, zahnlos, mit mattigem Haar, der im Geruche hohen Zauberwissens stand und mich mehr als alle Bekehrten interessierte. Aber da ich immer mit der Schwester ins Dorf kam, wich er mir sorgfältig aus. Eines Tages gingen wir über die Felder und sahen auf dem einen fünf Tambuzeichen aus einer Ingwerwurzel, mit farbigem Laub umbunden, auf hohem Stocke und so malerisch, daß ich den Wunsch äußerte, einen Tambu zu besitzen. Da ich indessen den Anschauungen der Eingeborenen Rechnung trug, wollte ich nichts nehmen, ehe ich Schwester Nicolas Ansicht eingeholt hatte, die kurzer Hand über den niederen Zaun sprang und das Ding holte.

Ich trug es heim und malte es, stellte es in die Zimmerecke und erfreute mich daran, bis ich hörte, daß es dem alten Heiden gehörte und daß er uns alles Mögliche angedroht hatte.

Nach mehreren Tagen, in denen ich Genemul sorgfältig vermied, kam die Kunde, daß der alte Heide an der Ruhr erkrankt sei und behauptete, mein Geist habe den seinen besiegt, denn im Grunde hätte ich die Tropenruhr haben müssen, da ich seine fünf Geister so erzürnte. Der Staub von Knochen seines leiblichen Großvaters sei darauf gewesen, und nun hätte ich ihn entheiligt. Der arme Mann war so elend daran, als wir ihn besuchten, daß ich mich über die Kraft meines Geistes ärgerte, aber er wollte keine Arznei von mir nehmen und wies auch das Brot zurück, das sonst allen Dorfleuten eine willkommene Gabe war.

Er erholte sich indessen, und ich nahm nie wieder ein Tambu.

Die Insel der Verstockten.

Auf Angèl gab es einige Bekehrte, und sie kamen zuzeiten zur Kirche oder brachten ein Kind zu Verwandten, auf daß es die Missionsschule besuche, doch auf Seleo war einmal ein Weißer gewesen, ein Koprahändler von der alten Art, der mit dem Teufel ein Bündnis geschlossen und dann mit viel Geld und mehr Sünden nach Australien zurückgekehrt war, und dieser hatte den Schwarzen gesagt, daß es zu Schaden führe, besonders des Friedens und des Bauches, wenn man sich bekehren lasse, und daher wiesen noch heute die Leute von Seleo Pater und Glauben zurück und blieben verstockte Sünder. Wenn sie ein arg heidnisches Schweinefest feierten, so trommelten sie, daß man es fünf Inseln weit hörte, und die Alileute schoben ihre Kanus still ins Wasser – still, weil sie die Schwestern fürchteten – und ruderten nach Seleo. Nur den Schulkindern konnte der Ausflug verboten werden ...

Ich trug daher ein großes Verlangen, Seleo zu besuchen, denn ich hoffte, dort mehr über das wahre Leben der Leute zu erfahren. Ich fand sie trotzig, finsterblickend, schmutzig. Die Köter knurrten, niemand sprach mich an, obschon ich mit zwei braunen Alimädchen ging. Nur als wir uns dem schönen, großen Geisterhaus näherten, ließ mir der Zauberer sagen, ich möge bleiben, wo ich war, denn das wäre Tambu-Boden. Ich fügte mich, weil ich der Ansicht bin, daß man jede Anschauung ehren soll. Die Leute machten hübsche Armbänder, nette Pfeile und hatten einen interessanten heidnischen Friedhof. Mitten im Busch waren umfriedete Gräber, und auf den Grabstätten standen aufrecht viele schön geschnitzte Pfeile.

Angèl dagegen war so reichbevölkert, daß man sich wunderte, wie so viele Menschen auf einer so kleinen Insel wohnen konnten. Sie hatten keine eigene Quelle, sondern mußten ihr Wasser von Seleo holen und waren daher der Nachbarinsel gewissermaßen verpflichtet.

Man brachte mir allerlei Speisen – zerquetschte Taro mit geriebener Kokosnuß, gefüllte Urwaldäpfelchen, grün und geschmacklos, mit Kokosbrei gefüllt und gekocht, in Asche gebackene Bananen, und ich aß mit Vorsicht, meines gesprungenen Magens eingedenk. Die Mädchen erhielten schwarzen Tabak und gebratene Fische. Alle sprachen mich an, alle Alten wollten mein Haar ergreifen, und die Kinder umliefen mich splitternackt, bis ich mich umdrehte und nach einem haschte. Da liefen sie kreischend davon. Die Frauen häkelten Säckchen mit dem Nagel des fliegenden Fuchses.

Missionsarbeiten.

In der Küche waltete Schwester Perpetua, die Oberin, mit zwei Mädchen. Für die Klostermädchen, fünf oder sechs an der Zahl, die im Garten arbeiten, beim Waschen und Bügeln helfen mußten und die dafür Häkeln, Nähen, Kochen und etwas über Krankenpflege lernten, kochten zwei Mädchen täglich einmal Sago draußen vor der Holzhütte über einem offenen Feuer. Das Mehl wurde in das siedende Wasser getan, wie Sterz bei uns verrührt, mit zwei Stäbchen gewandt in der Luft zur Kugel gedreht und auf ein frisches Vutu- oder Brotfruchtblatt gelegt. Auf jedes Mädchen kamen drei solche Kugeln, auf jeden Mann vier. Dazu erhielten sie etwas Fisch, etwas Wurst oder irgend ein Tropengemüse. Brot erhielten sie morgens und abends.

Als Schwester Paschalis auf Tumleo schwer erkrankte und auf Ali eine Woche lang nur zwei Schwestern blieben, übernahm ich den Hühnerstall. Am Morgen mußten die kleinen Hühnchen in einen gegen die Iguana und andere Feinde, auch Schlangen, wohl verschlossenen Hof gebracht werden. Die Hühner wurden gefüttert, die Eier gesammelt, die Hennen, die nicht brüten sollten, vom Nest gehoben und zur Tür hinausgeworfen.

Dann entkam wieder einmal das Schwein. Wenn man vernahm, daß unser Schwein entkommen war, erscholl ein Ruf wie »der Löwe ist los!« und niemand, auch ich nicht, blieb auf seinem Platze. Wir jagten alle dem Schwein nach, denn war es einmal im Busch verschwunden, so sahen wir es aus verschiedenen Gründen nicht wieder. Ich freute mich daher, als eines Tages der Pater erschien und einen kundigen Boy mitbrachte, der das Schwein schlachtete. Nun wurden wir alle eingespannt. Ich hatte eine Klosterschürze umgebunden und schnitt Speck wie die anderen. Würste wurden gemacht, Fett zerlassen, der Magen gefüllt (der schweinerne und der unsrige), und alle Dörfler kamen und beteuerten, erprobte Freunde der Mission zu sein, um ein wenig Schwarten zu erhalten. Es wurde gepökelt und geschnitten, Schweiß und Fett rann in Massen, denn bei der Hitze der Tropen mußte das Schwein noch vor dem Abend so hergerichtet sein, daß es Haltbarkeit versprach. Es gelang! Ich wusch die Hände in heißem Wasser, legte die Küchenschürze ab und ging zurück zu meinen belletristischen Arbeiten, von denen ich mir in jedem Fall einbildete, daß ich sie besser handhabte als das Küchenmesser. O menschliche Überhebung!

Eine Woche lang war ich auch Kirchenschwester. Ich schmückte die Altäre, ich füllte die Vasen, ich fegte die Kirche, ich kam mir unendlich wichtig vor, nur mit dem Verbinden der Kranken, die am Nachmittag kamen, wollte ich nichts zu tun haben. Sie hatten furchtbare Wunden, die Kinder oft eitergeschlossene Augen und alle den Ringwurm, und weil er juckte, rieben sie sich am Klosterpfeiler Rücken und Arme. Der Eiter roch oft bis zum ersten Stock hinauf. Ich hätte nichts mit ihnen anzufangen gewußt. Einmal nur wurde ich gerufen, und da standen wir alle drei gleich ratlos, die Schwester, der Pater und ich. Ein Mann hatte sich am Arm, wie wir glaubten, die Pulsader verletzt, und wir wußten nicht, was wir tun sollten, denn das Blut schoß aufwärts und war nicht zu stillen. Wir waren alle drei kreideweiß und legten alle möglichen Verbände an.

Nichts half. Da gab ein altes Weib Lehm darauf, und durch diese Kruste floß das Blut nicht länger. Schwester Dolorosia wollte dem Manne eine Arznei geben. Da lief er davon. Ich auch ...

Schwester Dolorosia war eine Heilige. Sie sprach so wenig, daß ich mich wunderte, wie sie zu solchem Schweigen gekommen, denn ich galt vor meiner Reise als sehr schweigsam und sprach auch heute nur, weil dies das einzige Mittel war, mich anderen ein wenig angenehm zu machen und für empfangene Liebenswürdigkeit zu danken. Sie fastete, ohne daß man es merkte, sie verrichtete ihre Arbeit still und unauffällig, und sie sprach nie einen Tadel aus, aber an ihr merkte ich immer meine Schattenseiten. Sie fielen als dunkle Flecken neben das Licht. Ich kann gar nicht sagen, warum. Sie brachte meine Zelle instand, und ich merkte jedes Stäubchen auf meiner Seele, obschon sie nie ein Wort laut werden ließ oder ein mürrisches Gesicht zeigte. Sie kam aus Amerika und war sehr hübsch anzuschauen, schlank und wundersam weiß im Gesicht, doch nie wollte sie auch nur einen Spiegel in der Mission wissen. Ich betrachtete mich zuzeiten im Wasser einer Pfütze unweit des Kuhstalls. Da an mir nichts zu sehen war, bedauerte ich den Mangel nicht.

Postfahrten.

Gewöhnlich begibt man sich die Treppe hinab und zu einem Briefkasten; an einsameren Orten geht man zum Postamt, wenn weit, so höchstens zwei Stunden. Ich sollte mit meiner mächtig angeschwollenen Post, die aus Paketen, Käfersendungen, Beiträgen, Briefen und Manuskripten bestand und in einen Koprasack gewickelt war, nach Eitape fahren, dabei in Tumleo übernachten und erst nach zwei Tagen nach Ali zurückkehren.

Der australische Dampfer kam nur alle sieben Wochen einmal, doch konnte es geschehen, daß er auch erst nach acht oder neun Wochen eintraf. Was für die Mission bestimmt war, wurde in Seleo abgeladen, weil der Dampfer unweit davon ankerte, der Rest wurde nach Eitape gebracht. Von überall entlang der Küste kamen die Pflanzer auf Dampfbarkassen oder Segelbooten, und ein flüchtiges Leben quoll einen oder zwei Tage lang auf. Dann war das Meer reingefegt und so langweilig öde wie immer ...

Der Pater kam jede zweite Woche zum Aufenthalt nach Ali, denn er versah den Dienst auch auf Tumleo, und wenn er Sonntags früh auf Ali Messe las und nach Tumleo eilte, um sie dort noch einmal um zehn oder elf Uhr zu lesen, war der Augenblick zur Mitfahrt gekommen.

Die kurze Sechs-Uhr-Messe war kaum beendet, als wir überstürzt und ohne Frühstück ins Boot kletterten und an Genelà und den beiden folgenden Dörfern entlang bis zur Ostspitze von Ali und von da über das offene Meer bis nach Tumleo segelten. Dreimal machte ich solch eine Postfahrt mit. Wenn wir Glück hatten, so erreichten wir Tumleo nach zehn Uhr, und noch ehe wir landeten, läuteten die Glocken schon zur Messe. Die drei Tumleoschwestern in ihren wallenden weißen Gewändern erwarteten uns, und es mußte noch eine Messe kniend übertaucht, noch eine unverstandene durchsessen werden, ehe wir endlich hinaufgehen und frühstücken durften.

Tumleo war die älteste Ansiedlung und zählte die meisten Bekehrten. Sie hatten da keine Geisterplätze mehr und kamen pünktlicher zur Kirche. Wir durchwanderten die drei rundum befindlichen Dörfer, gingen auch über den Strand, der sehr reich an Meerschleichen, dem geschätzten Seetang der Chinesen, war, besahen uns die Tontöpfe, die hier gemacht wurden, die nur mit der Hand gedreht, hie und da ein wenig verziert wurden und die Patent Tumleos waren. Die Eingeborenen, das merkte ich mehr und mehr, bedurften im Grunde der weißen Brüder so wenig wie wir ihrer. Sie hatten ihre eigenen Gesetze, die für ihre Erdstriche und ihre Entwicklung besser und natürlicher waren als alles, was wir ihnen bieten konnten. Wenn sie sich einst gegenseitig auffraßen, was dann? Fraßen wir uns nicht täglich wirtschaftlich gegenseitig auf? Wenn sie mit der Frau eines anderen davonliefen? Bei uns muß man hohe Scheidungskosten zahlen, wenn das geschieht. Wenn sie getötet wurden, weil sie ein Tambu brachen? Und haben wir nicht das Tambu des Gesetzes und töten wir nicht jene, die das Gesetz brechen?

So durften zum Beispiel Ali und Seleo nur Armbänder aus Muscheln herstellen, Tumleo Töpfe und Ali und Angèl in bescheidenem Maße getrocknete Fische, denn wie wollten sonst alle Sago und Bauhölzer, Tapa und Kasuarfedern vom Festland eintauschen?

Ich schlief oben auf dem Dachboden in einem langen Zimmer. Wenn ich das Licht abgedreht hatte, war es mir immer, als glitten dunkle Gestalten heran und näherten sich in der Stille der Tropennacht. Der Wind spielte auch allzeit durch die Dachluke herein, und der Boden krachte – vermutlich gab es Ratten. Die Palmenkronen schaukelten in ihrer eigentümlichen Art, und wie zuzeiten auf Ali, wenn die Ebbe nachts eintrat, sah man den feurigen Widerschein von Fackeln, die das Riff erhellten, auf dem die Leute nach Fischen suchten, die die Flut in Felsvertiefungen zurückgelassen, nach Muscheln, die am Gestein klebten, und nach Polypen, die sich in Löcher zurückgezogen hatten und die gebraten hochrot waren und so gut schmeckten.

Durch die Brandung von Eitape.

Es ist immer ein Wunder, wenn man trocken nach Eitape kommt. Einmal ist der Fluß geschwollen und bietet Widerstand, einmal ist Ebbe und die Strömung ungünstig, und in jedem Fall sind die Wogen breit und hoch vor dem Halbinselchen. Die Boys hielten zuerst das Boot stark zurück, warteten auf eine besonders kronige Woge und ruderten hierauf stark und voll. Die Welle kam brausend hinter uns her, erfaßte uns und trieb uns pfeilschnell dem Strand zu; lief unter uns aus. Noch eine, die uns vollends näherte.

»Sari, sari!« (schnell) befahl Pater N., und die Boys sprangen heraus und rissen das Boot den Sand hinauf. Dennoch konnten wir uns vor dem Naßwerden nur retten, indem wir schnell auf die Sitze sprangen und vor der dritten Welle im Bogen auf den feuchten Sand.

Bei der Mission.

Am Strand des Festlandes, ungefähr Ali schräg gegenüber, liegt wieder eine katholische Mission, die nur einen Bruder und einen Pater enthält und oben auf dem Berge gelegen ist. Von da aus sieht man vier mächtige Bergketten und hinter ihnen ist noch niemand gewesen. Die Tiefländer sind voll Morast, in dem die Sagopalmen mit ihren langen abweisenden Dornen stehen, Krokodile und Riesenschlangen ihren Wohnort haben und der Kasuar durch den Busch läuft. Er ist kleiner als ein Strauß, hat aber genug Kraft, um mit seinen Krallen einem Hunde mit einem Ruck den Bauch aufzuschlitzen. Klein werden sie gern als Hausvögel gehalten, groß sind sie gefährlich, und groß oder klein haben sie die leidige Gewohnheit, den Kindern die Augen auszustechen, vielleicht weil sie gar so sehr aus dem Weiß hervorleuchten.

Wir wanderten, so schnell wir konnten, über das ganze Missionsgebiet und sahen die Sapodillabäume, die ich hier nach Südamerika zum ersten Mal wiedertraf. Ein feiner Nebel, der sich schnell verdichtete, verdunkelte bald Berge und Meer und wir aßen im Missionshaus, als der Guß niederging und die Wege derart schlüpfrig machte, daß ich manchmal befürchtete, kopfüber die Straße hinabzufahren, was angesichts des Umstandes, daß mich zwei Patres und ein Bruder begleiteten, höchst unpassend gewesen wäre.

Während der Bruder seine Schule und seinen Garten (er war Tischler, Schuster, Diener, Koch, Katechist und weiß der Himmel was noch alles) verließ, um eine Reissuppe und wirklich gute Pfannkuchen hervorzuzaubern, dachte ich an das wahrhaft entsetzliche Leben, das diese Menschen eines Ideals wegen führten, und um dieses Ideals willen bewunderte ich sie. Die glühende Hitze, die trostlose Einsamkeit, der Mangel an richtigem Gedankenaustausch mehr als die Einsamkeit, die ich ja selbst liebte, die Kost, die wenig Abwechslung kannte, die etwas feindliche Haltung der Behörde, die ihnen als Deutschen einerseits, als Katholiken andererseits gegnerisch gesinnt war, die verlorene Heimat, die Krankheiten ... Pater N. hatte so hochrote Beine, als ob er sie stets in siedendes Wasser hielte. Das war ein Tropenübel. Der Bruder litt an Darmstörungen, mehrere Schwestern waren an Schwarzwasserfieber, das um Eitape besonders tückisch war, gestorben. Brandung, Meer, Kopra und das Heil der Seelen, die kein Heil wollten. Dabei waren die Patres so lustig, als ob sie im Himmel wären. Fürwahr, groß ist der Glaube und selig sind die, die ihn besitzen!

Antonia.

Sie war schon im Loch gewesen. Nicht im Kerker oder Kalabus, wie man auf den Inseln sagt, sondern tot im Loch, als sie ein kleines Kind gewesen, denn vor kaum zwanzig Jahren herrschte auf Ali noch die Sitte, unwillkommene Kinder kurzweg in ein Loch zu tun, Reisig und Sand darauf zu schütten und dann zu warten. In einer Stunde ungefähr war das Kind tot, und vielleicht holte es doch jemand, der eben ein Mädchen brauchte, denn immer waren es Mädchen, die so nach der Geburt weggeworfen wurden. Im Nachbardorfe brauchte nun tatsächlich jemand ein Mädchen (ohne Schwester kann ein Bruder nicht heiraten, weil er eine Frau gegen eine andere tauschen muß), und daher holte ein Weib Antonia. Nun war dieses Mädchen selbst schon Mutter, und da sie in der deutschen Zeit Schülerin war, sprach sie deutsch, kam oft zur Mission und sagte immer, wenn wir zusammen auf- und abgingen oder Buschpfade aufsuchten: »Nun, Fräulein, werde ich Ihnen etwas verzählen!« Und sie »verzählte« immer etwas von den Winden, mit denen sich Frauen unfruchtbar machten, von den Blättern, mit denen sich Ehefrauen reiben mußten, von den Wurzeln, die eine gelbe oder eine rote Farbe ergaben, von den Sträuchern, von denen man Fasern gewinnen konnte, vom Tschapul, vom Fest der Einweihung, vom Liebeszauber und so weiter, aber außer Antonia wurde auch sonst jeder mein Lehrer. Ein kleiner Junge zog vorsichtig eine dunkle Wurzel vom Erdboden weg, durchschnitt sie und warf sie in ein Körbchen. Ich sprach ihn um eine Wurzel an, da er schon das Buschmesser hatte, doch warnte er mich oft, ja nichts davon an die Lippen zu bringen, weil ich sonst sterben müßte. Es war das gefürchtete Gift, das Fische betäubt, wenn es auf das Meer geschüttet wird, und das dem Menschen, sind die Fische gut gebraten, nicht mehr schadet, das aber roh schnell den Tod herbeiführt.

Die Wurzel der Spinnenlilie wird zu Vergiftungen gebraucht, ein besonderes rotes Kraut muß in jedem Tarofeld wachsen, sonst hat man angeblich keine Ernte, Ganguasuablüten werden von Männern gezogen, die sich mit dem Dufte einreiben und Liebeszauber erzeugen, aber am nächsten der Zigarettenweisheit kam ich doch durch Schwester Nicola und einen Dörfler, der das Auge erst rot, dann schwarz ummalt und einen roten Längsstreifen auf der Nase hatte, also wie ein echter Zauberer aussah und mich zu geheimem Lächeln zwang und der endlich so weit ging, uns das kostbare Pulver zu zeigen. Es erinnerte an Kalk oder Kreide, war etwas spröder als beide und hatte keinen Geruch. Gekostet habe ich es leider nicht. Er sagte, daß man es in einer Höhle am Festland fände, und daß jeder, der aus der Höhle emporsteige, eine Weile lang ganz lunglung (verrückt) sei. Es wäre meiner Ansicht nach nicht ausgeschlossen, daß es sich bei der Zauberzigarette um irgend eine rein chemisch betäubende Wirkung handelte. Der Rest mag Gedankenübertragung sein, denn man darf nicht vergessen, daß ein Schwarzer, der, wenn nötig, den ganzen Morgen faul aus dem Sand des Dorfplatzes liegen kann, sich nicht zersplittert, daß er den einen ihm wertvollen Gedanken festhalten und in alle Richtungen hin verfolgen kann. Das aber ist Kraft, die sich irgendwo auslösen mag.

Abreiseschwierigkeiten.

Viel wäre noch zu erzählen – von Yakamul, von wo aus Schwester Rigolberta zu uns herüberkam, um auf den Dampfer zu warten; von Monumbo, und dem dahinter liegenden Apenang, wo schon die echten Wilden ihr Unwesen zu treiben begannen, wo die alten Frauen, die keine andere wichtige Beschäftigung hatten, wochenlang unter dem Hause saßen und auch dort schliefen, eine Kokospalmenrinde in der Hand, und darauf achtend, wann wieder ein Wurm durch das Bambusröhrchen, das von der seicht begrabenen Leiche bis an die Oberfläche führte, hervorkroch, um ihn totzuschlagen. Erst wenn alle Würmer vernichtet waren und man annehmen durfte, daß von der Leiche nichts als das Skelett übrig geblieben, nahm die unangenehme Wache endlich ein Ende.

Oder vom breiten Sepik, der sich in langsamen Windungen inlandwärts schlängelte, und an dessen Ufern die Moskitos riesengroß waren, von den herrlichen Faltern, die ich am Festland gefunden, von den Paradiesvögeln, die man manchmal, in großer Entfernung, fliegen sah und die zu schießen streng verboten war, so streng, daß auf das Einschmuggeln eines Paradiesvogels nach Australien allein eine Strafe von dreißig Tagen Arrest, nicht mit Geld abbüßbar, gesetzt war. Der einzige Ort ganz Neu-Guineas, wo man Paradiesvögel bis 1928 schießen durfte, war Hollandia, jenseits der Grenze, etwa 50 Meilen von Eitape, und deshalb eben war den Weißen wie den Schwarzen jedes Kreuzen der Grenze streng untersagt.

Zuerst hatte ich gehofft, mit dem kleinen Regierungskutter fahren zu können, denn er fuhr alle acht oder neun Wochen einmal bis nach Wanimo, der letzten Polizeistation diesseits der holländischen Grenze, und in wenigen Stunden hätte er mich jenseits der Grenze absetzen können, doch machte der Kreisrichter allerlei Schwierigkeiten und verlangte endlich die hohe Summe von dreißig Pfund, für die ich schon nach Australien hinabgefahren wäre, so daß ich die Summe nicht nur nicht zahlen konnte, sondern sie auch nicht zahlen wollte. Ein anderer Mann – ein Pflanzer – sollte fahren, wenn er die Erlaubnis zum Kreuzen erhielt, doch sie wurde verweigert, und aus meinem Plane wurde nichts. Dann gerade als der Kreisrichter Zeichen von Erweichung zeigte – brachen angeblich die schwarzen Blattern jenseits der Grenze aus, und da saß ich und durfte mich nicht rühren.

Lange lag ich den Patres in den Ohren, mich einfach auf dem Kanu eines Alimannes fahren zu lassen; die Leute kannten den Weg, waren so weit verläßlich, und man konnte sagen, daß wir nur nach Malol oder Arop fahren wollten. Einmal jenseits von Eitape, wer kümmerte sich noch? Der eine Pater wie der andere waren dagegen, denn sie meinten, daß ich oft am Festland um ein Feuer schlafen, mich von Inselsachen würde nähren müssen, den Stichen der Mücken hoffnungslos ausgesetzt wäre, und daß er wohl die Alileute, nicht aber die vom Festland kannte, die uns insgesamt töten konnten. Erst als sich keinerlei Ausweg zeigte und ich der hohen Kosten willen nicht über Australien fortfahren wollte, entwarf der Pater folgenden Plan. Ich sollte mit dem Missionsboot fahren, dem Kutter bis nach Wanimo angekoppelt und von da ab im Boot von den Alijungen bis in Sicht von Hollandia gerudert werden. Man würde zwei Tage hin brauchen, und das ging.

Der alte Kreisrichter fuhr zum Glück ab, ein junger, regsamer, von den Schwarzen heilsam gefürchteter, traf ein und ich fuhr neuerdings über Tumleo nach Eitape, und bat, angekoppelt werden zu dürfen, sobald die Frucht nach Wanimo befördert werden würde. Der Kreisrichter sah mich forschend an – ich hatte meine Bitte schon schriftlich unterbreitet, machte viele Einwände und die Unterredung endete mit folgendem Wortwechsel: »Ich kann Ihnen die Erlaubnis geben, zu fahren – Ihnen, doch keinem Eingeborenen, wenigstens nicht von Ali oder Tumleo. Ich kann indessen nicht garantieren, daß Sie lebendig hinkommen.«

»Das verlange ich nicht. Ich bitte nur fahren zu dürfen.«

»Was werden Sie sagen, wenn Sie tot sind?«

Ich lächelte.

»Nichts!« Das war unbedingte Wahrheit.

»Man kann Sie schon Ihrer Sachen wegen töten – nicht nur aus Menschenfresserlust oder Haß.«

»Ich besitze so wenig ...«

Er besah mich vom abgebrannten, farblosen, verwaschenen Lederhut bis hinab zu den weißen, aber leichten, absatzlosen Gummisohlenschuhen und lächelte. Dann schrieb er wortlos den Paß. Bei mir war in der Tat nichts zu stehlen.

An Geld kam ich mir ungemein reich vor. Das Textilblatt hatte das Geld gekabelt, und ich hatte vierundzwanzig englische Pfund. Mit solch einer Summe wäre ich in der Vergangenheit weit gekommen, aber ich war nun einmal ein Pechvogel. Das Geld wurde mir in Silber ausgezahlt, was mich belastete, was mich zwang, das Geld im Koffer anstatt in einem Säckchen um den Leib unterzubringen, und ich verlor überdies später beim Einwechseln bei jedem Pfund fast einen Schilling ...

Letzte Vorbereitungen.

Ich saß wie auf Nadeln. Meine Arbeiten waren verpackt und abgeschickt, die Pakete mit den Sammlungen ebenfalls. Ich wartete, den Blick auf dem Meer, auf das Auftauchen eines Bootes, denn es ging mir wie es in der heiligen Schrift geschrieben steht: »Kein Mensch kennt die Stunde!« In der Tat, jeden Tag, zu jeder Stunde, konnte der Ruf erschallen.

Vor zwei Wochen war eine neue Oberin ernannt worden. Das bedeutete einen Schwesternwechsel. Schwester Perpetua kam nach Samba, und ich lief angstvoll in die Küche und fragte Schwester Nicola: »Wissen Sie schon, wer gewählt wurde?«

Sie nickte.

»Ist die Oberin nett?«

»Es geht!« meinte sie, und die matte Auskunft ließ mich Schlimmes erwarten. Ich fürchtete mehr Gebete und mehr schweigende Todesbetrachtungen und besonders *mehr* Schwarze um die Mission. Am Nachmittag wußte ich, daß Schwester Nicola gewählt worden war, und frohlockte. Sie war so gut gegen mich! Das waren ja alle, aber ich schloß mich ihr auch als Mensch am leichtesten an.

Kurz nach dem Essen kam der Rus. Die Boys schleppten meine Körbchen, den kleinen Koffer und die Erika, in ein Öltuch verpackt, zum Strand. Nur das Pflanzenkörbchen, das ich bei Buschwanderungen zu benützen pflegte, und eine Anzahl Pfeile standen noch im Zimmer und auf dem Tisch die braune Pfefferflasche – nicht zu klein oder handlich – die mir die Rabaulschwestern gegeben hatten und die ich zurückzulassen im Begriff war. Was sollte ich damit? Man ging doch nie allein im Busch mit einer umständlichen Flasche in der Hand! Gewiß nie, wenn tatsächlich Gefahr drohte.

Ich hörte die Boys auf der Treppe. Etwas zwang meine Hand. Ich warf die Flasche obenauf ins Pflanzenkörbchen ...

Das sind die Wege Gottes.

Ich nahm Abschied von den beiden guten Schwestern, von Antonia und ihrem herzigen, kleinen braunen Rangen, den ich öfter auf der Hüfte sitzen gehabt hatte (die Kleine fürchtete sich nicht vor weißen Gesichtern und ließ sich jedesmal nach Inselsitte auf die Hüfte setzen), und sprang ins Boot. Gegen Sonnenuntergang waren wir in Tumleo, und die Schwestern begrüßten mich. Ich hatte indessen das Gefühl, daß sie auf mich herabsahen, weil ich in häuslichen Arbeiten nicht wie sie schaffen und wirken konnte, weil ich etwas betrieb, was ihnen mehr oder weniger nutzlos schien und mich in Geldnot ließ. Ich konnte es ihnen nicht begreiflich machen – und versuchte es auch nicht –, daß nur ein einziges Blatt gezahlt hatte; daß hohe Werte eben auf dem Wasser trieben und auch in mir noch gebunden schliefen, denn das erworbene Wissen hatte Dauerwert. Allerdings konnte ich es nicht wie eine Wäscherin oder Schneiderin sofort in Bargeld umsetzen. Als ich mich niederlegte, weinte ich meine Demütigungen in das Kissen des Klosters hinein. Gegen die Mühen und Leiden der Reise, gegen Gefahr und Krankheit hatte ich nichts einzuwenden, denn das war der Preis, den man immer für solches Wissen zahlte, aber daß meine »Hammersonne«, wie ich meinen Vertreter nannte, so schweigsam blieb, und daß in Europa *nichts* zu machen sein sollte, wenn ich im Grunde doch etwas leistete, was andere nicht zu unternehmen wagten, das erstaunte mich. Später begann es mich zu erbittern. Was taten Engländer für eine Frau, die den Mut hatte, vom allgemeinen Pfad abzuweichen! Meine engeren Landsleute kümmerten sich nicht um mich oder meinten, während sie in einen Topfenstrudel bester Auflage bissen und Wein dazu tranken: »Es hat ihr ja niemand befohlen, wegzufahren!«

Wenn alle so dächten, wäre Columbus Kastanienbrater und Vasco da Gama Schuhbänderverkäufer geworden; auch hätte Schiller lieber in einer Kanzlei Schreiberdienste verrichtet und Goethe hätte Paragraphen verlesen. Ich wußte, daß mein Pfad – sowohl als Forschungsreisende wie als Schriftstellerin – ein ungewöhnlich dornenvoller sein würde, aber daß an unsichtbarer Pechschranke mein Leben und Tun würde zerbrechen müssen, das hatte ich nicht bedacht. Sobald ich Geld einer bestimmten Währung hatte, begann ein Sturz; sobald ich ein fast nie betretenes Gebiet mit tausend Mühen erreichte, veröffentlichte jemand, der vor dreißig Jahren durchgefahren war, seine Erinnerungen und schnitt mir den Markt ab; sobald ich mich an einen Verlag wandte, der Interesse für meine Romane verriet, mußte er infolge unerwarteter Schwierigkeiten den Konkurs ansagen; sobald ich eine Verbindung mit einem großen Blatt hatte, schnitt mir jemand aus nächstem Kreise die Verbindung ab; sobald ich eine Insel erreichte, wechselte man die Schiffsordnung; kurz, es gab nicht ein Ding, das sich mir nicht feindlich entgegenstellte, und durch diese Hemmnisse hindurch ging ich verbittert, aber unbesiegt ...

Meine letzte Erinnerung an Tumleo ist eine heitere. Pater B. war vom Festland hergekommen, um mir gewissermaßen den letzten Segen zu erteilen. Er beschrieb mir die Küste, er zeigte mir im Sande die große geschweifte Humboldtsbai, er nannte den Namen eines Deutschen, der sich dahin im Kriege geflüchtet hatte und eine Pflanzung unweit der Niederlassung besaß, und er trug mir noch einmal auf, vorsichtig zu sein. Der Kreisrichter hatte verboten, daß mich die Missionsjungen weiter als nach Wutong brachten. Von da an sollte ich mit dem dortigen Häuptling allein bis nach Hollandia fahren, viele Stunden im Kanu, und Pater B. sagte bekümmert, daß die Wutongleute unverläßlich wären und er mir riete, nirgends zu landen. Das hatte mir übrigens auch der Kreisrichter gesagt.

Nun betrachteten wir beide die Zeichnung der Bucht im Sande, und ich wiederholte alle guten Lehren. Da kam der Ziegenbock, der vor kurzem den Schwestern anvertraut werden war und der weder vor Patres noch Schwestern Ehrfurcht hatte, und stieß Pater B. derart mit der Stirn in einen gewissen Körperteil, daß er bei einem Haare umfiel. Ich rettete mich schnell. Der Ziegenbock verwischte mit den Füßen die Zeichnung Hollandias ...

Auf der Pinasse.

»Geben Sie acht auf das Boot!« sagte Pater B., und mir war es, als fielen Boot und Boys schwer auf mein Gewissen, »doch zuerst Ihre Sicherheit, hierauf die des Bootes!«

Es war die Zeit des trunkenen Mondes (wenn er erst nach zehn Uhr aufgeht), und die Pinasse verließ daher erst gegen elf Uhr den Hafen von Eitape. Mit schriftstellerischem Leichtsinn reiste ich ohne Regenschirm und ohne Decke. Ich saß fröstelnd zusammengekauert in einem Stuhl, als mir jemand eine Hülle brachte, die mich vor dem schweren Nachttau schätzte. Ich merkte, daß ich fieberte, und schob selbst die Nase unter die bergende Wolle.

Von Eitape an, obschon noch eine kleine Missionsstation folgt, beginnt schon das Reich der Wilden. Was am Strand geschieht, davon ahnt die Behörde noch ein wenig, doch zwei Bergketten landeinwärts tut man, was man will und mehr als jemand ahnt. Selbst an der Küste hat man noch seltsame Gebräuche. In den kleinen Pfahlbauten hängt über dem Feuer ein Gestell wie jenes, auf dem die Alileute ihre Fische räuchern, nur größer, doch legt man hier die Leichen der Verstorbenen darauf und läßt sie durch den aufsteigenden Qualm langsam trocknen. Zuerst fällt eine Menge Leichensaft auf das Feuer und in den Sagokessel, aber das tut nichts. Es verleiht pikanten Reiz, und wer an dem Toten besonders gehangen hat, der schmiert sich damit ein. Es überträgt den Geist des Toten auf die Lebendigen, weshalb an vielen Orten etwas vom Toten von den Hinterbliebenen verspeist wird. Eine getreue Gattin fand den Gatten und Häuptling tot, als sie von kurzem Besuch zurückkehrte. Was tun? Sie kratzte die seichte Erde weg, schlug mit dem Buschmesser die große Zehe ab und verspeiste sie roh, wo sie eben stand. Wieviele europäische Gattinnen würden so viel Liebe (?) aufbringen?

Aber in Arop, wie gesagt, trocknet man die Leichen. Die der Männer werden als wertvolle Mumien in einer Ecke der Hütte aufbewahrt und leben gewissermaßen mit – sind

Götzen; Frauen und Kinder werden aufgehoben, und wenn eine Hungersnot eintritt, schneidet man ein Stück herunter, ißt es roh wie Prager Schinken oder kocht es ...

Man kann sich denken, daß die Sitten hinter Malol und Arop noch bedeutend ursprünglichere und unerquicklichere waren.

Beim Polizei-Inspektor in Wanimo.

Eine tiefe Bucht, von Bergen umschlossen; einsamer als andere Buchten, stiller, wilder. Auf dem ersten Hügel das kleine Haus mit einem Küchengebäude und einem kleinen Warenhaus. Unten die Hütten der Polizeiboys. So weit ich mich erinnere, gibt es nicht einmal einen Chinesenladen mehr. Das bedeutet den Schluß aller Dinge.

Der Polizeiinspektor kam uns entgegen. Er war verständigt worden und geneigt, mir zu helfen, aber an dem Tage konnten wir nicht weiter. Er führte mich hinauf und sagte, ich solle es mir bequem machen. Draußen auf der Veranda brachte man mir warmes Wasser, und ich wusch mich. Unterdessen machten meine Boys unten am Strand ein Feuer und kochten Reis, froh, einen Tag in seligem Nichtstun verbringen zu können. Die Polizeijungen schleppten die Vorräte ins Warenhaus. Es ist ein Ereignis, wenn der neue Lampendocht eintrifft und man wieder frischen Tabak hat, wenn die Post auf den Tisch fällt und die altgebackenen Zeitungen und Zeitschriften, so neu für die Südsee, Tische und Liegestühle überschwemmen.

Der junge Beamte, der mitgekommen war, sollte hinaus in die Berge und neues Gebiet durchstreifen. Der Inspektor warnte ihn vor diesem und jenem. Immer vorangehen, immer kühl bleiben! Da waren die Wege so, dort anders. Man mußte durchnäßt schlafen und durchnäßt wandern. Ein böser Ort, ein böses Klima. Und die Wilden!

Ich lernte viel und hielt die Augen offen.

Unter der Decke war ein Segel gespannt. Ich sah erstaunt zu dem bauschigen Ding auf. Es wurde mir erklärt, daß es trotzdem derart durchregne, daß man zuzeiten nicht arbeiten könne. Die Regierung tue nichts, denn so weit hier draußen käme doch nie eine Inspektion und kein fremdes Auge erspähe die Schatten von Wanimo ...

Die Seitenwände aus morschem, braunen Holz klafften auch da und dort, die Stühle litten an Gicht und Gliederverrenkung, und nur die Aussicht war herrlich, doch von der Aussicht kann niemand leben. In solch einer Bude, weltabgeschlossen, zu langen Märschen durch Menschenfresser- und Fiebergebiete gezwungen, malariakrank, dann schnell die Kanzleisachen erledigen, und wenn sie nicht schnell abgehen, von jemand, der behaglich in Sydney sitzt, eine Nase zu erhalten, das sind die Freuden des Urwaldes, die vielgepriesenen. Was nützt es, wenn er, todmüde, um sein Lagerfeuer eine Schar übelriechender feindlicher Eingeborenen versammelt hat, die ihm ihre unappetitlichen Schinken zukehren, und von unappetitlicheren Sitten erzählen, die man gern liest, wenn man daheim alles erstklassig rein und schön hat – des Gruselns halber. Oder wenn er eine Schopftaube schießt, was streng verboten ist, oder dem Schrei eines Paradiesvogels nacheilt? Oder wenn er, über den zähen, feuchtheißen Morast springend, einen Tapir verschwinden oder einen Kasuar auftauchen sieht? Wenn man Fieber hat, verwünscht man alles, sich selbst eingeschlossen ...

Die beiden Männer liefen ein und aus, arbeiteten fieberhaft, sprachen über all das in kurzen, brüchigen Sätzen, wie man das Natürlichste der Welt erörtert. Ohne Randbemerkungen, wie ich sie einfüge: einfach Erlebnisse, sich gegenseitig zugeworfen, während Kisten und Koffer flogen.

Zu Mittag aßen wir die salomonische Tomatensuppe aus Blech, Würstchen aus Blech, Spargel aus Blech (alles Büchsenspeisen) und etwas, einem Reispudding gleich, vom schwarzen Koch geliefert. Der Inspektor sagte mir: »Wenn ich nach Sydney komme und mir meine Frau *ein* Ding aus einer Büchse vorsetzt, lasse ich mich scheiden!«

Er war lange am Sepik gewesen und hatte die Eingeborenen nachts in die langen und breiten Schlafsäcke kriechen gesehen, in denen Eltern, Kinder, Verwandte nackt zusammenlagen, während der Letzte die Schnur zuzog. Nicht selten erstickte ein Mitschläfer. Er meinte, daß niemand so richtig in Neu-Guinea gewesen sei, der nicht die Sepikmoskiten mitgemacht hätte. Ich fand die um Wanimo auch ganz zufriedenstellend beißkräftig.

Am Nachmittag saß ich ganz müde in meinem Stühlchen mit einem Buch auf dem Schoß, und zeigte keine Lust, weitere Entdeckungsreisen anzutreten. Endlich fragte ich nach einem Fiebermesser, und der Inspektor steckte mir sofort einen in den Mund, las ab, zog die Brauen hoch, brachte zwei Aspirintabletten und Wasser, ließ mich schlucken, alles wortlos, und erklärte zum Schluß: »Wenn Sie morgen nicht fieberfrei sind, so fahren Sie nicht!«

»Es spielt keine Rolle!« meinte ich, die Gedanken bei geborgten Boys und Boot.

»Sie könnten unterwegs sterben, mehr steht nicht auf dem Spiel, und deshalb bleiben Sie hier!« erwiderte er, denn er war Polizei-Inspektor unter Menschenfressern und an die nachdrückliche Befehlsform gewöhnt …

Wo der Flaschenkürbis die Hose ersetzt.

Der Regierungskutter schaukelte über das leicht bewegte Wasser. Mein Malariafieber war frühmorgens, wie immer zu dieser Tageszeit, gesunken, und ich durfte mich einschiffen. Die Missionsboys folgten mir zu unnützer Begleitung, denn weiter als bis Wutong sollten sie nicht. Von da ab mochte sich der Tultul oder Häuptling meiner annehmen.

Der Strand weitete sich, sonderbares Gestein, buntschillernd, rauh, deckte das ganze Becken. Ein Fluß träufelte in vielen Verzweigungen ins Meer, träge wie die Eingeborenen. Der Busch enthielt seltsame Blüten, fremde Samen bedeckten den Boden. Federn eines unbekannten Buschvogels flatterten über den Pfad hin.

Die Boys schleppten Koffer, Pflanzenkörbchen, Erika ans Land, zuletzt mich selbst, denn der Kutter blieb weit draußen vor Anker. Aus Versehen oder absichtlich blieben meine Pfeile zurück; alles war ein Laufen und Hasten; ich sperrte den Koffer auf und mußte eine Rolle Silber entnehmen. Die Wutongschwarzen sahen es mit kindischer Neugier, Silber ist der Preis der Kopftaxe. Schon damals bedauerte ich den Umstand.

Die Herren nahmen Abschied, rieten mir, nirgends stehen zu bleiben, empfohlen mir, abends wegzureisen, damit ich morgens gegen Hollandia führe, und fuhren nach der Pinasse zurück. Dem Tultul war ich anvertraut worden, Pfeifen und Tabak wurden verteilt, er nahm mich unter seine Fittiche. So stand ich, ehe ich es recht wußte, an fremdem Strande mutterseelenallein.

Kaum saß ich im sogenannten Fremdenhaus des Dorfes – einer zugigen, völlig leeren Hütte – so näherten sich mir Männer und Frauen. In der Regel liefen die Frauen hier nackt wie das Getier, doch mir zu Ehren legten sie ihre Festgewänder aus einfacher und aus bemalter Tapa um und ließen ihre Hals-, Armbänder und übrigen Schmuck vor mir leuchten. Sie waren sehr stark gebaut und vollbrüstig, sonst nicht schöner und nicht häßlicher als die anderen Inselweiber. Ein Mann urteilt gewiß anders; mir ist ein abgegriffener, kokosöliger, oft ringwurmgezeichneter Leib nie besitzenswert erschienen. Die Männer machten gar nicht den Eindruck von Männern auf mich; ich meine, daß jedwedes Geschlechtsempfinden ihnen gegenüber ausgeschaltet blieb. Ich betrachtete sie, wie ich ein Tier fremder Art betrachtet hätte, fand sie haarig, schwarz, breitgebaut, bärtiger als ich sie bis dahin gesehen (der Häuptling hatte einen schütteren Ziegenbart), und nur das eine fiel mir auf: sie trugen das Zeichen ihrer Männlichkeit in einem gelben

Flaschenkürbis, der mittels einer schwarzen Fasernschnur um die Hüften gebunden war. Die schwarzen Männer mit den goldgelben Hülsen wirkten komisch und nackter als nackt. Auch eine Mode!

Die Kinder fürchteten sich ein wenig vor mir.

Es mochte elf Uhr gewesen sein, als ich in Wutong eingetroffen war. Die Hütte war zugig. Mich weit zu entfernen, hatte ich weder den Mut (mein Gepäck stand unbewacht), noch die Kraft (das Fieber begann neuerdings zu steigen), und so saß ich, um weniger zu frieren (wir hatten gewiß 35 Grad Celsius im Schatten) auf der leiterartigen Treppe und las in meinem Buche, so gut es gehen wollte, wenn ich nicht Besuch hatte und mich mit Fingern und Kopfbewegungen unterhielt. Es ist mir nie angenehm gewesen, mich von vielen Leuten anstarren zu lassen, am wenigsten von Menschen, von denen man nicht wußte, was sie zunächst tun würden. Ein schwarzer Polizeiboy, der gleich dem Häuptling etwas Pidgin-Englisch sprach, war mir geblieben, und als der Tultul früh am Nachmittag – es kann höchstens drei Uhr gewesen sein – auf mich zutrat, vor mir wie vor einem General ins Gewehr trat (mit einem Stock!) und meldete, daß ein erstklassiger Wind für Hollandia aufgesprungen war und mich fragte, ob ich nicht lieber gleich fahren wollte, sagte ich ja. Auch wenn ich, dem Rate folgend, bis zum Abend gewartet hätte, würde die Sache kaum anders abgelaufen sein, so daß ich mir später keinerlei Vorwürfe machte. Damals entschied mich der Umstand zugunsten des Tultuls, daß mich das Fieber quälte und ich Sehnsucht hatte, in stechender Tropensonne zu sitzen – was schlecht, aber im Augenblick des Leidens angenehm ist.

Der Tultul gab ein Zeichen, vier Männer, die zu Ehren der fremden Verwaltung allerlei Schmuck angelegt und in die Lauskolonie eine Menge roter Blüten gepflanzt hatten, erschienen mit rundlichem, kurzem Ruder und nahmen mein Gepäck. Die Erika und das Pflanzenkörbchen wollte ich auf meinem Kanu haben, Koffer und Körbchen gingen auf das zweite Fahrzeug. Der Tultul führte mich über die breite Korallenbank, und als wir zum Wasser kamen, hob er mich auf – mit oder ohne Freßgelüste kann ich nicht sagen, prüfend vermutlich – und trug mich auf mein Kanu.

Man stelle sich vor: ein ausgehöhlter Baum, nicht breit, nicht zwei Meter lang; darüber ein geflochtener Ausleger, auf dem man, wenn man mit untergeschlagenen Beinen saß, sitzen konnte. Eine handhohe Brüstung umgab das unsichere Spielzeug. Mir gegenüber knurrte ein Wutonger, zwischen uns war die Erika und das Pflanzenkörbchen und dann ich. Wir hatten mit Mühe Raum. Vorn, einen Fuß im Kanu, einen unter sich auf dem Ende des Geflechts, saß der Häuptling, ruderte und steuerte in einem. Zuzeiten half der andere mit. Ein breites Mattensegel, sehr hübsch mit Büscheln von Kasuarfedern und Kakaduschöpfen geschmückt, ragte zwischen uns senkrecht empor. Der Mast war ein dünner Stab, alles war denkbar klein zugeschnitten. Ein Speisetisch bei uns ist oft größer, als es unser winziges Fahrzeug war.

Hinter uns kam das zweite Kanu mit zwei weiteren Wutongern.

Der Wind fuhr in das Segel, wir schossen auf die Kämme der Wogen, eine Nußschale auf weitem Meer. So sollten wir viele Meilen fahren ...

Ich kann nicht einmal behaupten, daß ich mir etwas Unangenehmes dachte. Wahrscheinlich quälte mich das Fieber zu sehr, doch erinnere ich mich, daß ich nach meiner gewohnten Art die beiden Schwarzen um dies oder jenes fragte. Sie erklärten mir auch ganz bereitwillig die Grotten, erzählten, daß sich Schmuggler dort öfter verbergen – Malaien, so weit ich entnehmen konnte, denn ich näherte mich dem übelberüchtigten Malaiengebiete –, die Paradiesvögel oder die prachtvollen Schöpfe der Krontauben abzuliefern hatten, sie machten mich auf allerlei Bäume aufmerksam, deren Eigenschaften, im brüchigen Pidgin erklärt, mir allerdings meist verloren gingen, und wiesen nach mehreren Stunden Fahrt auf einen graufelsigen Vorsprung, auf dem eine Flaggenstange zu erkennen war: Wir hatten das einstige Kaiser-Wilhelms-Land verlassen und waren in Holländisch-Neu-Guinea.

Das Kanu trieb nicht schnell. Auch war uns die Strömung hinderlich, denn bald befanden wir uns an der Mündung eines sehr breiten Flusses, dessen grünliche Wasser das Meer verfärbten und der, wie die Männer mit Gebärden eher als Worten andeuteten, tief aus den noch unerforschten Gebieten kam. Eine Menge treibenden Holzes, etwas Blattwerk, fremde Samen, die als braune Bälle über das geringelte Wasser tanzten; Krokodile in den Tiefen schwammen meerwärts ...

Mit dem Tode um die Wette.

Die Sonne, die in Wutong noch fast senkrecht gestanden, näherte sich als glutender Ball dem fernen Gesichtskreis. Die grünen Wellen trieben uns heftig vorwärts. Zur Linken lag eine Ortschaft, und die Wutonger begannen, mit allen Anzeichen der Erregung zu schreien und zu winken. Die Leute am Land winkten auch. Sie machten gewisse Zeichen mit den Armen, die ich nicht zu deuten vermochte. Die Bauten wichen von denen auf Ali ab, und ich hätte sie gern näher besehen, erinnerte mich jedoch der Warnung und war froh, daß die Leute keinerlei Miene machten zu landen, noch jene am Ufer, uns zum Landen zu bewegen.

»Ihm Freunde!« meinte der Junge mir gegenüber, und ich nickte. Ich fragte auch nach dem Orte und er lautete ähnlich wie Seleo. Später erfuhr ich, was ich damals nicht wußte, daß nicht weit von diesem Dorfe und um das Vorgebirge herum eine alte Höhle gelegen ist, in der die Eingeborenen die Köpfe der eroberten Feinde (vermutlich der verspeisten) zur Erinnerung aufbewahrten. Bei uns sammelt man Marken, in der Südsee lieber Köpfe. Man ist da wie drüben sehr sammeleifrig.

Der Wind mochte günstig sein, das Wetter war es nicht. Die Sonne netzte die Strahlenenden im Weltmeer, doch hinter dem Zyklopengebirge, das hinter der Humboldtbai aufstieg, ballten sich die Wolken und verdeckten sofort nach Sonnenuntergang auch die Aussicht über Küste und Meer. Nebel oder Regen, man vermochte in einiger Entfernung nichts mehr zu unterscheiden.

Um uns dämmerte es noch ein wenig – der Widerschein des Sonnenuntergangs auf den sich verdunkelnden Wassern – und der Tultul, der lange nett und gesprächig gewesen, wurde seit dem Dorfe einsilbig und meinte nur zuzeiten, während er das Ruder mit einem gewissen Ingrimm ins Wasser stieß, ohne sich nach mir umzublicken: »Ganz bald ihm tot.«

Zuerst nahm ich die Sache gar nicht tragisch, denn der Wilde sagt von allem, was aufhört, daß es »totgeht«, vom Regen, von der Sonne, vom Wind, vom Leben. Ich wunderte mich nur, weil meiner Ansicht nach die günstige Soldatenbrise (scharf seitlich) trotz Einbruchs der Nacht anhielt, während oft eine Änderung eintrat, wenn die Sonne untergegangen und die Landbrise einsetzte. Erst als er sich daranmachte, das Segel einzuziehen, stellte ich den Ausspruch in irgend einen Zusammenhang mit mir.

»Warum willst du das Segel einziehen, der Wind ist günstig?«

»Wir schlafen da!«

Er wies auf einen kleinen Fleck unter vorhängenden, sehr steilen Klippen, der nicht Raum für mehr als vier stehende Gestalten bot. Es wäre, auch wenn uns Wind und Wetter gezwungen hätten, ein undenkbarer Ort gewesen. Der Anblick der rettungslos steilen Klippen machte mich mißtrauisch. Ich ergriff das Segel und sagte: »Du fährst weiter! So lautet der Befehl des Polizeiinspektors. Geradeaus bis Hollandia – und nirgends gelandet!«

Der Mann hätte sich durch meine Haltung wenig einschüchtern lassen, und alle meine Drohungen verlachte er glattweg, aber auf einem Kanu von Tischgröße um ein

Segel zu kämpfen, ist der hellste Wahnsinn. Eine ungeschickte Bewegung und alle liegen im Wasser, und Koffer, Braten und am Ende noch das mühsam gezimmerte Kanu sind weg. Aufgeschoben ist nicht aufgehoben, dachte sich also der Tultul und zog das Segel wieder völlig auf. Das zweite Kanu war uns nahe gekommen und ein eifriges Gespräch, das ich nicht zu hemmen vermochte oder versuchte, entspann sich. Ich blieb sehr aufmerksam, die Augen überall. Von diesem Augenblick an wußte ich, daß ich mit dem Tode zum Gefährten fuhr.

»Fahr' weiter, Tultul!« befahl ich mit einem Mut, den ich schwer aufbrachte. Dem Wilden gefällt es immer, wenn man unerschrocken ist. An manchen Orten kneifen sie jemand in den Arm oder den Oberschenkel, um zu sehen, wie er sich braten ließe; fährt er zusammen, so wird er sofort genommen, und gebraten, denn er ist »reif«. Bleibt er unberührt, so entkommt er in der Regel mit dem Leben, denn »der Geist ist stark in ihm«.

Der Tultul widersetzte sich nicht offenkundig; er beteuerte nur, ohne Feuer nicht weiterfahren zu wollen. Ich hatte keinerlei Zündhölzer. So nahm er glimmendes Holz vom zweiten Kanu, steckte es vorne an (als irgend ein Zeichen, denn die Südsee ist wahrlich keine Hauptstraße mit Lichtverordnung) und entzündete seine Pfeife daran.

Wir fuhren in die Nacht hinein; in die Nacht und in den Tod. Ich stellte allerlei Ewigkeitsbetrachtungen an. Was würde folgen? Es tat mir leid, von der Mission her mit Fegefeuergedanken vollgespickt zu sein. Hatte ich nicht schon alle notwendigen Fegefeuer auf Erden durchgebraten? Hatte ich nicht immer fleißig gearbeitet, das erste und letzte, das ich als reine Gabe meinem Schöpfer zu Füßen legen konnte? Werfen – hätte ich beinahe gesagt, denn ich war mit der Erdengabe ganz und gar unzufrieden, daher sagte ich, ein Auge auf den Schwarzen, eins auf etwas, das ein verschwindender Stern war, gerichtet: »Laß' mich nur sterben, außer wenn ich zu großer Aufgabe auserwählt bin!« Und da mir dies höchst unwahrscheinlich schien, da mir der Columbuskopf seit langem vergangen, rückte ich mich gewissermaßen innerlich fürs Sterben zurecht. Ein feiner, kaum fühlbarer Regen sprühte auf uns nieder und verschlimmerte meine Malaria. Einmal fror ich, dann stieg das Fieber zu neuer Glut.

War ich nicht wie der Vater Flucher im Märchen, der immer sagen mußte, daß alles Glück für die anderen und alles Pech für ihn allein wäre, denn hätte ich nicht bequem an Malaria, am Blutbrechen, an Schwarzwasserfieber in einem Bett und bei einer Mission sterben können? Mußte ich denn durchaus noch gefressen werden, nachdem ich mich sechs Jahre lang über Schriftleitungen geärgert und an Verleger gedacht hatte?

Der Gedanke an Verleger war heilsam, denn sofort war ich zum Sterben bereit. Was hatte ich auf dieser harten, sündigen Welt, an die mich nichts fesselte? Auf der man immer vergeblich auf Sachen wartete, die nie eintrafen?

Die Schwarzen hatten unterdessen auch ihre Entschlüsse gefaßt. Sie waren Meister des Wassers und ruderten so geschickt, daß sie das Kanu nicht gefährdeten, mich aber von jeder Welle seitlich überschlagen ließen. Hätte ich einmal die Hände in Angst gehoben, so würden sie mich mit dem Messer angefallen oder mit dem Ruder betäubt haben, doch ich schwieg, hielt mich mit einem Arm an die ganz niedrige Brüstung an und ließ das Wasser ablaufen. Dabei hielt ich den Tultul samt dem anderen Manne fest im Ange. Wenn sie Messer oder Ruder heben würden, wollte ich mich freiwillig über Bord gleiten lassen. Gewöhnlich zu ertrinken, war mir angenehmer, als nach einer Anzahl von ungenügenden Stichen und einigen Schlägen, die mich mit gesprungener Hirnschale doch noch ein wenig bewußt lassen konnten. Sterben wollte ich, aber so behaglich wie möglich. Vielleicht konnte ich die Küste – Haifischen und Krokodilen zum Trotz – erreichen, wenn ich ein wenig unter Wasser schwamm (viel Aussicht war nicht vorhanden), und wenn ich das Ufer erreichte, so wollte ich zu Herrn Brinkmann, dem genannten deutschen Pflanzer, flüchten. Nie bereute ich es tiefer, nicht eingehend nach der Lage der Pflanzung gefragt zu haben. Wie sollte ich an fremder Küste, im Regen, in finsterer Nacht, den Weg dahin finden?

In der Ferne trieben vereinzelt Fischerbarken. Die Wilden sagten bedeutungsvoll »Malaien« und erweckten in mir, die ich viel Schlechtes über diese Händler aus dem holländischen Gebiet gehört hatte, den Eindruck, daß ich – im Falle einer Rettung – vom Regen unter die Traufe kommen würde.

Nichts als dunkles Gebirge oder hohe Wolkenschichten, die den westlichen Horizont versperrten. Neben mir, finster, wachsam, mit einem sichtbaren, wenn auch noch leise unterdrückten Frohlocken, die Wilden und neben sowie unter mir das Wasser mit all seinem Raubzeug. So trieben wir, wie es mir schien, Stunde auf Stunde. In Wahrheit mochte es zwischen elf und zwölf sein, als etwas Leben in die Schwarzen kam und ich fast einen Seufzer der Erleichterung ausstieß. Dieses ewige peinliche Warten auf den Tod war bitterer als der Tod selbst.

So bereit ich war, das Leben an der Menschenfressergrenze niederzulegen – einmal mußte man es ja doch – so geneigt war ich plötzlich, es teuer zu verkaufen. Wenn ich es zurückgab, sollte es mit dem Bewußtsein geschehen, mein Bestes getan zu haben, und über sein Können hinaus ist bekanntlich niemand verpflichtet. Wenn ich mich retten wollte, so blieb mir nur ein Weg: ich mußte an den Wilden vorbei ans Ufer gelangen und in den Busch entfliehen, der allerdings voll Giftschlangen und bösen Lianen war, der aber der einzige Ausweg blieb. Da ich aber eine weiße Wolljacke infolge der Malaria anhatte, zog ich sie vorsichtig ab. Eine Waffe besaß ich nicht, selbst der Zauberdolch aus Panama war im Koffer, und was hätte ich mit einem Dolch gegen zwei Wilde mit Buschmesser und Rudern ausgerichtet? Da entsann ich mich der Pfefferflasche. Ich griff in den Pflanzenkorb und zog sie heraus.

»Was hast du?« fragte der Tultul.

»Das ist meine Sache!«

Wieder umfing uns das lauernde Schweigen der Tropennacht. Aus dem Winkel eines Auges sah ich mich nach dem zweiten Kanu um. Es blieb weit draußen auf den Wassern, ein fernglitzernder Punkt. Schon daran erkannte ich, wie sicher sie meiner waren ...

Das Kanu glitt in ruhigeres Wasser. Vor mir, aus der triefenden Schwärze ringsumher, tauchten drei hohe Kokospalmen – schlank, unermeßlich hoch und drohend, dann knirschte der Ausleger auf Sand, die beiden sprangen ans Land und zogen das Boot hoch. Wie auf ein verabredetes Zeichen lösten sich aus der Finsternis zwei weitere Gestalten. Hatten sie meinen Koffer samt Kanu einem folgenden Boote anvertraut? Was beabsichtigten sie? Ich stand unschlüssig auf dem Kanu, einen Schatten höher als meine Angreifer. Vor der unmittelbaren Gefahr wurde ich ruhiger Eine Sekunde lang dachte ich an meine Erika, aber ihre Rettung hing von der meinen ab. Wir mußten uns trennen; wohl auf immer.

Viel Zeit blieb mir nicht zu mäßigen Betrachtungen, denn der Tultul befahl mir rauh, ans Land zu steigen. Die anderen lachten, dann stellten sie sich im Halbkreis drohend und eng vor mir auf und begannen den grausigen Kriegstanz zu tanzen, den man mir bei den Missionen manchmal zum Scherze vorgesungen hatte. Die Arme und Beine flogen in eckigen Bewegungen auf und nieder, die heiseren Kehlen stießen ein tiefes Rrrrr aus, und mitten in dieses dumpfe Rollen hinein streckte einer der Wutonger die Hand nach dem aus, was ich in der Hand hielt. Nun mußte ich handeln oder sterben.

Da öffnete ich die Flasche und machte eine Schwungbewegung von links nach rechts; nur die Augen des Tultuls, der mir am nächsten stand, versorgte ich mit zwei Ladungen. Mit einem Schmerzensschrei über den »Zauber« schlugen sie die Hände vors Gesicht, und mit einem Riesensatz war ich an ihnen vorbei am Strand und lief, wie ich in meinem ganzen Leben noch nie gelaufen war, weder in Peru noch auf Viti Levu.

Ehe ich zwanzig Schritte gelaufen – und jede Sekunde zählte – lag ich flach auf dem Sande. Ich war über ein vergrabenes Kanu gefallen und hatte mir vom rechten Bein die Haut herabgerissen. In einem Nu war ich auf und lief eben ohne Haut weiter.

Wieder lief ich mit dem Tode im Nacken; ein leises Geräusch warnte mich, daß die Pfefferfrist abgelaufen sein mochte. Da fühlte ich Wasser, das rasch tiefer wurde. Ein Meerarm konnte es nicht sein, also wohl ein Fluß. Ein Fluß bedeutete in Neu-Guinea Krokodile, Aale, weiß der Himmel, was noch. Wie weit und wie tief mochte er sein? Es blieb mir keine Zeit zum Nachdenken. Platsch! platsch! war ich mitten darin. Hinter mir vernahm ich das Gemurmel von Stimmen, jenseits des Wassers schimmerte ein Licht ...

An der Böschung und an einem Zaun oder einem Gestrüpp zerriß ich mir mein Kleid. Ich raffte die Fetzen auf und rannte weiter. Endlich klopfte ich mit beiden Fäusten auf die Tür der Holzhütte, rief mit erstickter Stimme um Hilfe. Nichts rührte sich. In der Stille nach dem Pochen vernahm ich das Plätschern der Wilden im Flusse. An ein Warten war nicht zu denken. In höchster Verzweiflung lief ich um das Haus, sah einen Fensterladen nur angelehnt, bog ihn zur Seite und riß mir dabei den Finger wund. Vier baumlange Malaien lagen darin mit dem Gesicht nach unten gekehrt. Ihr Anblick ließ mich zurückfahren. Da kam ich in der Tat vom Regen unter die Traufe.

Hinter mir die Wilden, um mich die dichteste Finsternis. Ein Köter bellte irgendwo in der Ferne. Wo ein Hund war, mußte es Menschen geben. Ich lief, so schnell ich laufen konnte, zerfetzte Gewand und Arme, keuchte aus vollen Lungen, fühlte das Fieber der Malaria hämmernd in den Schläfen. Es versuche einmal jemand, bei vierzig Grad Fieber ein Wettrennen zu beginnen! Kein Wunder, daß mir Herzschwäche geblieben ist!

Nach herzbrechenden Sekunden wieder das Kläffen des Hundes – näher und näher –, dann tauchte eine kleine Malaienhütte vor mir auf. Ich sah einen offenen Laden und wartete nicht lange. Mit einem Satz hatte ich das Hindernis genommen und stand mitten auf dem Hüttenboden. In einiger Entfernung knisterte das Laub unter den Füßen der Verfolger. Ich riß den Laden zu, verriegelte ihn von innen. Mit einigen fliegenden Worten erklärte ich – mit Zeichen – meine Lage. Das Ehepaar löschte das Licht aus.

Draußen griffen die Hände der Menschenfresser vorsichtig das dünne Bretterzeug ab. Der Hund kläffte wilder. Sie ließen unwillig ab, kehrten zurück, keuchten dumpf durch die Fugen, die sie nur allzu breit fanden. Der Hund schien sich zu nähern. Vor ihm hatten sie wie alle Schwarzen Angst. Sie zogen weiter in den Busch. Man hörte nichts mehr.

Ich erziehe einen Islamiten zur Einweiberei.

Nach einer Weile vollkommener Stille machten die Malaien Licht, und ich sah drei Schlafstellen, die letzte von einem halbwüchsigen Kinde eingenommen. Nichts als Bänke mit einer Matte bedeckt. Noch einmal versuchte ich den Fall zu erklären. Nie habe ich es mehr bedauert, die Sprache eines Landes nicht vorher gelernt zu haben, als hier, wo ich weder mit Pidgin-Englisch auskam noch imstande war, mich mit einem Deutsch, das Holländisch sein wollte, zu verständigen. Man muß sich dazu vorstellen: Um Mitternacht, an weltabgeschlossener Küste springt eine weiße Frau durchs Fenster, die Kleider zerrissen und durchnäßt, die Augen fieberglänzend, Arme und Beine zerschürft und dahinter vier Menschenfresser! Kein Wunder, daß die beiden nur schauten und schauten ... Aber wenn Männer ein Weibchen wittern, erholen sie sich zum Erstaunen schnell. Mein Malaie, ein mittelgroßes, mageres Männchen, dachte an Allahs Gnade, die ihm zu einer weißen Frau verhalf, löschte das Licht aus und näherte sich mir, die ich auf einer Bank Platz genommen hatte. Die Frau wimmerte und schmerzheulte leise vor lauter Eifersucht. Der Junge war unter eine Bettbank gekrochen. Um die Hütte herrschte Stille.

In einem Lande, dessen Sprache ich verstanden, dessen Sitten ich begriffen hätte, würde ich mit Ruhe und mehr Takt vorgegangen sein. Bei Leuten, wo der Mann den hilflosen gehetzten Gast anfiel und die Gattin es weinend, doch schweigend duldete, mit Fieber, Furcht und Nässe behaftet, war ich in jenem Gemütszustand, in dem es mir nicht darauf angekommen wäre, jemand in die nächste Welt zu schicken. So weit brauchte ich den Malaien gar nicht zu verbannen, aber in dieser, der schlechtesten der bekannten Welten, sollte er einige Minuten höchster Pein durchleben. Es hatte mir jemand einmal erklärt, wie man einen Mann sofort unschädlich und auf eine Woche hinaus schlapp machen könne. Der Mann war dicht neben mir und für die direkte Methode. Ich auch. So kam es, daß wir kein Wort wechselten, noch Zeit verloren; nur eins ging fehl. Ich wußte meine Sache nur der Beschreibung nach und Probieren geht bekanntlich über Studieren. Ich ging nicht ganz richtig zuwege, und anstatt ihn lautlos neben mir zusammenbrechen zu fühlen – wie ich es stolz erwartet hatte, denn ich hatte meine letzten Kräfte mit viel gutem Willen aufgewandt – schrie das elende Zweibein, als ob ich ihm die Seele aus dem Leibe gerissen hätte. Wie er schrie!!!!

Man kann sich denken, was für ein Getue folgte! Die gute Malaiin schrie ebenfalls wie am Spieß, und der Junge heulte mit. Sie versuchten Licht zu machen, ohne daß es ihnen sofort gelang, und im Finstern brüllten sie um die Wette. Nun würden die mich töten! Fürwahr, wer gehenkt werden sollte, der ertrank nicht im Wasser! Bei mir lief das Maß meiner hartgeprüften Geduld über. Erst aus Geldschwierigkeiten nicht weiter zu können, dann mit Fieber auf offenem Meer fahren zu müssen, hierauf an einsamem

Strand bei einem Haar gegessen zu werden, mit zerkratzten und zerschundenen Gliedern Zuflucht zu finden, nur um von einem Zweibein belästigt und endlich in der Hütte getötet zu werden, das war mehr, als man den Göttern oder den Menschen verzeihen konnte! In mir brannte ein heiliger Zorn, der Furcht, Fieber und Vorsicht verschlang. Ich stand hochaufgerichtet unweit der Türe und sprach in fließendem Englisch all das aus, was ich von dem Ehepaar dachte. Schade, daß es auf Englisch sein mußte, aber es drang – so sind Naturlaute – in das Denken der Malaien ein. Dann legte ich die Hand auf den Türriegel und erklärte, ich wolle zu den Menschenfressern gehen. Schließlich war mir Pfanne sympathischer als Bett ...

Der Mann hatte sich auf eine Bank geworfen und sah ein wenig so aus, wie ich es erwartet und bezweckt hatte: schwach und ausgewaschen. Seine wieder tränenlose Gattin winkte mir beschwichtigend zu und bot mir Bananen an. Ich wies sie zurück, versuchte jedoch einen Dank zu lächeln, sank endlich neben der Tür auf den sandigen Boden und hatte eine Art Nervenanfall. Es endete mit der Rückkehr der Wilden, die offenbar das Geschrei angelockt hatte. Der Köter kläffte, die Frau winkte mir, mich auf eine Bank zu legen, und beteuerte, daß ihr Gatte nun brav sein würde, bettete sich selbst zurück und löschte das Licht aus. Wenige Minuten später fühlten wir wieder prüfende Finger außerhalb an den Wänden der Hütte. Eine tote Weiße war nichts als ein im schlimmsten Falle zäher Braten, aber eine lebende konnte in zwei Regierungsbezirken Unfrieden stiften und mußte gefunden werden – daher der Eifer.

So lang war keine Nacht meines Lebens, und ich hatte nicht wenige in großer Seelennot durchweint. Nun weinte ich nicht, denn ich war zu erschöpft und zu krank, um zu weinen. Ich lag in ganz durchnäßten, schmutzigen Kleidern mit bald fallendem, bald steigendem Fieber. Die abgeschundene Haut ging mir ab, die Stellen brannten, die Knochen schmerzten von den vielen Bekanntschaften mit Hindernissen, und zu all dem kam der Gedanke, daß ich ja noch gar nicht aus der Gefahr war. Der Malaie war nicht zu bewegen gewesen, jemand in Hollandia zu verständigen, und am Morgen konnten die Wutongmänner sehr leicht eine Teilung der Habe vorschlagen. Ein Keulenschlag, und sie trugen mich ins erste Dorf an der Grenze, fraßen mich in Seelenruhe auf und fuhren nach Hause. Der Malaie verkaufte die Sachen an einen Händler, der nach Celebes fuhr, und hatte auch nichts zu befürchten, und nach mir würde kein Hahn krähen, und wenn er einmal krähen würde, würde es keinen Widerhall finden.

Drei- oder viermal noch im Laufe der Nacht kläffte der Hund, und durch die breiten Fugen kam's wie schweres Atmen, aber abgesehen davon war schon deshalb an keinen Schlaf zu denken, weil ich jeden Augenblick befürchtete, Liebe oder Messer meines Gastgebers erdulden zu müssen. Es war mir auch zu kalt und die Bank zu hart, um Ruhe zu finden. So zählte ich die endlosen Minuten und verbiß das Klappern der Zähne, das durch das Fieber und die zerrütteten Nerven hervorgerufen wurde.

»I speak English.«

Alles hat ein Ende, und endlich begann durch die Fugen ein feines Mattsilber zu fließen. Gleichzeitig erhob sich der Mann, machte vor der Hütte seine üblichen Abwaschungen und verschwand im Halblicht. Wohin war er gegangen? Was bezweckte er? Nutzlos war es, jemand zu fragen.

Das Weib dehnte und streckte sich eine Weile und begann hierauf die Bettmatten zusammenzurollen und das lange Haar zu flechten. Auch sie sah übernächtig aus. Der Junge starrte mich mit den kalten, übermütigen Augen eines Islamiten an und sagte von oben herab »Salaam!«

Meine Wangen waren immer noch fieberrot, und sonst sah ich wie ein Bündel Fetzen aus. Tasche und Paß hatte ich doch irgendwie durch alle Abenteuer gerettet. Das Leder war naß und fleckig, aber die Papiere unversehrt.

Immerhin etwas. Wenn man leben will, muß man unbedingt einen Paß haben.

Es tagte sehr langsam für die Tropen oder für meine Geduld. Würde er mit den Menschenfressern kommen? Würde er ein Lösegeld begehren? Oder hatte er seiner Frau befohlen, mich in einem geeigneten Augenblick zu erstechen? Nun meine Einbildungskraft einmal in Schwung gesetzt war, gab es kein Ende erfreulicher Möglichkeiten.

Auf einmal zeigte sich der Kopf meines mageren Malaien um die Ecke, und er winkte mir lebhaft, heranzukommen. Die Frau zog sich in die Hütte zurück. Ich erhob mich von der harten Bank, schüttelte mich und ging, ich wußte nicht, was für Schrecknissen entgegen. Dennoch zögerte ich nicht. In kleinlichen Alltagssorgen versage ich leicht; in großen Augenblicken wachse ich der Tat entgegen. Umgekehrt ist angenehmer.

Vor der Hütte standen zwei Männer, ein dunkelhäutiger in nettem Tropenanzug und ein kleinerer, lichterer, ebenfalls fast europäisch gekleidet. Beide grüßten, und der kleinere Mann sagte vortretend: »I speak English!«

Ich wäre ihm beinahe um den Hals gefallen. Mein Englisch ertränkte ihn einige Sekunden lang, dann fand ich Perspektive wieder und fragte ruhiger, sachlicher: »Wie kann ich nach Hollandia kommen?«

Und der zweite Mann, der Vizekreisrichter, sagte auf Holländisch, das ich ganz gut verstand: »Ich bringe Sie nach Hollandia.«

Da nahm ich meine Tasche, drückte den verwaschenen Federhut fester auf meinen zerzausten, feuchten Kopf und folgte meinen beiden Führern. Nur der Malaienfrau dankte ich.

Im Hause Watimenas.

Die Sonne stand in voller Pracht über der kleinen, sonderbar angelegten Ortschaft, als wir uns dem kleinen Pfahlbau mit den drei Aufgangsstufen, der hübschen, blumengeschmückten Veranda und den Blumen im Fensterkorb näherten. Die Frau des Vizekreisrichters war auch eine Ambonesin, trug einen Sarong und eine lose weiße Blase und hatte das lange schwarze Haar im Nacken geknetet. Sie brachte Wasser und Seife, während die Polizeijungen schon längst das Gebiet nach meinem Gepäck durchstreiften. Sie fanden es, durchnäßt und zerkratzt, unweit des Strandes, und es gelang mir, aus den Tiefen ein tragbares Seidenkleid zu ziehen. Nur die geliebte Erika war undurchnäßt geblieben. Ich stellte sie mit einem Glucksen der Befriedigung auf den Tisch. Meine Uhr dagegen verweigerte jeden Gehorsam, denn sie war beim Schwimmen naß geworden.

Vollständig umgekleidet, gewaschen, gekämmt, durch ein Frühstück gestärkt, begleitete ich den Herrn Watimena hinauf zum eigentlichen Gerichtsgebände, wo das Verhör mit den gefangenen Wutongern begann. Das erste holländische Wort, das ich erlernte und das ich mit den süßesten Gefühlen einsog, war das kräftige »Verreck!«, das der Beamte meinem ziegenbärtigen Tultul zurief. Da die Kerle aber nicht hierher gehörten, mußten sie nach einigen Stunden Kalabus eingeschifft und abgeschoben werden. So geht es den Schlimmen immer besser als den Braven ...

Wir erwarteten den Kreisrichter, den mächtigsten Beamten dieser weiten Erde, und ich, mit den Erinnerungen von Vanikoro lebhaft in mir, fühlte, daß es im Grunde schade war, nicht gefressen worden zu sein, wenn man nun auch noch über Volksangehörigkeit, Geld und Paß würde eingehend beichten müssen. Eins beruhigte mich. Zurückschicken konnte man mich nicht, denn ich war wie aus den Wolken auf die Erde gefallen ...

Wie beherrscht Leute werden, die fern von all dem Alltäglichen leben müssen. Wenn zu uns plötzlich ein Schwarzer mit krausem Haar, einem Schamtuch um und einem Stab durch die Nase käme? Meine ganze Vaterstadt käme in Bewegung. Und für Hollandia war ich so etwas Ähnliches. Man hatte dem holländischen Beamten gemeldet (mit phantastischen Beschreibungen, läßt sich denken), daß eine englische Miß von irgendwoher gekommen wäre, und mehreren Malaien angeblich die Kehle durchschnitten hätte.

Jedenfalls nahm ich die Meldung seines Kommens mit mehr Unruhe als er vermutlich die meines Erscheinens, entgegen. Ich erwartete ihn schon draußen, vor dem Amtsgebäude, wir schüttelten uns wie in einem Salon die Hand und wechselten nur den kurzen englischen Gruß, dann bat er mich, einzutreten und ließ sich mein nächtliches Abenteuer schildern. Ich berichtete sachlich alles, was vorgefallen war, bis auf meine Erziehung des Malaien zur Einweiberei, weil das nur ein Nebenspiel gewesen und für Erzieher wie Erzogenen gleich unangenehm war. Allzeit wartete ich ans die leidige Frage nach Paß und Geld. Er sah eine Weile ruhig auf das Papier nieder und ich auf sein blondes Haar, das mir echt holländisch vorkam, dann sagte er: »Ich bin Junggeselle und kann Sie leider nicht bei mir unterbringen, aber Sie werden bei Herrn Watimena wohnen, da unser Rasthaus nur für schwarze Leute aus dem Busch bestimmt ist. Essen aber sollen Sie bei mir, weil meine Kost Ihnen mehr zusagen wird!« Sprach's, lächelte, nannte die Stunde des Speisens, und daß er mich holen würde, und entließ mich in Gnaden.

Da glätteten sich zum ersten Mal die Runzeln der Verzweiflung, und ich begann zu hoffen, daß die Tage meiner Pein endlich ihr Ende erreichen würden ...

Der Kasuar und das Flußhäuschen.

Weder die Wutonger, noch der Malaie, noch der Kreisrichter hatten mich bildlich oder wörtlich gefressen, und, dieser dreifachen Gefahr entronnen, die Erika gerettet, das Fieber gefallen und den Schmutz beseitigt, begann ich das Haar wieder aus der Suppe des Lebens zu entfernen und mich in meiner neuen Umgebung mit den Augen der Forscherin und Federheldin umzuschauen. Und zu schauen gab es!

Schon das Haus allein. Es war aus Holz und hatte im ganzen drei Räume: die Veranda, die gleichzeitig Wohnraum war, allerlei Muschel-, Vögel- und Waffenschmuck an den Wänden trug, mit Blumen rundum versehen und mit Matten ausgelegt war, das Schlafzimmer, das nun mein Reich war, und daneben das Schlafzimmer des Ehepaares, doch an diese Räume angebaut, durch Stufen erreichbar und ebenerdig gelegen, war ein großer Speiseraum, und daran anschließend die Küche. Durch alle Räume aber wanderte ein zahmer Kasuar, der mir viel Freude bereitete und den ich am liebsten mitgenommen hätte. Er war noch nicht ein Jahr alt, hatte daher braunes Gefieder, das indessen ein haariges Aussehen hatte, und die glänzenden kohlschwarzen Augen saßen unter einem kleinen Federbüschlein ganz dicht am Schnabel, der hellgelb, lang und vorlaut war. Er hatte einen langen Hals, den er noch reckte, und das, verbunden mit den neugierigen, weise wirkenden Äuglein, verlieh ihm ein komisch anziehendes Aussehen. Er probierte von allem, was aufgetragen wurde, und untersuchte den Stoff meines Kleides wie ein Schneider, der ans Zuschneiden geht. Dem kleinen Jungen folgte er durch ganz Hollandia wie ein Hund, und die Käfer wagten sich nicht an ihn heran.

Wenn man durch das Speisezimmer ins Freie trat, so lag neben einem Gartenanfang (der nie Ende wurde) ein schmaler Pfad und den entlang kam man zu einem Häuschen, das in den Fluß hineingebaut und mit Palmenstroh gedeckt war. In dem Häuschen aber war ein großes rundes Loch und daneben viele mit Wasser gefüllte Flaschen.

Ich saß sehr viel an diesem runden Loch, doch nicht, weil ich etwa die Tropenruhr hatte, sondern weil ich durch die große Öffnung so herrliche Fischstudien betreiben konnte. Manchmal versammelte sich eine schillernde Bande und spielte neckisch um das Gestein. Da näherte sich ein stahlgrauer Raubfisch, und weggeblasen waren die bunten, kleinen Fischlein. Unter jedem Felsstückchen war ein Versteck, und höchstens erblickte man noch das Glitzern einer Flosse. Oder es krochen die langen, blaugrauen Aale aus einem runden Loch in der Böschung und ringelten sich träge. Sie wirkten wie große Wasserschlangen, waren oft dicker als mein Oberarm und flößten mir noch nachträglich Abscheu ein, wenn ich daran dachte, was alles an mir vorbeigeschwommen war, als ich den Fluß gekreuzt hatte ...

Lust auf Fischbraten hatte ich indessen nicht, denn außer meinem Häuschen gab es viele solcher Häuschen, die zugleich auch Badehütten waren. Als wissenschaftliche Fundgrube war das klare Wasser einzig.

Die Geschichte vom Seeräuber.

Als ich in das Haus zurückgekehrt war, besuchte mich ein Mischlingsmädchen und erzählte mir, daß ihr Vater, ein Deutscher, sich freuen würde, mich kennen zu lernen. Ob ich nachmittags zum Kaffee kommen wollte?

Und ob ich wollte! Gesegnet der Ort, an dem man nicht das heilige Schweigen kannte, das gut an seinem Platze, doch nicht für Journalisten war, die nichts erfahren konnten, wenn sie den Mund nicht auftaten. Ich war sehr entschlossen, ihn aufzutun, denn Hollandia schien mir ein reicher Boden.

Während alle Dörfer der Eingeborenen stehen, wie sie wollen oder wie der Erbauer sie planlos hingestellt hat, reihten sich die Häuser Hollandias mit holländischem Ordnungssinn so aneinander, wie sie es in Holland selbst tun mußten, und daher hatte man den seltenen Anblick echter Straßen. Es gab deren drei und einen Landungskai. Die Hauptstraße führte von der Privatwohnung des Kreisrichters am Ende des Beckens (der Ort war in eine sich verengende Schlucht gebaut) bis hinab zum Meer, und eine Bergstraße, in der die Moschee gelegen war, sowie zwei kleine Gäßchen, die querliefen und aus Chinesenläden und kleinen Malaienhütten bestanden, vervollkommneten das Bild. Die Kaserne mit dreißig oder vierzig Mann stand abseits und ebenso das Amtsgebäude, in dem auch die Post untergebracht war. Dort etwas aufzugeben, war schmerzhaft wie das Ausreißen eines Backenzahns. Ich hatte die Missionspost mitgenommen und auch – allen Erwartungen zum Trotz – glücklich abgefertigt, nachdem ich zwei Stunden mitgearbeitet hatte. Zeit spielt keine Rolle im Südseeinselreich.

Die Pflanzer, einige malaiische Händler, ein verlassener Chinese hatten ihre Niederlassungen in größerer oder in kleinerer Entfernung von Hollandia rund um die Humboldtbucht, die sehr gezackt, buchtenreich und groß war, doch jeder wohnte hinter einem anderen Hügel, verborgen in einem kleinen zugespitzten Tal. Sie kamen auf Segelbooten nach Hollandia, tranken irgend einen Fusel in einem Chinesenladen oder tranken Bier bei der Phönix-Gesellschaft. Sie brachten Kopra und die Malaien Paradiesvögel, von denen ich noch mehr erzählen werde.

Als ich nachmittags den Deutschen besuchte, erzählte er mir mit heimlichem Vergnügen, daß am Morgen vier baumlange Malaien mit verstörten Mienen zu ihm gekommen waren und ihm berichtet hätten, wie gegen Schlag Mitternacht, als sie schon auf den Matten ihrer Hütte gelegen und sich Allah empfohlen hatten, ein Seeräuber mit mächtiger Faust an ihre Türe gepocht und mit rauher Stimme Einlaß begehrt hätte. Wie er, nachdem sie sich stille verhalten und Allah um seinen Schutz angefleht hatten, nach hinten gegangen wäre und am verschlossenen Laden gerüttelt hätte, wie er endlich, dem Propheten sei's gedankt, über den Zaun gesprungen und enteilt sei und wie knapp sie einer furchtbaren Gefahr entronnen wären. Da sagte Herr R. ihnen, er habe schon vom Seeräuber gehört, er sitze eben beim Kreisrichter, aber nachmittags würden sie ihn auf seiner Veranda von ferne sehen können, denn in der Nähe ...

Am Nachmittag, während ich eine Tasse Kaffee mit dem Appetit eines echten Seeräubers trank, kamen die vier baumlangen Söhne Islams und starrten sich über das Geländer der Veranda fast die Augen aus dem Leibe. Ich aber freute mich, daß in der furchtbaren Nacht wenigstens nicht nur mein Herz in Furcht geschlagen ...

Wenn eine weiße Frau nicht etwas nicht Vorhandenes in Hollandia gewesen wäre, würden sie glattweg bestritten haben, daß der Seeräuber und meine Wenigkeit ein- und dieselbe Person sein konnten. Ich aber bildete mir auf meine Faust nicht wenig ein. Vier Männer von sechs Fuß Länge hatte ich ins Bockshorn gejagt!

Und letzten Endes selbst vier Menschenfresser und einen Malaien! Weniger tat oft ein Soldat, dem das eiserne Verdienstkreuz umgehängt wurde ...

Mir schenkte der Kreisrichter von Hollandia, der mir nicht gut ein Kreuz umhängen konnte, zur Entschädigung für so viel durchgemachte Pein mehrere Speere und Pfeile der Wilden, die nun an meiner Wand hängen und stumme Zeugen jener Nacht sind.

Wo die Welt mit Brettern vernagelt ist.

Ali war die reinste Hauptstadt, verglichen mit Hollandia, denn alle sieben oder acht Wochen sahen wir einen Dampfer, der mit der Welt in Verbindung stand (Australien ist schon »Welt«, wenn man ausgehungert nach Weißen ist), und öfter strich eine Pinasse nach Eitape vorüber. Ein Pater ritt an der Küste entlang bis nach Yakamul und kreuzte von da im Boot zu uns, oder es kamen einige Heiden aus Seleo und standen so nackt als möglich unter der Missionsveranda, um zu zeigen, wie große Freidenker sie waren. Es kam zuzeiten der Regierungskutter von Rabaul mit Post und Donnerwetter, aber die Ruhe von Hollandia war tödlich, denn der Dampfer, der von Zeit zu Zeit Vorrat und Post brachte, sammelte Kopra und andere Inselwaren in beschaulicher Ruhe unterwegs und endete in Makassar auf Celebes, wo viele Schiffe hinkamen, aber wo kein richtiges Allerweltsherz pochte, man also noch im Brackwasser steckte. Und selbst da sprach man schon davon, in Zukunft nur die Tanamerah-Bucht anzulaufen und dem Kreisrichter eine winzige Pinasse zum Verkehr zu geben.

Wie abgeschieden Hollandia lag und wie unmöglich jedweder Fluchtversuch von dort bleiben mußte, kann man sich denken, wenn ich erwähne, daß ein echter Prinz samt Prinzessinnen in Hollandia in Verbannung war und ich oft an seinem übrigens winzigen Häuschen vorbeiging, wo ich die betelkauende Prinzessin einen Sarong waschen sah. Ich hätte auch mit Seiner echten Hoheit verkehren können, wenn zwischen dem Kreisrichter, der für sein Bleiben verantwortlich war, und dem Prinzen, der wegwollte, nicht begreiflicherweise eine unsichtbare Schranke bestanden hätte, die zu kreuzen ich mich hütete. Es genügte mir zu wissen, daß meine Füße den Staub eines echten Fürsten von Sulu aufwühlten. (Denn Staub aufzuwühlen gab es in Hollandia.)

Waren wir aber einerseits am Ende der Welt mit den Brettern vor und hinter uns, so war anderseits nichts so gemein und alltäglich wie sonst auf Erden. Mein Zimmerbesen (und was ist gewöhnlicher als ein Besen?) war aus echten Kasuarfedern, die Matten aus Palmenstroh, die Möbel aus Inselholz, das Zyklopengebirge hinter uns angeblich voll Goldadern und der Boden unter unseren Füßen reinster Asbest. Auf den Tischen vor den kleinen Läden lagen die wunderschönen Paradiesvögel schon ausgestopft und trockneten, und man konnte die besten Studien an ihnen machen, denn hier war das Paradies der Vogeljäger, der einzige Ort, an dem man sie wirklich sehen konnte. Heute ist der Markt und die Jagd geschlossen und Hollandia noch unbesuchter als zur Zeit meines Dortseins.

Es gibt viele Arten von Paradiesvögeln, doch die schönsten sind die orangegelben mit dem weißen Schwanz, die blauen und die grünlichen mit den beiden Federn wie ein geringelter Draht. Sie sind ungefähr von Taubengröße, wirken aber bedeutender durch den prachtvollen Schwanz und das buschigere, strahlende Gefieder.

Abgesehen von ihrer Schönheit und Romantik hängt sehr viel Abenteuervolles an ihnen. Wer auszieht, um sie zu schießen, der hält sein Leben kurz in der Hand, denn außer allen Gefahren von Klima, Busch und gefährlichen Flüssen, hat er noch mit der Unberechenbarkeit der Eingeborenen einen schweren Strauß zu fechten. Er selbst (meist sind es Malaien, die als Jäger ausziehen), sieht oft viele Tage lang keinen Paradiesvogel, denn die Tiere sind ungeheuer scheu und wohnen im Inland Neu-Guineas, so weit drinnen im Gebirge und oben in nie geschauten Gebieten, daß noch kein Naturforscher ihren Nestbau beobachtet haben soll. Das schöne Gefieder erhalten sie erst nach zwei Jahren, so daß ihr Fang nicht so zerstörend ist wie man befürchtet, da in diesem Fall schon viermal eine Paarung stattgefunden hat.

Um einen Vogel zu erhalten, spricht der Jäger daher einen erfahrenen Häuptling oder überhaupt einen Dörfler drinnen hinter dem Sentanisee an, und dieser schießt ihm vorsichtig mit dem Pfeil (damit das Tier nicht mehr als unvermeidlich verletzt wird) bei Gelegenheit einen Vogel herunter. Nun muß er entlohnt werden. Er erhält ein Lendentuch, ein Buschmesser oder sonst irgend einen Gegenstand, und der Malaie, der nicht mit leeren Händen losziehen darf, ist so ununterbrochen beobachtet, daß er seine Waren selten den Blicken Neugieriger entziehen kann. Spiegel sind hochbegehrt, sonderbarerweise von den Männern, die wie im Tier- und Vogelreich auch diejenigen sind, die sich mehr als die Frauen schmücken.

Um einiger elender Spiegel halber wurde schon manch ein Malaie verfolgt, von hinten mit einem Pfeil niedergeschossen, ausgeraubt und liegen gelassen. Die Ameisen und Krabben machen sich über sein Fleisch, die Sonne bleicht die Knochen, der Tropenregen zermürbt sie, und in der Regel findet man nicht einmal die Leiche. Auch wenn man sie nach Wochen unkenntlich findet, läßt sich kein Täter bestimmen. Weit ist der Weg, und die Schwarzen verstehen das Schweigen.

Kommt der Paradiesvogeljäger nach Wochen oder gar Monaten nach Hollandia herunter, so hat er noch immer nicht das Ende seiner Gefahren erreicht, denn in der Regel muß er seine mühsam erstandenen Waren einem Chinesen anbieten, weil dieser Waren und Geld und die nötigen Verbindungen mit Häusern auf Celebes hat, so daß er gedrückt, betrogen und ausgebeutet wird und meist, was er erworben hat, beim Chinesen wieder vertrinkt. (...) Zuzeiten nähert sich ein Malaie einer Chinesin – die Liebe überspringt Rasse, besonders am Ende der Welt –, und da lächelt der Chinese doppelt so süß und gibt Bier, immer mehr Bier. Dann weiß er von einem Ort im Busch, wo es viele Vögel gibt und empfiehlt dies und das, und der Jäger geht und kommt nicht mehr. Die Ameisen werden dick und der Chinese auch. Seine Frau stirbt an irgend einer Inselkrankheit, und bald kommt eine andere Frau aus Celebes, und der Schlitzäugige verkauft und lächelt weiter ...

Eigenartig blieb eins: Eine nach Kilometern gerechnet geringe Entfernung trennte das holländische Gebiet von dem australischen, und dennoch waren die Erzeugnisse, die hier verladen wurden (bis auf Kopra, die allgegenwärtige) ganz andere als drüben um Ali oder Eitape, ja durch die übrige Südsee. Hier fand man die kostbaren Kasuarfedern, die gebleicht die herrlichen Reiherfedern ersetzten; hier verschiffte man die sonst nirgends auf Erden erhältlichen wunderschönen Paradiesvögel; hier führte man

Kulitlawang, eine sonderbare Gewürzrinde, aus, die herrlich roch und in Europa verarbeitet wurde (als Neugewürzersatz, glaube ich); die Massoirinde, ebenfalls duftend, mit der die Sarong beim Batikverfahren gefärbt wurden und deren Hauptabsatzhafen Celebes blieb, und die Tumbu lawat oder Gelbwurzel, die leicht nach Sellerie roch, geschabt und mit Wasser begossen wurde und so ein prachtvolles gelbes Färbemittel ergab.

Außerdem fand man unweit von Hollandia Akharbahar, eine Meeralge, die unter dem Wasser geschnitten und dann, mit Kokosöl gut eingefettet, über einer Kerze schnell gedreht wurde, bis ein Armband daraus entstand. Diese Armbänder, die ganz hübsch aussahen, sollten ein großartiges Mittel gegen Rheumatismus sein und wurden von Ärzten im Malaiengebiet empfohlen. Man verkaufte sie teuer sogar in Hollandia.

In den Chinesenläden sah man die kleinen Gambirwürfelchen, die von Malaien der Betelnuß zugemengt wurden. Gambir ist ein großartiges Gerbemittel, und der Mund der Schönen ist in der Tat gegerbt, obschon sie nach dem Kauen immer irgend ein Fett oder Harz in die Lippen reiben, um sie biegsam zu erhalten. Die Zähne werden früh schwarz und so klein, daß zum Schluß nur elende Reste zurückbleiben.

Eines Tages kam Herr Brinkmann, der ziemlich weit weg seine Pflanzung hatte, nach Hollandia. Ich übergab ihm den Brief vom Pater, und er kam mir sehr lieb entgegen. Sein Partner, ebenfalls ein Reichsdeutscher, war unten bei Herrn R., und am Abend saßen wir alle auf der kleinen Veranda, Anna schenkte Kaffee ein, und wir sprachen von der Heimat. Auch der Kreisrichter gesellte sich zu uns, und ich erfuhr viel über das Leben im Busch.

Am meisten lernte ich indessen vom Kreisrichter selbst, der auf Sumatra und auf Java gewesen war, Ambon kannte und nun schon fast ein Jahr in Hollandia die Tücken der Untergebenen und der Mitbürger studierte. Erst hatte er sehr vorsichtig Englisch gesprochen, doch am zweiten oder dritten Tage sagte er zufällig, daß ihm Deutsch leichter falle, und da erklärte ich lachend, ja Deutsch zur Muttersprache zu haben. Das belustigte uns beide, und wir plauderten nun nur noch in dieser Sprache. Er hatte einen tiefen Einblick in das Leben der Malaien genommen und wußte, was er über die Adat oder »herrschende Sitte« erzählte, immer zu begründen.

Nicht immer unterhielten wir uns indessen über Land und Leute, Aberglauben und Liebeszauber, Tier- und Vogelwelt, sondern er interessierte sich auch für die Welt jenseits der Todesschranke, und oft sprachen wir über die mögliche Entwicklung der Seelen, über Buddhismus, über Spiritismus und so weiter, und ich dankte Gott, nach über zwei Jahren den Mund so aufmachen zu dürfen, wie er natürlich fiel, denn so gern ich die Missionsschwestern hatte – das ewige Abwägen jeder Äußerung war mir peinlich geworden, und nun konnte ich mich nach Jahren auf allen Gebieten rückhaltlos aussprechen. Hier – in Hollandia! Es graute mir förmlich vor dem Gedanken, in den alten Stumpfsinn verfallen zu müssen, bei dem die Gedanken zu Hobelspänen wurden ...

An den Ufern des Sentani.

Ungefähr vierzig Kilometer von Hollandia liegt ein sonderbarer See, in dem man noch Schwert- und Sägefische findet, die sich allmählich vom Meer- auf das Süßwasser umgestellt haben müssen. Vielleicht entstand der See durch ein Erdbeben, das den Auslauf zum Meere verschüttete. Jedenfalls liegt er heute etwa zwölf Kilometer landeinwärts und ist bis auf die dem Meere zugekehrte Seite von hohen Gebirgszügen umgeben, von denen der wichtigste, der Zyklopenausläufer, sich bis zur Tanamerabucht erstreckt und nebst anderen Erzen auch viel Gold enthalten soll.

Nun wäre ich gern zum Sentanisee gegangen, was aber in einem Lande wie Neu-Guinea nicht so einfach ist, da man nur unter Bewachung reisen kann und auch jemand kennen muß, bei dem man übernachten darf. Umso erfreulicher war es daher, als mir der Kreisrichter mitteilte, er wolle mich zu einem Malaienbeamten schicken, bei dem ich wohnen und mir den Sentani anschauen könnte. Ich hatte einige Redensarten gelernt, doch lange nicht genug, um mich verständigen zu können, und obschon ich keinerlei Bemerkung machte, sah er mir jedenfalls an, daß ich ,etwas unsicher blieb (nicht aus Furcht, sondern weil, wer nicht reden kann, auch nichts erlernt), und verzichtete daher auf seine gewohnte Sonntagsjagd auf Wildschweine auf den benachbarten Hügeln und versprach, mich selbst zum Sentani zu begleiten.

Einige Tage vorher hatte er eine Abteilung Polizeisoldaten an den Sentani gesandt. Sie meinetwegen zu schicken, wäre nicht ganz gesetzmäßig gewesen, denn »man hat die Polizei nicht für Reisende«, aber niemand in der Nähe zu haben, vertrug sich ebenfalls nicht mit der schwierigen Kolonialpolitik, denn hätte mich ein Wilder erschlagen, so würden die höheren Mächte zu bemerken gehabt haben, »warum er in aller Welt nicht für genügende Sicherheit Sorge trage?« Daher machten die Soldaten Übungsstreifzüge in der Gegend, und wir gingen zufällig zum See. So löste sich eine schwierige Frage.

Durch die Humboldtsbucht fährt man an mehreren Inseln mit Dörfern vorüber, deren Häuser rund gehalten und teilweise mit schönen Schnitzereien versehen sind, und gelangt allmählich in eine weitere Bucht, an deren Ende sich ein Berg mit einem tiefen Loch in der Mitte (vermutlich ein alter Krater) befindet. Die Eingeborenen nennen ihn »Meer« und behaupten, daß er mit einem anderen Berge gekämpft, ihn besiegt und ins Meer geworfen, vom Kampfe indessen diese Wunde behalten habe.

Wir landeten in der Jotefabucht bei Pim. Der Weg führt sofort einen steilen Hügel empor, doch sobald man ihn überschritten hat, öffnet sich der bis dahin neidisch verborgene Ausblick ins Innere, und man übersieht Wälder, Hügelland und dahinter die ersten Spitzen des Zyklopengebirges. Den schlüpfrigen, steilen Pfad hinab kommt man zu weiten Strecken von Alang-alang-Gras, in dem sich auf Java der Tiger so gern verbirgt, in dem man auf Neu-Guinea dagegen nur Giftschlangen, giftige Käfer und scharfe Dornranken findet.

Die Sonne, der »kupfrige Feind«, stand hoch am Himmel und zog uns die Haut von den Armen, wenigstens mir, die ich kurze Ärmel hatte. Unweit des Waldes vernahmen wir ein schweres Rauschen wie das eines nahenden Zuges in der Luft über uns und sahen einen Nashornvogel. Er rauscht laut, wenn er fliegt. Der große, gelbe Schnabel ist fast so groß wie der ganze schwarze Vogel (man findet auch braune Spielarten) und sein Flug langsam und würdig. Von Zeit zu Zeit sahen wir auch einen Habicht hoch über uns.

Endlich verschlang uns der Busch mit seinem dunklen Grün, den leuchtenden Ingwerblüten im Schatten der Stämme, den breitblättrigen wilden Bananen, deren Früchte wie Kinderchen in einem Boot wirken und deren weiße Milch Frauen unfruchtbar macht, den Schlinggewächsen, die viele ganz verschiedene Blattkränze um einen Stamm winden, dem weichen, quacksenden Urwaldboden, der förmlich lebt, und dem Geknister um uns her, bald von einem aufgeschreckten Vogel, bald von einem Baumkänguruh herrührend. So frisch und unberührt ist alles, daß jeder Schritt neuen Zauber birgt.

Nicht notwendigerweise einen erfreulichen Zauber, denn eine haarige, langbeinige Spinne auf dem bloßen Nacken zu fühlen, entbehrt jeden Genusses, noch ist es sonderlich angenehm, nach einem Marsch unweit des Flusses oder über schlammigen Boden plötzlich ein seltsames Jucken an den Beinen zu verspüren und eine Menge Blutegel, schon recht angeschwollen, daran zu entdecken, die alle langsam und vorsichtig entfernt werden müssen, während das einmal zum Rinnen gebrachte Blut an den Strümpfen niedertropft und alle Fliegen der Umgebung anzieht, von den Moskiten, die ja ohnehin die unabschüttelbaren Begleiter bleiben, erst gar nicht zu sprechen.

Nach einigen Meilen kamen uns, gerade als wir einen Berg niederstiegen, viele Eingeborene entgegen. Sie waren kohlschwarz, hatten prachtvolles Kraushaar, das gut geölt und dreiwinkelig geschnitten war, so daß jeder Kopf wie eine schwarze Mitra wirkte, und bewegten sich im Gänsemarsch vorwärts. Jeder Mann trug ein Beil, hatte sich mit Gräsern und Kräutern geschmückt und blickte uns finster an. Herr H. ließ ihnen durch unsere beiden Träger sagen, sie möchten im Rasthaus zu Hollandia verbleiben, falls sie zu einer Gerichtsverhandlung unterwegs wären, bis er in drei Tagen zurückkäme.

Immer wieder trafen wir einzelne Eingeborene. Sie gingen nie auf der eigentlichen Straße, sondern immer irgendwo auf der Höhe, wo es sich denkbarst unangenehm marschieren ließ, und der Kreisrichter erklärte, daß dies die besonderen Kanakenpfade wären, damit sie Ausschau halten könnten. Von oben übersahen sie das Gebiet; niemand konnte sie plötzlich überfallen, noch aus einem Dickicht einen Pfeil auf sie abschießen. Im Urwald selbst gingen sie gern da, wo kein Weg hindurchführte, und schlugen sich einen Durchgang mit Beil und langem Buschmesser. Die Pfeile hatten, wie überall auf Neu-Guinea, starke Widerhaken, und waren sie einmal in den Körper eingedrungen, so war es sehr schwer, sie wieder zu entfernen, weil sie zu viel Fleisch mitrissen. Alle diese Betrachtungen waren dazu angetan, den Weg mit einem angenehmen Gruselprickeln zu würzen. Mehr als ein Prickeln wurde es nicht.

Mich heimelte die Gegend ungemein an, denn es gab auf den Bergen baumlose Stellen, die entweder mit versengtem oder noch grünem Alang-alang-Gras bewachsen waren, zwischen dem sich wieder etwas kahler Fels zeigte, und dies erinnerte mich an meine Heimat mit Feldern und Äckern und Wiesen. Ich war des ewigen Dschungels müde ...

Nach drei Stunden erreichten wir einen Kokospalmenpfad, und gleich dahinter stand schon ein Malaie und empfing uns ganz untertänigst, führte uns unter ein Dach, wo schon Eingeborene rasteten, die sich zur Seite schoben, und brachte uns zwei frischgepflückte Kokoswassernüsse (die grünen, noch unreifen), bohrte oben ein Loch und reichte uns den kürbisgroßen Becher. Wenn die Nüsse an der Schattenseite gehangen haben, sind sie ziemlich frisch und kühl. Ich hob die Nuß und konnte nicht ohne Nase ans Loch kommen, das heißt, entweder kam nichts heran oder ich mußte die Nase mit in die Öffnung schieben, wodurch mir das Wasser über Gesicht und Kleid geronnen wäre.

»Lassen Sie die Nase draußen!« befahl der Kreisrichter und lachte. Er hatte mehr Übung im Kokosmilchtrinken. Endlich verstaute ich den Gesichtsvorsprung gegen einen Nußteil und trank so gut ich konnte. Später, als die Nuß leerer war, ging es flotter. Den Rest gab ich den Trägern, die auch noch das weiße Fleisch ausschabten.

Wir stiegen in ein Boot, das sehr kunstvoll gebaut war. Es bestand in Wirklichkeit nämlich aus zwei sehr langen und starken Kanus, die in der Mitte zusammengebunden waren und über die man ein Palmenstrohdach errichtet hatte. Ein Langstuhl war aufgestellt, ich sollte mich drauflegen. Herr H. setzte sich auf eine Kiste zu meinen Füßen, zehn betelkauende Boys ruderten und schwisch! schwisch! ging es den engen überwachsenen Mangrovenkanal hinab. Ich kam mir wie Kleopatra ohne Schlange vor. Selten war es mir vergönnt gewesen, anders als auf die unangenehmste Art zu fahren und etwas zu sehen.

Plötzlich glitt das Boot am letzten Baum vorbei und hinaus in den See, der zehn Meilen breit und dreißig Meilen lang ist und in einem Dreieck endet. Inseln und starke Windungen versperren einen vollen Ausblick, aber die Wucht der ansteigenden Gebirge verleiht dem Bild Großartigkeit. Überall sah man Dörfer mit eigentümlichen, sehr langen Bauten, die tief ins Meer hineinreichten und die echte Mietskasernen der Menschenfresser waren – denn in jedem solchen Bau wohnten zwanzig und mehr Familien, von denen jede einen streng begrenzten und abgeschlossenen Raum, den eigenen Herd und eigene Falltür hatte, durch die man, im Augenblick der Gefahr, ins Wasser und zum Fluchtkanu konnte. Wir sahen viele dieser Fluchtkanus. Ein Europäer kann sich nicht einmal hineinsetzen, ohne umzukippen, denn sie sind kurz und dabei so schmal, daß man nur mit einem Bein und Schenkel darin Platz findet. Das andere Bein ersetzt ein Ruder, und das Gleichgewicht wird durch ein starkes rundes Ruder an der entgegengesetzten Seite hergestellt. Gewicht hat das Boot fast keines, spitz ist es, und daher fliegt es unter dem geübten Ruderer wie ein Pfeil dahin. Auch eine Pinasse könnte es nicht erreichen. So entfliehen sie der Steuer, den Feinden, allem Unangenehmen ...

Unser Boot glitt an Ase und Ajapo vorbei quer über den See auf Jfaar zu, wo ich eine eigentümliche, sehr interessante Brücke fand, von der ich mich schwer zu trennen vermochte. Holzgötzen bildeten ein Spalier, und die Gesichter mit den breiten Nasen, dem helmartigen, nicht mehr zu findenden Kopfschmuck, die verkleinerten, oft nur dreifingrigen Hände reizten mich ungemein. Niemand wußte, wie alt die Götzen waren.

Der malaiische Unterbeamte wohnte in Ifaar besar (Groß-Ifaar), und unsere Träger begaben sich bald dahin, während wir ruhiger folgten. Der Weg führte an Gärten und Pflanzungen vorbei, die ziemlich verwahrlost wirkten. Ziegen liefen entgegen, denn erblickten wir mehrere zusammenhängende Gebäude – die Kaserne (in der Männer mit ihren Frauen und Kindern wohnten, weil sie es ohne Frauen nicht ausgehalten hätten), und gleich darauf sahen wir das hübsche, erhöhte Wohnhaus des Beamten, der uns mit seiner Tochter entgegeneilte und uns Djeruk, das heißt Limonade, aufwartete. Wir besuchten der Reihe nach das Badezimmer, das nach Malaienart nur eine Tonne mit Wasser, einen Schöpfer und einen Abflußboden hatte, so daß man nackt neben dem Fasse steht und sich von oben beschüttet. Durch die Fugen sah man sehr gut heraus und wohl ebenso gut hinein. Ich tröstete mich mit der Hoffnung, daß niemand hineinschauen würde.

An dem Tage durchstreiften wir nur die Umgebung und ruhten uns aus, denn es ging gegen Abend. Als wir auf der Veranda saßen, erreichte uns ein fürchterlicher Angstschrei. Eine Schlange hatte einen größeren Vogel erwischt.

Ziegen und Schweine liefen planlos durch den Garten und Hof, Kinder kamen und starrten zu uns herauf, lachten, verschwanden; Moskitos griffen an (sie sind berüchtigt am Sentani), und fliegende Füchse saugten laut schmatzend irgend eine Tropenfrucht in unserer Nähe.

Der Kreisrichter, der gern wissen wollte, ob ich allen Dingen gewachsen war (nicht nur Menschenfressern und Dauermärschen), erzählte in einem geheimnisvollen Ton, unser Gastgeber sei Mendanese und esse daher Hundefleisch, und daß er in der Speisekammer ein langes, abgehäutetes Tier gesehen habe.

Später, als die Reistafel aufgetragen wurde, die aus einem Braten in Kerrisauce, viel gutem Reis und allerlei gepfefferten Zutaten bestand, rächte ich mich, indem ich sagte, er möge vom Hunde möglichst viel mitessen. Was wir tatsächlich gegessen haben, weiß ich nicht. Es ist mir auch lieber, es nicht zu wissen.

Durch die Dörfer am Sentani.

Um die Moskitos zu vertreiben, wurde unter dem Hause Citronellagras in Bündeln verbrannt und der schwere, duftende Rauch drang durch die breiten Bodenfugen in unsere Schlafräume. Die Mücken stachen vermutlich weniger, aber ich hustete mich um allen Atem.

Am nächsten Morgen nahmen wir schon früh das Frühstück ein und fuhren dann zu den wildesten der Dörfer um den See, da der Kreisrichter gleichzeitig eine kleine Inspektion vornehmen wollte.

Da wir die Küste entlangfuhren, bemerkte ich bald, daß alle Fruchtbäume die eben frisch ausschlugen, einen Stab mit hübschen Fransen trugen; das war der Dank an die Geister. Wurden Fische gefangen, so schenkte man die größten an das Kariwari oder Geisterhaus, wo der Priester sie aufaß. In der Nähe jedes Dorfes sah man weit in den See hinausgebaut eigentümliche, runde Hürden, fast wie Wasserzäune, und darin standen bis zur Brust und darüber Frauen und fischten, denn die Wellen, die auf dem See jäh und hoch sein konnten, trieben die Fische in diesen Zaunkreis, und nur die kleinen und wertlosen konnten entweichen. Die großen Fische verblieben, und wurden von den Frauen, oft nicht ohne Gefahr, gefangen.

Der See wimmelte von Sägefischen und die Ufer und hineinmündenden breiten Flüsse von Krokodilen, doch die Schwarzen wurden nie angegriffen, sei es weil das Kokosöl, mit dem sie sich einrieben, den Tieren stank oder weil die schwarzen Körper nicht appetitanreizend waren. Die Sentanileute selbst behaupteten, daß die Geister der Vorfahren immer in ein Krokodil fuhren (weshalb auch die geschnitzten Krokodile am Hauspfeiler nicht von Frauen berührt werden durften) und daß deshalb die Tiere nie angriffen, weil sie einst Menschen gewesen waren und sich freiwillig verwandelt hatten, um mehr Freiheit zu genießen, ohne deswegen ihre Herkunft und ihre Verwandtschaft ganz zu vergessen.

Das Boot erreichte den Ankerplatz eines fernen Dorfes, schob sich zwischen die trocknenden Boote und Fluchtkanus und wir landeten. Die Männer rannten, stießen ein warnendes Geschrei aus, ließen sich von keinem Zuruf halten, warfen sich auf die restlichen Fluchtkanus und verschwanden wie Fischlein in der Ferne. Um den Hügel herum, wo das zweite Dorf gelegen war, klagten weitere Stimmen, drohten andere. Herr H. bedauerte es, keine Waffe mitgebracht zu haben. Der Unterbeamte, zwei Polizeileute und zwei Ruderer begleiteten uns. Als wir ankamen, waren nur noch erstaunte Frauen am Strande. Einmal, vor kurzem, war auf die Leute geschossen worden, daher waren sie so verschreckt. Herr H. beruhigte sie, drohte ihnen indessen, alle Kanus verbrennen zu lassen, wenn die Männer wieder so feige auskniffen, wenn ein Regierungsbeamter nahte. Was wußten sie von Regierung? Sie starrten ihn an, ein wenig scheu, ein wenig vertraulich, doch mich musterten sie ungewiß, denn ich war weiß, aber nicht lang und stark genug, um ein Mann, und nicht rund genug, um eine Frau zu sein. Sie fragten, was ich eigentlich wäre und verblieben sicher sehr befriedigt bei dem Gedanken, daß ihre Brüste allein größer als mein Bauch waren. Die »schlanke Linie« findet wenig Anklang in der Südsee! Sie ist in jeder Hinsicht unbefriedigend, selbst im Topf!

Die Frauen am Sentani tragen sehr viel Muschelgeld als Schmuck um den Hals und an den Armen und haben zuzeiten sogar etwas um die Knöchel gewunden, aber Kleider tragen sie erst am Tage ihrer Vermählung, wo ihnen ein langes, sehr schön bemaltes Lendentuch als Brautgewand umgebunden wird. Von da ab tragen sie immer eine Hülle, doch als Mädchen laufen sie in Luft und Sonnenschein gehüllt. Ich möchte gern sagen »in ihre Unschuld gehüllt«, aber meine diesbezüglichen Erfahrungen von anderen Inseln her lassen mich vorsichtshalber davon Abstand nehmen. Sie waren eher braun als schwarz und sehr gut gewachsen. Auch wurden sie sehr gut behandelt und teuer bezahlt, denn es herrschte Frauenmangel, und wer eine Gattin haben wollte, der mußte früh dazuschauen. Er kaufte sie schon – das heißt ein wohlmeinender Vater –, sobald der Knabe zehn Jahre alt geworden, denn so viele schöne grüne Steinbeile, so viele teure weiße Muschelarmbänder, Ballen von Rindentuch, eine Ceramkoralle, viel Muschelgeld und am Ende ein Schwein mußte an die Eltern, die Verwandten der Braut und etwas an sie selbst gezahlt werden, daß zehn Jahre harter Arbeit kaum genügten, all das zu verdienen. Es geschah, daß die Braut im letzten Jahre starb – da gaben die Eltern die jüngere Tochter, die kaum sechs Jahre alt sein mochte, und nun mußte er wieder zehn Jahre warten, daher gab es Männer mit vierzig Jahren, die kaum zu einer Frau gelangten. Begreiflicherweise hüteten sie den Schatz wohl, obschon sie ihn natürlich für schlechtes Kochen und so weiter verprügeln durften, denn das hob die Moral der ganzen Ortschaft. Ein Häuptling, den wir später besuchten, hatte der Frauen zweie, und jede arbeitete bei einem anderen Feuer. Wie unendlich weise von ihm! Wer ihm besser kochte, der besaß an dem Tage ihn und sein Herz.

Ein Häuptlingsgrab, das mitten im Dorf am Abhang des Berges gelegen war, hatte ein Dach darüber gebaut und darauf so viele Hahnenfedern gesteckt, wie der Besitzer in seinem Leben Eber getötet hatte. Goldgelbe Inselfrüchte, so weit ich sehen konnte, falsche Mangos, die innen faserig werden und nicht verfaulen, waren in schönen Reihen angebracht, und aus jeder Frucht stieg eine Kokosfasernrippe empor. Frauen dagegen erhielten ein schön bemaltes Rindentuch um den Zaun gelegt, der ihr Grab beschützte (die schwarzen Dorfschweine wühlten alles auf), und Kinder wurden kurzweg beerdigt, wo eben Platz war. Die Fluchtkanus standen auf dem Dorfplatz geschichtet, manche hatten schöne Schnitzereien mit Nashornvogelköpfen, Krokodilrachen und anderen Mustern.

Wir betraten mehr als ein Haus, und oft sprangen die Frauen kreischend ins Fluchtkanu, das unter der Falltür war. Durch die breiten Fugen im Boden sah man die Fische im See, und man mußte im starken Dunkel sehr vorsichtig auftreten, um nicht mit dem Fuß in einem Loch zu verschwinden. In jeder Abteilung sah man das gleiche Bild: Speere und Pfeile auf Wandbrettern oder an Rattanschlingen hängend; Körbe mit Taro, Malaienäpfeln oder anderen Eßsachen von einem dreieckigen Holz hängend, damit die Ratten nicht herankonnten, einige Steine und dazwischen erst Erde, dann Asche und endlich das leichte Holzfeuer unter dem Kessel oder um den schwarzberußten irdenen Topf; einzelne Netze und Fischknochen, da und dort ein

Räuchergestell, mehrere Ballen von Rindentuch, die vielleicht aus dem Wasser gerettet worden waren, denn die Sitte schreibt vor, daß man bei einem Todesfall viel Tapa für den Geist ins Wasser wirft. Die übrigen Leute aber können ruhig gehen und diese geopferte Tapa herausziehen und verwenden. Die Männer tragen nur ein kleines Schamtuch, die Jungen nichts.

Wir besuchten sehr viele Dörfer, doch wichen sie nur wenig voneinander ab. Da war der Tanzplatz für die Dorffeste größer, und drüben sah man mehr Brotfruchtbäume, Süßkartoffeln oder Yambu, die roten Malaienäpfel, deren Blätter die Tropenruhr heilen, oder man fand anders geschnitzte Hauspfeiler, doch überall gab es die Fischhürden, die Fluchtkanus, die langen Gesellschaftshäuser, die Kariwaris oder Geistertempel, die allerdings als Quelle von Kampf und Aufstand verboten waren, doch immer noch heimlich fortbestanden und weit hübscher als die übrigen Bauten waren. Frauen durften die Kariwaris nicht betreten. Männer fielen darin in Tiefschlaf, sprachen in fremden Zungen, erzählten, was ihnen ihr besonderer »Geist« mitgeteilt hatte, und beschlossen mit dem Priester zusammen wichtige Änderungen.

Im Oktober erwarteten sie immer den Sanafisch. Er war grün auf dem Rücken, hatte eine einzige Mittelgräte und kam in Schwärmen. Sie beteten immer im Kariwari um sein Kommen und brachten den größten Fisch zum Dank. Eine Pinangblütenwinde (die Blüte der Arecapalme) wurde von einem Ende des Sees zum anderen spazieren gefahren, wenn der Fisch gerufen wurde, und war der Fang gut gewesen, so bewahrte man das Gewinde im Geisterhaus auf. Fremde Leute durften nicht fischen.

Ganz am Ende des Sees hört die bekannte Welt auf. Dahinter beginnt unerforschtes, sehr gefährliches und morastiges Gebiet. Die Eingeborenen tanzen hier ganz merkwürdige Tänze mit seltsamen Masken, und noch tiefer landeinwärts wohnen sie siebzig und mehr Fuß hoch oben in der Gabel eines Urwaldbaumes, um sicher zu sein, nicht überfallen zu werden. Eine Leiter, die jeden Abend eingezogen wird, führt zur Hütte empor. Die Leichen werden auch in die Gabel eines Baumes gelegt, bis nur das Gerippe übrig geblieben. Unweit der schneegekrönten Berge, die durch undurchdringliches Dickicht, Sümpfe und unüberbrückbare, von Krokodilen durchschwärmte Flüsse geschützt sind, soll ein Zwergstamm wohnen, nach dem viele Gelehrte Ausschau halten, von dem vereinzelt schon ein Zwerglein gesehen wurde, doch von deren Leben, Treiben und Abstammung man nichts weiß. Auch Gold enthalten die Berge, doch ist der Weg, der dahin führt, vom vielfältigen Tode bewacht.

Schon der Sentani ist wild genug, und wenige Weiße haben ihn besucht.

Am folgenden Tage liefen wir noch die Dörfer Ase und Ajapo, mitten auf einer Insel im See gelegen, an und kehrten dann über Land nach Pim zurück, von wo uns das Boot zu einer Insel brachte, auf der wir beim dunklen Schulmeister übernachteten. Auf dieser Insel tanzen die schwarzen Mädchen, wenn es Vollmond ist. Sie kommen von den umliegenden Dörfern, und die Männer verbergen sich hinter dem Gestrüpp und beobachten sie. Es war nicht Vollmond, und jedenfalls waren wir so müde, daß wir uns schon um acht Uhr niederlegten. Neben mir schliefen drei oder vier Frauen. Daran gewöhnt man sich ...

Endlich besuchten wir ein ganz berüchtigtes Dorf in der Jofetabucht, dessen Name mir leider entfallen ist. Das Geisterhaus war ein runder Bau mit Giebelauswüchsen, ein wenig wie eine nordische Stavekirche, und an Stelle von Straßen gab es nur sehr lange, geländerlose, sehr schwingende Brücken, länger als ich sie jemals gesehen. Stufen führen von einer Brücke hinauf zur anderen, kleine Bretter von Brücken zu Bauten, und es war eine wahre Kunst, sich da überall hinauf- und hinüber zu schwingen.

Wer wollte, ging zur Schule, doch wir sahen viele Knaben, die lieber fischten und mit erhabenem Mitleid auf die Lernenden blickten. Der Lehrer selbst war eben durch einen Hilfslehrer ersetzt worden, weil er mit einer Schülerin ein Liebesverhältnis begonnen hatte – er als Malaie mit einer Schwarzen! Das sahen beide Teile als erniedrigend an. Manche Mädchen waren schon vierzehn bis sechzehn Jahre alt und natürlich voll entwickelt. Sie trugen nur ein Lendentuch, und es war ein Spaß, sie langsam schreiben und buchstabieren zu sehen. Die Knaben saßen in der anderen Zimmerhälfte. Es wurde viel von Gott erzählt (evangelische Mission) und sonst die vier Hauptgegenstände flüchtig durchgenommen.

Durch die Fugen des Bodens sah man hinab ins Wasser, und mich interessierten die Fische ebenso sehr wie der Unterricht. Die Männer draußen sahen alle trotzig drein und beklagten sich über die Buschleute, die keine Taro herabbringen wollten. Sie selbst hatten allerlei gegen den Frondienst einzuwenden (aus Holländisch-Neu-Guinea müssen so und so viele Mann aus einem Dorfe jährlich vierzehn Tage für die Regierung arbeiten, und Polizei-Boys mußten auch ausgehoben werden). Sie waren nur schwer zu bewegen, Ruderer mitgehen zu lassen. Der Häuptling hatte ein wildes Aussehen und saß in seinem runden, ganz hübschen Bau stolz wie ein König vor dem Hauspfeiler.

Jenseits der Bucht und der Sagopalmenwälder im morastreichen Ufergebiet erhob sich ein schwaches Vorgebirge, das ins Meer schnitt. Das war Seko mit seiner Höhle, und da hatten die Wilden mich zu töten beabsichtigt. Wir sahen beide etwas schwermütig dahin.

Am Abend trafen wir, sehr gebraten von der Sonne, sehr schmutzig und müde in Hollandia ein und gingen sofort zu Bett.

Lauernde Sorgen.

Nun darf man gar nicht glauben, daß ich nach dem Menschenfresservorfall und weil ich so lieb ausgenommen worden war, etwa aus dem Netz meiner würgenden Sorgen heraus durfte. Ein eigenes Verhängnis verfolgte mich. Es gab nur ganz wenige Pinassen, die an der Küste entlang ihre Geschäfte abwickelten, und anders als die englischen waren sie nur allzu sehr auf ihren Vorteil bedacht. Man riet mir daher ab, den langen Weg einzuschlagen, der darin bestand, von Ort zu Ort mit verschiedenen Fahrzeugen zu fahren, und meinte, daß die gerade Fahrt nach Celebes die beste und günstigste sein würde. Diese Fahrt aber kostete in der zweiten Klasse angeblich sechshundert Gulden. In der Tat kostete sie bis Soerabaja fünfhundertneunzig oder so etwa, und verbunden mit der Eisenbahnfahrt durch Saba selbst und dem Rest von einigen Zehnguldenscheinen in Batavia mußte ich mit wenigstens sechshundert Gulden rechnen. Es kam dazu der Aufenthalt in Celebes, unerwartete Möglichkeiten – kurz, mit meinen ungefähr zweihundert Gulden würde ich nicht weit springen können. Wie ich auch rechnete, nie wußte ich einen Ausweg. Nachts, wenn alle zu Bett gegangen waren, drückte ich »die holländische Gattin« gegen meine Brust und quälte mich nach einem Ausweg ab. Um das Geld würde ich in anderen Erdteilen weit, weit mehr erreicht haben.

Der Dampfer, ein seltener Gast, fuhr ein. Herr H. sollte zu einer Beratung nach Amboin fahren, und noch immer wußte ich nicht, wo ich Hilfe finden sollte. Alle hatten sie auf Herrn Brinkmann hingewiesen, aber ich scheute mich nicht nur, eine so große Summe zu erbitten, ich wollte auch nur ungern meine Zukunft derart belasten, und so geschah es, daß ich vor den gepackten Koffern stand und dreiviertel entschlossen war, nur einige Orte weit mitzufahren und von dort mit Pinassen langsam Celebes zu erreichen.

Herr B. kam mir unendlich lieb entgegen, lieh das Geld ohne weiteres gegen einen Schuldschein, und teilweise belastet, teilweise erleichtert schiffte ich mich ein. Ich erinnerte mich an die vielen Versprechen von verschiedenen Schriftleitungen, mir nicht nur das anständige Honorar, sondern auch Empfehlungen und so weiter zu schicken, an die goldenen Berge, die mein Vertreter in Java langsam aufbaute, an die Andeutungen meiner Bekannten, wieviele Einführungen ich vorfinden würde, und überdies hatte ich das Gefühl, daß mit dem Überwinden der Südsee, in der ich mehr als zwei Jahre so gut wie verschollen geschmachtet und unter so furchtbaren Schwierigkeiten dennoch so viel geleistet hatte, auch alle Hindernisse der Reise überwunden sein würden. Von Java konnte ich meine Schuld begleichen und dann glatten Weges vorwärtseilen ...

Er war ein alter Kasten und meine Geduld nicht mehr eine Bologna-Geduld. Der Kapitän war um des Kreisrichters willen sehr entgegenkommend und auf einzelnen Strecken, wenn die zweite Klasse überfüllt war, wechselte ich in eine Kabine der Ersten. War ich in der Zweiten, so liefen die Tropenkakerlaken in Mengen über die Betten und rieselten auf den Boden herab; nebenan war das Speisezimmer mit seinen langen Bänken und den angrenzenden Kabinen für die Schiffsingenieure. Gleich daran schloß sich die dritte Klasse mit all ihrem unbeschreiblichen Schmutz, und wenn ich zu meiner Kabine oder auch nur zu den Mahlzeiten mußte, hatte ich dieses Gebiet in seiner ganzen Länge zu kreuzen und mußte immer achtgeben, mir nichts zu beschmutzen. Es gab da, an die Pfeiler gebunden, Beuteltiere und Baumkänguruhs, die sehr interessant waren, aber einen scheußlichen Gestank verbreiteten, Papageien, die krächzten und riefen, tote Paradiesvögel, die nachgetrocknet wurden und deren Arsenikgeruch die Luft verpestete, und dazwischen Koffer, Kisten, schmutzige Wäsche, nackte Körper von Schwarzen und Braunen, Kinderurin überall und Frauen, denen die Milch noch aus der Brust floß, wenn das Kind schon abgenommen war. In der Zweiten Mischlinge, die sich breit machten. Einmal mußte ich mit zwei Mädchen und einem dreizehnjährigen Jungen die Kabine teilen und die Jungen von dreizehn sind in den Tropen das, was sie bei uns selten mit achtzehn sind. An und für sich war mir die Sache ja einerlei, er sah bei mir nichts, aber ich fand es gegen die

Schiffsordnuug aller Länder, die verbietet, daß Jungen von über zehn Jahren in eine Frauenkabine kommen.

Keiner meiner Leser wird – bei aller Beschreibung – verstehen (niemand verstand meine Briefe!), warum ich unter der Zweiten seelisch, nicht körperlich litt. Herr B., der Kreisrichter, ein Herr von der Phönixgesellschaft – sie alle waren oben auf dem Deck der Ersten, und man hatte mir gestattet, dort zu sitzen, weil die Herren mit mir plauderten, dennoch wußte ich, daß ich geduldet war, und das wurmte. Ich kam mir in keiner Weise schlechter als die anderen vor, ich arbeitete ebenso viel, die Mark stand wieder hoch, die Krone wurde zum Schilling, das jugoslavische Geld hatte auch einen, wenngleich niederen Wert, und weder von meinem verpachteten Weingarten einerseits noch von den beiden erstgenannten Ländern anderseits war etwas zu erleben – als schöne Worte. Warum reisten die amerikanischen, die englischen Journalisten immer in der Ersten? Was für ein Tückenkobold hielt mich immer in den Staub gedrückt?

Der Ton der Menschen, die Art, wie sie saßen und sich gaben, die Vertraulichkeit der farbigen Diener war das, was mir jedesmal das Blut zum Herzen trieb, und dazu kam unterwegs die Frau eines Beamten auf das Schiff, ein Mischling, braun wie eine Haselnuß und von dem Bildungsgrad einer Landgasthausköchin (die in ihrer Art ja sehr tüchtig sein kann, deswegen aber vom Kreislauf der Sterne oder den Dichtern der Welt nichts zu wissen braucht), und diese Frau, die infolge der Beamtenstellung ihres Mannes eine sehr ermäßigte Erste zahlen konnte, begann sofort, auf mir in jeder Weise zu sitzen. Ihre Bemerkungen, wie die der meisten Mischlinge, waren betont persönlich, und sie ließ mich die Zweite, meine Häßlichkeit, mein fragwürdiges Alleinreisen bei jeder Gelegenheit fühlen. Natürlich schüttelte ich sie ab und tröstete mich mit meiner europäischen Grundweiße, aber wenn es sie auch klein machte, riß es den Stachel nicht wieder aus meinem Herzen. Aus schlechterer Kost oder schlechterem Wohnen hätte ich mir selbstredend nichts gemacht, aber ich war zu lange unter Engländern gewesen, um mir nicht zu sagen, daß Weiß eben Weiß und die anderen Farben gut, aber nicht meine Farben waren. Bei Reinrassigen zog ich indessen nie eine Grenze (außer in der Ehefrage), doch bei Mischlingen, die in jeder Weise wirklich unter beiden Rassen stehen, sich aber ewig ihrer Vollwertigkeit brüsten und eine Vertraulichkeit versuchen, an die ein Europäer nie denken würde, die einen stets angreifen und betupfen und deren Fragen ungewollt tief ins Allerpersönlichste bohren, zog ich die Grenze mit einer Härte, die Herrn H. sagen ließ, daß ich ein starkes Rassenvorurteil hätte. Er war auch nicht dabei gewesen, wie die »Dame der Halbrasse« sich wie der Frosch in der Fabel aufgeblasen hatte. So etwas kann man auch nur im holländischen und französischen Gebiete erleben, weil für diese beiden Europäer eben jedes Weib gut genug ist und die unehelichen Kinder frei neben den weißen und ehelichen herumlaufen, weil in jedem Hinterhaus die Babu eine echte Gattin ist und oft mehr Rechte als die Hausfrau hat und man in einem Hause auf Java ebenso gut die Rassenstufen zählen kann wie im schönen und sündigen Panama.

Durch das Gebiet der roten Erde.

Die Urwaldriesen der dicht bewachsenen Küste flimmerten im Abendgold, als wir ausfuhren. Auf den niederen Hügeln, überwuchert von Alangalang-Gras, tummelten sich wilde Eber und Säue. Nach und nach fuhren wir an Ormu vorüber, einem sehr bekannten Dorfe, weil da die berühmten Steinkeulen gemacht wurden, die ganz dunkelgrün waren und im Stein selbst feine weiße Punkte hatten. Um solche Keulen wurden Frauen gekauft. Ich erhielt eine.

Die Hüttenreihe kauert schon gegen den aufsteigenden Berg gedrückt. Einige Kokospalmen spiegeln sich im Meer, dann sieht man neuerdings Abrutschungen, Grotten,

Schluchten. Erst mit dem Beginn der roten Erde um die Tanamerabucht öffnet sich das Land ein wenig. In den Tiefen der Bucht liegt Dempta, wo die Eingeborenen es angeblich verstehen, das Erdbeben mit einem schwarzen Holzinstrument zu verscheuchen, indem sie einmal scharf vor sich auf die Erde klopfen, zweimal nach links und dreimal nach rechts.

Dempta ist voll wunderbaren Aberglaubens, von dem ich hier nur ein oder zwei Beispiele anführe. Mütter reiben die Nase ihres Kindes sofort nach der Geburt mit heißer Asche, damit sie »gut aufgehe«; auch zaubern die Eltern, ob sie einen Jungen oder ein Mädchen wollen, und geht der Zauber unrichtig aus, so töten sie das Neugeborene, weil es nicht das bestellte war. Das Kind muß die eigene Nabelschnur um den Hals gebunden zum Schutz gegen die Geister tragen, bis es frei sitzen kann. Erst dann wird sie ins Meer geworfen und Vater und Mutter dürfen wieder große Fische essen.

Das Zyklopengebirge verschwand wie eine Erinnerung hinter Dempta, und als der Tropenmond die Wasser vor Kap d'Urville fegte, sahen wir nur die im Tiefschlamm am besten gedeihenden Sagopalmen, während der Mamberamo, der größte Fluß Holländisch-Neu-Guineas, hier nach endlosen Mündungen ins Meer mündete.

Sarmi.

Die kleine chinesische Handelsflotte, aus alten, modernden Kuttern bestehend, lag trocken und hilflos am Strande und erwartete die einkommende Flut. Der Ort ist rund um einen Hügel, auf dem das Amtsgebäude war, und die Straßen hatten etwas von holländischer Genauigkeit. Malaien und Chinesen waren die Hauptbewohner, nur gegen das Ende des Dorfes kamen nette Hütten echter Papuaner, und hier sahen wir auch die sogenannten Webereien von Sarmi. Man macht Deckchen aus feinem Bast oder Inselfasern und webt sie auf die denkbar einfachste Art. Sogar die große Zehe der auf dem Boden sitzenden Frau webt mit. Diese Kunst wurde von Flüchtlingen aus den Karolinen eingeführt.

Herr H. schenkte mir ein Sarmi-Deckchen, und Herr B., der nicht weiterfuhr, eine Riesenmenge Zuckerwerk, von dem ich noch auf Java zurückließ.

Wir besuchten auch die Schule, in der die Kinder Lesen, Schreiben, Rechnen und Glaubenslehre zu Hauptgegenständen und Singen und Pfeifen auf Bambusflöten zur Freude haben. Bösartige Menschen behaupten, daß sie nur das Flöten richtig erlernten. Was braucht man auch mehr auf Neu-Guinea?

Auf der schiefen Landungsbrücke stauten sich Koprasäcke, über die hinweg wir aufs Schiff kletterten.

Die Van-Schouten-Inseln.

Japen ist eine uninteressante langgestreckte Insel mit dem Hauptorte Sarui, der die üblichen Chinesenläden aufweist, die wandernden Malaien mit ihren dunklen, unergründlichen Augen und da und dort einen hochaufgeschossenen Papuaner mit seinem Riesenkraushaar als Glorienschein, buntem Fasernschmuck, von den Oberarmen hängend, und um die Mitte ein krebsrotes Lendentuch. Schläfrig über alle Begriffe hinaus sind diese Orte, an denen sich nichts ändert, sich fast nichts ereignet und wo selbst das Klima jahrein, jahraus so gut wie gleich bleibt, liegen sie doch nur wenige Grade vom Äquator entfernt.

Die wichtigere Insel der Gruppe ist indessen Biak, eine herzförmige Erhebung im Weltmeer, auf der Bosnik gelegen ist. Der Ort ist nicht unschön, besteht aus einer breiten, sehr langen Straße und einigen abzweigenden Gäßchen, und da man gerade den Geburtstag der holländischen Königin zu feiern trachtete, war alles mit Fahnen und Blumen geschmückt.

Dennoch ist Bosnik der Fluch aller Beamten, denn wenn das Fieber sie nicht auf dem Festlande erwischt hat, erwischt es sie gewiß hier. Der Berg, der den Ort beschattet, hat nämlich sehr wenig Erdreich, obwohl er nicht übel bewaldet ist. Im porösen Korallengestein staut sich indessen das Regenwasser in sehr unangenehmer Weise, indem es den Moskitos zu Brutplätzen dient. Auch wächst so gut wie kein Gemüse und wenig Obst. Nur Fische sind in reichen Mengen erhältlich. Durch den Mangel an Frischgemüse erkranken viele Beamte an Mundfäule.

Die Wilden von Bosnik sind sehr malerisch. Frauen und Kinder lassen das buschige Haar wie eine Mähne bis auf die Schultern fallen und laufen bis auf ein Schamtuch nackt herum. Die Malaien knüpfen das Sarong unter den Achseln, und die Chinesen ziehen es vor, in ihren gewohnten Hosen zu laufen. Das Militär hat eine grüngraue Uniform, doch keine Schuhe.

Die Bosniker Kanus gehören zu den schönsten, die ich je gesehen. Herrliche Schnitzereien bedecken den Bug, und sie sind hoch, stark, bequem gebaut und fassen dreißig bis vierzig Mann, die prachtvoll im Takt rudern. So wild sind sie, daß ein Bosniker, der gefangen genommen wird, immer entflieht. Man findet hier entzückende blauköpfige, sonst hellrote Papageien und weiße, gelbschopfige Kakadus. Wir glitten an anderen Küstenorten, wie Makmer und Sorido, vorbei und hätten im Nebel beinahe die an Biak grenzende Superiorinsel versäumt. Spät in der Nacht verließen wir die letzte der Van-Schouten-Inseln und steuerten dem offenen Meere zu.

Auf den Ausläufern der Karolinen.

Ich lag auf meinem Bette rot wie ein Krebs und hatte eben zwei Pillen Aspirin verschluckt. Der »van Noort« war mit viel Geächze zum Stehen gekommen, und ich sah durch den Fieberschleier hindurch eine Reihe von Inseln mit

Korallenriffen, Kokospalmen und schwarzen Menschen, wie ich sie zu Hunderten gesehen hatte. So legte ich mich ruhig auf mein Lager zurück. Die Inselbegeisterung war mir längst vergangen.

Gerade als ich wie ein Langschwein im Erdofen zu dünsten begann, klopfte jemand an meine Tür, und Herrn H.'s klare Stimme rief durch das Holz: »Wir sind auf Ausläufern der Karolinen! Viel für Sie zu lernen! Herr F. ist an Bord und nimmt uns mit! Sind Sie krank?«

Ich bejahte, versprach indessen, in fünf Minuten fertig zu sein, erhob mich, rieb mich mit dem Badehandtuch gut ab, kleidete mich an und eilte auf schwankenden Beinen die Treppe hinauf.

»Ziehen Sie alte Schuhe an, denn man muß ans Land waten!« meinte Herr F. und ich entschloß mich, meine weißen Schuhe naß werden zu lassen. Das würde meine Malaria sehr übelnehmen, aber wenn ich barfuß ging, meine empfindlichen Ballen noch mehr.

Wir stiegen ins Boot und erreichten in der Tat nur zwei Drittel des Weges. Die Ebbe war eingetreten, und man mußte aus dem Kanu springen und über die Korallenbänke, die bald unter, bald über dem Meeresspiegel lagen, waten. Es tat mir nichts, denn das Wasser war von der Tropensonne sehr gut gewärmt worden. Am Strande sonnte sich ein durchaus zahmer brauner Reiher und wunderte sich über die neuartigen Pinguine, die auf ihn zuwackelten. Die braunen Eingeborenen, weit hübscher als die am Festlande und in Wahrheit Mikronesier, standen in blitzroten Lendentüchern in Reihen vor ihren hübschen, fremdartig gebauten Hütten.

Die Geschichte dieser Inseln, die eigentlich geographisch nirgends so ganz genau hingehören und den Karolinen zustreben, ist recht seltsam. Der Seeräuber O'Keefe und sein Gefährte P. Olsen hatten es sich in den Karolinen doch ein wenig zu heiß gemacht und entflohen daher mit einer Anzahl von Eingeborenen nach stilleren Orten. Sie fanden auf diesen Inseln einen alten Häuptling und kauften ihm sein Land um einen Spottpreis ab. Allerdings – und nun kommt der hohe Preis! – mußte P. Olsen die Tochter des alten Häuptlings heiraten, worauf er indessen scheinbar noch stolz war, denn aus den verlorenen Inseln, die man kaum auf einer Karte findet, war die dunkle Gattin immerhin im weitesten Sinne des Wortes eine Prinzessin, und tausend Seemeilen von hier konnte sie als richtige Prinzessin vorgestellt werden, denn das machte ihr Freude und tat niemand anderem weh. Boras im Norden ist fruchtbarer, doch die Hauptniederlassung ist heute auf Pegim, weil der Dampfer, der etwa alle acht Wochen einmal anläuft (oder wenigstens anlaufen soll), hier am leichtesten Anker wirft.

Wir saßen bald in dem geräumigen, sehr hübsch eingerichteten Wohnhause, dessen steiles Sirapdach guten Schutz gegen die Hitze bot, und lauschten einem Grammophon, während Herr F. ein schauriges Gebräu aus schwarzem Bier und Whisky (so ähnlich war die Mischung!) braute, das die meisten Inselgäste bald unter den Tisch zu werfen bestimmt war, dem Herr H. und ich uns indessen entzogen und dafür ein Getränk erhielten, über dessen Zusammensetzung und Wirkung wir besser unterrichtet waren.

Später durchwanderten wir das Dorf der Eingeborenen, und alle waren sehr vergnügt, mit mir zu sprechen, mir alles zu zeigen, denn obschon es einmal bronzefarbene Prinzessinnen gegeben hatte, so waren rein weiße Frauen selten wie der blaue Mond, und daher untersuchten die Karolinerinnen, die sich in Sprache, Sitten und Rasse bewunderungswürdig rein erhalten hatten, mit Genuß meine Arme jenseits der Ärmelgrenze, wo sie noch waren, wie eine Haut bei Europäern sein sollte. Leider war der einzige nicht teilweise gebräunte Teil meines Ichs eben der, den man nicht gut zur Untersuchung vorzeigen kann, und ich mußte es daher bei den gelblicheren Stellen bleiben lassen. Indessen waren die Frauen auch mit den minder weißen Stellen sehr zufrieden. Gut schien es ihnen allen zu gehen, denn sie lachten und sangen, hatten freudige Augen (sehr verschieden vom finster mißtrauischen Blick der Küstenpapuaner) und waren von einem Umfang ...!

Es gab Frauen, die wie Menschenkrapfen wirkten und den breiten Türbogen völlig füllten. Wohl hatten sie sehr schöne Tröge für ihre Schweine (echte Vasuamuscheln, wie man sie zuzeiten in einer Domkirche als Prachtstück sieht), aber selbst von Schweinefleisch konnten sie nicht so dick werden. Es mußte Sorgenlosigkeit, gepaart mit Ruhe und Mangel an Bewegung sein. Die Männer, die viel fischten, waren schlanker.

Als ich die Insel verlassen sollte, brachte die Frau des Häuptlings mir einen Kamm und eine sehr schöne Inselmatte, aus eigenem Palmenstroh geflochten. Der Kamm war geschnitzt und sehr künstlerisch ausgearbeitet. Ich wagte ihr kein Geld anzubieten und hatte ihr nichts zu geben, doch meinte Herr F., daß sie froh war, eine weiße Frau gesehen zu haben.

Es gibt fast kein Tierleben auf Mapia, nur drei Arten Reiher, eine Seemöwe und kleine Krabben. Die zahmen Schweinchen haben eigentümliche, niedrige Häuschen, und mich verwunderten ihre Schwänze, die behaart waren und trostlos niederhingen – etwas sonst nie Gesehenes an einem Schweine oder höchstens an jenen scheußlichen Mißarten tief im Busch, wo Schwein und Hund sich gekreuzt haben.

Der »schwarze Samt« hatte seine Wirkung nicht verfehlt. Der eine Offizier, der ein Ferkel zum Geschenk erhalten hatte und damit, vom schwarzen Samt erstickt, die Schiffsleiter emporzuklettern versuchte, taumelte mehr als einmal beinahe zurück ins Korallenmeer. Wir lachten. Wer den Schaden hat ...

Manukwari am Festlande.

Von den einsamen Inseln ging es schwisch! schwisch! zum Festland zurück. Wir sahen wieder in der Ferne die Palmen im Sumpf, Hügel, sich weitende Buchten, und dann fuhren wir um ein Vorgebirge herum in den weiten Hafen von Manukwari, dem bedeutendsten Ort der ganzen Küste. Bis hierher kommen jene Leute, die Holländisch-Neu-Guinea überhaupt besuchen. Was dahinter liegt, ist so gut wie unbesucht. Ein amerikanischer Globetrotter war bis nach Hollandia gefahren, doch beim Anblick des Rasthauses war er gewissermaßen heulend mit dem gleichen Dampfer umgekehrt. Es war schön, da und dort Whisky zu trinken und zu sagen, »da war ich mit meinen Dollars«, aber in einer Hütte zu wohnen, in der eine sechzehnahnige Lausbrut ihr Unwesen trieb – sie und nichts anderes ging über Globetrotterträume.

Manukwari liegt in der Geelvink-Bai oder richtiger, der Abzweigung dieser Riesenbai, der sogenannten Dorebucht. Es ist eine kleine Stadt mit Straßen, einem Fischmarkt, etlichen Geschäften in Chinesenhänden und daneben einem feinen Stäublein Weißer. Wie immer ging Herr H. mit mir ans Land und wie einst der dänische Botaniker bei der Ausfahrt, so erklärte er nun alles, was er kennen gelernt. Die Leute auf dem Schiff, die beschränkt wie alle Klatschbasen waren, steckten die Köpfe zusammen und neckten ihn offen mit Verlobung. Es war der weitere Gifttropfen in meinem Becher. Sie konnten es gar nicht fassen, daß wir zusammenfanden, nicht weil wir irgendwie körperlich angezogen waren (obschon der Kreisrichter einer der schönsten Männer war, die ich je getroffen), sondern weil wir uns gegenseitig so viel zu sagen hatten, was völlig jenseits des Geschlechts lag. Die guten »Van Noort«-Reisenden wären nicht übel erstaunt gewesen, wenn sie uns belauscht hätten, denn wir sprachen sehr oft (wenn wir nicht die Sitten des Landes erörterten) über Hypnose, indische Philosophie, Yogiübungen, Schicksal und so weiter, und sehr eigentümlich war, daß ich ihm aus den Handlinien wahrgesagt hatte (im Scherz, in den ersten Tagen nach dem Menschenfressererlebnis), und daß der Unglücksfall, den ich vorhersagte, schon unterwegs in Erfüllung ging, obschon ich vermutet hatte, daß noch zwei Jahre bis dahin verstreichen würden. Alles das gab uns zu denken und zu sprechen, und ich fürchtete den Tag der Trennung, eben weil ich wußte, daß so viel Stumpfsinnige gegen mich geworfen werden würden, ehe ich wieder jemand fand, den alles interessierte, besonders das Unsichtbare. Auf Deck lachte ich nicht selten mit ihm. Wir freuten uns, glaube ich, beide, die Zungen ins Werk zu bringen. Zungen gehören zum Reden, und auf Deck eines Schiffes redet man das Blaue vom Himmel herunter. Der Mischling aber fragte den Kreisrichter jeden Abend, wann er sich verloben werde, und beklagte, daß ich nicht hübscher ausgefallen war.

Vor dem Hospital von Manukwari saßen Dayaken von Nord-Borneo. Sie trugen ihr schwarzes, glattes Haar steif über den Rücken hängend und darüber einen chinesischen Strohhut ohne Kopf, nur mit der breiten Krempe. Sie hatten braunschwarze Taschen über die Schulter geschlungen, und in ihren Augen lag eine Welt von Schwermut. Sie gehörten zur holländisch-amerikanischen Forschungsexpedition am Mamberamo und hatten schon eine Anzahl von Buschleuten getötet, denn bei den Dayaken gibt ein geringer Anstoß Veranlassung genug. Ein Pfeilschuß aus dem Hinterhalt, und bald sind die Dayaken am Land und schießen zwanzig Schwarze nieder ...

Wir gingen auf Streifzüge in die Umgebung. Der Dampfer verschiffte Kopra. Die Dörfer waren im Mangrovendickicht fast verborgen oder eilten in größeren Entfernungen wie flüchtiges Wild die Hügel hinan.

Die Schwarzen, stolz, schön gebaut, selbstbewußt, hatten das Haar mützenartig geschoren. Hinter dem nächsten Berg hörte die Welt auf, unsere Welt. Da herrschten schon die Papuaner in all ihrer geliebten Freiheit und mit einer Wildheit, die sonst nicht gefunden wird.

Ganz vorsichtig folgten wir dem Pfad, der an vielen Stellen kaum sichtbar war. Wenn es im Busch raschelte, veränderten wir schnell die Stellung. Es mag nur ein Baumkänguruh gewesen sein. Es hätte auch der vergiftete Pfeil eines Wilden sein können ...

Auf dem nächsten Berge haust ein Geist, dahinter liegen in der Talsenkung zwei Seen – der weibliche und der männliche. Sonst sieht man vorwiegend trägfließende Gewässer, Sümpfe voll Krokodilen, Sagowälder, durch die zur Dämmerzeit der Tapir humpelt und Moskitos – tausend und abertausend.

Wir blickten bei Sonnenuntergang auf das mächtige Afakgebirge und den unerforschten Vogelkopp und träumten uns auf das ferne Helenriff, von dem wir eben gehört hatten, daß es nicht auf den Karten verzeichnet steht, vor zwanzig Jahren noch nicht war, das nun teilweise schon bewaldet ist und von dem ein einsamer Japaner Besitz ergriffen bat. Die Japaner haben den Schwung der Europäer mit asiatischer Tiefe vereint. Wehe uns, wenn sie zu Macht kommen werden, die Großen vom anderen Ende der Welt, die sich nicht wie wir in innerem Haß zersplittern, sondern rasseneinig einem Ziel zusteuern!

In Sorongs Einsamkeit.

Was wissen wir, wie die Tropen mit ihren Leiden, ihrem Fieber, ihrer Einsamkeit den Menschen verändern? War ich nicht bis zur Unkenntlichkeit trübsinnig geworden? Denn daß ich plauderte, schrieb, lachte, bewies nur, wie gut ich mich zu beherrschen imstande war. In Wahrheit erfreute mich nichts, sehnte ich mich nach nichts, erhoffte ich nichts. Das ist die gefürchtete Tropenneurasthenie und ich habe sie nie ganz überwunden. Ein ärgeres Beispiel als mich fand ich auf Sorong an einem Deutschen, der durch den Krieg seine Pflanzung verloren hatte und sich nun auf Sokong durchschlug, wieder im Besitz einer kleinen Pflanzung war und mit seiner siebzigjährigen Mutter in einer weltfernen Hütte hauste. Er kam aufs Schiff, und ich steuerte auf ihn zu, um ihm die Grüße der Patres von Ali zu überbringen. Er wich mir dreimal aus, ehe ich seiner habhaft wurde, und selbst als ich ihn in einer Ecke eingekeilt hielt, schaute er sich scheu um und erwiderte kaum ein Wort. Er hatte *Angst* vor mir, wirkliche Angst. Ich gehörte zur Welt, die untergegangen. Und was war ich? Ein Weiblein, beileibe noch kein Weib. Kaum hatte ich den Weg freigegeben, so stürzte er davon. (...)

Es gab überdachte Kanus mit Doppelauslegern, die wie Zwerghäuschen in der Bucht herumtrieben. Zwei Strandstraßen vollendeten das Bild. Chinesengräber in Hufeisenform bildeten den Abschluß des Ortes. Herr H. begleitete mich, und wir untersuchten Pflanzen, beschauten uns die Fische, an denen es ungeahnten Überfluß gab, schauten in die Schule, in der eben der Guru schreiben ließ, und bewunderten die Moschee mit der hölzernen Trommel davor.

Mir wurde das Herz von trüber Ahnung schwer. Das war der letzte echte Hafen von Neu-Guinea, dann wichen das Festland und bald die vorliegenden Inseln zurück, versanken in bläulicher Ferne, und damit endeten sehr bedeutungsvolle, schwere und bittere Jahre meines Lebens. Sieben volle Jahre zog ich nun über den Erdball und lernte, und immer tauchten neue Leiden, nie unerwartete Freuden auf. Die Menschen waren gut gegen mich, über alles Erhoffen hinaus, aber die Götter schwangen ihre Zuchtrute, und an der unsichtbaren Schranke meines Schicksals brach immer, was Lohn sein sollte. Würde Java das Land der Erlösung sein?

Saonek.

Es regnete. Dicht, fein, ununterbrochen, dennoch begleitete Herr H. mich ans Land, und wir wanderten schweigend durch die lange Strandgasse. Es war nichts zu sehen als die üblichen Palmen, Hütten, Eingeborenen. Unter der Landungsbrücke tummelten sich Tausende von Fischen. So viele habe ich nie an einem Orte zusammen gesehen. Die Angel flog hinein und auch schon mit einem Fisch wieder heraus. Mit Körben hebt man sie ans Ufer. Man sieht vor Fischen den Boden nicht.

Der »Van Noort« pustet und will weiter. Uns holt das Boot. Hinter uns schwindet Neu-Guinea. Ich bin der Südsee entronnen.

Schlußwort.

In der geheimnisvollen unvergleichlichen Inselwelt, die mehr als drei meiner besten Jahre und unendlich viel an Kraft und Illusionen verschlang, hatte mich wenigstens noch die Hoffnung auf Erfolg und baldigen Sieg aufrechterhalten, nun jedoch naht der Teil der Fahrt, in dem erst das Welterleben zu innerstem Welterleiden wurde, denn von Java an reiste ich ohne Aussicht auf Erfüllung meiner Träume, ohne Lichtblick von daheim und im Schatten des Todes, denn es war mehr als ungewiß, ob ich die Heimat jemals erreichen würde, und selbst wenn es geschah, höchstens mit leeren Händen, waren meine Schätze doch alle von der Art, die erst in Buchform greifbar werden konnten.

Dennoch hoffe ich, daß all die Leser, die mich bisher tapfer begleitet haben, mir auch weiter die Treue wahren und mit mir durch Bab el Mandeb – für mich in doppeltem Sinne das »Tor der Tränen« – heimfahren. Das Buch, das von diesen letzten Etappen meiner Weltfahrt berichtet, heißt: *»Erlebte Welt – das Schicksal einer Frau. Durch Insulinde und das Reich des weißen Elefanten, durch Indiens Wunderwelt und durch das Tor der Tränen.«*

Anmerkungen

S. 15, 19, 24, Nipa: südostasiatische Palme, deren Blätter unter anderem zum Dachdecken genutzt werden
S. 18, 21, Nuestra Señora de Buen Viaje y de Paz: (span.) Muttergottes der Guten Reise und des Friedens
S. 19, Mikado: Titel des japanischen Kaisers
S.19, Dschunk/Dschunke: chinesisches Segelschiff
S. 15, 19, 24, Nipa: südostasiatische Palme, deren Blätter unter anderem zum Dachdecken genutzt werden
S. 20, 221, Seelenverkäufer: nicht mehr voll seetüchtiges Schiff oder Boot
S. 24, zwischen dem siebenten und vierten Grad nördlicher Breite: fehlerhafte Angabe – richtig ist 7 Grad Nord bis 4 Grad Süd
S. 29, Durian: stachelige Frucht, die frisch vanilleartig schmeckt, aber unerträglich stinkt
S. 29, Beri-beri: schwere Erkrankung, die durch Vitamin B1-Mangel verursacht wird
S. 29, Dengue: durch Mücken übertragenes Virus, das das Denguefieber auslösen kann
S. 35, Entomologin: Insektenforscherin
S. 84, 90, 101, 132, 146, 178, 180, 184, 203, 223, 225, 233, 235, 241, 244, 253, 256, 260, 291, 293, 295, 315, 321, Kopra: getrocknetes Kokosnussfleisch
S. 90, Haue: (süddeutsch, österreichisch) Hacke
S. 90, Arrowroot: Pfeilwurz
S. 92, Anopheles: Mückenart, die Malaria übertragen kann
S. 99, Tvarsläufer/Dwarsläufer: Strandkrabbe
S. 103, 229, Poinciana regia: Flammenbaum
S.107, Kava: Getränk, das aus der Kavapflanze (auch »Rauschpfeffer« genannt) hergestellt wird und leicht entspannend und euphorisierend wirkt
S. 118, 120 f., 126, 130, 132 f., 173, 204, 300, Kanaken: Ureinwohner Neukaledoniens
S. 130, Condominium/Kondominium: gemeinschaftlich ausgeübte Herrschaft über ein Gebiet
S. 134, Quinquinnat/Quinquina: chininhaltiger Aperitifwein
S. 135, Wrucke: Steckrübe
S. 161, 183, 187, 205, 221, 246, 293, 296, 301, Betel: Aus den Nüssen der in Südasien heimischen Betelpalme werden Betelbissen hergestellt, die gekaut werden und leicht berauschend wirken. Dabei färbt sich der Speichel rot und wird als »Betelsaft« bezeichnet, so wird Betel auch zum Färben der Lippen genutzt.
S. 164, aussechteln: (österreichisch) mit Lauge aus-/vorwaschen
S. 181, marooned: ausgesetzt

S. 180, 186 f., 224, 226, 230, Burns, Philps & Co.: australisches Schiffahrts- und Handelsunternehmen, das die Insel 1906 erworben hatte
S. 187, Banyan: Feigenbaum, der von den Hindus als heilig verehrt wird
S. 219, Apfelkoch: (österreichisch) Apfelkompott, Apfelmus
S. 254, Sterz: in Bayern, Österreich, Kroatien und Slowenien verbreitete Mehlspeise
S. 259, 270, 289, 295, Kasuar: großer, flugunfähiger Vogel
S. 268, 272, 292 f., 302, Pinasse: Beiboot, ursprünglich Boot auf Kiefernholz

Amalija Maček

Nachwort

Die Wiederentdeckte

»Ich wollte nur sechs oder acht Monate in der Südsee verweilen; ich verließ sie erst nach mehr als zwei Jahren (…)«.[1] Durch ihre Reisebücher, die sie nach der Rückkehr von ihrer achtjährigen Weltumrundung, die sie selbst »Forschungsreise« nennt, verfasste, wurde sie eine der berühmtesten europäischen Reiseschriftstellerinnen ihrer Zeit. Später war Alma Maximiliana Karlin (1889–1950) nahezu vergessen. Mit *Im Banne der Südsee* erscheint nun bereits das dritte Buch der deutschsprachigen Autorin aus dem heutigen Slowenien im AvivA Verlag. 2018 ist ihre Autobiografie *Ein Mensch wird* aus dem Jahr 1931 erstmals im deutschen Original erschienen. 2019 folgte der erste Band ihrer Reisebuchtrilogie unter dem vielsagenden Titel *Einsame Weltreise.* 1919 bricht sie aus der damaligen österreichischen Hafenstadt Triest auf. Ihr Weg führt nach Südamerika, wo sie als erste beeidigte Gerichtsdolmetscherin am Panama-Kanal arbeitet, und weiter über Nordamerika nach Japan und China. Am Ende des ersten Reiseberichtes kündigt sie ihre Südseeabenteuer mit folgenden Worten an: »Ich betrat dieses höchst eigenartige, gefährliche und zum größten Teil außerordentlich ungesunde Gebiet seelisch und körperlich geschwächt, mit allzu knappen Mitteln und mit einer ungenügenden Vorkenntnis von den ungeheuren Verkehrsschwierigkeiten. Ich wollte nur sechs oder acht Monate in der Südsee verweilen; ich verließ sie erst nach mehr als zwei Jahren ungeahnter Erlebnisse, mit einer auf immer gebrochenen Gesundheit und nach haarsträubenden Schrecknissen, aber jeder einzelne Tag war eine Schule, ein Weiten meines Gesichtskreises.«[2]

Davon handelt der vorliegende zweite Teil, in dem Alma Karlin ihre Reise durch Australien, Neuseeland und die polynesische Inselwelt bis nach Papua-Neuguinea schildert. Das Buch besteht aus kurzen Impressionen, die auf ihren Reisetagebucheintragungen basieren und nur teilweise literarisiert sind. Die Trilogie wird von dem Band *Erlebte Welt* abgeschlossen, in dem die Abenteuer der Autorin in Indien und ihr Rückweg durch den Suez-Kanal dargestellt werden. Die Trilogie ist zwischen 1929 und 1933 im Wilhelm Köhler Verlag in Minden/Westfalen erschienen und wurde mit über 50.000 verkauften Exemplaren zum mehrmals übersetzten Bestseller. Alma Karlin wurde eingeladen, Vorträge in Österreich, Deutschland, in den Niederlanden und in Frankreich zu halten, sie bekam unzählige begeisterte Leserbriefe und war Mitglied des deutschen Schriftstellerverbandes. Karlin blieb außergewöhnlich produktiv: Es folgten weitere Erzählwerke, in denen sie eigene Erfahrungen mit gesammelten Sagen aus ganzer Welt verarbeitete (etwa *Drachen und Geister*, *Der Götze*, *Mystik der Südsee*, *Der Todesdorn*), später aber wandte sie sich ihrer, wie sie meinte, wahren Berufung als Autorin von theosophisch-mystischen Werken zu. Der Roman *Isolanthis* erschien 1936, ungefähr 40 ähnliche Texte liegen unveröffentlicht in ihrem Nachlass in Ljubljana.[3] Im Mai 1941 schrieb sie in ihr (ebenfalls im Nachlass befindliches) Notizbuch, sie tauche beim Schreiben ab in Tausende von Jahren entfernte Zeiten, um den Grausamkeiten des Kriegsalltags und dem kalten Winter zu entfliehen.

Sie bereiste die Welt, war jedoch ihr Leben lang bis zu einem gewissen Grad heimatlos. Der Herkunft nach war sie Slowenin, der Sozialisierung und kulturellen Orientierung nach deutschsprachige Österreicherin bzw. »Altösterreicherin«, die sich nach 1918 nicht mit dem neuen slawischen Königreich der Serben, Kroaten und Slowenen (SHS) unter dem serbischen König identifizieren konnte. Sie schwankte zwischen der Heimat des Reisepasses und der

Heimat der Sprache. Auf ihrer Weltreise war sie als »Deutsche« oft nicht willkommen, den jugoslawischen Pass kannte niemand. Normalerweise beginnt man eine Reise zu Hause und kehrt dorthin zurück, bei Alma Karlin verschoben sich die Grenzen buchstäblich unter ihren Füßen, sie wechselte die Staaten schon vor der Abreise, denn selbst ihr Zuhause wurde zur politischen Fremde. Sie gehörte der deutschsprachigen Gemeinde in Celje an, sprach sich aber offen gegen den deutschen Nationalismus und später den Nationalsozialismus aus. 1937/38 versteckte sie für eine Weile den Journalisten und ehemaligen deutschen Geheimagenten Hans Joachim Bonsack. Leider nutzte Bonsack ihre Gastfreundschaft aus und raubte sie aus (davon handelt ihr Roman *Ferne Frau*, der 2020 auf Slowenisch erschien und auf Deutsch noch unveröffentlicht ist). Als die Deutschen 1941 Jugoslawien besetzten, wurde sie sofort von der Gestapo inhaftiert und nur der Intervention ihrer ehemaligen Leserinnen und Leser aus Deutschland sowie ihrer Freundin Thea Gamelin ist es zu verdanken, dass sie nicht nach Dachau deportiert wurde. Nach ihrer Freilassung flüchtete sie in das von Partisanen kontrollierte Gebiet im Südosten Sloweniens. Über Kroatien wollte sie weiter nach Bari zu den britischen Verbündeten, doch die Partisanen ließen sie nicht passieren, sie war ihnen suspekt. Nur ihre Bekanntheit als Literatin und der Verdacht, psychisch nicht ganz gesund zu sein, retteten sie vor der Erschießung. Sie bewunderte den Mut der Partisanen und die Güte der slowenischen ländlichen Bevölkerung und wollte mit ihrer Kunst zum Widerstandskampf beitragen. Ihre deutschsprachigen Partisanengeschichten, die sie in dieser Zeit verfasste, dürften in der Form einzigartig sein.

Im Nachkriegsjugoslawien war die deutsche Sprache verpönt und so gab es nur vereinzelte Übersetzungen ins Slowenische, deutsche Bücher durften in Jugoslawien nicht erscheinen. Alma M. Karlin bekam wegen ihrer offen antikommunistischen Haltung keinen Reisepass, so dass sie nicht ausreisen konnte und keinen Zugang zum deutschen Buchmarkt, ihren ehemaligen Verlegern und Leserinnen und Lesern in Deutschland hatte. Auch der Weg nach England, das bis zu ihrem Tode ihre Wunschheimat blieb, war somit versperrt. Ihr Haus wurde beschlagnahmt und sie bekam auch keine Rente. Nur Thea Gamelin erhielt eine bescheidene Rente, da sie während des Krieges den Partisanen half und dabei sogar verwundet wurde. Von diesem Geld und dem Verkauf einiger verbliebenen Wertgegenstände lebten sie in einer abgeschiedenen Berghütte. Alma Karlin litt an Malariaanfällen und erkrankte an Brustkrebs, schrieb jedoch weiter. Nach ihrem Tod 1950 geriet sie in Vergessenheit und wurde erst nach der Unabhängigkeit Sloweniens 1991 wiederentdeckt. Seitdem wurden viele ihrer Werke ins Slowenische übersetzt, es gab Ausstellungen, einen Film, ein Monodrama bis hin zu biografischen Werken. In Celje wurde Alma Karlin ein Denkmal errichtet, im dortigen Landesmuseum ist ihre völkerkundliche Sammlung mit Objekten aus der ganzen Welt zu sehen und ihr bescheidenes Haus in den Bergen wurde renoviert.

Bis zur Veröffentlichung ihrer Werke durch den AvivA Verlag war Alma Karlin in Deutschland weitgehend vergessen und ihre Bücher nur noch antiquarisch zu finden. Inzwischen gibt es auch die biografische Graphic Novel *Weltbürgerin aus der Provinz* von Jakob Klemenčič (Zeichnung) und Marijan Pušavec (Skript), auf Deutsch, übersetzt von Erwin Köstler (Wien: Bahoe Verlag 2020). Im gleichen Jahr ist auch die erste deutschsprachige Biografie *Alma M. Karlin – Mit Bubikopf und Schreibmaschine um die Welt* von Jerneja Jezernik erschienen (Klagenfurt: Drava 2020).

Ein Mensch wird

Bei der Autobiografie *Ein Mensch wird* handelt es sich um eine wahre Entdeckung. Das Manuskript lag Jahrzehnte lang in der Handschriftenabteilung der slowenischen

Nationalbibliothek und wurde 2010 ins Slowenische übersetzt. Den Text hat Alma Karlin 1931 auf Drängen ihrer zahlreichen Leserinnen und Leser im gesamten deutschsprachigen Raum verfasst, er wurde jedoch nie veröffentlicht. Der Autobiografie merkt man deutlich die zu dem Zeitpunkt bereits sehr souveräne Autorin an, die ihr Publikum und das Genre gut kannte und sich, anders als bei ihren manchmal eher skizzenhaft wirkenden Reisetagebuchnotizen, ausreichend Zeit zum Schreiben nehmen konnte. Sie schreibt ehrlich und selbstironisch, beschreibt die slowenisch-deutsche zweisprachige und oft nationalistische kleinbürgerliche Gesellschaft in der kleinen Stadt Cilli/ Celje im heutigen Slowenien, die bis 1918 der österreichischen Monarchie und nach dem Ersten Weltkrieg dem neu geschaffenen Königreich der Serben, Kroaten und Slowenen angehörte.

Die Autobiografie ist ein wertvolles historisches Zeugnis einer Frau, die sich immer »dazwischen« befand – zwischen zwei Nationalitäten (ihre Eltern waren beide slowenischer Herkunft, sprachen jedoch zu Hause deutsch), Staaten und Ideologien, zwischen West und Ost, zwischen den Geschlechtern. Anna G. Bodrova charakterisiert Karlin als »hybride Identität«.[4]

Voll trockenem Humor und Selbstironie beschreibt Karlin, wie sie halbseitig leicht gelähmt und mit einem hängenden Auge auf die Welt kam und wie ihr Vater, pensionierter österreichischer Offizier, sie wie einen Jungen erzog und ihr allerlei Freiheiten einräumte. Ihre Mutter, eine sehr beliebte und für ihre Schönheit bewunderte Lehrerin, quälte sie jedoch mit Knigge und den damals üblichen orthopädischen Methoden, um aus der widerspenstigen, leicht behinderten Tochter ein adrettes, wohlerzogenes Mädchen und eine künftige Hausfrau zu machen. Alma Karlin wuchs sehr isoliert auf, verschlang Bücher und lernte Sprachen. Schon früh versuchte sie sich auch im Schreiben und als ihr erstes Gedicht veröffentlicht wurde, spürte sie zum ersten Mal die Anerkennung ihrer

Mutter. Der Wunsch, die sonst so distanzierte Mutter zu beeindrucken und als Entdeckerin und Schriftstellerin geachtet zu werden, bildet den Ausgangspunkt ihrer späteren, oft entbehrungsreichen Unternehmungen.

Karlin ging zunächst nach Graz und Paris und weiter nach London, wo sie vor der Royal Society of Arts und an der Chamber of Commerce Diplome in acht Sprachen ablegte und als Sprachlehrerin und Übersetzerin arbeitete. Als österreichische Staatsbürgerin musste sie nach Kriegsausbruch nach Norwegen und Schweden fliehen, wo sie endgültig den Entschluss fasste, Schriftstellerin zu werden. Inspiriert von ihrer aufsehenerregenden Verlobung mit einem in London studierenden Chinesen schrieb sie ihren ersten Roman *Mein kleiner Chinese* (erschienen 1921 in Dresden).

Schon vor der Weltreise verlief ihr Leben also alles andere als gewöhnlich. Sie stammte zwar aus der Provinz, die damals allerdings durch die flächendeckend gut funktionierende Administration und das solide Schulwesen im österreichischen Teil der Monarchie vielleicht weniger provinziell war als heute. In Slowenien war es zu der Zeit zwar selten, aber nicht unmöglich, dass Frauen nach Graz oder Wien gingen, um dort zu studieren oder gar zu promovieren. Auch touristische Reisen wurden seit der Jahrhundertwende immer beliebter. Schon vor Alma Karlin gab es alleinreisende und schreibende Frauen, die in den letzten Jahrzehnten zunehmend wiederentdeckt wurden, wie etwa Ida Pfeiffer und Isabelle Eberhardt, etwas anders auch Annemarie Schwarzenbach. Meistens haben sie ihre Reise als »Pflicht« oder »Forschung« dargestellt, um nicht den Eindruck zu erwecken, sie würden aus purer Lust reisen. Alle Genannten haben neben den geografischen auch die engen Grenzen der patriarchalen Geschlechterrollen überschritten.

Viele Rezensenten, sogar die *New York Times* beim Erscheinen der englischen Übersetzung ihrer Reiseberichte, merkten an, dass die Autorin sich übermäßig bemitleide. Doch wie beschwerlich und gefährlich ihre Reise tatsächlich war, können wir uns heute kaum vorstellen. Die Allgegenwart von Gefahr entspricht zwar dem Genre der Abenteuerbücher, doch ich traue Alma Karlins Erzählungen nicht ganz, dass sie sich vor Vergewaltigungen tatsächlich immer noch im letzten Moment retten konnte. Diesen Erfahrungen könnte auch ihr tiefer Hass gegenüber Männern anderer »Rassen« entspringen.

Alma Karlin ist oft widersprüchlich. Ihre Identifikation ist hybrid und gespalten – auf der einen Seite identifiziert sie sich »hypermännlich« mit Kolumbus, Stevenson oder Kipling, teilt die unstillbare Wissbegierde der ersten Weltreisenden und verinnerlicht ihren westlichen Überlegenheitskomplex. Sie verliebt sich immer wieder in intelligente und spirituelle Männer, ist jedoch jeder körperlichen Annäherung abgeneigt. Auf der anderen Seite fühlt sie sich leidenden Frauen auf aller Welt verbunden, interessiert sich für deren Lebenssituation. Als gebildete und selbstverdienende Frau, die die letzten zwanzig Jahre ihres Lebens mit ihrer Freundin Thea Gamelin zusammenlebt, bricht sie mit vielen traditionellen Bildern, und doch bleibt sie oft ihren Vorurteilen verfangen.

Doch Alma Karlin befand sich nicht nur immer irgendwo »dazwischen«, man könnte sogar sagen, dass sie auch immer etwas zu spät war. Sie kam ungeplant und unerwünscht auf die Welt, als ihre Eltern schon ziemlich alt waren. Als einsames Kind flüchtete sie in Fantasiewelten und billige Groschenromane. Die zeitliche Verschiebung oder Verspätung ist daher auch bei ihren literarischen Vorbildern und bei ihrem eigenen Schreiben zu spüren, vor allem in ihrer Lyrik. Ihre wichtigsten Vorbilder waren Walter Scott, Lord Byron, Thomas Moore, Daniel Defoe, vor allem aber Robert Louis Stevenson (1850-1894) und Rudyard Kipling (1865-1936), deren Schreiben teilweise sehr imperialistisch-kolonialistisch geprägt war. Noch in Celje lernte sie klassische französische Autoren wie Voltaire, Beaumarchais, Hugo, Lamartine, Corneille oder Molière kennen. Die Tatsache, dass sie in Paris zur gleichen Zeit wie Picasso, Breton oder Apollinaire weilte, ging an ihr spurlos vorbei (der slowenische Avantgardist Srečko Kosovel (1904-1926) stand dagegen den neuesten Strömungen in Nichts nach). Man könnte annehmen, dass Alma Karlin sich deshalb nicht besonders für die moderne, zeitgenössische Kunst interessierte, weil ihr Interesse eher ein völkerkundliches und botanisches war und sie Kunst in erster Linie als Teil der Landeskunde betrachtete. Als junge Frau konnte sie sich wahrscheinlich auch keine Neuerscheinungen leisten und studierte immer nur die älteren Quellen und Enzyklopädien in den öffentlich zugänglichen Bibliotheken. Ihren Reiseberichten ist zu entnehmen, dass sie nur sehr selten Lesungen von zeitgenössischen Autorinnen und Autoren besuchte, sondern lokale Legenden und alte Sagen sammelte.

Mit Bernhard Waldenfels könnte man sagen, dass man den Anderen wie auf einer schiefen Ebene immer in seiner Vergangenheit wahrnimmt (z.B. Ägypten als das Land der Pharaonen) und die zeitgenössische soziale Realität ausblendet und es dabei noch zu einer »Verdopplung der Fremdheit meiner selbst« kommt.[5] Genau das ist das zentrale Problem von Alma Karlin. Sie war ständig enttäuscht, weil sie mit ihrem (veralteten) enzyklopädischen Wissen z.B. in Peru ein »Reich der Sonne« erwartete und keineswegs vorbereitet war auf die grobe, oft gefährliche Realität in der sie keine Ersatzheimat finden konnte, sondern oft unerwünscht war. Sie gibt es auch offen zu: »In drei Tagen war ich ›auscolumbust‹«.[6] Ihre (Bilderbuch-)Vorstellungen deckten sich nur in Japan mehr oder weniger mit der Realität, die sie vorfand, deswegen blieb Japan ihr Traumland und ihr Argument, dass sie keinesfalls rassistisch sei: »Nach meiner großen Liebe für Japaner kann bei mir niemand von ›Rassenhaß‹ sprechen.«[7]

Und um wirklich neue Erdteile zu entdecken, dazu war sie ebenfalls einige Jahrhunderte zu spät.

Rassismus

Karlins Rassismus ist für uns heutige Leserinnen und Leser äußerst störend und ermahnt uns nach 100 Jahren (wenn gerade Kolumbusdenkmäler niedergerissen werden), wie gefährlich es ist, Rassismus salonfähig (oder parlamentsfähig) zu machen. Der Verlag hat sich entschieden, problematische Passagen nur in Einzelfällen zu streichen, der Großteil wurde im Text belassen, denn es geht in erster Linie um die Wiederentdeckung eines höchst interessanten Werkes, dessen historische Bedeutung Vorrang hat vor der literarischen. Aus demselben Grund soll keine Kunstfigur erschaffen, Alma Karlin nicht zum Idol stilisiert werden, sondern ihre Berichte in erster Linie als Zeugnisse einer realen historischen Person behandelt werden.

In den Besprechungen der bereits erschienenen Bücher lesen wir oft, dass Alma Karlin mit ihrem offenen Rassismus und vor allem ihrer Abneigung gegen Mischehen ein »Kind ihrer Zeit« war. Das stimmt zu einem gewissen Grad und ihre begeisterten Leser fanden das in den 1930er-Jahren gar nicht störend, da es den damals verbreiteten Rassentheorien von Chamberlain oder de Gobineau entsprach.[8] Die Begegnung mit dem »Wilden« gehörte auch zu dem Genre der abenteuerlichen Reisebücher und da bedient Alma Karlin alle Erwartungen und Klischees (angefangen mit der wenig überzeugenden Menschenfresserepisode).[9]

Miguel de Unamuno sagte einmal: »Faschismus kann durch Lesen geheilt werden, Rassismus durch Reisen.« Gegen Faschismus war Alma Karlin mit ihrer unabhängigen und gerechtigkeitssuchenden Natur gefeit, das Reisen hat sie jedoch nicht vom Rassismus geheilt, eher ihre Vorurteile verhärtet. Das Gefühl der Überlegenheit der »weißen Rasse« wurde ihr auf Schritt und Tritt vermittelt – nicht nur von den westlichen Diplomaten, Plantageinhabern und Missionaren, sondern sogar von der jeweiligen einheimischen Bevölkerung. Bei ihrer Abreise aus Papua-

Neuguinea bekommt sie ein Abschiedsgeschenk von einer Frau, die sich so sehr gefreut hat, eine weiße Frau gesehen zu haben (wahrscheinlich war Alma im Vergleich zu den oft brutalen westlichen Männern eine wahre Wohltat). Konfrontiert mit dem Vorwurf, rassistische Vorurteile zu hegen, rechtfertigt sie sich mit folgenden Worten: »Aber ich war zu lange unter Engländern gewesen, um mir nicht zu sagen, daß Weiß eben Weiß und die anderen Farben gut, aber nicht meine Farben waren. Bei Reinrassigen zog ich indessen nie eine Grenze (außer in der Ehefrage), doch bei Mischlingen, die in jeder Weise wirklich unter beiden Rassen stehen, sich aber ewig ihrer Vollwertigkeit brüsten und eine Vertraulichkeit versuchen, an die ein Europäer nie denken würde, die einen stets angreifen und betupfen und deren Fragen ungewollt tief ins Allerpersönlichste bohren, zog ich die Grenze mit einer Härte, die Herrn H. sagen ließ, daß ich ein starkes Rassenvorurteil hätte.«[10] Diese Aussage zeigt, dass ihr Rassismus bereits damals negativ auffiel. Als Deutschsprechende mit jugoslawischem Pass, als unattraktiv wahrgenommene und nicht vermögende Frau war sie dreifach unterprivilegiert, deswegen klammerte sie sich an dieses einzige »Reisekapital«: «(...) sie ließ mich die Zweite (Klasse), meine Häßlichkeit, mein fragwürdiges Alleinreisen bei jeder Gelegenheit fühlen. Natürlich schüttelte ich sie ab und tröstete mich mit meiner europäischen Grundweiße (...).«[11] Alma Karlin verinnerlichte die Haltung der weißen Kolonialherren, vor allem der Engländer, und kompensierte ihre weibliche »Minderwertigkeit« mit ihrer weißen Hauptfarbe wie mit einer »fiktiven Männlichkeit«[12] die Tatsache, dass in der patriarchalen Gesellschaft Frauen als das weniger werte Geschlecht galten. Man könnte sagen, dass sie weniger »Kind ihrer Zeit« als »Kind vergangener Zeiten« war – ideologisch und literarisch.

Fazit

Alma Karlin hat keine neue Insel, keine neue Pflanze und keine neue Tierart entdeckt, sie hat keine innovativen narrativen Verfahren eingeführt, sie war nicht die erste reisende und schreibende Frau, aber sie ist dennoch etwas ganz Besonderes und unserer Aufmerksamkeit wert.

Sowohl ihre Reisebücher als auch ihre phantastisch-theosophischen Werke weisen sie als Genreautorin aus, die den bekannteren männlichen Kollegen in Nichts nachsteht[12] und die unter günstigeren historisch-politischen Umständen nicht nur berühmt geworden, sondern es auch geblieben wäre.

Das wirklich Besondere ist ihr Interesse an der »erlebten Welt« – den Lebensumständen, Legenden und Sagen verschiedener Völker – und vor allem ihr unerschütterlicher Mut und Eigensinn in allen Phasen ihres Lebens, auch nach ihrer Weltreise, während des Zweiten Weltkriegs, im Nachkriegsjugoslawien, in den Jahren ihrer Erkrankung. Es scheint wie ein Wunder, dass sie lebendig von ihrer Reise zurückgekehrt ist und dass so viele Briefe und Päckchen mit Artefakten aus der ganzen Welt ihr Ziel erreicht und sich bis heute erhalten haben.

Sie ist die einzige (uns bekannte) schreibende Weltreisende, die die ganze Welt umrundet hat ohne Unterstützung eines Staates oder Imperiums (wie etwa Kolumbus, Magellan, Cook oder Darwin), einer Forschungsinstitution oder Familie. Sie finanzierte die Weltreise mit ihrer mehr als prekären Arbeit als Sprachlehrerin, Übersetzerin, Sekretärin, Journalistin (während der Reise schrieb sie für mehr als 23 Zeitschriften), Schriftstellerin und Zeichnerin.[13] Trotz nicht gerade vielversprechender Anfangsbedingungen als unerwünschtes, leicht behindertes, auch materiell nicht unbedingt privilegiertes Kind aus der Provinz hat sie es geschafft, gegen alle Vorurteile, Anfeindungen und Angriffe anzukämpfen und erreicht, »ich zu sein in voller Freiheit« – nämlich als »schreibende Frau«, die nie den Glauben an ihre Berufung und an eine andere, spirituellere Menschheit verlor. Alma Karlin arbeitete ganz bewusst für die Nachwelt. Möge sie recht behalten!

Anmerkungen

[1] Zitiert nach Alma M. Karlin: *Einsame Weltreise*. Berlin: AvivA 2019, S. 374.
[2] a.a.O.
[3] Der Nachlass Karlins befindet sich in der Handschriftenabteilung der National- und Universitätsbibliothek in Ljubljana, Signatur Ms 1872.
4 Anna G. Bodrova: Sama sem hodila kot belka skozi divjo deželo. In: *Dialogi* 9/2018, S. 35 ff.
[5] Bernhard Waldenfels: *Grundmotive einer Phänomenologie des Fremden*. Frankfurt am Main: Suhrkamp 2006, 90 ff.
[6] Zitiert nach Alma M. Karlin: *Einsame Weltreise*. Berlin: AvivA 2019, S. 93.
[7] Alma M. Karlin: *Im Banne der Südsee*. Berlin: AvivA 2020, S. 34.
[8] Vgl. Kerstin Schlieker: *Frauenreisen in den Orient zu Beginn des 20. Jahrhunderts*. Berlin, WiKu 2003. S. 92 f.
[9] zu Alma Karlins Zeit gab es zwar rituellen Kannibalismus auf Papua-Neuguinea, ihre Schilderungen haben damit aber wenig zu tun.
[10] Alma M. Karlin: *Im Banne der Südsee*. Berlin: AvivA 2020, S. 313.
[11] a.a.O.
[12] Gabriele Habinger: *Frauen reisen in die Fremde*. Wien: Promedia 2006, S. 100.
[13] Alma Karlin zeichnete objektiv gesehen besser als Thea Gamelin, jedoch ließ sie ihrer Freundin das Gefühl, eine große Malerin zu sein. Sie nahm Gamelin auch die Geschichte ab, sie stamme vom englischen Königshaus ab. Gamelin dagegen glaubte Karlin alle mystischen Visionen und ihre Narrative, Tibet besucht zu haben (obwohl es aus zeitlichen Gründen ersichtlich ist, dass Karlin Tibet in so kurzer Zeit nicht erreichen konnte). Das gegenseitige Zulassen von persönlichen Narrativen scheint mir der ultimative Liebesbeweis zu sein. Meines Erachtens verband beide Frauen eine tiefe Liebe, allerdings ist es bei Karlins Abneigung gegen alles Körperliche und vor dem Hintergrund, dass sie von ihrer Weltreise absolut erschöpft und krank zurückkahm, wenig wahrscheinlich, dass ihre Liebe auch körperlich gewesen ist.

Editorische Notiz

Der Text dieser Ausgabe entspricht dem zweiten Band von Alma M. Karlins Reisetrilogie, der 1933 unter dem Titel *Im Banne der Südsee. Als Frau allein unter Pflanzern und Menschenfressern, Sträflingen, Matrosen und Missionaren* erschienen ist.

Wir folgen dieser dreibändigen Ausgabe und setzen die Reiseedition Karlins nach *Einsame Weltreise* mit *Im Banne der Südsee* und *Erlebte Welt* fort.

Das Kapitel *Durch Australien* war ursprünglich Teil des ersten Bands der zweibändigen Ausgabe von 1929, der Rest erschien in dem ebenfalls mit *Im Banne der Südsee* betitelten zweiten Band von 1930.

Rechtschreibung und Zeichensetzung dieser Ausgabe entsprechen der im Originalmanuskript verwendeten Form, orthografische und stilistische Eigenheiten der Autorin wurden belassen. Offensichtliche Druckfehler wurden jedoch korrigiert.

Verfasserin des Nachworts

Amalija Maček, geboren 1971, studierte Germanistik und Hispanistik an der Universität Ljubljana und promovierte über Wüstenbilder und Orientalismus in der zeitgenössischen deutschsprachigen Literatur. Sie interessiert sich für Reiseliteratur und erforschte vor vielen Jahren den Nachlass von Alma M. Karlin in der Slowenischen Nationalbibliothek. Sie übersetzte Franz Kafka, Bertolt Brecht, Ilse Aichinger, Marlen Haushofer, Ingeborg Bachmann, Josef Winkler, Peter Handke und Terézia Mora ins Slowenische und arbeitet als Dozentin an der Philosophischen Fakultät in Ljubljana.

Bildnachweise

Umschlag: Alma M. Karlin im Südseekostüm, aus Alma M. Karlin: *Im Banne der Südsee. Als Frau allein unter Pflanzern und Menschenfressern, Sträflingen, Matrosen und Missionaren.* Minden i. W., Berlin, Leipzig 1933, Bildteil ohne Paginierung.

Vorsatz/Nachsatz aus Alma M. Karlin: *Im Banne der Südsee. Als Frau allein unter Pflanzern und Menschenfressern, Sträflingen, Matrosen und Missionaren.* Minden i. W., Berlin, Leipzig 1933, S. 10 f.

Inhalt

Im Südseeinselreich

Wie Alma M. Karlin zur Weltreisenden wurde

Alma M. Karlin
Ein Mensch wird
Auf dem Weg zur Weltreisenden
Hg. u. m. Nachwort von Jerneja Jezernik
Deutschsprachige Erstausgabe
geb., 318 S.
ISBN 978-3-932338-69-4

»›Ein Mensch wird‹ liest sich spannend wie ein Abenteuerroman, geschrieben von einer Frau, die Konventionen nicht anerkannte ...«

(Karsten Koblo, aus-erlesen.de)

»Überzeugend, eindrucksvoll, rührend, komisch ...«

(Pieke Biermann, radioeins/RBB)

»Ihre ›kampfreiche Kindheit‹ beschreibt sie ausführlich, mit Humor und Selbstironie als ›geschlossene Kette von Augenblende, Ohrenlascherln, Salzbädern, Thymianreibungen, lästigem Mittagsschlaf, Ärztebesuchen, aufgenötigtem Schabefleisch und Berufungen auf den sagenhaften Herrn »Es schickt sich nicht!«‹.«

(Florence Hervé, junge Welt)

Mit der Schreibmaschine »Erika« um die Welt

Alma M. Karlin
Einsame Weltreise
Hg. u. m. Nachwort von Jerneja Jezernik,
m. Einleitung v. Britta Jürgs
geb., 400 S.
ISBN 978-3-932338-75-5

»Diese Expedition ins Ungewisse genau einhundert Jahre nach Karlins Einschiffung in Genua nacherleben zu können, bedeutet nichts weniger als ein Lektüreglück.«

(Katrin Hillgruber, Deutschlandfunk)

»Karlin schreibt in leichtem, plastischem, oft selbstironischem, aber nie beschönigendem Ton über Naturbeobachtungen, über Menschen, denen sie begegnet, und über die Faszination für alles Neue.«

(Annina Bachmeier, taz)

»Dass sie ohne finanzielle Absicherung reist, ohne Begleitung, oft dem Tod nahekommt und trotzdem, voller Wissensdurst, weiterzieht, macht Alma Karlin zu einer Art Free Solo-Ikone unter den Weltreisenden, damals wie heute.«

(Marija Bakker, wdr5)

In 72 Tagen um die Welt mit Nellie Bly

Nellie Bly
Around the World in 72 Days
Die schnellste Frau des 19. Jahrhunderts
Hg. u. m. Vorwort von Martin Wagner
Deutschsprachige Erstausgabe
Aus dem Englischen von Josefine Haubold
geb., 317 S.
ISBN 978-3-932338-55-7

Nellie Blys Reise, die sie 1889, zwei Jahre nach ihrem spektakulären Enthüllungsbericht über die Missstände in einer psychiatrischen Anstalt New Yorks antritt, wird zum journalistischen Coup des Jahres und zum Höhepunkt ihrer Karriere. Bei ihrer Rückkehr ist sie eine »nationale Persönlichkeit« (*New York Times*).

»Das Buch ist vieles auf einmal: ein Dokument der Anfänge des globalisierten Tourismus, eine amüsante Reisebeschreibung, das Zeugnis einer emanzipierten Frau und mutigen Journalistin.«

(Anne-Dore Krohn, kulturradio/RBB)

»Warum sie nicht nur solcher Themen wegen damals zu den bekanntesten Reportern gehörte, erschließt sich schnell: Sie beschreibt ihre Reise detailliert, selbstironisch, lakonisch, in kurzen, lebhaften Sätzen.«

(Günther Wessel, Deutschlandradio Kultur)

Die Publikation wurde gefördert durch die Slowenische Buchagentur JAK. Herzlichen Dank!

Leseproben und weitere Informationen über unser Programm finden Sie unter www.aviva-verlag.de
Aktuelle Informationen bei Facebook, Twitter und Instagram oder über unseren E-Mail-Newsletter

Druck: Finidr, s.r.o.
Printed in Europe

Erste Auflage

AvivA Britta Jürgs GmbH
Emdener Str. 33, 10551 Berlin
fon (0 30) 39 73 13 72
info@aviva-verlag.de
www.aviva-verlag.de

ISBN: 978-3-932338-78-6

Die Reiseroute der Verfasser